中国社会科学院创新工程学术出版资助项目

# 经济计量学术语沿革

龚 益 著

中国社会科学出版社

## 图书在版编目（CIP）数据

经济计量学术语沿革/龚益著. —北京：中国社会科学出版社，2016.5
ISBN 978-7-5161-7744-0

Ⅰ.①经… Ⅱ.①龚… Ⅲ.①计量经济学—术语—历史—研究—中国 Ⅳ.①F224.0

中国版本图书馆 CIP 数据核字（2016）第 045775 号

| | |
|---|---|
| 出版人 | 赵剑英 |
| 出版策划 | 卢小生 |
| 责任编辑 | 戴玉龙 |
| 责任校对 | 董晓月 |
| 责任印制 | 王　超 |
| 出　版 | 中国社会科学出版社 |
| 社　址 | 北京鼓楼西大街甲 158 号 |
| 邮　编 | 100720 |
| 网　址 | http://www.csspw.cn |
| 发行部 | 010-84083685 |
| 门市部 | 010-84029450 |
| 经　销 | 新华书店及其他书店 |
| 印刷装订 | 三河市君旺印务有限公司 |
| 版　次 | 2016 年 5 月第 1 版 |
| 印　次 | 2016 年 5 月第 1 次印刷 |
| 开　本 | 710×1000　1/16 |
| 印　张 | 19.5 |
| 插　页 | 2 |
| 字　数 | 329 千字 |
| 定　价 | 75.00 元 |

凡购买中国社会科学出版社图书，如有质量问题请与本社发行部联系调换
电话：010-84083683
版权所有　侵权必究

# 序

数学家庞加莱（J. H. Poineare）曾经说过："如果我们想要预见数学的将来，适当的途径是研究这门科学的历史和现状。"① 他的这种信念，同样适合于经济计量学这一学科。但是研究一门学科的历史和现状谈何容易！做这样的功课，既需要对"这一门学科"有深刻的理解，又要求作者阅读广泛，知识渊博，更必须在浩如烟海的史料堆积中寻针聚宝，巧妙裁缝。所以，当龚益同志向我谈起，要编写一本关于经济计量学学科历史的参考书时，我的第一反应是："好"。这是经济计量学乃至数量经济学、数理经济学、甚至经济学学科建设的重要内容。然而，紧接着在我脑海中闪过的便是一丝疑虑：此事虽好，谈何容易。

龚益教授博学多才，兴趣广泛。但自从动笔写这部《经济计量学术语沿革》，在各种场合就越来越少见到他的身影。我深知，以他的努力和勤奋，不会有寸阴虚度；而以他的勤奋与渊博，定然会把一部既专且博的著作呈现在世人面前。现在，一部三十万字的《经济计量学术语沿革》书稿摆在面前，扎扎实实，笔墨飘香。

在经济学思想演进和发展的历史上，一些具有广泛知识背景和哲学修养的学者，立足整个社会科学，从思想方法论的角度思考问题。在他们看来，西方经济学所面临的危机，是资本主义社会文化自身、价值观及其意识形态整体危机的一种表现。近代以后，西方整个社会科学几乎都是科学主义的产物，物理学、力学等"硬科学"支撑着人们对于社会科学的信念，人们相信，尽管社会科学的各个分支现在还很不成熟，但终归有一天会像自然科学一样成熟起来。在经济学领域，针对20世纪60年代后微观、宏观经济学中淡忘智慧的倾向，许多经济学大师已经开始从事经济学基础的批判工作，研讨经济学假说的检验、证据力度、模型及其可信度、

---

① 杜瑞芝、王辉：《数学辞海》第6卷，山西教育出版社2002年版，第7页。

理论的竞争力、理论的功能、数学化的作用、经济假说的可检验性等,导致了当代西方经济学的一次自我批评。及至20世纪80年代,经济学家们对经济学方法论的兴趣更是与日俱增。①

这一时期,以经济计量学(econometrics)为代表的西方经济学方法刚刚登陆中国。1979年,中国学者创造了"数量经济学"这一中国独有的学科名称;1980年,以克莱因教授为首的7位经济学家,在北京古老的皇家园林——颐和园为中国学者举办为期49天的经济计量学讲习班,从此掀起了推行经济计量学方法的热潮。对"新生事物"的狂热,往往会顺理成章地掩盖对"落后状态"的观察,这不足为怪,但是对这种状况保持冷静,却是学者的天职。

古人范仲淹"居庙堂之上则忧其民,处江湖之远则忧其君",成为历代中国文人的精神楷模。龚益先生投身学科建设,宠辱不惊、安然学术。在当下风起云涌、江湖动荡的年代,能保持这样的生活态度,难能可贵。他对术语与学科建设关系的研究心得独到,明确提出"研究术语,就是学科建设"的观点,并且亲身投入实践,呕心沥血,终有所成。

2006年春,龚益同志完成书稿《社科术语工作的原则与方法》,填补了社科术语研究的空白,由商务印书馆于2009年出版。2010年4月,又在社会科学文献出版社出版了57万多字的《汉语社科术语记略》。他把发展的历史作为整体来观察,以术语为纲,收集整理词汇应用的资料,实际上是对术语和社会文化标本的采集。从读者角度考虑,它又是具有可读性的历史知识读本:一个术语就是一个故事,前因后果,来龙去脉,开卷有益,足以增进知识,营养情趣。至于以《记略》形式、按事件发生的时间序列陈列社会科学的术语标本,这本身就是一个创造,遵循"以时间为纲领,以数轴为主干,以术语为核心,以综合为特点,以好看为目标,以索引为手段"的原则,细致周详,至简无缺。

龚益同志涉猎广泛,文理兼修。作为综合研究室主任,他深谙"综合"之意,也有驾轻就熟的综合能力,是不可多得的跨领域、跨学科的"复合型人才"。按照他自己的说法,"术语是有效率的思维",能有这样的学习效果,正是得益于"科学研究,以术语为纲"的坚实理念。现在

---

① 杨建飞:《科学哲学对西方经济学思想演化发展的影响》,商务印书馆2004年版,第7—8页。

他把《记略》这种先进的"知识体系的组织模式"应用于经济学史的研究和经济计量学的学科建设,是知识陈列方法的创新,也是社会科学学科建设的典型范例,具有宝贵的实用价值。对他的这种探索与尝试,我乐观其成!

是为序。

中国社会科学院数量经济与技术经济研究所
副所长研究员、博士生导师李雪松
2012 年 12 月 12 日

# 引言：没有术语就没有知识

天地玄黄，宇宙洪荒。与漫长的宇宙形成和进化相比，人类有文字记载的历史短之又短。但与具体生命个体的长度相比，人类整体的历史，又堪称"路漫漫兮"。从记录和描写历史的角度说，不论那段被描述的历史中是否存在人类，为表达时代发展，显示社会进步，都需要借助术语。

为描述无穷无尽的历史，需要层出不穷的术语。譬如时间老人讲述广袤宇宙138.2亿年超深空的故事①，"上穷碧落下黄泉"，又譬如得道高僧开坛论道，陈述因果，解说须弥芥子，善念"如是我闻"，都要借助于术语。为了描述和表达时代的不断发展，总会有新的术语出现，追随社会发展应运而生，并最终成为沉淀的词汇，记录着社会不断发展、不断改变的历程。当前，我们要学习和掌握在世界新的社会科学浪潮中出现的各种新知识、新概念，把握其特点，抽象其规律。

术语描述社会，术语记录科学；术语说明过去，术语表达未来。没有术语，就没有知识。

然而长期的社会科学理论研究与社会实践告诉我们，对那些经常面对的新老术语，即使是同一术语，我们也有诸多不同的理解和认识，甚至是完全对立或似是而非的解释。为进一步繁荣发展社会科学，有必要对其中的重要词汇和关键术语进行收集、整理，厘正来源，确定含义，规范内容，摒弃模棱两可，制止以讹传讹，既为社会科学的理论研究提供借鉴，也为提高全民族的社会科学素质提供必要的知识参考。

基于这样的考虑，本书在广泛收集、阅读相关资料的基础上，沿着历史发展的时间脉络，摘引记录有关经济计量学发展历程的名词术语，归并

---

① 欧洲空间局（ESA）2013年3月21日公布，宇宙诞生以来的年龄为138.2亿年；宇宙膨胀的速率为67.3千米/秒/300百万光年；宇宙质能组成：可见物质4.9%、暗物质26.8%、暗能量68.3%。这是人类迄今描述最精确的宇宙图像。（参见李竞《暗物质与暗能量》，《中国科技术语》2013年第4期）

整理，渐次排列，牵连索引，约略解释，形成记略式的《经济计量学术语沿革》（TERMSET），以相关术语为线索，梳理经济计量学发展，陈列其不同时期在中国发展的脉络，以为后续研究提供资料线索。

　　经济学是宽广的范畴。经济计量学是经济学名目下的一个领域。讨论经济计量学，离不开对经济学背景的观察。囿于篇幅和能力，难免挂一漏万，以本书之目的，只希图能够大致记录这一科学分支发展的斑驳岁月。从术语沿革的角度回望历史，在平淡无奇的岁月中也暗含着风起云涌。科学昌明、英雄际会，绝非区区一书所能罗列。是故虽名《经济计量学术语沿革》，实乃抛砖引玉，只为证明"术语研究就是学科建设"的观点而现身说法。

龚益（之水）谨识，2012 年 12 月 12 日

# 凡　例

**一　条目之选择**

本书以术语为纲，关注经济计量学，以汉语表达的相关术语为线索，借助时间序列编排，勾勒经济计量学在中国生存发展的脉络，或可作为另类观察的经济计量学简史。为阐明经济计量学在经济学中的地位，涉及经济学、方法论之部分术语内容。

**二　条目之排列**

本书为编年体例之百科图书。所收条目正文，均按时间依序排列。但叙说中为追溯起源，则以事件术语为核心，不再拘泥于具体发生时间及地点。

例如，1931年有美籍奥地利数学家哥德尔证明不完备定理；1972年有经济学家阿罗因证明类似定理而获得诺贝尔经济学奖。在本书中，或将相关事件于同条列出。

**三　条目之安排**

本书引用术语，以时间序列为主线安排。所注时点，均以公元纪年，括注朝代庙号，以备参照。唯其当年所发生的术语，列在纪年之下，否则只出现在正文中。

例如，1909年（清宣统元年）出现术语"编定名词馆"，严复受聘为名词馆"总纂"。但"严复"与"总纂"均非在1909年当年首次出现，故不在1909年条目中列示。

**四　时间之表达**

本书正文，凡年月日，阴历均用汉字，阳历均用阿拉伯数字，加以区分。例如"1610年5月11日（万历三十八年闰三月十九日）利玛窦在北京去世，终年58岁"。

**五　引文之标注**

本书内容包括著者论述继承，无不涉及前人积累，是故引文多多。虽难——鸣谢，但求标注明了，以示尊重。除对部分内容以脚注申明解释外，更以括号内注所引观点之主张者、著述时间、页码出处。例如（朱恒鹏：刘树成，2005）意指前引文字之作者为朱恒鹏，引自刘树成于2005年主编著作第709页。书末附参考文献目录，有"刘树成，2005，《现代经济词典》，凤凰出版社、江苏人民出版社"条，以供读者核查考究。

所引文献，有些来自原著年代早于译著的翻译版本。例如［苏］B. C. 涅姆钦诺夫《经济数学方法和模型》俄文原著1965年出版，本书引录商务印书馆1980年乌家培、张守一中文译本之第8页。为尽量保留引文原始信息，在正文引述内容后的括号中注以（［苏］B. C. 涅姆钦诺夫，1965/1980），书末参考文献目录有"［苏］B. C. 涅姆钦诺夫，1965/1980，《经济数学方法和模型》，乌家培、张守一译，商务印书馆"。

## 六　索引之利用

为方便阅读查检，全书后附《汉语拼音索引》，针对各年代条目以及正文当中所出现的术语词汇，按照汉语拼音顺序制作索引，给出该术语所在的正文页码。

# 目　　录

## 第一章　基础概念 ……………………………………………… 1

### 第一节　术语 …………………………………………………… 1
一　术语、术语学和术语标准化 ……………………………… 2
二　术语工作促进科学发展 …………………………………… 5
三　现代术语学的历史背景 …………………………………… 7
四　经济和经济学的术语历程 ………………………………… 9

### 第二节　经济 …………………………………………………… 12
一　"经济"一词的来历 ……………………………………… 13
二　经济的生态属性 …………………………………………… 14
三　经济与生态之异同 ………………………………………… 15
四　经济内在的约束关系 ……………………………………… 16

### 第三节　计量 …………………………………………………… 19
一　"计"的语言文字含义 …………………………………… 19
二　"量"的语言文字含义 …………………………………… 19
三　计量、计量学、计量法 …………………………………… 20
四　计量的本质是标准化的实施 ……………………………… 23

### 第四节　经济计量 ……………………………………………… 27
一　社会统计是基础性的经济计量 …………………………… 27
二　新中国成立初期的统计工作 ……………………………… 29
三　统计是对经济的不完全计量 ……………………………… 32
四　统计调查和报表制度 ……………………………………… 33

## 第二章　经济计量学 …………………………………………… 36

### 第一节　经济计量学术语 ……………………………………… 36

一　经济计量学名称的由来 …………………………………… 36
　　二　经济计量学的概念定义 …………………………………… 37
　　三　经济计量学的学科价值 …………………………………… 38
　　四　经济计量学的研究对象 …………………………………… 39
第二节　经济计量学的必要条件 …………………………………… 42
　　一　以数学方法研究经济的传统 …………………………………… 42
　　二　产生经济计量学的时代背景 …………………………………… 43
　　三　支持经济计量学的技术环境 …………………………………… 44
　　四　提供经济计量所需的数据 …………………………………… 45
第三节　经济计量学术语的歧译 …………………………………… 45
　　一　早期 Econometrics 的译名之争 …………………………………… 46
　　二　术语应用过程中的非理性因素 …………………………………… 48
　　三　术语歧译折射出社会语言混乱 …………………………………… 49
　　四　经济计量学科术语应用的现状 …………………………………… 52
第四节　经济计量学术语统一的趋势 …………………………………… 54
　　一　经济计量学译名统一的理由 …………………………………… 55
　　二　经济计量学应是唯一译名 …………………………………… 56
　　三　学科名称混乱的危害远在学科之外 …………………………………… 57
　　四　明确采用"经济计量学"的术语态度 …………………………………… 59

# 第三章　经济计量传统的演变与实践 …………………………………… 60

第一节　作为工具的数学的发展 …………………………………… 60
　　一　数学发展的历史分期 …………………………………… 60
　　二　数量经济学的史前阶段 …………………………………… 61
　　三　经济数学方法的描述对象 …………………………………… 62
　　四　顺应经济学思想多元化的本质特点 …………………………………… 63
第二节　数理经济学是数理学派的重要支脉 …………………………………… 65
　　一　数理经济的本质是数学对经济的描述 …………………………………… 66
　　二　经济科学地位提高促进数学方法运用 …………………………………… 69
　　三　经济学的迅速发展催生分支学科问世 …………………………………… 72
　　四　经济学数理学派与历史学派的竞争与共生 …………………………………… 74
第三节　强互惠模式 …………………………………… 79

一　以交叉科学研究著称的圣塔菲 …………………………… 79
　　二　强互惠与利他惩罚的生物科学依据 ………………………… 80
　　三　强互惠超越经济人和理性人假说 …………………………… 81
　　四　强互惠假说具有积极普遍的社会意义 …………………… 82
第四节　数理分析方法与经济计量术语记略 ……………………… 83
　　约公元前1100年至公元前6世纪（西周初年），
　　　　周公，商高，陈子 ……………………………………… 83
　　约公元前400年（秦献公六年），经济论 ……………………… 84
　　约公元前370年（秦献公十五年），比例论 …………………… 84
　　约公元前356年（秦孝公六年），商鞅变法 …………………… 84
　　约公元前340年（秦孝公二十二年），形式逻辑学，
　　　　平等原则 ………………………………………………… 84
　　公元3—4世纪，数论派 …………………………………………… 85
　　公元830年（唐大和四年），百年翻译运动，智慧宫 ………… 86
　　1142年（南宋绍兴十二年），经界法 …………………………… 87
　　1260年（元中统元年），货币统计 ……………………………… 87
　　1327年（元泰定四年），奥卡姆剃刀，经济原则，极度
　　　　节俭原则 ………………………………………………… 90
　　1440年（明正统五年），古登堡印刷术 ………………………… 91
　　1489年（明弘治二年），算术符号（＋－×÷） ……………… 91
　　1494年（明弘治七年），复式簿记 ……………………………… 91
　　1557年（明嘉靖三十六年），等号 ……………………………… 92
　　1614年（明万历四十二年），对数 ……………………………… 92
　　1615年（明万历四十三年），政治经济学 ……………………… 92
　　1628年（明崇祯元年），笛卡儿，思想的指导法则 …………… 92
　　1637年（明崇祯十年），变量数学 ……………………………… 94
　　1638年（明崇祯十一年），无限集合等价性 …………………… 94
　　1642年（明崇祯十五年），数字计算机 ………………………… 94
　　1657年（清顺治十四年），数学期望 …………………………… 95
　　1662年（清康熙元年），死亡公报 ……………………………… 95
　　1662年（清康熙元年），赋税论 ………………………………… 95
　　1665年（清康熙四年），国民收入 ……………………………… 95

1672 年（清康熙十一年），终身年金 …………………………… 96
1676 年（清康熙十五年），政治算术 …………………………… 96
1692 年（清康熙三十一年），坐标 ……………………………… 96
1694 年（清康熙三十三年），英格兰银行 ……………………… 96
1696 年（清康熙三十五年），最速降线，变分法 ……………… 97
1700 年（清康熙四十四年），货币价值，约翰·洛克 ………… 97
1705 年（清康熙四十四年），供应货币 ………………………… 97
1711 年（清康熙五十年），货币代数式，南海泡沫，
　　　泡沫经济 ………………………………………………… 98
1717 年（清康熙五十六年），商品交换 ………………………… 99
1723 年（清雍正元年），数理精蕴 ……………………………… 99
1728 年（清雍正六年），消费者行为 …………………………… 99
1738 年（清乾隆三年），财富效用 ……………………………… 100
1742 年（清乾隆七年），哥德巴赫猜想 ………………………… 100
1750 年（清乾隆十五年），亲和数，欧拉公式，
　　　拓扑学 …………………………………………………… 101
1751 年（清乾隆十六年），百科全书 …………………………… 101
1755 年（清乾隆二十年），经济法，商业性质，
　　　重农主义 ………………………………………………… 101
1758 年（清乾隆二十三年），商业基本原理，经济表，
　　　贝叶斯分析 ……………………………………………… 103
1759 年（清乾隆二十四年），道德情操论 ……………………… 104
1762 年（清乾隆二十七年），关税与走私 ……………………… 105
1769 年（清乾隆三十四年），均衡分析 ………………………… 105
1772 年（清乾隆三十七年），政治经济学思考，
　　　汇率影响 ………………………………………………… 105
1774 年（清乾隆三十九年），政策曲线 ………………………… 106
1776 年（清乾隆四十一年），国富论，经济学定义，
　　　交易学 …………………………………………………… 106
1779 年（清乾隆四十四年），定积分 …………………………… 106
1781 年（清乾隆四十六年），商品交换 ………………………… 107
1794 年（清乾隆五十九年），最小二乘法 ……………………… 107

1798年（清嘉庆三年），人口原理 …………………………… 107
1801年（清嘉庆六年），税收效应 …………………………… 108
1803年（清嘉庆八年），商业财富 …………………………… 108
1804年（清嘉庆九年），货币公式，公序良俗 ……………… 108
1811年（清嘉庆十六年），政治算数基础，宏观模型 ……… 111
1814年（清嘉庆十九年），预测理论 ………………………… 111
1815年（清嘉庆二十年），行列式，边际成本，
　　森林价格 …………………………………………………… 112
1817年（清嘉庆二十二年），经济模型 ……………………… 112
1821年（清道光元年），最大似然估计，拉文斯顿 ………… 113
1822年（清道光二年），相互依赖 …………………………… 114
1823年（清道光三年），富裕程度 …………………………… 115
1825年（清道光五年），经济论 ……………………………… 115
1826年（清道光六年），虚几何学，非欧几何学，
　　罗巴切夫斯基 ……………………………………………… 115
1829年（清道光九年），经济政策 …………………………… 116
1831年（清道光十一年），交易学 …………………………… 116
1834年（清道光十四年），政治经济学 ……………………… 117
1838年（清道光十八年），需求函数，古诺模型，
　　数理学派 …………………………………………………… 117
1840年（清道光二十年），无政府主义 ……………………… 121
1843年（清道光二十三年），经济学家 ……………………… 122
1844年（清道光二十四年），效用衡量 ……………………… 122
1845年（清道光二十五年），$n$维空间 ……………………… 122
1846年（清道光二十六年），人口过剩 ……………………… 122
1847年（清道光二十七年），拓扑学 ………………………… 123
1854年（清咸丰四年），戈森定律，边际效用学说 ………… 123
1857年（清咸丰七年），恩格尔曲线，恩格尔系数 ………… 124
1858年（清咸丰八年），默比乌斯带 ………………………… 125
1859年（清咸丰九年），代数学 ……………………………… 126
1865年（清同治四年），煤炭问题 …………………………… 126
1866年（清同治五年），大数定律 …………………………… 126

1869年（清同治八年），综合经济学，优生学 ………………… 127
1871年（清同治十年），政治经济学，经济学原理 ………… 127
1872年（清同治十一年），经济犯罪 ……………………………… 128
1873年（清同治十二年），经济分析 ……………………………… 128
1874年（清同治十三年），科学原则，纯粹经济学原理，
　　一般均衡 …………………………………………………… 129
1875年（清光绪元年），恩格尔系数 …………………………… 130
1879年（清光绪五年），享乐的计算 …………………………… 131
1881年（清光绪七年），向量分析，契约曲线，
　　无差异曲线 ………………………………………………… 131
1883年（清光绪九年），伯川德模型，经济学方法论
　　探究 ………………………………………………………… 131
1884年（清光绪十年），边际，边际主义 ……………………… 133
1885年（清光绪十一年），纽康公式，国民经济学的
　　数学基础 …………………………………………………… 133
1886年（清光绪十二年），回归，回归分析 …………………… 135
1888年（清光绪十四年），经济周期，收益递减 ……………… 136
1889年（清光绪十五年），边际成本 …………………………… 136
1890年（清光绪十六年），新古典学派 ………………………… 136
1892年（清光绪十八年），瓦尔拉的继承者，价值与
　　价格的数学分析 …………………………………………… 137
1894年（清光绪二十年），边际产出，欧拉定理 ……………… 138
1896年（清光绪二十二年），政治经济学讲义，帕累托法则，
　　政治无效率 ………………………………………………… 138
1898年（清光绪二十四年），中心极限定理 …………………… 139
1899年（清光绪二十五年），制度主义 ………………………… 139
1900年（清光绪二十六年），《生物统计学》，拟合优度 … 141
1901年（清光绪二十七年），道德政策，生产函数 …………… 141
1903年（清光绪二十九年），货币原理 ………………………… 142
1906年（清光绪三十二年），马尔科夫过程，货币中性 …… 142
1907年（清光绪三十三年），账户的哲学，会计理论 ……… 143
1908年（清光绪三十四年）经济学 ……………………………… 143

1909年（清宣统元年），景气预测，巴布森指数 …………… 143
1910年（清宣统二年），需求弹性，费雪公式，
　　交易方程式 ……………………………………………… 143
1910年（清宣统二年），消除趋势 ……………………… 145
1911年（清宣统三年），劳动力市场，景气指数，货币方程，
　　经济学杂志 ……………………………………………… 145
1913年（民国二年），经济周期，序数效用论 ………… 146
1914年（民国三年），最低工资，法律经济辞典 ……… 147
1916年（民国五年），广义相对论 ……………………… 148
1917年（民国六年），哈佛指数 ………………………… 148
1918年（民国七年），"一战"结束，均衡模型 ………… 149
1920年（民国九年），经济研究局，黄狗合同，苏维埃
　　经济科学，经济数学方法 ……………………………… 149
1921年（民国十年），概率论，汉字计量学 …………… 151
1923年（民国十二年），社科理事会 …………………… 153
1925年（民国十四年），哲学辞典 ……………………… 153
1926年（民国十五年），货币效用测算，经济计量学 … 153
1928年（民国十七年），生产理论，最优增长理论，
　　边际人，对策论 ………………………………………… 154
1929年（民国十八年），社会科学大辞典，
　　商品供求估计，大萧条 ………………………………… 155
1930年（民国十九年），统计名词，均衡利率，经济
　　计量学会，经济统计学派 ……………………………… 155
1931年（民国二十年），哥德尔定理 …………………… 157
1932年（民国二十一年），消费方程，交叉加速 ……… 158
1933年（民国二十二年），卡莱斯基的挑战，经济计量学刊，
　　垄断竞争均衡，经济学辞典 …………………………… 159
1934年（民国二十三年），斯坦克尔伯格模型，经济科学
　　大辞典，英汉经济辞典 ………………………………… 160
1935年（民国二十四年），实用商业辞典 ……………… 161
1936年（民国二十五年），通论，图灵机器，可计算性，
　　投入产出，价格向量 …………………………………… 161

1937年（民国二十六年），冯·诺伊曼模型，IS-LM模型，
　　经济学辞典 …………………………………………… 163
1938年（民国二十七年），新福利经济学，
　　美国的凯恩斯 ………………………………………… 164
1939年（民国二十八年），总量动态模型，生产组织和计划，
　　经济学术语规范，统计学术语规范 ………………… 165
1941年（民国三十年），完全消耗系数，影子价格，不动点
　　定理，无限维空间，经济学名词 …………………… 166
1942年（民国三十一年），中国棉业史，严中平 ………… 167
1944年（民国三十三年），通向奴役的道路，布雷顿森林会议，
　　对策论和经济行为，哈维尔莫革命 ………………… 167
1946年（民国三十五年），动态与优化 …………………… 170
1947年（民国三十六年），因素分析，马歇尔计划，总产值，
　　经济分析，均衡稳定性，序贯分析，价值分析 …… 170
1948年（民国三十七年），奥尔多，社会市场经济，问卷调查，
　　技术进步 ……………………………………………… 174
1949年，公共选择，景气动向调查 ………………………… 176
1950年，统计决策函数，纳什均衡，信用卡 …………… 176
1951年，阿罗不可能定理 ………………………………… 178
1952年，新制度主义 ………………………………………… 178
1953年，消费需求，模型偏离，并不存在的经济理论 …… 179
1954年，动态路线稳定性，需求分析，阿罗德布鲁模型，
　　一般均衡的存在性 …………………………………… 180
1955年，美国计量模型 ……………………………………… 181
1956年，核估计方法，芝加哥传统，多部门动态模型 …… 181
1957年，歧视经济学，市场歧视系数，动态优化 ………… 183
1958年，高速增长定理，就业不均衡，菲利浦斯曲线 …… 184
1959年，公共经济学，新自由主义，应用研究，价值理论，
　　舒毕克模型，孙冶方考察 …………………………… 186
1960年，最优的存在性，可控性，卡尔多模型，
　　荷兰病，比较静态分析，经济数学小组 …………… 188
1961年，合理预期，技术进步，高速增长定理 …………… 189

1962年，极大值原理，消费导向优化的存在性，同意的计算，
　　公共选择，布坎南流亡 ………………………………… 191
1963年，健康经济学，新古典综合，机会平等，沃顿模型，
　　增长路线的相对稳定性，无限维空间优化 …………… 192
1965年，世代交叠模型，积累金律，动态渐进 …………… 195
1966年，研究队伍解散，图灵奖 …………………………… 196
1967年，贝叶斯博弈，海尔萨尼转换，不完美信息博弈，
　　贝叶斯均衡，随机最优控制，直上高速路线 ………… 197
1968年，宏观计量模型，诺贝尔奖，诺贝尔经济学奖，经济
　　科学，高速增长定理模型 ……………………………… 198
1969年，诺-拉动态优化模型，第一届诺贝尔经济学奖 … 199
1970年，货币主义模型，经济增长的数学理论 …………… 200
1971年，标准产业分类法，SIC方法，实验室工作，优化
　　收敛条件 ………………………………………………… 200
1972年，合理预期模型 ……………………………………… 201
1974年，伪回归，寻租 ……………………………………… 201
1975年，均衡的存在性，分形，分形维数，投入产出模型，
　　随机动态模型 …………………………………………… 202
1976年，自由货币，多部门动态优化 ……………………… 206
1977年，制度因素，灾变理论，协同学，中国社会科学院，
　　发展权 …………………………………………………… 206
1978年，分位数回归 ………………………………………… 208
1979年，自助法，激励理论，哲学分析，软约束，数量经济
　　研究会，数量经济学 …………………………………… 208
1980年，技术经济研究所，经济计量学工业，数学建模方法，
　　颐和园讲习班，诺贝尔经济学奖，沃顿法 …………… 212
1981年，社会核算矩阵 ……………………………………… 217
1982年，广义矩方法，可计算一般均衡，非瓦尔拉模型，
　　各态历经理论，数技经所，简明社科词典 …………… 217
1983年，经济学危机 ………………………………………… 220
1984年，数量经济技术经济研究，数量经济学会，经济
　　计量学著作，经济数学（长沙），圣塔菲研究所 …… 220

1985年，世界连接模型，新古典经济系统的不稳定性 …… 222
1986年，技术和劳力因素，西方数量经济学发展史概观，
　　　　世界连接模型 ………………………………………… 223
1987年，可持续发展，永续发展，系统经济学 ………… 224
1988年，状态空间方法，S－W景气指数，中国宏观经济
　　　　分析与预测 …………………………………………… 225
1990年，经济计量学讲义，数量经济学国际会议，国际
　　　　经济计量学会第六届世界大会，中国经济蓝皮书 …… 226
1992年，拉丰任主席 ……………………………………… 227
1994年，规制讲座 ………………………………………… 228
1995年，五天工作制，真实发展指标 …………………… 229
1996年，中国：博弈论教材，数据挖掘 ………………… 229
1997年，诺贝尔经济学奖，金融衍生工具，期权
　　　　定价理论 ……………………………………………… 230
1998年，欧洲中央银行，社会选择，核心课程 ………… 230
2000年，二十年回顾，社科术语规范，行政过度 ……… 231
2001年，两马通航，职业病防治法，职业病，金砖四国，
　　　　企业社会责任 ………………………………………… 234
2004年，强互惠，利他惩罚 ……………………………… 241
2005年，等差数列的隐蔽公差 …………………………… 242
2008年，经济学名词审定，社科产业 …………………… 243
2010年，数量经济，"颐和园经济计量学讲习班"，
　　　　30周年纪念会 ………………………………………… 249
2011年，经济学奖，期望 ………………………………… 251
2013年，经济学奖，股息率 ……………………………… 252
2014年，学术名刊 ………………………………………… 253

结语：经济—社会计量方法的普遍应用 …………………… 254

主要参考文献 …………………………………………………… 256

汉语拼音索引 …………………………………………………… 275

后记 ……………………………………………………………… 292

# 第一章 基础概念

## 第一节 术语

经济学自命为一门科学，是与从物理学和力学领域引进数学方法分不开的。① 追溯这一过程的时间起点，已逾百年。中国经济学界运用经济计量学，采用数量方法研究经济问题，即使从 1980 年颐和园讲习班算起，也已超过 30 年。其间，众多经济学者为这一学科的形成和发展作出巨大贡献。但迄今为止，关于这门学科的术语规范问题还较少谈及。

事实上，只有当一门学科真正走向科学，也就是科学家们开始采用严格的语言和审慎的目光，对相关现象深入观察，并认真讨论的时候，关于这一学科的术语规范问题才会逐渐显现。科学发展需要民主空气支持，关于学科内容的交流和讨论，是科学与民主相结合的表现形式。在对学科发展历史进行研究时，这个问题更加不可回避。正如《西方经济思想史》(*The Wealth of Ideas: A History of Economic Thought*) 作者，意大利人阿列桑德洛·荣卡格利亚（Alessandro Roncaglia）所指出的那样："本书意识到，虽然某一概念的名称可能保持不变，但是它在我们讨论的不同理论中的含义会发生变化。分析结构的变化是与概念基础的变化相联系的，而这一事实经常被忽略。""正如在其他类似的领域一样，在思想史领域，用语精确这个标准，是区分科学研究与非科学研究的主要因素（［意］荣卡格利亚，2005/2009）。"②

---

① J. R. 沙克尔顿、G. 洛克斯利：《当代十二位经济学家》，陶海粟，潘慕平译，商务印书馆 1981/1999 年版，第 13 页。

② ［意大利］阿列桑德洛·荣卡格利亚：《西方经济思想史》（2005），罗汉、耿筱兰、郑梨莎、姚炜堤译，上海社会科学院出版社 2009 年版。

以"经济学"为例，在经济学这门学科于 19 世纪末具有科学的外貌以后，人类行为一直被看作经济学之外的领域。在那之前的经济学家中，很少有人在扩展经济理论的普遍性和应用范围上走得很远。然而时隔不久，以芝加哥大学的加里·贝克尔教授为代表的经济学家，即开始运用经济学理论来研究人类行为。贝克尔勇敢地闯入社会学、政治学、人口统计学、犯罪学和生物学这些被警惕守卫着的学科"边界"。尽管遇到相当顽强的抵抗，却也使"经济学"帝国的疆土得到了令人瞩目的扩张。贝克尔在一系列社会现象的研究上作出了突出的贡献，他所运用的研究方法，也更加清晰和精练（J. R. 沙克尔顿，1981/1999）。[①] 伴随着这一切的发生和发展，"经济学"这一术语所指称的概念范围，早已今非昔比，不再是老生常谈。

## 一　术语、术语学和术语标准化

什么是术语？按《辞海》解释，术语是各门学科中的专门用语。术语（terms）是在特定学科领域用来表示概念的称谓的集合，它是通过语音或文字来表达或限定科学概念的约定性语言符号，是传播知识、技能，进行社会文化、经济交流，学科建设等方面不可缺少的重要工具，同时也是体现其所在时代科学水平的最小语言单位。按照语言研究的体系范畴进一步细分，术语应归纳于"词汇"，术语即是专业的词汇。单个的术语是"词"（term），术语之集合为"汇"（set）。泛指时，统称"词汇"。为与广义概念下的"词汇"相区别，笔者称之为"记略"（termset），专指术语之集合。

术语学（Terminology）研究术语的产生、发展和应用，包括术语概念、分类体系、命名原则、演进规范、传播规律等诸多内容。术语是学问的基础，是知识的表达。术语学，是作为自然科学与社会科学、人文科学基础的平台学科。研究术语学需要掌握和了解语言学、逻辑学、哲学、信息科学和传播学等各方面的基础知识。从这样的意义上说，术语学不仅仅是一个"学科"，而且是承载科学基础的"地基"。退言之，关于术语的知识和能力，是一切科学工作者从事科学活动时不可或缺的语文"素质"或"素养"，是一种处在能力金字塔底层之下、关于语言表达和词汇积

---

① ［英］J. R. 沙克尔顿、G. 洛克斯利：《当代十二位经济学家》，陶海粟、潘慕平译，商务印书馆 1981/1999 年版，第 13 页。

累、辨识，乃至创造的能力。没有一定术语基础的人，很难成为跨领域、跨学科的复合型人才。

大约在20世纪60年代末，术语学开始被视为一门独立的学科。被公认为最早（20世纪30年代）开创术语学科的是奥地利人维斯特（Eugen Wüster）。术语是全民标准语中词汇的组成部分，其数量远多于服务于人类日常生活的普通词汇。由于术语具有科学思维单元的特性，体现科学认知的结果，所以术语学作为一门独立的基础性学科，其地位越来越得到普遍的认同。

2009年，术语学正式列入中国政府规定的学科系列，其学科代码为7403570，属于语言学范畴，是应用语言学下面的一个学科。从术语学方面看，任何知识学科，只要它称得起一门学科，就必定拥有自己的术语。研究任何一门学科，肯定离不开对其术语的系统研究。但是反过来，对各学科术语之共同属性及其形成、发展规律的专门研究，只有通过术语学才能最后完成。有鉴于此，相关国际组织甚至认为，各国政府如果希望致力于发展本国的科学技术，首先要做的就是考虑如何发展基于本国语言的术语建设。从这样的意义上来说，术语学的发展绝不仅仅是语言学家的事。术语学，应该是语言学家和工程师联手开发的领域。在这里，所谓"工程师"，其实就是指各个学科的专家（郑述谱，2010）。[①]

语言是思维的翅膀，恰当的表达是一切科学能力，包括自然科学、社会科学、工程科学的基础。对于术语和术语学知识的掌握，实在是属于语文知识的范畴，是"工程师"乃至各学科的专家所必须具备的语言能力，是通才教育以及专业教育的必修之课。对那种把术语学与其他专业学科等量齐观的看法，笔者不敢苟同。

试想，当一位专业人士需要思考确定某一"术语"时，他需要具有"术语"能力的"另一位"专业人士的支持。这将不可避免地需要不同"专业"之间的交流，除非这两位"专业人士"使用同一大脑，否则他们之间的交流必定存在某种程度上的"两层皮"，即认知层次的脱节。按照经济学的说法，"两层皮"等同于较高的交易成本，以及低下的交易效率，在极端情况下，将是交易或沟通的失败。从社会效益最大化的目标出发，使"专业人士"同时具备"术语能力"，才是最佳选择。

---

① 郑述谱：《从词汇学的辖域说开去》，《中国社会科学报》2010年7月13日。

普及术语知识，开展术语学研究，推动术语工作的直接成果，是术语标准化。术语标准化存在广义和狭义的两种解释。广义的术语标准化是指为开展标准工作、推进标准化进程而对相关用语实施规范，是标准化工作中重要的基础内容；狭义概念下的术语标准化（Terminology Standardization）则是指针对"术语学"所开展的各种规范工作的总和。为开展社会科学术语规范工作，需要了解术语、术语学和术语标准化的一些概念和基础知识。从经济学的角度观察，术语标准化与其他各种标准化一样，具有降低社会总成本，包括交易成本的作用。

每一术语都有严格规定的意义。如政治经济学中的"商品"、"商品生产"，化学中的"分子"、"分子式"等。（《辞海》1999 年版音序缩印本，上海辞书出版社 1999 年版）术语是科学语言的最小单位和基本要素。在理想状态下，规范化的术语是科学内容或概念的同一表达。但是术语的客观存在并不以其是否规范，或者是否能够确切地表达其所对应的科学内容而受到约束。在笔者看来，由事物本质的多样性所决定，同一语言形式的术语，在不同的语言环境范围里，可能表示相似，或者不相似，甚至全然无关的概念主体。与此相对，也存在着以不同词语形式表达同一概念实体的现象。

例如"商品"，在语词意义上"泛指市场上买卖的物品"；作为术语，通常定义为"为交换或出卖而生产的劳动产品，具有使用价值（物的有用性）和价值（人类无差别劳动的凝结）"。[①] 但在海关统计的范围内，就对外贸易统计而言，"商品"一词并非仅指商业性交易对象的货品，亦包括援助、捐赠等未发生买卖关系的货品。一国的对外贸易统计是对跨越该国经济领土边界的物质商品流动情况的记录；列入对外贸易统计的商品须同时具备两个条件：实际进、出一国的国境或关境；改变一国的物质资源存量。[②]

概言之，无论其规范与否，术语总是客观存在的，是科学的载体。术语的形成与发展，是科学发展的必然。不规范的术语可能阻碍科学的发展和交流，造成社会经济成本包括思想交流成本的增加。更有甚者，由于语言是思想的载体，所以社会科学术语的混乱，可能直接导致社会思想的混

---

① 宋原放：《简明社会科学词典》（第 2 版），上海辞书出版社 1984 年版，第 967 页。
② 海关总署：《海关统计实务手册》，内部资料 1995 年版，第 3 页。

乱，影响社会的长治久安。

术语是通过语音或文字来表达或限定科学概念的约定性语言符号，是思想和认识交流的工具。在我国，人们习惯称其为名词。但此时所说的"自然科学名词"、"科学技术名词"，不是语法意义上的名词，而是当代信息科学中提到的"术语"。因为它不是语法上的名词，所以实际上包括了语法中的动词、名词、形容词，等等。比如"反馈"（feedback），通常是一个名词，有时也可以当动词使用。但它是一个术语，那是丝毫不用怀疑的。①

## 二 术语工作促进科学发展

围绕术语和术语研究而开展的工作称为术语工作。术语工作，是以研究术语形成、发展并最终走向规范或者消亡的基本规律为主要手段，以达到术语规范化的目的。为实现术语规范，狭义的、称规范意义上的术语工作不仅需要（1）研究"规范"术语的问题，也需要（2）研究"不规范"的术语之成因及其对于科学发展的影响关系，还需要（3）研究为了推进术语规范所涉及的其他相关问题。广义的术语工作则是所有涉及术语及其相关方面活动的总称。

术语存在的客观性决定了术语工作的艰巨性。术语规范化是一种理想的追求。相对而言，一个术语、一些术语的规范可能比较容易实现，整体意义上的术语规范化则不是一件轻而易举的事情。从这样的意义上说，术语规范工作，即规范意义上术语工作的本质作用只在于推进科学的发展。术语即学术，术语工作就是科学工作。

科技术语作为科技发展和交流的载体，与科学技术同步产生和变化。术语可以反映、表达科学研究的成果，是人类进步历程中知识语言的结晶。随着社会的发展，新概念大量涌现，必须用科学的方法定义、指称这些概念。所谓概念，是客体的抽象，在专门语言中用称谓表示，并用定义描述。客体、概念、称谓和定义构成术语学的基础。术语和文化，如影随形，须臾不离。不同的文化要用不同的术语来说明，吸收外来文化，同时也必须吸收外来术语。从某种意义上来说，术语工作的发展水平，直接反映全社会知识积累和科学进步的程度。

---

① 陈原：《当代术语学在科学技术现代化过程中的作用和意义》，《自然科学术语研究》（内部刊）1985年第1期。

科学需要细分。学术也会细化到各有所指。作为学术的细胞，某一特定学科的术语之规范，只能由精通"这一"学科的专业人士或称"专家"倾力完成，"外人"即"行外之人"无法越俎代庖。这是狭义解释下的"术语规范"。

与之相对，广义概念的"术语规范工作"，（从更为严格的"术语"意义上，我们将其称为"术语工作"的狭义解释）是指总揽若干学科、至少是在某一范围内的多个学科、与术语规范事业相关的事务的集合，包括研究术语的"不规范"，以及"规范"与"不规范"的异同分野，研究术语规范或者不规范的社会意义与经济价值。狭义的术语规范与广义概念下的术语工作虽有共同之处，却是在不同的尺度下观察和研究问题，是跨越尺度范畴的学问。狭义解释的术语规范当然包括在广义解释的内容当中，有相当多的专家学者需要同时从事"狭义"和"广义"两种解释之下的"术语规范工作"。这是科学发展的必然。

术语是概念的指称。任何一种语言的词根数量都是有限的，与需要用这些词根表达的概念相比，词根数量可谓少到极点。中国的汉字很多，一部《康熙字典》收字47073个，20世纪80年代用计算机作字频统计一共找到8969个比较常用的汉字；国家标准《信息交换用汉字编码字符集——基本集》规定中文电脑用字以6763个汉字为度，创造科技新汉字不符合信息化要求，但是据说仅仅在电工电子领域现有的概念就已超过400万个。[①] 相比之下，近年来社会生活领域的词语爆炸更让人耳目一新，应接不暇。面对这样庞大的概念群落，如果不在术语工作中采用严格的科学方法，那么在不久的将来就会出现交流中的严重问题。

术语规范的目的，不是统一思想，而是统一词语表达。社会科学研究的术语规范化，并不意味着"社会科学学术思想的千篇一律"。恰恰相反，术语是学术的前提，是学术的细胞，术语的规范化意味着知识的条理化，意味着科学的发达，规范术语，是学科建设当中必不可少的重要环节。学术界历来追求、向往百花齐放、百家争鸣的学术氛围，渴望求同存异。这里的同，就是对事物、对思想的确切表达，就是学术语言的一致性；只有在相通、相同的表达之下，才能切实实现对相同事物客体的一致描述，实现不同观点的民主争鸣。真正科学意义上的社会科学学科建设，

---

① 粟武宾：《术语学与术语标准化》，《标准、计量、质量》1990年第4期。

必定要求术语规范化的背景，而一言堂、家天下则不需要考虑术语问题。从某种意义上来说，规范术语既是社会科学学科建设当中的重要内容，也是促进学科建设和发展以及不同学科之间交叉融合的重要手段。

处在整个科学体系当中的经济学科，其术语规范的未来必将受到科学领域当中其他学科例如自然科学、工程科学的影响。与此同时，社会科学术语规范的成果也会对其他学科产生一定的影响作用。最终形成的理想局面，将是自然科学、社会科学与工程科学综合协调而实现"科学"术语的规范和统一。这是跨越领域范畴的问题。中国现在有"科学院"、"社科院"、"工程院"，"三院"合作开展科学术语规范工作，当为大势所趋，也是中国之幸。

### 三　现代术语学的历史背景

现代术语学是一门独立的学科，有自己的理论和方法。20 世纪初，科学技术发展日趋迅速，国际的交流更加活跃，术语的标准化和规范化显得越发重要，出现了国际性的组织来协调术语工作。1906 年建立了国际电工委员会（IEC），开始编纂多语种的《国际电工词典》。在这个时期，现代术语学的理论和方法也初具雏形。

现代意义的术语学，是 20 世纪初电工技术革命的结果。20 世纪 30 年代奥地利学派的维斯特将其系统化。第二次世界大战后由于信息科学的重大发展和突破，在各国建立术语数据库的过程中，加上国际标准化组织（ISO）的倡导，术语学越来越显示出它的重要意义。魁北克学派隆多（Rondeau）教授认为，术语学的发展有八个因素，即（1）科学进展；（2）技术发展；（3）信息传播；（4）国际关系；（5）国际贸易；（6）跨国公司；（7）标准化；（8）国家干预。陈原在《社会语言学》中将其归结为两条：科学技术的进展提出了许多新概念；国际社会的交往日益频繁，需要一种规范性的标准。为了信息的收集、存储、传播、交换、分析、处理的准确、精确和有效（无论是国内的还是国际的，无论是一门学科的还是多科交叉的），都需要有表达同一内容的标准术语（陈原，1985）。

为了了解现代术语学兴起的历史背景，以及早期国际术语标准化工作的推进模式，有必要对国际电工委员会（IEC）从事名词术语工作的情况做一回顾。国际电工委员会是世界上最大的两个国际标准化组织之一。它与国际标准化组织（International Organization for Standardization，ISO）同为联合国的甲级咨询组织。IEC 主要负责电工和电子领域的国际标准化工作，ISO 则负责非电方面广泛领域的国际标准化工作。IEC 也是世界最早成立的国际标准化组织，它的肇始可以追溯到 19 世纪末期。当时各国科学家、工程师和工业界人士经常在国际电气化会议上讨论电气化的发展及其相关问题，大家都认为有必要成立一个永久性的组织进行学术交流。

1904 年科学界和工业界的先驱集会于美国圣路易，声明要采取措施成立一个有代表性的委员会以研究电气设备和电机的名词术语和功率等问题，以便促进世界各技术学会的合作。1906 年 10 月，国际电工委员会（IEC）正式成立，凯尔文爵士被推选为首任主席[1]（梁先明，1985）。

IEC（国际电工委员会）下设 80 多个专业技术委员会，分工制定各种电工、电子标准，成立初期就开展了名词术语工作，它于 1910 年正式组织的第一个专业技术委员会（简称 TC1）即负责编定名词术语，兼管量值、单位和文字符号等工作。1925 年 TC1 将量值、单位和文字符号方面的工作移交另一个技术委员会承担，成为名副其实的名词术语委员会。IEC 的第一个名词术语出版物于 1938 年出版，它包括了约 2000 个一般电工技术名词。由于第二次世界大战的影响，这个出版物的修订工作中断了十多年，直到 1948 年才恢复工作。1949 年 TC1 召开了战后的第一次会议，决定编制国际电工辞典的新版本（梁先明，1985）。国际电工学会为编制国际电工辞典制定了若干原则和程序，这些规则同样适用于包括社科术语在内的术语规范活动，具有一定的参考意义。

制定编制原则和出版辞典的目的，主要包括四个方面内容：

（1）是对国际所接受的概念给予正确而简明的定义并予以命名，以便可以识别这些已经规定了定义的概念。国际电工辞典绝不允许在电气、电子工业的专题上出现错误，同时要求定义的准确性。

（2）关于从概念到定义的过程，要求对于任何一个专门名词的构成和表述，首先要研究出现在某一专业领域内的概念和概念的分类。针对每一个概念要采用一个单独的定义，避免对几个相似的概念采用同一定义。

（3）对定义的要求是：简练清楚。原则上要求用一句话表达出来。定义必须从电工技术的观点完整地表达概念，既要尽可能概括特殊情况的

---

[1] 梁先明：《国际电工委员会的名词术语工作》，《自然科学术语研究》（内部刊）1985 年第 1 期，第 33—37 页。

一般化，又要限定于精确地表达某一相关的概念。

（4）关于名词的选择，应考虑 ISO 关于《命名原则》的文件，符合国际交流和术语统一的目标。凡是牵涉到几个专业委员会或属于基础性和通用的名词术语，都由 TC1 直属工作组负责编写。

**四 经济和经济学的术语历程**

历史上中国人所称之"经济"，是中国古书中"经邦济国"的简称，后引申为"经世济民，治理国家"。杜甫《上水遣怀》诗："古来经济才，何事独罕有。"《宋史·王安石传》："以文章节行高一世，而尤以道德经济为己任。"但是现代意义上的经济学似乎并没有在中国产生。在印欧语系中，经济一词源自希腊文 oikonomia，原意是家庭管理术，始见于古希腊色诺芬的《经济论》，亚里士多德又赋予此词以谋生手段的含义。近代日本借用古汉语中原有词汇，译作"经济"。① 现代意义上的"经济学"当中的"经济"，系指国民经济或部门经济以及经济活动，包括生产、流通、分配和消费以及金融、保险等活动或过程②，亦有概指其为"社会物质生产和再生产的活动"③。

经济学一词，是研究社会物质资料的生产、交换、分配与消费等经济关系和经济活动规律及其应用的科学的总称，包括政治经济学、部门经济学（如工业经济学、农业经济学、商业经济学等）、世界经济学及技术经济学等。其中，政治经济学是其他各门经济学科共同的理论基础，因此政治经济学有时也简称经济学。按照不同的分类原则，经济学名目繁多。如按分析方法不同分为静态经济学和动态经济学；按研究范围和角度不同分为宏观经济学和微观经济学等。19 世纪后半期，日本学者借用古汉语"经济"一词把英文 Economics 译为"经济学"。当时中国严复等在介绍英国古典政治经济学（《原富》）时，则将其译为"计学"、"生计学"等。

在中国，近代经济学名词的积累，起源于 20 世纪 30 年代国人对欧洲经济学著作的翻译。其中涉及经济学原理、经济史以及经济思想史、大学教材等。在这一时期的中国，曾经掀起过出版经济学词书的一阵热潮。例如，1933 年，上海南强书局出版由柯柏年等编著的《经济学辞典》。这是

---

① 宋原放：《简明社会科学词典》（第2版），上海辞书出版社 1984 年版，第 703 页。
② 《现代汉语规范词典》，外语教学与研究出版社、语文出版社 2004 年版，第 689 页。
③ 《现代汉语词典》，商务印书馆 1994 年版，第 598 页。

在我国出版较早的经济学专科辞典。其中收录常见的经济学词汇1000余条,对经济学的基本概念有比较详细的解释。全书按部首笔画排列,后附笔画索引和西文索引。1934年,上海世界书局出版高希圣、郭真同编撰的《经济科学大辞典》,收录经济学、财政学、商业词汇及经济学家等共约3000余条。本书按中文笔画顺序排列,书前有详细目次,书后有西文索引。此书于1934年初版,1935年第3版问世,说明读者之众,流传之广。同样是在1934年,上海商务印书馆出版《英汉经济辞典》,何士芳编。此书搜罗经济学名词、术语15000余条,按西文字母顺序排列,后附汉译。书后有附录三种:经济名词略语、各国度量衡表、和当时世界货币的现行状况。1935年,上海商务印书馆出版《实用商业辞典》,陈稼轩编。全书140万字,收古今中外商业名词约10000条。1937年,也就是英国经济学家凯恩斯(J. M. Keynes)发表著名的《就业、利息与货币通论》,全面系统地论证政府干预社会经济生活的必要性和可能性之后的那一年,上海中华书局初版周宪文等编撰的《经济学辞典》。嗣后,这部词典由昆明中华书局于1940年再版,全书150万字,收词6000余条。其中包括经济学、财政学、货币、金融、工业、农业、商业等名词术语,对经济学名词详细解释。辞典所收名词以中文笔画顺序排列。书后附有世界各国货币一览表、中国现时通行的经济法令等19种附录和中西名词索引。

  关于经济学术语的规范,国立编译馆成立后,即"感于经济学之发展,有赖于译名之统一,爰由编译何维凝着手编订",于1939年4月完成了经济学名词审定草案,是年夏即以英文为序,分别系以德文、日文、法文及中文之各家译名释义,油印成帙,送请当时教育部所聘请的经济学名词审查委员会委员方显廷、朱偰(xiè)、何廉、何维凝、吴幹、吴大钧、李柄焕、李超英、周炳琳、金国宝、孙恭度、章元善、陶孟和、陈岱荪、陈启修、陈长蘅、张肖梅、傅筑夫、乔启明、杨端六、万国鼎、厉德寅、叶元龙、赵人儁(jùn)、赵迺搏(tuán)、赵兰坪、刘大钧、刘振东、刘秉麟、潘序伦、卫挺生、萧蘧(qú)诸先生(32人)审查。于1941年3月在重庆由教育部召开审查会议,逐字校勘,详加讨论,又经整理,始成定稿,共得(经济学)名词3625则,于同年11月由教育部公布(陈可忠,1946),1946年由上海中华书局正式出版。

  在汉语统计学术语方面,系于1939年秋由朱君毅先生主持编订,并与中国统计学社第十届统计名词编译委员会合作,分类汇编,初步拟定译名1367则，印发初审本，函送国内专家审核，又于1941年1月呈请教育部聘朱君毅、吴大钧、吴定良、金国宝、艾伟、陈长蘅、陈达、许世瑾、王仲武、黄锺、褚一飞、芮宝公、邹依仁、唐启贤、郑尧桦、潘彦斌、刘南溟、朱祖晦、杨西孟、汪龙、刘大钧、赵人儁、厉德寅、乔启明、赵章黼（fú）、尤崇宽、罗志如、杨蔚、吴大业、倪亮、李蕃诸先生为该科名词审定委员，而以朱君毅先生为主任委员，分别审查，参注意见，于同年3月26日在重庆国立中央图书馆举行审查会议，反复研究，悉心审核，为期3天，计得统计名词924则，于同年7月呈请教育部公布之①（陈可忠，1944）。

在社会科学的学科体系当中，经济学尤其是经济计量学可能更为贴近自然科学。正如国务委员、国家科学技术委员会主任宋健教授于1990年6月24日在"数量经济学及其在中国90年代经济发展与改革中的应用国际会议"开幕式上的致辞中所说："从科学史的角度看，经济计量学的出现和进展是20世纪30年代以来经济社会高度发达的产物，是人文社会科学和自然科学相连接的产物。这门学科已经建起连接人文科学和自然科学巨大差距的历史桥梁。……但是我要指出，尽管人文科学与自然科学连接日益密切，然而经济学家与自然科学家在公共事务评价上仍然存在着差距。"②

在以数量方法研究经济的过程中，除了涉及经济理论，还需要用到包括数学、统计科学在内的许多自然科学的术语名词。现代经济学研究的长足进步，也把术语规范的问题推进到了必须予以考虑并设法解决的位置。对此，社会科学界的有识之士已有明确认知。在一次关于社科术语工作的座谈会上，时任中国社会科学院副院长江蓝生女士强调，社会科学名词使用的统一、规范的过程，就是学术探讨与争鸣的过程，也是学术研究达到一定高度的标志。她提出，各研究所可以设立相关课题，资助有兴趣的学者持续跟踪研究。全院学术期刊要开辟专栏，引导学者们就本研究领域的名词术语的规范化使用问题展开学术讨论与争鸣，以求逐步形成共识③

---

① 陈可忠：《统计学名词》序，上海正中书局1946年版。
② 宋健：《数量经济学架起连接人文科学和自然科学的历史桥梁》，转引自李京文、张守一主编《数量经济学的新发展》，社会科学文献出版社1991年版，第1页。
③ 周大亚：《积极推进社会科学名词术语规范化》，《中国社会科学院院报》2003年第4期。

(周大亚，2003）。

## 第二节 经 济

"经济"是现今使用频率较高的词汇，至少在20世纪末和21世纪初中国的新闻传播媒介的表现如此。关于"经济"一词的来历，众说不一，颇有争议。有人说"经济"是日本人的发明，日本人从西方语言翻译过来，再传到中国。其实，对于中国人来说，经济这个词是"出口转内销"。

早年间在中国，也有以音译"经济"（economy）的时候，写成汉字，表为"依康老蜜"（容挺公：《致甲寅记者论译名》)[①]，今天再读再看，倒也有趣。《甲寅》杂志创刊于1914年5月10日，章士钊主编。读者容挺公对以音译名词如"逻辑"、"依康老蜜"用作学名提出异议："……倘指科学，用作学名，则愚颇以音译为不适。"百年以后，时过境迁，"经济"成为日常用语，耳熟能详，当初音译的"依康老蜜"却极少有人提起。然而同为"音译"的"逻辑"，却能取代"名学"，愈益坚挺，成为无可替代的科学术语。说明音译、意译各有千秋，绝不是简单一句话就能取舍判断的复杂语言现象。

中国历史上关于术语的理论与实践活动，似乎更强调其中的"逻辑"属性。名学在英语作逻辑（logic），与德语之Logik，法语之Logique，同出于希腊语逻各斯（λογοδ）。逻各斯原兼二义：在心之意，出口之词，皆以此名（屠孝实，1925）。出口之词，当为术语。

以逻辑译为名学，近代似以严复（1854—1921）居先。据屠孝实《名学纲要》（参考严译穆勒名学）称："侯官严幾道[②]译为名学，义颇贴切。盖中文名字所涵，亦至精奥，足与逻各斯相当也。""近人更有主张

---

[①] 陈建生：《英语词汇研究史纲》，国防科技大学出版社2001年版，第22页。
[②] 严复（1854—1921），中国启蒙思想家、翻译家。初名传初，曾改名宗光，字又陵，又字幾道，福建侯官（治今福州）人。福州船政学堂第一届毕业，留学英国海军学堂。1880年（清光绪六年）任北洋水师学堂总教习，后升总办。译《天演论》，主办《国闻报》，戊戌变法后译《原富》、《群学肄言》、《法意》、《穆勒名学》等，传播西方经济思想和逻辑学，首次提出"信、达、雅"的翻译标准。

不用意译，而迳依其本音，翻作逻辑者，说亦平妥。——章士钊①氏初主音译，说见甲寅杂志。"（屠孝实，1925）

"逻辑初至我国，译曰'辨学'，继从东籍，改称'论理'；侯官严氏陋之，复立'名学'。"（章士钊语）严复译这种词特别慎重，细考其源，必求译名与原词之深度、广度相符，故选用我国古代代表概念的重要逻辑名词"名"来译 logic。② 据史料载，辨学之名"始于前清税务司所译《辨学启蒙》，而字作辨，不作辩。其实辩即辨本字，二者无甚则别。"③ 此言也是出自章士钊之口。

综合以上讨论，隐约可以找到一种感觉，即中国术语学派历来强调逻辑特色。中国人所接受的"逻辑学"，按照严复严幾道的译法，就是名学。严复先生在确立这个译名时极有可能想到荀子的《正名》之论。名学与现代之术语学颇有通近。以逻辑学的严谨，回溯名学的深远，拓展中国术语学的未来，是对明天的预期。

### 一 "经济"一词的来历

汉语"经济"的原义是"经国济民"，近义"政治"。《晋书》："起而明之，足以经济。"李白诗："令弟经济士，谪居我何伤。"但是现代意义的经济学并没有在中国产生。现代意义的"经济"，系指国民经济或部门经济以及经济活动，包括生产、流通、分配和消费以及金融、保险等活动或过程。亦有概指其为"社会物质生产和再生产的活动"。社会语言学家陈原（1918—）先生曾在其散文中提及，近代启蒙思想家、翻译家严复（1853—1921）早年在介绍英国古典政治经济学（《原富》）时，称"经济学"为"计学"。④ 当时也有人将其译作"生计学"等。据现有资料，在中国，"经济学"一词最早是1908年朱宝绶先生翻译美国人麦克凡的《经济学原理》一书时使用的。⑤ 近代经济学名词的积累，大致起源于20世纪30年代国人对欧洲经济学著作的翻译，其中涉及经济学原理、经济史以及经济思想史、大学教材等。在这一时期的中国，曾经掀起过出

---

① 章士钊（1881—1973），湖北善化（今长沙）人。字行严，号秋桐。著有《柳文指要》等。
② 王克非：《论严复〈天演论〉的翻译》，《中国翻译》1992年第3期，第8页。
③ 杨全红：《一名之立，费时百载》，《科技术语研究》2006年第1期。
④ 陈原：《陈原散文》，浙江文艺出版社1997年版，第215页。
⑤ 《简明社会科学词典》，上海辞书出版社1984年版，第704页。

版经济学辞书的热潮。在20世纪30年代，中国知识界始终紧紧跟随着世界发展的步伐。至少在"经济学"词汇的引进和传播方面，中国的学者前辈们并不落后。

英文表达的"经济"economy 有三个义项。①（金钱、力气、时间、资源等的）节省、节约；②理财；③（国家的）经济管理；经济制度；或一个社区的财富和资源，尤指通过商品和服务的生产、消费体现出来的经济情况，以及节约、节省、简练等。economic 也是"经济"，也有三个义项。①［作定语］经济学的；经济的；例如 the government economic policy 译为政府的经济政策；又如 economic development 译为经济发展；economic sanctions 译为经济制裁。②［作定语］与贸易和工业有关的；例如：economic geography 可译为：经济地理。③为获取利润的；有利可图的；例如 an economic rent 有利可图的租金（给业主带来至少相当于其花费于该房产的钱者）。还有常用作形容词的 economical 经济的；节约的；节俭的；省时间的；另一单词 economics 对应中文为①经济学、经济原则；②国家的经济状况；而 economist 则表示为经济学研究者、经济学家，应该是那些关心人类福祉、倾心于追求经济学术真理的人们。

但是，英文的"经济"（economy）究竟出于何处？其原始意义是什么？弄清楚"词源"，有助于我们对这一单词和作为术语的"经济"本意的理解。

## 二　经济的生态属性

除了 economy、economical、economics、economist，英文中还有另一组词汇，如：ecocide（生态毁灭，生态灭绝）、ecoclimate（生态气候）、eco-friendly（生态友好的，对生态有益的）、eco-lable（生态产品标记，环境产品标识）、ecology（生态；生态学；环境生态学；人类生态学）、ecological（生态的；生态学的）、ecologist（生态学研究者；生态学家）、ecotourism（生态旅游，尤指为支持环保而组织的旅游）、eco-terrorism（生态恐怖主义：指环保分子使用暴力手段来达到自己的目的）。从构词角度看，这些单词有相同的成分：eco-。通常用来构成名词，例如：生态的、生态学的。常用词汇有 ecosystem（生态系统）、ecotype（生态型、生态活动）、ecoactivet 等。在宇宙中包括星球等适合生命生存的区域称为 ecosphere（生物圈；生态圈）。

生态与经济是密不可分的。发展经济离不开工业生产，工厂排出的化学物质则改变工厂所在地的生态。工业对生态的危害，表现为对空气、河流、土壤的污染。"生态经济学"用英文表示为 eco - economics，前面六个字母为两组 eco 连写，也是巧合。

据《牛津现代英汉双解词典》、《新简明牛津英语大词典》（The New Shorter Oxford English Dictionary），economy 在法语和拉丁语中分别表示为 *économie* 和 *oeconomia*，它们都来源于希腊语的 *oikonomia*，意为 household management，系由 *oikos* "house" + *nemo* "manage" 演变形成。

按照英语构词规则，economy 是由词根 eco 加后缀 - nomy 构成，其原始含义是管理家庭成员和家庭事务，如监督仆人和管理家庭开支等，后来随着社会的发展进步，其含义逐渐演变为管理一个社团的资源（如财务资源）、对资源合理利用、减少支出和节约开支等。

因此，经济是由两个成分构成：管理和资源。对资源的管理，就是对资源合理利用；节约开支或减少开支，就是对资源的消耗的控制和管理。而管理是其核心。经济的核心就是管理。合理利用资源其实是一门管理科学，是管理艺术。

本意的"经济"是对"家"和家中"资源"的管理。环境就是生存所需的资源，经济就是对这些资源的管理。为节约资源、减少资源损耗、提高资源利用效率而管理，就是经济。据《Webster's Encyclopedic Unabridged Dictionary of the English Language》，- nomy 作为一个构词成分，其来自希腊语的本意是"分配"、"安排"、"管理"或者与法律或政府有关的，如：astronomy 天文学；economy 节约，节省，经济；taxonomy 分类法。

### 三 经济与生态之异同

在术语意义上，生态是生物和生境的组合：生态 = 生物 + 生境。生物意指具有生命的动物、植物，也包括细菌和各种微生物；生境则是这些生物赖以生存、生产和消费的环境。术语意义上的"生态"，或生态系统是自然界固有的存在，具有自组织性质。在"生态系统"中"生物"从"生境"获得资源，通过自组织方式进行资源分配，实现维持、繁殖、修复的动态平衡。在其本质意义上，"生态"并不特别强调"人类活动"的作用。"人"只是动物或生物中的一类成员。

"经济"则不同。相对于"生态"而言，"经济"更侧重于强调"人"的作用。"经济"的本质意义是节约，被"节约"的主体是"资源",实现资源节约的手段即是"管理",对"家"或者"栖息地"的管理。这是"经济"的本来意义。随着人类环境意识的觉醒,"家"的内涵和外延发生改变。地球只是一个小村庄,是人类的唯一家园。正是基于这样的词语背景,"生态"与"经济"才会从同一源头的同一点出发,分门立户,各自发展,最终又殊途同归,形成"生态经济"(eco – economy)这样具有特色的"新词"。

2008 年,国际著名经济核算专家,曾长期在联合国统计处供职的德国学者彼得·巴特姆斯(Peter Bartelmus)教授出版了他的英文专著(*Quantitative Eco – nomics：How sustainable are our economies?*)。两年后,由中国社会科学院数量经济与技术经济研究所副所长齐建国先生组织,该所环境技术经济技术研究室副主任张友国教授、技术经济理论方法研究室蔡跃州博士、数量经济理论方法研究室魏向英博士、经济模型研究室楼峰博士,以及王红博士等合作将该书译成中文：《数量生态经济学：如何实现经济的可持续发展》①,由社会科学文献出版社出版。在这里出现的"生态经济学",正是英文单词 Eco – nimics 的对译,而不同于(生态经济学) eco – economics 或 ecological economics 的表达。按照《英汉生态学词典》的解释,生态经济学,是探索可持续经济规律,以便将各种经济都统一到一个生态学体系的经济学分支学科。②

## 四 经济内在的约束关系

从人类活动的角度观察,"经济"可以分解为"生活"与"生产"两项内容。由于"生态"的属性已经天然地被包括在"经济"的范畴之内,所以"经济"内在地表达了生态、生活、生产三者之间的约束关系,恰巧是中国文化中久已流传的"三生"。

三生有幸,是中国的老话儿。三生乃佛家术语,盖指前生、今生、来生,幸是幸运。三生都很幸运,形容运气机遇极好。但此地我们要讲的"三生有幸"是 21 世纪的新版本,同样关系着情意与生命,关系着过去、现在和未来的幸福,是新解三生有幸。

创新必定仰赖于传承。所以先说中国传统的三生有幸。宋代文人苏轼有《僧圆泽传》,讲唐朝故事。杭州西湖有三生石,在莲花峰东麓,与

---

① [德] 彼得·巴特姆斯:《数量生态经济学》,社会科学文献出版社 2010 年版。
② 王孟本、毋月莲:《英汉生态学词典》,科学出版社 2004 年版,第 133 页。

飞来峰相接，是"西湖十六遗迹"之一。石高约 10 米，宽 2 米有余，峭拔玲珑。上刻篆书"三生石"及《唐圆泽和尚三生石迹》碑文。近代台湾作家林清玄有佳作《三生石上旧精魂》，坊间网上俱有流传，值得一读。

圆泽是位得道的禅师，住持惠林寺，有俗家朋友姓李名源。二人知交至深。一日二人相约去参拜青城、峨嵋山，却在路线问题上发生分歧。圆泽希望走陆路，取道长安斜谷入川，李源却坚持从湖北沿江而上。或因早年李源捐家产改建惠林寺，二人有约定，意见一致，则唯圆泽是听，意见不一致，悉由李源定夺。所以最终决定买舟入川。圆泽自知后果，喟然叹道：行止固不由人。

船到南浦，扁舟泊岸。河边有位身着花缎衣裤的妇人正在取水。圆泽当时落泪，对李源说：那是我下一辈子的亲娘，她姓王。我得走了，给她做儿子去了。三天后你来王家看我，我会对你一笑作为证明。再过十三年的中秋夜，请你到杭州天竺寺外，我一定来与你见面。

李源将信将疑。到了黄昏，圆泽圆寂，王家的婴儿也呱呱落地。三天后李源去看婴儿，婴儿果然微笑。李源回到惠林寺，寺里的小和尚说圆泽早已写好遗嘱。十三年后，李源从洛阳赶到杭州西湖，去赴圆泽的约，果然又听到故人化作牧童的心声。虽然星移斗转，生死苍茫，李源也一世三生，参透典故，为后人留下了一段"三生有幸"的佳话。现如今有情人常说缘定三生，若明白个中原委，也该知道这诺言的分量。

再说新版的"三生有幸"。此言所谓"三生"，分别是生态、生活、生产，"幸"是指幸运、幸福。新解三生有幸，是一个虽然没有具体数字，但却可以方便理解和计算的公式：

生态 = 生活 × 生产。

对于刚刚走出 20 世纪的中国人来说，这个公式意味着一个质的改变，就是要将在特定时期、特定历史条件下造就、形成并且一再片面强调的"先生产，后生活"，甚至"为了生产可以牺牲生活"，这样一种思想上的误导，调整为"先生活，后生产"，强调"以人为本"，强调在服从生态约束的基础上兼顾生活与生产。

有别于严格描述的数字计算型公式，生态 = 生活 × 生产是侧重强调概念的理论模型。这个公式概括并且诠释当代社会学理论中对一个和谐、持续发展社会的评判标准，阐明了生态、生活、生产三者之间不可突破的约束。只有满足这样的约束，才能保证在生态平衡中生活的人们能够共同分享由于生产所带来的经济增长的成果。

在这个公式中，生活与生产之间的乘法关系给我们以另一提示，即生活和生产的任何一方均不能为零，说明生活和生产二者不可偏废。只有按照这个思路思考问题，才能跳出唯经济论、经济增长第一的怪圈，更加冷静、主动地看待生态问题。须知生态并非无限，只有在约束中考虑资源的运用，才能达成创造和谐社会的根本目标。进言之，只有遵从这个公式的约束，才能保证社会福祉，使人民得到长远和真正的幸福。

定义新时代的"三生有幸"：生态是不可突破的约束；生活是生命和生存的前提；生活与生产之间表现为乘法关系，二者不可偏废；又由于生活与生产的过程均有可能导致废物或污染物的产生，成为符号为"负"的产出，出现这种情况，则生态恶化、经济崩溃、幸福消失，"三生有幸"亦不能维持。与一般算数意义上的乘法有所不同，当生活和生产两个因子都为负时，生态将"万劫不复"，且绝不会成为正数。

研究或阐释这个问题需要更多的数学知识，例如"向量代数"。因为新解"三生有幸"当中的生态、生活、生产都是向量，也就是有方向的量，生活×生产是向量的乘积，向量积，也叫"外积"或"叉积"，对于这种运算来说，交换律不成立。

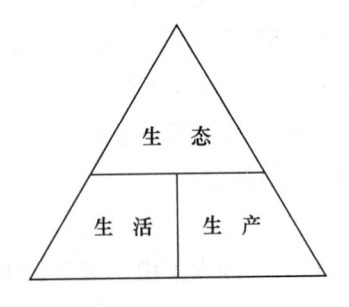

图1-1　三生有幸：生态、生活、生产之间的制约关系

佛教称人民为"众生"、"有情"、"普罗大众"，把为人民服务叫作"普度众生"。为了使"三生有幸"能够继续成为佳话，21世纪中国经济和社会的发展，必须以生态环境保护为基本原则，而不能以牺牲环境为代价。"但留三寸土，让与子孙耕。"除了考虑本世代的幸福和发展，还要

考虑未来世代的资源与需求,叫作"可持续发展"或"永续发展"。这是更高境界的"三生"概念,是真正施惠于民,普天博爱的"众生"和"有情"。

总而言之,在可持续的基础上,任何发展都应该立足当前,考虑长远。若从另一个角度来描述我们新解的三生有幸,那就应该是:谋求安居乐业,致力社会祥和,保持轻松心态,建设美好家园。可以想象,如果能够达到这样的境界,那么,我们的乡村,我们的城市,我们的国家,我们的人民,才是真正的"三生有幸"。①

## 第三节 计 量

### 一 "计"的语言文字含义

汉语中的"计",有多个义项,其本义为结算、算清,亦谓算法。《汉书·东方朔传》:"教书计相马御射。"颜师古注:"计,谓用算也。"《后汉书·冯勤传》:"八岁善计。"李贤注:"计,算术也。"②《王力古汉语字典》释"计"字,有两个义项。其一为算账、计算。其二则为簿籍,即记载户口、垦田、钱粮出入数的簿册。也作动词,呈送簿籍。《左传·昭公二十五年》:"计于季氏。"杜预注:"送簿籍於季氏。"引申为呈送簿籍。《史记·儒林列传》:"二千石谨察可者,当与计偕,诣太常,得受业如弟子。"(王力,2000)由此可知,在"计"这个中国文字传统蕴含的范畴里,已经包含关于经济活动内容的历数和表达。

### 二 "量"的语言文字含义

"量"(liáng)之本义,为测量、丈量。《庄子·胠箧》:"为之斗斛以量之。"又义计算、清点。《文心雕龙·指瑕》:"又《周礼》井赋,旧有匹马,而应劭释匹,或量首数蹄,斯岂辩物之要哉!"又义商酌。《魏书·范绍传》:"敕绍诣寿春,共量进止。"(《辞海》音序缩印本,1999)《王力古汉语字典》释"量":用特定的标准工具测定事物的长短、轻重、多少或其他性质。多用于以量器计算容积(王力,2000)。

---

① 龚益:《新解三生有幸》,《中国社会科学院院报》2005年1月6日。
② 《辞海》音序缩印本,上海辞书出版社1999年版,第766页。

"量"字多音，读作（liàng）时，亦有多个义项。其一，意指计量多少的器具。《书·舜典》："协时月正日，同律度量衡。"释文："量，斗斛也。"《论语·尧曰》："谨权量，审法度。"包咸注："权，秤也。量，斗、斛。"《汉书·律历志上》："量者，龠（yuè）、合、斗、升、斛也，所以量多少也。"（王力，2000，p.1508）其二，与"质"对应一道，构成事物的规定性。如"量变"亦称"渐变"，与"质变"相对。其三，是"容纳的限度"，如《论语·乡党》："唯酒无量，不及乱。"《论衡·实知》："所知同业，多少异量。"引申为标准、法度。《管子·牧民》："上无量，则民乃妄。"其四，指器量、气度（後起義）。《三国志·吴志·吕蒙传评》："吕蒙勇而有谋断……有国士之量，岂徒武将而已乎！"《三国志·蜀书·诸葛亮评》："刘备以亮有殊量，乃三顾亮於草庐之中。"（王力，2000，p.1508）其义项五，为估量，如量入而出。《资治通鉴·汉献帝建安十二年》："孤不度德量力。"其六，意为数量。《吕氏春秋·季春》："是月也，命工师，令百工，审五库之量。"另外，量还与"緉"（liǎng）相通，意为"双"。《晋书·阮孚传》："未知一生当著几量屐。"①

### 三 计量、计量学、计量法

《中国大百科全书》解释"计量"（measurement），是为确定量值而进行的一组操作。中国古代称为度量衡，其原始含义是关于长度、容积和质量的计量，主要器具为尺、斗、秤。②

《辞海》释"计量"：用一个规定的标准已知量作单位，和同类型的未知量相比较而加以检定的过程。通常利用一种计量器具来测量未知量的大小，用数值和单位表示出来。如日常应用的度、量、衡等工具进行工作和科学技术上各种测量工作的过程。根据测量检验的原理和内容，有长度计量、电工计量等。③

计量具有以下基本特点：（1）准确性。它表征计量结果与被计量的量的真值的接近程度。严格地说，只有量值而无准确度的结果不是计量结果。（2）一致性。计量单位的统一是量值统一的重要前提。无论在何时、何地，利用何种方法、器具，也无论何人进行计量，只要符合有关计量所要求的条件，计量结果就应在给定的误差范围内一致。否则，计量将失去

---

① 《辞海》音序缩印本，上海辞书出版社1999年，第1028页。
② 《中国大百科全书》精粹本，中国大百科全书出版社2013年版，第663页。
③ 《辞海》音序缩印本，上海辞书出版社1999年版，第766页。

其社会意义。(3) 溯源性。任何一个计量结果，都能通过连续的比较链与原始的标准器具联系起来。溯源性是准确性和一致性的技术归宗。溯源可以使计量科技与人们的认识相统一，从而使计量的准确与一致得到基本保证。(4) 法制性。量值的准确统一，不仅要有一定的技术手段，而且还要有相应的法律和行政管理，特别是那些对国计民生有明显影响的计量，更必须有法制保障。否则，量值的准确一致便不能实现，计量的作用亦无法发挥。①

随着科技的进步、生产的发展，对计量的要求越来越高，计量的概念和内容也在不断变化和发展，遂形成所谓现代计量，并出现了研究计量理论和实践的专门学科——计量学。计量学是现代物理学的一个分支。比较成熟和普遍开展的计量有长度、力学、热工、电磁、无线电、时间频率、声学、光学、化学量和电离辐射计量，即所谓的十大计量。而计量学的研究范围，已经突破物理量的范畴，扩展到化学和工程量乃至生理量和心理量等计量。计量学的研究内容包括单位、单位制；单位的基准、标准的建立；量值传递与检定测试；计量误差与数据处理；计量管理等。②

计量关系国计民生，所以各国通常以立法加以约束。有所谓《计量法》，是调整计量关系的法律规范的总称。《计量法》以法定的形式统一国家的计量单位制度，要求在生产活动、商品交换、科学文化等一切领域严格实施国家法定计量单位，必要时实行强制管理。在国际上，有关计量法制方面的工作，由国际法制计量组织的常设机构国际法制计量局进行；1975 年颁布的《计量法》，是该局批准的第一个国际性文件。

中国有悠久的计量立法传统，计量立法在先秦时代就已开始。嗣后历代，虽优劣参差，但各有传承。史籍记载，先秦时期，关于声学、光学、磁学的一些名词已在中国确定并流传。公元前 221 年（秦始皇二十六年）秦统一全国，秦王政称始皇帝，制八斤铜权。八斤铜权，高 5.5 厘米，底径 9.8 厘米，重 2063.5 克，权身铸有"八斤"二字并刻秦始皇二十六年统一度量衡诏文。

中华人民共和国成立后中国政府于 1985 年 9 月再次公布计量法，1987 年 2 月发布了针对这部法律的实施细则。中国计量法规定，国务院

---

① 《中国大百科全书》精粹本，中国大百科全书出版社 2013 年版，第 663 页。

② 同上。

计量行政部门对全国计量工作实施统一监督管理。国家运用法律建立统一的计量制度并加以监督，实施计量管理。其主要内容包括：制定计量法或在宪法中对计量工作加以规定；以法定形式统一计量单位制；建立计量基准器具、计量标准器具，进行计量检定，对制造、修理、销售、使用计量器具进行监督管理等。①

统一计量，兹事体大，由此还引发一段与"经济计量"相关的逸闻。

1979年中美两国建交之初，美国宾夕法尼亚大学克莱因（Lawrence R. Klein）教授率美国经济学家代表团来华访问，并且提交了经济学论文。克莱因教授的热情、友善得到了中国社会科学院领导的积极响应，时任副院长兼经济研究所所长的许涤新先生与克莱因教授商定，由克莱因教授领衔，于次年来华举办经济计量学讲习班。任务由社科院经济所承担，副所长徐绳武主抓，张守一②教授具体组织，担任讲习班办公室主任。

准备工作正在有条不紊地进行，却意外地引来了国家权威计量主管部门的"正式抗议"。有关部门负责人找到讲习班办公室主任张守一，义正词严地指出：我们是国家计量工作的主管部门，而你们现在要组织举办关于"计量"的讲习班，这是越权行为。张守一哭笑不得，只好耐着性子解释什么是经济计量学，说明经济计量学研究的对象，是关于经济的计量。对方考虑到这个"讲习班"的组织者是中国社会科学院，虽然不知深浅，但想必也是"有来头的单位"，终于退让，但提出参加讲习班的成员，国家计量系统的名额至少要占到2/3。最终还是因为中国社科院"有来头"，张守一坚持"你们的人一个也不要……"1980年6月24日，讲习班在政协礼堂举行了开学典礼，中国社会科学院副院长许涤新主持开幕式。③ 而后入驻北京著名的皇家园林——颐和园，开始为期七周的教学。④ 这次颐和园讲习班，为期49天。来自中国各大学和研究机构的100多名学者参加培训。自此开创了经济学，特别是经济计量学在中国大陆地区广

---

① 《辞海》音序缩印本，上海辞书出版社1999年版，第767页。
② 中国共产党党员、中国社会科学院荣誉学部委员、数量经济与技术经济研究所研究员、中国数量经济学会名誉理事长张守一同志，因病医治无效，于2013年3月11日11时30分在北京逝世，享年82岁。根据张守一同志生前意愿及家属意见，丧事从简。2013年3月15日上午9时在北京医院告别室（北京医院西门）举行告别仪式。
③ 刘国光：《数量经济学的新发展》欢迎词，社会科学文献出版社1991年版，第6页。
④ 汪同三：《在纪念"颐和园经济计量学讲习班"30周年国际学术研讨会上的讲话》，2010年7月。

泛开展的研究局面，星火燎原（张守一，2010）。①

这次"经济计量学"讲习班，由克莱因教授率斯坦福大学刘遵义教授、安德森教授，普林斯顿大学邹至庄教授、纽约市立大学粟庆雄教授、南加州大学萧政教授、宾夕法尼亚大学安藤教授共七位国际著名计量经济学家主讲，近百位中国经济计量学学者参加。当时有幸入选讲习班参与学习的学者，七成以上已届不惑，年长者则逾花甲，他们成为中国数量经济教学研究的中坚力量。

讲习班授课内容涉及数量经济学理论以及方法的应用。克莱因教授主讲经济计量学导论、美国经济模型；邹至庄教授主讲经济计量学、控制理论、汽车需求函数；刘遵义教授主讲需求分析、生产理论和中国经济计量模型研究；粟庆雄主讲宏观经济计量模型；萧政教授主讲经济计量方法；安德森教授主讲概率论和数理统计分析方法；安藤教授主讲应用经济计量学。

讲习班的举办，催生了数量经济学教学研究在中国的兴起。是年8月，讲习班结束时，人民日报、光明日报、新华社等中央媒体的20多位记者，到颐和园座谈并做专题采访报道。8月中旬，《人民日报》在头版右上方显著位置刊登了讲习班的消息；《光明日报》发表了"开展数量经济学的研究和应用工作"的长篇文章，同时刊载了马洪同志"数量经济学是对社会主义建设很有用的一门科学"的讲话。嗣后，林少宫教授、李楚霖教授在当时的华中工学院率先开始了经济计量学、数理经济学的教学研究工作，许多高校、研究机构也闻风而动、起而仿效。

逸闻有趣，往事如烟。但若细细想来，关于一个国家经济状况、国计民生、国家实力的计量，难道不是国家计量部门所应该承担的责任吗？斯人斯事，何过之哉！

### 四 计量的本质是标准化的实施

人类的标准化活动，与社会生产发展的历史一样悠久，人类试图征服自然的历史，也是不断走向标准、实现标准化的历史。计量的本质，就在于标准化的实施。或许可以这样说：没有标准就没有计量，在自然科学领域如此，在可以计量的社会科学领域也不例外。但是，如果按照不同的分

---

① 张守一：《在纪念"颐和园经济计量学讲习班"30周年国际学术研讨会上的发言》，记录稿，2010年7月10日。

类方式，在"自然科学"与"社会科学"之外另外划分出"人文科学"，并且把"人文科学"假定为完全不能"标准化"的领域范畴，则另当别论。这个问题，与几何学中的"第五公设"有某种类似。如果突破第五公设的约束，则有非欧几何如黎曼几何或双曲面几何成立。问题是，我们现在还不知道什么是经济学或社会科学乃至人文科学的"第五公设"。

远古时代，人类的生活方式与其他动物相差无几。古老相传，人类进化，逐渐学会使用木棒、石块等作为狩猎与防御的工具，把自己的吼叫声也逐渐变成清晰易懂的声音，作为交流思想传达信息手段，这些声音、音节和言语片断能为彼此理解和公认，即含有标准化的意义。人类在原始语言的基础上创造符号、文字，逐渐演绎成为书面语言。这种萌芽状态下无意识的行为，却是标准化的创举。史前时代早期标准化的明显例证，是欧、亚、非洲出土石器的形状和样式都极其相似①，据古人类学研究提供的资料，早在300万年前人类开始制造工具，170万年前中国云南元谋人打造的石器同蓝田人、北京人用的石器例如砍砸器、刮削器、尖状器等很相似，以致有人把这一切作为"地球是外星文明试验场"的证据。

人类有意识地制定标准，是由社会分工所引起的。社会分工提高劳动生产率，促进生产发展和等价原则下产品的交换。在这一过程中，实现等价交换的基本前提便是计量，度量衡由此衍生。随着生产的发展和手工业技术水平的进步，人类不断改革计量，实现计量器具和计量单位的标准化，也实现了手工业内部分工的细密化、规范化。春秋战国时期齐国人著作《考工记》，是中国目前所见年代最早的手工业技术文献，记述了30项手工业生产的设计规范和制造工艺，是一部手工业生产技术的规范文献汇编。②

秦统一中国后发布政令，对计量器具、文字、货币、道路、兵器等进行了全国规模的统一化，同时颁布各种律令，如《工律》规定："为器同物者，其小大、短长广夹映必等。"要求器物外形尺寸一致。北宋雕印工匠毕昇在1041—1048年间（宋仁宗庆历元年至八年）首创胶泥活字印刷术，被称为"标准化发展的里程碑"——活字印刷是对人类科学文化的宝贵贡献，包含着近代标准化方法和原理的萌芽，其中运用了标准性、互

---

① 李春田：《标准化基础》，中国计量出版社2001年版，第1页。
② 戴吾三：《考工记图说》，山东画报出版社2003年版，第1页。

换性、分合性、重复性等方法和原则。① 但在研制胶泥活字前，已有木活字在应用。当时印刷用水墨，木活字沾水膨胀且粘药，毕昇才改用胶泥制字。② 由此说来，树立这块"标准化里程碑"的时点，应在毕昇之前。毕昇所为，当属技术进步而非原始创新。

英国科学家李约瑟（Joseph Needhan，1900—1995）研究中国古代科技史料，所著《中国科学技术史》（7卷34分册），指出中国古代科学技术曾极大地影响世界文明进程，为全人类作出过巨大贡献。他评价历史上的中国，"在公元3世纪到12世纪期间保持了令西方望尘莫及的科学知识水平……，中国的这些发明和发现远远超过同时代的欧洲，15世纪之前更是如此。"马克思也高度评价中国古代的四大发明"是资产阶级发展的必要前提"。李约瑟和马克思所说的贡献，当然并不仅仅是指"中国古代的标准化"，这些关于标准化的行动和行为，已经深深地嵌入在科学成果之中，成为科学内容的有机成分。从某种意义上来说，标准化本身就是科学发展历史的一部分，没有谁能够把标准化的发展从科学发展的历史中彻底地分离出来。我们回顾人类社会标准化思想的萌芽，特别是中国古代的标准化，无非是为了更加充分地阐明这个道理。

近代标准化是古代标准化的继承和发展，两者之间并没有本质的区别。古代标准化建立在手工业生产的物质技术基础之上，是对现象的描述和经验的总结，以直觉的和零散的形式缓慢进化发展而成，其作用与当时时代的经济发展观念与规模相吻合。近代标准化则有不同，它在大机器工业的基础上生长，需要适应大工业生产的各种特征。例如不断提高生产率、扩大市场需求、调整产品结构、实现资源节约等。

18世纪60年代，产业革命（也称工业革命）在英国兴起，19世纪，法、德、美等国也相继完成了从以手工技术为基础的资本主义工场手工业，过渡到采用机器生产的工厂制度。由于竞争市场的压力，大家都在寻求提高生产率的途径。作为资本主义扩张的重要工具，武器需求的扩大成为重要问题，技术进步也在武器工业中率先得到体现。

1798年美国人艾利·惠特尼（Eli. Whitney）在制造武器过程中运用了互换性原理，成批制造可以互换使用的零部件，为大量生产开辟途径。

---

① 李春田：《标准化基础》，中国计量出版社2001年版，第2页。
② 张树栋、庞多益、郑如斯：《简明中华印刷通史》，广西师范大学出版社2004年版，第431页。

要生产具有互换性的零件,必须有相应的公差与配合标准。1902年英国纽瓦尔公司编辑出版了纽瓦尔标准《极限表》,首开公差制先河。4年以后,即1906年英国颁布国家公差标准BS27。各种螺纹、零件和材料也先后实现了标准化。1911年美国工程师泰勒(Frederick Winslow Talor,1856—1915)首创"泰勒制",把标准化方法应用于制定标准工时,开展作业研究,通过管理途径提高生产率,开创了科学管理的新时代。1914—1920年,在一系列标准化成就的基础上,美国资本家福特(Henry Ford,1863—1947)首创"福特制",打破了按机群方式组织车间的传统做法,创造了制造汽车的连续生产线,在标准化基础上实行流水作业法,形成大批量的连续生产。这种形式很快在全世界普及。①

  工业化初期,市场狭小,当时的工业标准只是对当地用户和有关工厂生产能力的反映。生产能力的发展对运输能力提出更高要求,也促成了以道路为基础运输的发展。1815年,使用细石块铺成的"马卡达莫道路"即"碎石路"成为英国的标准式道路;1820年萨思奈、1850年莫罗分别提出新方法,在天然柏油里混进烧热的焦油,将此洒在碎石道路上再行碾压。1835年,用这种方法铺成了巴黎的协和广场。② 在此期间,水泥混凝土和沥青混凝土铺装的道路相继出现,交通运输能力大大提高。

  1850年以后,运输业的发展导致交换范围扩大。这时由于不同地区生产的同一用途的材料和零部件互不统一,买主必须经过修正以后才能使用,于是迫切要求在全国范围内开展标准化。1895年1月,英国钢铁商H.J.斯开尔顿在《泰晤士报》上发表的信件,代表了当时产业界的普遍愿望。1901年,由英国土木工程师学会(ICE)、机械工程师学会(IME)、造船工程师学会(INA)与钢铁协会(ISI)共同发起成立英国工程标准委员会(ESC或BESC),同年4月26日在伦敦召开第一次会议③,成为世界上第一个国家标准化组织。标准化活动从此进入了一个新的发展阶段。④ 到1932年已有荷兰(1916年)、菲律宾(1916年)、德国(1917年)、法国(1918年)、美国(1918年)、瑞士(1918年)、瑞典

---

① 李春田:《标准化基础》,中国计量出版社2001年版,第3页。
② [日]中山秀太郎:《世界机械发展史》,机械工业出版社1986年版,第68—69页。
③ 1931年改为现在的英国标准协会(British Standards Institution,BSI),总部设在伦敦。
④ 国家标准化管理委员会:《国际标准化工作手册》,中国标准出版社2003年版,第210页。

(1919年)、比利时(1919年)、奥地利(1920年)、日本(1921年)等25个国家相继成立了国家标准化组织。与此同时,1906年成立了国际电工委员会(IEC),1928年又创立了国际标准协会国际联合会(ISA),人类标准化活动的规模,由企业到国家,再由国家扩展到世界。

两次世界大战以及战后的复兴,都促进了标准化的发展。第一次世界大战期间,物资奇缺,美国军工局通过严格的标准化,对产品品种规格加以限制,取得了显著成效。战后经济恢复时期又出现了产品花色品种过多过乱的局面,影响生产率提高。对此,美国商务部所属的简化应用局发动了全国性的生产简化运动。第二次世界大战期间,由于军需品互换性差,规格不统一,致使盟军供给异常紧张,许多备件要从美国运往欧洲战场,造成极大损失。为此,军属部门再度强调标准化;在战后重建的狂热中,也把加强标准、压缩品种列为首要任务。标准化逐渐发展成为保障国家资源合理利用和提高生产力的简化技术。[①] 国家标准化和国际标准化正在成为人类社会发展的同步行为(龚益,2009)。

具体到经济计量领域,则需要关于经济计量的标准化:首先是术语概念的一致,然后是概念口径的统一,最后涉及被计量对象本质的统一。如果没有在标准化概念下的数据搜集和整理,经济计量便会成为无本之木、无源之水,成为没有实际意义的数字游戏。遗憾的是,关于经济计量,例如统计的标准化,实在是一件非常困难的事情。也是不同经济计量之间对比困难甚至无法对应比较的重要原因。

## 第四节 经济计量

### 一 社会统计是基础性的经济计量

统计(Statistics)的起源很早,它随着人类社会活动的需要而产生,随社会进步而发展。虽然"统计"这个名词的出现仅有二百多年,但是作为一种社会实践活动,"统计"已有几千年的历史。在现代经济意义上,所谓统计指标其实是一系列社会指标和经济指标的总和。经济统计从单个指标的建立到指标体系的形成与变革,经历了漫长的历史阶段。由于

---

① 李春田:《标准化基础》,中国计量出版社2001年版,第3页。

人类社会生产实践和社会管理的需要，远在人类社会的早期就已产生了统计行为，但在当时并未形成完整的社会指标体系或经济指标体系，社会指标和经济指标混杂在一起。进入资本主义时代以后，社会分工日益发达，以描述经济活动为目标主体的指标体系随之逐渐形成。

欧洲学者认为，统计方法在人类学上的应用可以说开始于17世纪威廉·配第（William Petty, 1623—1678）与格龙特（John Graunt）关于死亡统计表的研究，后来又由比利时天文学家奎特勒（L. A. J. Quetelet, 1796—1874）加以恢复（W. C. 丹皮儿, 2001）。事实上，人类开始统计方法的年代还要早得多。

早期的统计从人口和土地的计算开始。中国古代即有丰富的统计实践。有证据表明，夏禹时期（大约在公元前21世纪到前16世纪左右）就有人口和土地的统计。相传成书于战国（前475—前221）时期的《尚书·禹贡》，用自然区分方法记述当时中国的地理情况，把全国分为九州，假托为夏禹治水以后的政区制度，对黄河流域的山岭、河流、土壤、物产、贡赋、交通等加以分类统计，体现了朴素的统计原则。在此之后的史籍中，亦不乏列表绘图，以便阅读比较。国家为了战争和征税的需要，对人口、土地和财产等实行专项统计，建立了相关的社会经济统计指标。到明代（1368—1644），户口和土地统计已经初步具有现代统计图表的形式。至清光绪三十三年（1907）九月，即由宪政编查馆奏请饬各省设立调查局，各部院设立统计处，成为中国实施现代调查统计的萌芽。在国外，古希腊荷马时代（约公元前12世纪到前九世纪）就开始了人口和居民财产的调查。当时的统计只是简单的登记、计数和比较。①

在统计学发展史上，较为著名的有德国统计学派，亦称为记述统计学派或国势统计学派。其早期代表人物有塞坎道夫（Ludwig Von Seckendorff, 1629—1692）、康令（Hermann Conring, 1606—1681）等。"统计是静止的历史，历史是前进的统计"是康令留给世人的名言（贾宏宇, 1986）。国势学派的主要代表人物，德国学者阿痕瓦尔（Gottfried Achenwall, 1719—1772）在其所著的《近代欧洲主要国家的基本制度》② 一书里，分别记述了包括西班牙、葡萄牙、法国、英国、荷兰、俄国、丹麦、

---

① 龚益：《社科术语工作的原则与方法》，商务印书馆2009年版，第220页。
② 由第三版起改为现名。转引自苏国荫《世界经济统计学新论》，社会科学文献出版社1999年版。

瑞典8个国家的领土、人口、物产、国境、殖民地、工业、贸易、货币、度量衡制、社会阶层、军事力量、政治经济制度、气候等基本情况，并尽量与德国的情况进行比较。他的研究方法以文字表述为主，不具备现代统计实践的基本特征。

政治算术学派的创始人是英国的威廉·配第，主要代表作《政治算术》（Political Arithmetic）。这本书于1676年定稿，在配第逝世3年后（1690年）出版。由于配第首次采用"数字、重量和尺度的词汇来表达自己的问题"[1]，虽然仍处于萌芽状态，但已经具有现代统计学的特征。配第在统计方法方面的重要贡献是开创了国民收入的估算。但配第把估算的居民消费总额等同于国民收入总额，说明早期统计概念的局限。政治算术学派另一重要代表人物是英国的格莱葛瑞·金（Gregory King，1648—1712），其主要著作是《关于英国国势自然的和政治的观察及其结论》（*Natural and Political Observation and Conclusions upon the State and Conditions of England*），1696年写成，直到他逝世后近一百年才发表。

从单个指标的建立到指标体系的形成与变革，经济统计经历了漫长的历史阶段。例如在中国元代（1206—1402）即有诸如"岁印钞数"的货币统计数据（《元史》卷九十三）。按照公元纪年，中统元年（庚申）即为1206年。表3-1列出部分数据。

据《元史》卷十五《世祖纪十二》记载，至元二十五年（辛卯，公元1288年）正月"毁中统钞版"，但是从表3-1中可见，自至大四年（辛亥，公元1311年）又有"中统钞"发行（陈高华，1985）。另据《元典章》卷二十《户部六·钞法》称："中统钞废罢虽久，民间物价每以为准，有司依旧印造，与至元钞子母并行，以便民用。"说明当时货币流通的具体情形，也说明在当时已经存在概念相对稳定的货币和金融统计方面的专门语词，即术语。

## 二　新中国成立初期的统计工作

中华人民共和国在成立的第一年中，即已广泛地展开了统计工作，以适应建设新国家的需要。在统计机构方面，在中央财政经济委员会的计划局中，成立了统计处，这是集中统一的全国性统计工作领导机构的前身，负责拟议全国性的统计制度和机构，号召在所有国民经济部门中组织统计

---

[1] ［英］威廉·配第：《政治算术》，陈冬野译，商务印书馆1978年版。

工作,这个工作由统计处集中管理,力图以适当的方法整理关于国民经济的统计资料。

鼎革初期的财经统计工作,在第一届全国财经统计会议总结中指出:为"制定恢复和发展全国公私经济各主要部门的总计划",必须掌握公私经济各主要部门的调查统计资料及有关人民经济发展的各项必要资料。最重要的应该包括:(1)重要工农业产品的产与销的平衡状况——工农业品的生产总值,工业产品与农业产品的平衡状况、人民购买力的现状及其发展趋势。(2)出口与入口的平衡状况——主要出入口产品的现状、现存问题及其发展趋势。(3)商品与货币之间的平衡状况、现在的初步规律及其发展趋势。(4)干部、劳动力在各经济部门中的平衡状况,及其适应人民经济发展的趋势。

为研究以上问题并制订计划,还必须了解:我国经济的重要资源状况及地区分布状况,基本建设工作进行的状况,重要产品及运输的成本价格状况及其利润状况,劳动、工资、税收状况及其发展趋势,等等。这些正是以国有经济为领导,五种经济统筹兼顾中的最主要的政策问题,也是国家总计划中必须解决的问题。因而要求必须做好一系列复杂的调查统计工作,这就是当时财经统计工作的任务。

(1)调查统计重要工业品的生产状况,各部门基本建设进行状况,主要原材料供应状况及产品销售状况,区别国营工业与私营工业,区别主要与次要,在要求上与方法上有所不同。

(2)调查统计主要农产品(主要粮食与工业原料作物)的生产状况、销售状况及重要原材料(如肥料、农药等)供应状况。这些资料的取得主要依靠抽样调查加以估算的方法。如条件成熟在个别地区,能对某些重要作物(如棉花)进行普查,因而取得较精确的统计数字。

(3)生产总值的估算。重要工业产品的统计数字与次要工业品的估算数字,加上农产品的估算数字,再加上手工业产品及其他未包括在农业产品中的农副业产品的估算数字,就可取得工农业产品生产总值的近似数字。这一工作,除工业产品的生产总值外,基本上要依靠区县人民政府用典型调查、开调查会等方法取得资料,加以推算。

(4)选择二三十种重要的民生日用品在农民、工人、城市市民中分别进行必要的典型调查,研究其生活收支情况及对主要工农业品的消费量及其发展趋势。这一工作基本上也要依靠区县(市)人民政府来做。

（5）人口及土地、森林、重要矿藏、水利、水量与其他资源的调查统计，除人口、土地、重要农作物、主要牲畜等基本数字，可结合土地改革、发土地证、查田评产、征农业税等工作，逐步求得比较正确的数字外，其他资源状况都需要依靠专业部门调查统计。这些资料的综合，即可分析研究区域经济状况。

（6）出入口的统计，并研究其发展趋势，这要依靠海关及国有贸易部门取得。

（7）调查统计商品周转与货币流通的状况，关联到生产、贸易、金融、税收及交通运输。除产品的调查统计，上述一、二、三项已说过；为掌握这些资料，还必须进行商业的、金融的、税收的和交通运输的调查统计。这里同样要区别不同经济成分用不同方法进行，主要依靠国家的贸易机关、税务机关、银行、交通部门及合作社与大中城市的工商行政部门。在成本价格的调查统计工作上，除工业交通企业应从成本计划的执行中进行调查统计外，农产品、手工业产品及其工业产值的比价，基本上应选择重要工农业产品及重要运输工具，从产品价格、运输价格上加以调查统计（历史上的状况与现在的状况），并联系成本分析研究，以便国家正确地确定价格政策。

（8）各经济部门干部、劳动力状况的调查统计，及适应国民经济恢复与发展的趋势，估算干部、劳动力需求的趋势，以便国家制订培养干部、培养技术工人、调查劳动力的计划。进行工资与农民所得的调查统计，以便国家确定工资政策与人民负担政策。这些调查统计工作，同样要区别不同经济成分用不同方法进行。

按照当时的要求，上述八项任务，一般要在1952—1953年间逐步实施，但是根据不同地区的具体情况，在进行步骤上可以有所区别。①

上述文字的原始出处，是1953年出版的一部《国民经济实用辞典》（苏渊雷，1953）。从其中使用术语的情况看，大部分词汇与20世纪末、21世纪初期的言语相差无几。只是那时的"出入口"后来习称为"进出口"；那时有"人民经济"的概念，现在已经不再区分，似乎是做了全部"经济"都属于人民的假定。除此之外，那时有所谓"人民负担政策"的概念，现在则不大提起。所有这些状况说明，就统计方面的词语而言，在

---

① 苏渊雷：《国民经济实用辞典》，上海春明出版社1953年版，第1101—1102页。

新中国成立之时即已趋于稳定，其后五十余年间并无太大变化；专业术语的规范与沿袭，可能并不理会行政意义上政权的更替。

### 三 统计是对经济的不完全计量

我国虽然拥有悠久的计量立法传统，历代封建王朝都有关于国民生计的计量，但是关于经济的计量，并未纳入《计量法》法律约束的范围。在现实生活中，统计或者社会统计，对经济和社会活动进行计量。国家《统计法》，是调整国家统计体制和统计活动的法律规范的总称。

新中国成立以后，经1983年12月8日第六届全国人民代表大会常务委员会第三次会议通过，公布统计法，并于1996年5月15日，第八届全国人民代表大会常务委员会第十九次会议修正，同日公布并施行。制定这一法律的目的，是"为了有效地、科学地组织统计工作，保障统计资料的真实性、准确性、完整性和及时性，发挥统计在了解国情国力、服务社会发展中的重要作用，促进社会主义现代化建设事业发展"。

《中华人民共和国统计法》共6章34条。第一章为总则。规定统计的基本任务，是对经济社会发展情况进行统计调查、统计分析，提供统计资料和统计咨询意见，实行统计监督。国家机关、社会团体、企业事业组织和个体工商户等统计调查对象，必须依照该法和国家规定，如实提供统计资料，不得虚报、瞒报、拒报、迟报，不得伪造、篡改。基层群众性自治组织和公民有义务如实提供国家统计调查所需要的数据。国家建立集中统一的统计系统，实行统一领导、分级负责的统计管理体制。

国务院设立国家统计局，负责组织领导和协调全国的统计工作。统计工作应当接受社会公众的监督。任何单位和个人有权揭发、检举统计中弄虚作假等违法行为。各地方、各部门、各单位的领导人不得强令或者授意统计机构、统计人员篡改统计资料或者编造虚假数据。统计机构和统计人员实行工作责任制，依照该《统计法》和统计制度的规定，如实提供统计资料，准确及时完成统计工作任务，保守国家秘密。统计机构和统计人员依照该法规定，独立行使统计调查、统计报告、统计监督的职权，其职权不受侵犯。

《统计法》第二章界定统计调查计划和统计制度。规定统计调查应当以周期性普查为基础，以经常性抽样调查为主体，以必要的统计报表、重点调查、综合分析等为补充，搜集、整理基本统计资料。国家制定统一的统计标准，以保障统计调查中采用的指标含义、计算方法、分类目录、调查表式和统计编码等方面的标准化。第三章规定统计资料的管理和公布。第四章界定统计机构和统计人员。第五章明确法律责任。第六章为附则。民间统计调查活动的管理办法，由国务院规定。中华人民共和国境外的组织、个人在中华人民共和国境内进行统计调查活动，须事先依照规定报请审查，获经批准后方可实施（刘树成，2005）。

在统计活动中，常常用到"统计指标"、"统计指数"、"统计预测"等专门术语。①

"统计指标"简称"指标"。综合反映统计总体数量特征的概念和数值。如人口数、工业总产值、国民收入等。有实物指标和价值指标，数量指标和质量指标等。按指标数值形式，又可分为绝对指标、相对指标和平均指标。

"统计指数"简称"指数"。表明社会经济现象在不同时期的数量对比关系的相对数。分个体指数和总指数。前者反映同类现象单项事物动态的相对数，如某种产品的产量指数；后者反映不能直接相加的复杂社会经济现象综合变动程度的相对数，如说明市场价格变动的零售物价指数。

统计与计量所必须面对并且永远无法超越的，是尺度问题。宏观尺度与微观尺度不能同时讨论。换言之，无论如何，所谓统计对国民经济的计量都不可能达到"完全"，即不能达到事无巨细、无所不包的程度。囿于这样的限制，基于"统计"所"收集"的资料便不可能达到"彻底"反映经济现实的程度，而基于这些"资料"所开展的经济计量与研究，充其量也只能达到"近似"，这是毫无疑问的。经济计量学所能达到的最好程度，只能是"近似的科学"，对此不应抱有任何不切实际的幻想。

### 四 统计调查和报表制度

在中国，为了获得社会经济活动的计量结果，国家通过统计调查项目、统计报表制度获取数据信息，通过统计年鉴的出版向社会表达。国家统计调查项目由两部分组成：一是由国家统计局组织实施的统计调查项目，二是由国务院各主管部门组织实施的调查项目。

国家统计局负责的统计调查项目是统计年鉴数据来源的主要渠道。国家统计局通过组织实施各项统计调查，能够提供国民经济总量、人口、就业、劳动工资、固定资产投资、农业、工业、建筑业、运输邮电业、批发

---

① 《辞海》音序缩印本，上海辞书出版社1999年版，第1690页。

零售贸易业、餐饮业、科技、物价、城乡居民生活、城市经济社会发展情况等方面的统计数据。

国务院各主管部门负责的统计调查项目是统计年鉴数据来源的另一重要渠道。国务院各主管部门在国家统计局的统一指导下，通过组织实施各项统计调查，能够提供财政、金融、保险、对外经济贸易、旅游、教育、文化、体育、卫生、民政、司法等方面的统计数据。

国家统计调查项目采取统计报表制度的形式。统计报表制度是企业、事业、行政单位或住户依照《统计法》的规定，按照国家统一制定的表格形式和规定的时间、内容、计算方法及一定的程序，由下而上逐级向上级和国家定期提供统计资料的一种统计报告制度。是搜集国民经济和社会发展统计资料的主要形式。

统计报表制度主要包括报表目录、报表表式、填报说明等内容。报表目录是对报表名称、报送日期、填报单位、填报范围和报送方式等事项进行说明的一览表。报表表式规定每一张统计报表的具体格式，是统计报表制度的主体，统计数据就是通过这些统计表式的填报获得的。报表说明是填写统计报表应遵守的事项，它对统计填报目录、统计指标、统计分组等作出统一的规定，可以使填报单位对报表内容填报目录、指标定义等有统一的理解，在计算方法和口径范围上有统一的标准，以确保统计数据的质量。

统计报表制度按照调查频率可分为月报、季报、半年报、年报等。年报是报告年度内企业、事业、行政单位以及住户生产经营活动的全面总结，是统计年鉴数据采集的主体。通过对年报数据的搜集整理和加工，最终形成可以反映某地区、某部门乃至全国社会经济发展全貌的统计年鉴数据。

统计年报制度是一种经常性的统计调查，其目的是实现对社会经济现象连续不断的登记或观察，以获得其全部发展变化过程及其结果的统计资料，反映国民经济和社会发展的动态情况。全面调查和抽样调查是统计制度当中两种常用的统计方法。

新中国成立初期，为适应计划经济的要求，配合大规模的经济建设，国家统计局提出：按照中国的具体情况，学习苏联经验，在中央统一领导下建立一套系统的统计制度和统计方法。从1950年开始，逐步建立起农业、工业、交通运输业、商业、基本建设、劳动工资、物资供应、教育、文化、卫生、体育、环境保护、民政等统计年报制度；1980年后，在不断补充完善以上各种统计报表制度的同时，又陆续建立起统计调查单位、服务业、农村经济、旅游、对外贸易、国际收支、国民收入、财政、金融、保险、司法、要素市场等统计年报制度。

到 1999 年，我国已有基本单位中农林牧渔业、工业、建筑业、运输邮电业、批发零售贸易业、餐饮业、服务业、固定资产投资、劳动、科技、要素市场、教育、文化、卫生、体育、旅游、环境保护、民政、司法、财政、金融、保险、国民经济核算等多种统计年报制度，成为统计年鉴数据采集的坚实基础。

1948 年，联邦德国实行货币改革后，慕尼黑 IFO 经济研究所（IFO Institute for Economic Research，Munich）访问过许多公司，就货币改革能否带来预期的经济发展问题进行咨询，由此形成了一种新的信息采集方式。这种技术后来被广泛采用。从 1949 年 11 月开始，IFO 经济研究所首创了世界上第一例定期（每月一次）的景气动向调查（Business Survey）。这种调查采用特有的定期问卷方式：问题是选择性的，提问内容不问"多"与"少"，只问"是"或"否"，不问未来的变化程度，只问变化的方向；问卷咨询的对象则是经济活动的参加者本人。

在全面调查的基础上，也实施抽样调查，即按照随机原则从总体中抽取一定数目的单位（样本）进行观察，根据观察结果，用样本指标来推断总体的非全面调查统计方式，称为"抽样调查"。抽样调查主要用于不可能或很难进行全面调查，而又需要了解其全面情况的某些社会经济现象，以及对全面统计调查结果数据的验证等，也是搜集统计数据的重要方法之一。

新中国的抽样调查工作起步于 1950 年，先后建立了职工生活、物价、农民家庭收入等统计年报制度。实行改革开放政策以来，中国乡镇企业以及个体经济、私营经济、三资企业等多种经济成分迅速发展，给统计工作提出了许多新的要求。一方面统计调查对象的规模迅速扩展，另一方面统计调查对象的构成日趋复杂。针对这种情况，国家统计局加快了应用抽样调查方法的步伐（刘成相、刘科、金兆丰，2000）。[①]

---

① 刘成相、刘科、金兆丰：《如何使用统计年鉴》，中国统计出版社 2000 年版，第 1—3 页。

# 第二章 经济计量学

## 第一节 经济计量学术语

经济计量学（Econometrics），又译计量经济学，也有人译作度量经济学。是把经济理论、统计学和数学方法结合在一起，以经济现象可计量的变化为研究对象的学科。

经济计量学这个名词是仿照19世纪末叶兴起、以数理统计学方法进行研究的生物计量学（Biometrics）的名词结构创造出来的。从语词结构的角度说，经济计量学一词属于偏正结构，是以"经济"修饰或界定、描述"计量"。与政治经济学、经济学和许多其他术语一样，经济计量学也是西方语词的译文。该词西语原文（英文为Econometrics，其他西方语言也类似）均以经济作词冠，表明是经济学的计量学，而不是关于计量的经济学。在意大利出版的一个杂志叫作《METROECONOMICA》，是以计量作词冠，但其所谓"计量"实际含义指的是评论，是要对经济学进行评论，与计量分析无关[①]。

### 一 经济计量学名称的由来

大多数西方经济计量学的教科书，主要阐述如何进行计量的方法和技术，讨论如何把经济学的各种规律、学说和定理列成方程，然后根据统计资料进行计量，寻找探求既定方程当中所涉及的各个具体参数，对照实际，检验正误，比较优劣，然后决定修正或取舍，而不是把这些规律、学说或定理的内容本身作为讨论的中心。

---

[①] 孙世铮：《经济计量学》，人民出版社1984年版，第1页。

早在 1910 年，经济计量学一词就曾以 OEKONOMETRIE 的形式出现过[①]。但是赋予这个术语以我们现在所理解的作为一个经济学学科的那种含义的则是拉格纳·弗里希（Ragner Frisch）的功劳。弗里希是挪威人，统计学家，曾于 1969 年与荷兰经济学家 J·丁伯根（J. Tinbergen，1903—）[②] 共同获得第一届诺贝尔经济学奖金。弗里希声称，是他在 1926 年发表的一篇论文中以 ECONOMETRIE 的形式首先使用了经济计量学这一名词。从字面上说，经济计量学一词的含义是经济测量（Economic measurement），但实际含义要广得多。

所谓经济计量学，是依靠经济理论，把各相关经济变量间的依存关系表现为方程或方程组，即"经济计量模型"，并利用统计材料求出方程或方程组中参数的值，据以分析和计量某一变量的变化对其他相关变量的影响，从而检验和证明所依据的经济理论的正确性，预测经济现象的趋势动向，评价经济政策的可行性及其影响，并研究企业的生产、运输和销售等问题。虽然经济计量模型并不能严格准确地反映经济过程的全部细节，但其中所运用的经济计量方法可以起到帮助人们深化认识，逐步逼近经济行为本质的作用。

## 二　经济计量学的概念定义

由于经济计量学是用数学语言把经济理论表述为方程体系（方程或方程组），再根据观测得到统计资料、借助数理统计方法为方程体系的参数估计出具体数值，所以常被说成是经济学、数学和统计学的结合。关于什么是经济计量学，各家说法互有出入，但大同小异。至于描述性的定义更有很多种，大多是从各自不同的角度出发对经济计量学加以解说。按照《新帕尔格雷夫经济学大词典》（1990）的解释："经济计量学是一个迅速发展的经济学分支，其目标是给出经济关系的经验内容。"

因此，有人从经济计量工作的角度定义表述经济计量学。例如，丁伯根认为："经济计量学的范围，也包括用数学表示那些从统计检验观点所作的经济假设和对这些假设进行统计检验的实际过程[③]。"列昂惕夫说："经济计量学是经济分析的一个独特类型，在这里通常用精确的数学符号表示的一般理论观点，往往以精确的统计方法为中介，并且同对经济现象

---

[①] 见《经济计量学》杂志，英文版，1936 年 1 月，第 95 页。
[②] J. 丁伯根获诺贝尔经济学奖，他的弟弟获得了诺贝尔医学奖。
[③] J. 丁伯根：《经济计量学》，1951 年英文版，第 11 页。

的直观度量结合起来①。"萨缪尔森、库普曼和斯通认为"经济计量学的定义为：在理论与观测协调发展的基础上，运用相应的推理方法，对实际经济现象进行数量分析"。"经济计量学可定义为实际经济现象的定量分析，这种分析根据的是由适当推断方法联系在一起的理论和观测的即时发展。经济计量学运用数理统计知识分析经济数据，对构建于数理经济学基础上的数学模型提供经验支持，并得出数量结果"。② L. R. 克莱因给经济计量学的定义："经济计量学是数学方法、统计技术和经济分析的综合。就其字义来讲，经济计量学不仅是指对经济现象加以测量，而且包含根据一定的经济理论进行计算的意思③。"

另外一些人从经济规律的角度进行表述，如西尔说："经济计量学是根据经验确定经济规律④。"这里所说的"经验"，是指通过观测所得到的数据，根据这些数据，应用数理统计方法确定经济规律的具体的数量表现⑤。波兰经济学家奥·兰格持同样的观点。他说："经济计量学是经济学理论和经济统计学的结合并运用数学的和统计学的方法对经济学理论所确定的一般规律给予具体的和数量上的表示⑥。"

### 三 经济计量学的学科价值

回顾经济计量学诞生和发展的过程，关于这一学科究竟是否能够作为一门科学存在的争论与批评始终伴随其左右。早期关注的核心问题是，经济规律能不能用数学公式表达？可不可以计量？事实上，这是一切与经济数量有关的学科，如数理经济学、经济统计学、经济计划学、经济优化理论和经济预测学等一系列相关学科能否存在的前提。

英国经济学家琼·朱克斯认为，经济学是一门历史科学，追求数学的精确性必然导致脱离和歪曲现实；经济学不是，也永远不会像自然科学那样的科学⑦。前苏联科学院院士瓦尔加认为："自然（特别是非生物）规律是清楚和确定的，他们可以用数学公式表达，因为只要它们在相同的条件下重

---

① 列昂惕夫：《经济计量学》，1949 年英文版，第 388 页。
② 萨缪尔森、库普曼和斯通：《关于〈经济计量学刊〉评价委员会的报告》，《经济计量学刊》1954 年第 2 期。
③ L. R. 克莱因、T. W. 安德逊：《经济计量学讲义》，航空工业出版社 1990 年版，第 1 页。
④ 西尔：《经济计量学原理》，1971 年英文版。
⑤ 张守一等：《经济计量学基础知识》，中国社会科学出版社 1984 年版，第 8 页。
⑥ 兰格：《经济计量学导论》，中文版，中国社会科学出版社 1980 年版，第 2 页。
⑦ 张守一等：《经济计量学基础知识》，中国社会科学出版社 1984 年版，第 2 页。

复，所反映的过程总是不变的。社会规律是人们在历史不断变化的环境下活动的结果，因此它们不能用精确的数学公式表达，事件在某种具体情况下的发展，是不能准确地预见的[①]。"显然，以瓦尔加为代表的观点，指出了事件与观测结果的不可重复性，这是经济学不能以"精确的"数学加以表达的理由。但是细加分析，我们就会看到这当中存在的术语定义问题。

首先，琼·朱克斯和瓦尔加的否定指向，不在"数学公式"而在于"精确性"。如果定义数学公式为"精确的表达"，则瓦尔加的观点成为对"以数学公式描述经济规律"命题的严格否定；如果按照现代数学发展的定义，将描述随机行为和不确定性的方法引入公式表达，即在更广泛的意义上定义"数学公式"，那么即便是"不能重复"的事件也可以获得相应的"数学表达"。近年蓬勃发展的关于混沌（chaos）现象和不确定性问题的研究，从某种意义上已经说明"确定性"开始让位于包含确定性问题在内的"不确定性"，确定性的问题只是不确定关系集合当中的一个特例。

斯大林认为，经济规律与自然规律的区别有二：一是经济规律"虽然长久存在，但却不是一成不变的；政治经济学规律，至少是其中的大多数，是在一定的历史时期中发生作用的，以后，它们就让位给新的规律"；二是"在经济学领域中，发现和应用那些触犯社会衰朽力量的利益的新规律"，"要遇到这些力量的极强烈的反抗"[②]。西方经济的发展，若从1640年英国革命算起，到1917年苏联十月革命成功，经历了270多年的历史，即便我们说，到目前为止经济学描述的主要规律并未变质，也不得不承认人类对于这些规律的认识其实一直处在不断深化的过程中。至于经济规律能不能用数学公式表达，还涉及它们有没有数量表现或与规律内容对应的符号表达。如果没有数量表现，没有对应的符号表达，则无法谈及采用数学公式或数学符号形式的表达。随着经济计量学发展应用的日益广泛，人们越发明白，所谓经济计量学，研究和计量的只是经济学当中可以应用数学表现的那些内容。数学的发展正在不断地开阔经济学家的眼界，经济计量学的主体在乎计量而非经济。经济只是计量的对象，是统计与数学方法的用武之地。

**四 经济计量学的研究对象**

关于经济计量学，争论和批评的另一个焦点问题，是经济计量学究

---

[①] 瓦尔加：《资本主义政治经济学问题概论》，1965年俄文版，第16页。
[②] 斯大林：《苏联社会主义经济问题》，人民出版社1953年版，第3—5页。

有没有自己独立的研究对象。经济科学的目的，在于揭示经济发展的客观规律及其具体的数量表现。虽然弗里希关于经济计量学的定义对经济计量学的建立和发展产生了深远的影响，至今还被许多人奉为圭臬，但是他没有说清楚经济计量学的研究对象，所以容易遭到别人的反驳①。例如，前苏联统计学家索波里认为："任何研究，只要它是真正科学的，不可能是各种科学的结合，因为每个研究领域不可能是某个领域的一小部分。每个研究领域都有自己的特殊性，客观世界这个领域的这些规律性不仅对这个领域的存在，而且对它的研究都有决定意义②。"

如果针对经济计量学的实际内容进行概括，或者更为抽象地说，经济计量学就是以经济关系当中可计量的变化作为研究对象，以便确证现实经济现象数量规律的一门学问。细言之，就是以经济学理论当中关于各种经济关系的学说作为假设，为经济理论当中关于经济变量之间依存关系的定性描述提供定量资料，运用数学和数理统计方法，针对实际观测所获得的资料进行计量，实现对于经济关系的定量描述，再把对于经济关系的计量结果反过来对早期作为假设的经济学说进行修正和检验，使得关于经济现象数量规律的描述更为贴近现实或贴近作为经济计量学研究对象的那一部分经济事实，以便预测未来和规划政策。

弗里希最早提出了经济计量学的研究对象问题。他说："在经济学中运用数量分析有着几个不同的方面，其中每一个方面本身都不应与经济计量学相混淆。所以，经济计量学与经济统计学绝不相同，与我们所说的一般经济理论也不相同，虽然这种经济理论中很大一部分具有数量的性质。此外，也不应把它和在经济学中应用数学看成完全一样。经验说明，所有这三方面（统计、经济理论、数学）中任何一个方面的观点，对于真正理解近代经济生活中的数量关系虽然都是必要条件，但其本身并不构成一个充分条件。而把这三者统一起来，则是很有利的。就是这种统一构成了所说的经济计量学③。"

持否定态度的学者认为，经济计量学没有研究对象，如法国著名统计学家马林沃说："经济计量学可以概括地解释为应用数学或统计学方法研

---

① 张守一等：《经济计量学基础知识》，中国社会科学出版社1984年版，第7页。
② 索波里：在《统计通报》杂志会议上的发言，《关于在经济研究中应用数学方法和对待经济计量学的态度》，1959年俄文版，第39页。
③ R. 弗里希：《〈经济计量学刊〉杂志创刊词》，1933年1月。

究经济现象。从这个观点来看,它不是一个独立的学科,因为政治经济学的任何一个分支只要应用数学或统计学,就会变成经济计量学"①。索波里则提出疑问说:"现有科学是否存在没有研究的领域而需要经济计量学来研究呢?这种空白没有人指出来,也不可能指出来②。"张守一认为,在经济计量学有没有研究对象的问题上,承认和否认两派都忽略了一个基本事实,即经济计量学分为理论经济计量学和应用经济计量学,企图用一个定义来说明两个东西是说不清楚的(张守一,1984)。张守一引用前苏联统计学家马雷③在《统计通报》杂志会议上的发言(马雷,1959),"说明应用经济计量学没有研究对象是对的"。并且"目前大力发展应用经济计量学,是为将来消失创造条件。由于它推动了经济科学全面深入的发展,历史功绩是很大的"④。

谈到经济计量学,可能与另一个与其相关的术语"数理经济学"相混淆。事实上,经济计量学主要与经济数据的度量有关,它运用估计和假设检验的统计学方法进行经验观测的研究。数理经济学则是把数学应用于经济分析的纯理论方面,基本不涉及或不关心诸如所研究的变量的度量误差这类统计问题。它的关注点,主要集中于将数学应用于演绎推理而非归纳研究,主要进行理论研究而非经济分析。⑤ 也许可以这样说,数理经济学和经济计量学,都是运用数学工具所开展的针对经济学或经济现实的研究,是数学工具的受益者。数理经济学和经济计量学术语的差异,只是两者研究范围的选择不同,寸长尺短,各有千秋。

不过,经济研究和理论分析相辅相成,相互促进。一方面,理论在应用之前,必须运用经验数据对其有效性进行检验;另一方面,要确定关系最为密切和最富有成效的研究方向,统计工作必须有理论作为指导。经济计量学和数理经济学两者间后者更具基础性:要进行有价值的统计和经济

---

① 马林沃:《经济计量学的统计方法》法文版前言,1980年英文第3版,第11页。
② 索波里在《统计通报》杂志会议上的发言。
③ 马雷说:有人认为社会主义国家的经济计量学就是经济计算,我们已经"有统计计算,有计划计算,没有任何特殊的经济计量计算",因为"在我们这里,社会主义政治经济学、经济统计和国民经济计划已经形成了一定的相互关系。有三个完全确定的、大家都清楚了解的研究对象,不存在某种第四个研究对象"。
④ 张守一等:《经济计量学基础知识》,中国社会科学出版社1984年版,第10页。
⑤ [美]蒋中一、[加]凯尔文·温赖特:《数理经济学的基本方法》(第4版),刘学、顾佳峰译,北京大学出版社2006年版,第5页。

计量研究，寻找一个好的理论框架——最好以数学公式的形式——是必不可少的。①掌握数理经济学，不仅对热衷理论经济学的人有所帮助，对那些研究经济计量学的人也是不可或缺的前提。

## 第二节　经济计量学的必要条件

### 一　以数学方法研究经济的传统

张守一先生评价经济计量学"推动了经济科学全面深入的发展，历史功绩是很大的"，一语中的。但是，如果假定前文所引张先生的命题成立，则"存在有两个不同的"经济计量学：一个是具有研究对象的"理论的"经济计量学；另一个则是"应用的"经济计量学，这二者是"两个东西"。这二者之间后者的发展，又是"为将来的消失创造条件"。这种表述，转移了"对其研究对象进行讨论"的话题，没有回答"理论的"经济计量学的研究对象问题。按照术语命名中"共又有共"的层次原则，理论经济计量学与应用经济计量学应是同属于"经济计量学"的两个分支，而非其他。

从长远的观点看，马林沃表述的观点朴素真实，可以经受历史的考验。经济计量学作为工具性学科的意义更为明显。在一定的发展时期内，这门学科具有独立存在的价值。随着经济计量学方法的推广和普及应用，学科意义上的"经济计量学"将会逐渐淡化。当大多数针对经济关系和经济事件的研究都进化到应用现代数学、统计、计量方法的时候，"计量"将成为经济研究的内在成分，经济计量学也会涅槃，完成其历史使命。

前苏联经济学家涅姆钦诺夫院士认为，经济发展过程中存在着数量规律性，应该对它进行科学研究。他承认数学方法作为分析工具对于经济研究的辅助的、服务的性质，认为："在经济研究和计划工作中运用数学方法时，经济科学的基本原理不可避免地应该居于统治地位。"他把经济计量学定义为以边际效用理论为基础的特定流派，而把数理经济学解释为英美数理学派的现代变种，同时认识到这两个流派的某些代表"以纯数学

---

①　[美]蒋中一、[加]凯尔文·温赖特：《数理经济学的基本方法》（第4版），刘学、顾佳峰译，北京大学出版社2006年版，第6页。

方法的研究偷换社会经济的分析，结果，物质消灭了，剩下的只是一些方程式。"更为难能可贵的是，涅姆钦诺夫院士提出：社会主义经济学要通过数量化、数学化、精密化的道路从记述科学发展到精密科学（乌家培、张守一，1980）。① 他说："运用数学不仅能使我们对被研究的对象和现象的质的概念精确化和深化，正如科学史所表明的，数学分析在许多场合促进了新的发展规律的发现，并有可能预见新现象的产生。""数学给经济科学开辟了进行实验室实验的可能性。……精密科学不试验是不行的。"②

## 二 产生经济计量学的时代背景

经济计量学的产生，与当时的时代背景密切相关。20世纪20年代末期，资本主义世界发生了严重的经济危机。1929—1933年的世界性经济大萧条是资本主义国家历史上最剧烈的一次经济恐慌。这次大危机促使西方经济学界开始认识到，以往人们坚信不疑的传统自由放任（laissezfaie）主义③的经济理论不再灵验，"随他去"即完全放任的自由经济状态出现了严重的问题。市场经济能够自行调节、自行保持均衡的传统说法陷于破产，于是产生了所谓"凯恩斯革命"。英国经济学家凯恩斯（J. M. Keynes）主张的对经济加以干预的理论得到认同。1936年，凯恩斯发表了著名的《就业、利息与货币通论》一书，首次全面系统地论证了政府干预经济生活的必要性和可能性。

在这种背景下，适应垄断资本及其政府预测经济波动和"防止"危机的需要，各国政府开始垂青于干预经济的政策。企业管理层为了摆脱或减少经济危机的打击，在经济繁荣时期获取更多的利润，迫切需要采用数学和统计学的理论和方法对经济状况进行分析和预测，加强市场研究，探讨经济政策的效果。经济计量学就是在这样的情况下应运而生的。值得说明的是，20世纪30年代以来，特别是第二次世界大战以后，经济科学的新学科不断分支衍生，许多富有时代气息的新兴学科纷纷脱颖而出。据统计，仅在20世纪中后期的30年间，涉及经济科学的派生学科就多达100

---

① 乌家培、张守一：《经济数学方法和模型》，商务印书馆1980年版。
② ［苏］B. C. 涅姆钦诺夫，1965/1980，第12页。
③ 18世纪中期，更多的批评家开始批评商业活动与政府之间的紧密联系。尤其是法国，出现了一个主张经济活动自由无羁的思想流派。这个著名的重农主义团体把自由放任（laissezfaie）这个术语引进了经济学；从字面上讲，这个法语词汇的意思就是"随他去"。重农主义者相信，经济生活具有一种自然秩序，国家对它的任何干预都是有害的。

多门①，诸如生态经济学、技术经济学、经济控制论、信息经济学、文化经济学、教育经济学、城郊（边界地区）经济学等②。

经济计量学的问世和发展，如经济学其他新学科的大量产生一样，从根本上说，是社会实践发展的需要。恩格斯曾经说过："一旦实践对科学提出需要，就会比十几所大学对科学发展的推动力量要大得多。"③ 提供现代人类生存的，是一个自然地理、社会经济、科学技术、环境生态的复合体系，具有错综复杂的联络关系和无穷变幻的演化推进，是一个复杂的巨大系统。传统自然科学、传统经济学与新兴经济学科的共同发展，是时代进步和发展的必然。

第二次世界大战后，经济计量学在西方各国的影响迅速扩大。美国著名经济学家、诺贝尔经济学奖金获得者萨缪尔森说："第二次世界大战后的经济学是经济计量学的时代"。到20世纪末21世纪初，在诺贝尔经济学奖金的获得者当中，有三分之二以上是经济计量学家。

前苏联及一些东欧国家也非常关注经济计量学和预测研究。例如前苏联开展"目标纲要法"长期规划，把经济建设、自然环境、社会发展、环境保护作为一个整体来规划；在经济领域，部门联系平衡和经济计量学方面也取得了较快的发展，为此，苏联科学家康托洛维奇获得诺贝尔奖。

## 三 支持经济计量学的技术环境

从某种意义上说，经济计量学就是使数理统计学在经济模型中得以应用的学科。人类文明传统的历史积淀，基于自然科学应用的数学和统计学的蓬勃发展，为经济计量学的诞生和发展提供了肥沃的土壤。随着科学技术的发展，多个学科相互渗透、交叉、融合，数学、系统论、信息论、控制论等相继进入经济研究领域，许多以往从事自然科学研究的科学家和科学工作者，在探讨理论应用的时候自然而然地把目光转向经济问题，使经济科学进一步数量化的潜在动力得到了技术资源的支持和人力资源的保障，极大地促进了经济计量学的发展。高速电子计算机的出现，特别是适合个人应用的微型电脑——PC机的迅速普及，为经济计量技术的广泛应用铺平了道路。

---

① 参见《经济研究参考资料》，1989年11月20日，第1页。
② 李慎之：《经济学新学科概要》，中国财政经济出版社1987年版。
③ 马克思、恩格斯：《马克思恩格斯全集》，人民出版社1975年版。

### 四 提供经济计量所需的数据

就经济计量学的实践而言,数据的采集与整理是所有工作的前提。在估计所设定的经济计量模型的参数之前,必须首先得到适当的数据。对于经济计量学研究而言,数据的采集与整理是极为重要的前期工作。在经验分析中常用的数据有时间序列数据和横截面数据。

时间序列数据是按时间周期(即按固定的时间间隔)收集的数据,如年度或季度的国民生产总值、就业、货币供给、财政赤字或某人一生中每年的收入都是时间序列的例子。

横截面数据是在同一时点收集的不同实体(如个人、公司、国家等)的数据。如人口普查数据,世界各国2000年国民生产总值,全班学生经济计量学成绩等都是横截面数据的例子。

经济计量分析所需要的数据,既可来自各种官方统计资料,亦可通过调查获得。

"巧妇难为无米之炊。"社会经济统计资料是对经济现象进行计量的基础。经济计量学的发展,首先需要建立在大规模社会经济统计资料积累的基础之上。而经济计量学的发展,反过来也会促进社会经济统计规模的扩张。20世纪初,各国逐渐积累了一批可供分析的经济统计资料。对于经济计量学来说,这是必不可少的数据建设。与此同时,经济计量分析的需求刺激了经济统计的发展,要求经济统计学家突破狭义社会统计的传统,转向吸收自然科学营养,大量借鉴数学、生物学、人体测量学等多种科学方法,使得经济统计分析方法不断进步,其结果是显著提高了处理大量经济统计资料的能力[1]。

## 第三节 经济计量学术语的歧译

字有别字,当写某字,而写为另外一个音同或音近的字,这个字就称为别字。清代顾炎武《日知录》卷十八"别字"条说:"别字者,本当为此字,而误为彼字也。今人谓之白字,乃别音之转。"[2]

---

[1] 董文泉、高铁梅等:《经济周期波动的分析与预测方法》,吉林大学出版社1998年版,第4页。

[2] 《中国大百科全书》精粹本,中国大百科全书出版社2013年版,第112页。

名有异名。在经济学的学科体系中，早期曾将译作"度量经济学"。国内很多人采用"计量经济学"，也有不少文献使用"经济计量学"。它是仿照"生物计量学"（Biometrics）的名词结构创造出来的。从语词结构角度说，"经济计量学"一词属偏正结构，以"经济"修饰描述"计量"，按确切译法和汉语词汇构成规则，无疑应定名为"经济计量学"。

## 一 早期 Econometrics 的译名之争

Econometrics 究竟是"经济计量学"还是"计量经济学"，早在1980年代前就有提出。1983年，吴可杰编译，江苏科学技术出版社出版的《英汉经济计量学词汇》。1984年后的相关书籍则"经济计量学"与"计量经济学"异名并用，而内容所指都是 Econometrics，并无差别。2002年，刘树成主编《现代经济辞典》，以"计量经济学"为主词条，释"又称经济计量学"（杨春学、刘树成，2002）。2007年《中国大百科全书》（精粹本，第730页）词条标明 econometrics，译为经济计量学。2009年，在计算机网络上检索百度百科（www.baidu.com），可以分别查到"经济计量学"和"计量经济学"两个各自独立的词条：http://baike.baidu.com/view/422858.htm 和 http://baike.baidu.com/view/101199.htm。这说明关于 econometrics 中文译名的混乱正在形成。

有研究（吴承业、陈燕武，2004）指出，"同一中文学科有两种英文译名，这种情况在经济控制论方面曾经出现过，但却涉及内容上的差异。在《论经济控制论中研究的两个学派》（吴承业，1989）文中提到：一种译名是 Control Theory，以上海交通大学的张钟俊教授为首，编撰《控制理论在管理科学中的应用》，研究的内容是用当代控制论的科学方法来分析经济过程，侧重点在于控制论；而另一种译名为 Cybernetics，以乌家培教授为首，主编《宏观经济控制论》，主要从控制论的基本思路和方法重新构建经济学，以控制论特有的逻辑结构综合并拓展已有的经济学成果，将它看成经济学的分支，这说明一个中文名称有两个英文译名以反映不同学派的观点。"

在"术语"意义上，这种"一个中文有两个英文译名以反映不同学派观点"的现象值得注意。以不同称呼作为"学派"标志的做法，表明在相应领域内的学科建设尚未成熟，关于学科基础理论和指导规范研究的方法论研究均处于幼稚阶段。科学不是变形金刚，不能频繁重组。借助"造词技术"标榜自己的研究或实践"尚属首次"，不是严谨的科学态度。

回到经济学。数学方法、统计方法、计量方法的引入，是研究手段的进步。新手段、新方法的应用，给经济学研究带来众多改变，是经济学研究过程中的"技术进步"，如虎添翼，令人耳目一新。但是，添翼之虎仍然是虎，而非其他。包括"计量学"在内的各类手段和方法通常具有工具属性，可在众多方面使用。经济学可以应用计量方法，但不能独占。

乌家培（1980）在《经济数学方法研究》中提到 econometrics 的两种译法，一种译作"经济计量学"，另一种译作"计量经济学"；他认为：按照中文的习惯，似乎后一种译法更能表明它是西方（原文为资产阶级）经济学的一个分支，而不是别的什么经济学，但用计量的经济学容易同计量问题经济研究的"计量经济学"相混淆；econometrics 本身是一个复合词，把它理解为西方经济学中研究经济计量的一门学问，比较合适[1]。

由宋原放主编，上海辞书出版社 1984 年 12 月出版的《简明社会科学词典》（第二版）将"计量经济学"作为主词条（第 171 页），"经济计量学"条则注为"计量经济学"。[2]

**计量经济学** 又称"经济计量学"。把统计学、经济理论和数学结合起来，以经济现象的可计量的变化作为研究对象的学科。现代资产阶级政治经济学的一个分支。二十世纪三十年代出现，第二次世界大战以后盛行。该名词由挪威经济学家弗瑞希（Ragnar Frisch，1895—1973）于 1926 年提出，美国经济学家穆尔（Henry Ludwell Moore，1869—1958）所著《综合经济学》一书为计量经济学奠定基础。主要代表人物还有荷兰丁伯根（Jan Tinbergen，1903—），美国列昂惕夫（Wassily Leontief，1906—）等。其主要方法及步骤是：（1）建立经济模型。（2）估计参数。参数是指模型中用来表示自变量和因变量之间数量关系的常数，一般根据局部观察所得的统计资料运用数理统计方法估算。（3）验证理论。用数理统计学中检验统计假设的原理，验证模型包括的变量及其结合方式、结合程度是否代表客观情况，从而判断"理论模型"正确与否，应否对理论进行修改。（4）预测未来。即把预计的和已知的前定变量的数值代入已估算出

---

[1] 参见吴承业、陈燕武《关于 Econometrics 学术译名的统一问题》，《数量经济技术经济研究》2004 年第 12 期。

[2] 《简明社会科学词典》，上海辞书出版社 1984 年版。

参数值的模型中，以求出内生变量的数值，即预测值。如果预测的内生变量数值不符合意图，就设法改变外生变量的数值。如预测的时候代进方程式的前定变量是能主观控制的（如政府开支的增减），那么预测值就可以体现资产阶级政府的意图，用来替资产阶级政府规划政策。它没有自己独特的经济理论，各种经济理论都可以作为编制模型的依据。其实例却以庸俗经济学为其理论出发点，进行的验证也常常未能严格按数理统计方法进行，故计量结果不能反映经济关系的本质，所做预测也往往失败。但作为对经济进行数量分析的方法，有借鉴作用。[1]

孙世铮在《经济计量学》（孙世铮，1984）中主张翻译成"经济计量学"。这是因为（1）西文原文 Econ - 中文翻译都是以经济作词冠，例如经济学（Economics）、经济学家（Economist）等，表明是经济领域中的计量学（分析）；以计量作词冠，表明是计量领域中的经济学；（2）大多数教科书在介绍 econometrics 时总是这样分析：econometrics 主要阐述如何进行计量的方法和技术，如何把经济学的各种规律、学说和定理列出方程，根据统计资料进行计量，对照实际，检验正误，比较优劣，然后决定修正或取舍，而不是把这些规律、学说或定理的内容作为议论的中心[2]。

清华大学教授李子奈先生在《计量经济学》（2000）一书中提到："经济计量学"是由英文 Econometrics 直译得到的，而且强调该学科的主要内容是经济计量学的方法，是估计经济模型和检验经济模型；而"计量经济学"则试图通过名称强调它是一门经济学科，强调它的经济学内涵与外延[3]。

## 二　术语应用过程中的非理性因素

关于"经济计量学"与"计量经济学"的译名，有一段少为人知的"掌故"：1990 年代，美籍华人经济学家邹至庄到中国访问，时任国务院总理朱镕基设宴款待，李子奈作陪。席间李子奈就 Econometrics 的两种译法问邹至庄，究竟如何翻译为好。邹至庄先生答：译名而已，本质并无不

---

[1] 《简明社会科学词典》（第2版），上海辞书出版社1984年版，第171页。
[2] 同上。
[3] 参见吴承业、陈燕武《关于 Econometrics 学术译名的统一问题》，《数量经济技术经济研究》2004年第12期。

同，故二者皆可。朱镕基总理当时对李子奈教授说，不管别人怎么叫，在清华大学要先统一起来，就叫作"计量经济学"，放在经济学科下边。1992年清华大学出版社出版李子奈教授编著的《计量经济学——方法与应用》，属于中级水平的计量经济学教材，为许多学校所采用，并获得1995年国家教委优秀教材一等奖。

Econometrics 作为一门课程，在我国部分高等院校的经济、管理学科相关专业中开设，到2000年已有近20年历史，其重要性渐成共识。1996年7月，李子奈教授作为召集人承担教育部（原国家教委）"高等教育面向21世纪教学内容和课程体系改革计划"重点项目——"经济类专业数量分析课程设置和教学内容研究"工作，提出"经济类专业数量分析系列课程设置研究报告"，建议将"计量经济学"列入经济类专业核心课程，所有专业都要开设。1998年7月，教育部高等学校经济学学科教学指导委员会讨论，确定了高等学校经济学门类各专业的8门共同核心课程，其中包括"计量经济学"。

嗣后，李子奈教授受教育部高教司和教学指导委员会委托，承担编写计量经济学本科教材《计量经济学》，交由高等教育出版社出版①，教委设置课程的正式名称为"计量经济学"。2004年11月7日，笔者前往清华大学管理学院拜访李子奈教授，李子奈教授对于社科术语的规范问题持非常积极的态度：无论如何规范，术语还是统一为好。由此引出新的问题：向何处统一？在已有教育部课程清单列出"计量经济学"的情况下，这个术语是否应该拨乱反正，回到"经济计量学"；抑或"只拨乱而不必反正"，留下历史的问题让时间去解决。

不过，从促进学科术语规范、推进社科术语规范工作开展的角度考虑，Econometrics 还是译成"经济计量学"为好。从"经济计量学"这个"术语"开始，引起学界对整个学科术语规范工作的重视，促进学科建设。

**三 术语歧译折射出社会语言混乱**

在许多人的看法中，经济计量学也好，计量经济学也罢，无非就是一个"词儿"的事，大可不必如此较真。抛开所谓"学术观点表达说"，即认为不同的用词是在强调不同学术流派，即便是学术观点相同、相近的许

---

① 李子奈、叶阿忠：《高等计量经济学》序言，清华大学出版社2000年版。

多人，也并不认为这样"考究"一个"术语""确有必要"。这种现状，反映出目前中国流行之语言观点中一个严重问题：类似于"经济计量学"或者"计量经济学"这样的专业术语的混乱，折射出中国社会语言的混乱：是非不辨，良莠不分，假作真时真亦假，黑白颠倒乱纷纷。

20世纪70年代末中国实行改革开放以来，国内辞书出版活动空前"繁荣"。若从术语工作或语言规范角度看，则是喜忧参半。按照经济学的意义，语言是针对全社会的制度安排。泛言之，语文辞书就是社会语言规范的"法律文本"。但目前市面上的许多辞书，很难做到"众口一词"。这样的辞书越多，社会语言的混乱就越难以约束。试以一字为例，装帧之"帧"，在商务印书馆出版的《现代汉语词典》(1994)、中华书局出版的《王力古汉语字典》(2000)以及上海辞书出版社的《辞海》(1999年版缩印本)中均读作 zhèng；但在中国三峡出版社出版的《学生实用汉语词典》中读作 zhēn，外研社、语文社共同出版的《现代汉语规范词典》(2004)当中更被标明"统读 zhēn，不读 zhèng。"一叶落而知秋。从这一字的读音，"zhēn zhèng"已经可以看到辞书彼此冲突的状态了。

类似的冲突情况，在汉语成语的运用中也有表现。例如"空穴来风"。①

> "空穴来风"原意是"有了孔洞才招进风来"。语出《庄子》(《艺文类聚》八八 1527)：空门来风，桐乳致巢。"来"字原误作"未"，据《太平御览》九五六订正。司马彪注（文从《御览》)："门户空，风喜投之；桐子似乳，着叶而生，鸟喜巢之。"宋玉《风赋》(《文选》一三 191)：宋玉对（楚襄王）曰："臣闻于师，枳句(zhǐgōu)来巢，空穴来风。其所托者然，则风气殊焉。"李善注引《庄子》作"空阅来风"，"阅"疑"门"字之误。枳句：枳树上弯曲的枝杈；枳：茎上有刺的灌木或小乔木，也叫枸橘。
>
> 后来用"空穴来风"比喻自身存在着弱点，病菌、流言等才得以乘隙而入。白居易《病中诗十五首·初病风》(本集三五)：六十八衰翁，乘衰百疾攻。朽株难免蠹，空穴易来风。宋·阮阅《诗话

---

① 刘洁修：《汉语成语考释词典》，商务印书馆2003年版，第600页。

总龟前集·三九·诙谐门下》引《雍洛灵异记》(并见《北梦琐言·七·洞庭湖附》):包贺多为鄙俗之句……虽好事者托以成之,亦空穴来风之意。

《现代汉语词典》解释"空穴来风":有了洞穴才进风(见于宋玉《风赋》),比喻消息和传说不是完全没有原因的。①

但是,在由吕叔湘、李容、许嘉璐担任首席顾问,李行健主编,外语教学与研究出版社、语文出版社2004年1月第1版、2005年8月的第8次印刷的《现代汉语规范词典》第751页,也有解释"空穴来风":有洞穴的地方,风就能透进来。原比喻出现的传言都有一定原因或根据;现指传言没有根据。(《现代汉语规范词典》,外语教学与研究出版社、语文出版社2004年版)

呜呼!原本"空穴来风"的传言,只在倏忽之间,就被"规范"得"没有了依据"。但不知宋玉再世,哭也不哭?再查新版(第5版)《现代汉语词典》②第780页"空穴来风"的释文:有了洞穴才有风进来(语出宋玉《风赋》)。比喻消息和传说不是完全没有原因的,现多用来比喻消息和传说毫无根据。

一则传言有无根据,恰如生死,不共戴天。正是这样的字典、辞书推波助澜,把社会推向了相对主义混乱"无价值状态"的边缘。真如荀子所说:乱名之过,其过大焉。

1964年,亚伯拉罕·马斯洛(Abraham Maslow,1908—1970)③在《宗教、价值观和高峰体验》一书中提出"无价值状态"的概念④:我们处于相对主义的混乱之中,现在这些人中谁也不知道如何选择和选择什么,也不知道如何去确定和证实其选择。这种混乱可以被称为无价值状态

---

① 《现代汉语词典》,商务印书馆1983年版,第647页。
② 中国社会科学院语言研究所词典编辑室编,商务印书馆2005年第5版。
③ 美国人本主义心理学家,以需求层次理论(Need-hierarchy theory)而为人熟知。马斯洛的需求层次理论,把需求分成生理需求、安全需求、社交需求、尊重需求和自我实现需求五类,依次由较低层次到较高层次。
④ 马斯洛:《宗教、价值观和高峰体验》,1964年,第8页。转引自[美]爱德华·霍夫曼《马斯洛传——人的权利的沉思》,许金声译,华夏出版社2003年版。

（马斯洛，1964）。[1]

## 四 经济计量学科术语应用的现状

从语言分析角度，业内人士对 Econometrics 直译为"经济计量学"并无异议；从语言应用的角度看，许多人使用"计量经济学"称谓，在很大程度上正是由于教育部在 1998 年确定课程名录时采用了这种译法的缘故。结合关于学科属性的讨论，综合各方面因素仔细观察分析，可知关于经济计量学或者计量经济学的定名意见，大致是平分秋色。但若依绝对数量在网上统计，则采用"计量经济学"的人数可能更多，说明行政力量巨大。此外还有将两种译法混用的情况（林琼，2003）。这种称谓上的矛盾，"使同学们常有无所适从之感，不知冠名为'经济计量学'或者'计量经济学'的图书是否内容相同。"[2]

表 2-1 按照发表年代分别列出采用两种学术译名的部分经济计量学著作之作译者名单，虽是不完全统计，亦可大致看出其分布关系。究其原因，可能与经济计量学这一学科在中国尚属新生有关。在这一阶段，人们更多的关注，在于学科的内容，以及它能够带来的利益。中国文化中历来不缺少"实用第一"的色彩，所以非到使用与交流中出现了非要统一不可的需求，或者"奉天承运，皇帝诏曰"的外力干涉，才会有相对整齐的统一局面。

**表 2-1　分别采用两种术语译名的部分经济计量学著作**

| 著作年代 | 经济计量学（著作数） | 计量经济学（著作数） |
| --- | --- | --- |
| 1980 |  | 陈正澄；(1) |
| 1982 | 秋同、胡崇能；(1)[3] |  |
| 1983 | 吴可杰；谢嘉；(2) |  |
| 1984 | 孙世铮；张守一；张靖海；(3) | 张寿、于清文；(1) |
| 1986 | 曹焕勋；娄彦博；庞皓、程从云；(3) |  |
| 1987 | 吴承业；(1) |  |

---

[1] Edward Hoffman, *The Right to be Human*, 1999, The original edition published by McDrawHill.

[2] 吴承业、陈燕武：《关于 Econometrics 学术译名的统一问题》，《数量经济技术经济研究》2004 年第 12 期。

[3] [美] 劳伦斯·克莱因、理查德·杨：《经济计量预测与预测模型入门》，秋同、胡崇能等译，中国社会科学出版社 1982 年版。

续表

| 著作年代 | 经济计量学（著作数） | 计量经济学（著作数） |
|---|---|---|
| 1988 | 郑宗成等；（1） | 唐国兴；（1） |
| 1990 | 李向阳；王宏昌等；（2） | |
| 1991 | | 胡昌铸；（1） |
| 1992 | 张保法；（1） | 李子奈；任若恩；（2） |
| 1993 | 林少宫；周逸江等；（2） | |
| 1994 | | 王少平；（1） |
| 1996 | 吴承业；李长风；（2） | |
| 1997 | | 刘振亚；（1） |
| 1998 | 赵文奇；伍超标；韩德瑞、秦朵；（3） | |
| 1999 | 陆懋祖；伍超标；曾五一；（3） | |
| 2000 | 沈利生；贺铿；张保法；（3） | 李子奈、叶阿忠；张定胜；于俊年；谢识予；范德成；云俊；林少宫；（7） |
| 2001 | 张涛；（1） | 赵国庆；张晓峒；庞皓；（3） |
| 2002 | 贺铿；钱雪亚；张世英、李忠民、袁学民；袁建文；（4） | 潘省初；王维国；祝发龙、龙如银；刘俊昌；金笙；唐其鸣等；瞿强；杨春学（7） |

资料来源：吴承业、陈燕武，2004；龚益，2003；林琼，2003；李子奈，2000。

观察"经济计量学"与"计量经济学"作为同一术语（两者所表述的概念内容相同）使用的情况，可以看到行政力量的作用之大：成也萧何，败也萧何。Econometrics来到中国，使中国的经济学研究乃至学科教学发生了本质性的改变。1980年中国经济学界的先行之士邀请世界著名的经济学家，在北京的皇家园林——颐和园讲习西方经济学，讲授数量经济学。当时印发的授课讲义中所使用Econometrics的译名都是"经济计量学"，所以并未涉及关于"经济计量学"或"计量经济学"术语的讨论。

林少宫先生在颐和园经济计量学讲习班上担任翻译，1993年的著作使用"经济计量学"，而在2000年著作中使用的却是"计量经济学"。作为中国经济计量学应用"先驱者"的林先生，对Econometrics译为"经济计量学"应无异议。是什么原因导致他转而采用"计量经济学"？

另一个例子，是庞皓先生在1986年与程从云合作翻译（吴可杰审校）美国纽约州立大学 D. Gujarati 教授所著《基础经济计量学》（*Basic Econometrics*），① 而在 2001 年出版的中文著作中亦改名"计量经济学"，放弃了自己曾经使用的"经济计量学"译法。

一个可以理解的回答，是在中国主管高等教育的行政机关教育部，透过行政权力固化并且放大了将 Econometrics 译为"计量经济学"的错误。说明学术行政化是术语工作之敌。术语规范工作促进科学发展，离不开民主的支持。古今中外，为科学民主付出生命代价的事实屡见不鲜。学术行政化、官僚化，是封建思想、衙门作风的现实体现。尽管获得权力支持是科学的幸运，但是权力不能代表科学，更不能直接等价于科学。被错误运用的权力很容易成为反科学的帮凶，引导社会走向奴役之路。"大跃进"的"科学论证"，已经成为中国科学史上无法抹去的污点：因为有科学家论证说，按照光合作用的理论，在一亩地上长出一万斤粮食"是可能的"，于是有了"大跃进"弄虚作假，人为制造"超级高产粮田"的悲剧。②

## 第四节 经济计量学术语统一的趋势

虽面临重重困难，在呼吁术语统一规范的同时，我们仍然可以保持乐观。研判"经济计量学"称谓术语与"计量经济学"的分歧与误用，其实也说明 Econometrics 这一科学学科普及程度的提高。1980 年颐和园讲习班的举办，直接或间接地导致了中国数量经济与技术经济学界顶级刊物《数量经济技术经济研究》的创刊。又在 20 年后的 2004 年 12 月，《关于 Econometrics 学术译名的统一问题》（吴承业、陈燕武，2004）发表，讨论术语，见证经济计量学在中国的发展，成为中国社会科学特别是经济计量学科发展的标志。

风生水起，一花绽放。退言之，术语兴，科学兴。若要像发展自然科学那样繁荣发展中国的哲学社会科学，就必须要像规范自然科学术语那样规范社会科学术语。这是中国社会科学真正成为科学、走向科学未来的必

---

① ［美］D. Gujarati：《基础经济计量学》，庞皓、程从云译，吴可杰审校，科学技术文献出版社 1978/1986 年版。

② 龚益：《社科术语工作的原则与方法》，商务印书馆 2009 年版，第 287 页。

经之路。以山川之远，江湖之阔，乐观其成者，真如寂寥寒星。在这条路上，或许会有堂吉诃德式的人物高挺长矛与风车作战，而对于更多的路人，或以"学问"作为谋生手段的人来说，追求"科学"之究竟，则全无意义。因此，与其锱铢必较，倒不如心与黄沙共舞，乐得自在逍遥。这就是潮流。"行至水穷处，坐看云起时"。闲云野鹤，不过如此。

## 一 经济计量学译名统一的理由

以往关于 Econometrics 应译为"经济计量学"的理由散落各处，但从术语趋势看，则其必将归于统一。较早阐明这一观点的学者有孙世铮、张守一（1984）等人。以后同声相应，不绝于耳。吴承业等全面地归纳了这些理由。（吴承业、陈燕武，2004）考虑"官本位"的影响，"计量经济学"出现的绝对数更高，但若以发展论，则结果会完全不同。

林琼[①]于 2003 年 10 月 18 日通过百度搜索网（www.baidu.com）对来源于同一英文词 Econometrics 的两个经济学专业术语进行不同关键字组合查询发现，国内大多文献将其译为"计量经济学"，也有不少文献将其译为"经济计量学"。[②] 6 年以后，2009 年 9 月 17 日，笔者以同样组合方式再次搜索，结合林琼（2003）搜集的数据进行分析，得到 4 个有趣的结果。

第一，2003 年搜索，关于经济计量学或计量经济学的网页共有 24100 篇，2009 年达到 699000 篇，数量增长了 28 倍，几乎每年翻一番。说明经济计量学科的普及程度大大提高。越来越多的人运用经济计量技术或数学方法研究经济问题。在这一点上，教育部确定"计量经济学"为经济学科之基本课程功不可没。

第二，2003 年网页中采用"经济计量学"术语的有 4800 篇，占总篇数的 19.92%；采用"计量经济学"的有 19300 篇，占总数的 80.08%。2009 年网页中的数据显示，采用"经济计量学"术语的有 218000 篇，占总篇数的 31.19%，比 2003 年提高了 11.27 个百分点；而采用"计量经济学"的有 481000 篇，占总数的 68.81%，比 2003 年减少了 11.27 个百分点。说明在经济计量学领域内，实际上接受"经济计量学"术语表达

---

① 林琼，中央财经大学信息中心副主任、博士、教授。
② 林琼：《从网络信息资源管理看术语规范化的重要性》，《中国社会科学院院报》2003 年第 11 期。

的成分占比呈增长态势。①

第三,2003年10月到2009年9月,大约6年间经济计量学的学科规模扩大了28倍,而采用术语"经济计量学"的势力扩大了44.42倍;与坚持采用"计量经济学"术语之力量增长的23.92倍相比,高出20.5个百分点。说明对术语"经济计量学"的认可呈现上升趋势。

第四,混合使用两种术语表达的网页,6年间增加了31.76倍。可能部分地说明对这一术语表达问题的关注,超过"经济计量学"学科领域本身增长的程度。表2结果反映上述特点。

表2-2 利用百度(www.baidu.com)引擎搜索"经济计量学"术语的规模与变化(占比)

| 搜索日期 | 合计篇数 | 经济计量学 | 计量经济学 | 两种表达混合使用 |
| --- | --- | --- | --- | --- |
| 20031018 | 24100(100) | 4800(19.92) | 19300(80.08) | 641(2.66) |
| 20090917 | 699000(100) | 218000(31.19) | 481000(68.81) | 21000(3.00) |
| 6年增长 | 28.00倍 | 44.42倍 | 23.92倍 | 31.76倍 |

## 二 经济计量学应是唯一译名

抛开关于趋势的判断,概括起来,采用"经济计量学"作为 econometrics 唯一译名的理由至少有四点。

(1)从英文直译为"经济计量学",与其他类似结构译名的译法保持一致。例如生物计量学 Biometrics、历史计量学 Histometrics、科学计量学 Scienometrics、生态计量学 Ecometrics、新闻计量学 Newsmetrics 等一系列已经出现或将要出现的"应用"计量学(- metrics)命名,保持简单明了、容易类比推延。

(2)按汉语语法结构,"经济计量学"属偏正结构,以"经济"修饰或界定描述"计量",是 Econometrics 的本来意义,译为"经济计量学"更为确切。一般说来,科学学科名称的惯例服从公认的语法结构。通常所称某某计量学都是指在某一专业或学科领域采用计量分析方法。在此意义上,经济学并无特权,只是在经济学领域采用计量方法。换位思

---

① 网络文献存在交叉引用,不同搜索引擎的覆盖范围和规模也有差异。例如2009年9月17日,在谷歌www.google.cn搜索经济计量学的结果是1610000篇、计量经济学1710000篇,两者共同出现的网页数为1550000篇,与百度(www.baidu.com)搜索的结果不同。所以依据这些数据所作的比例分析只有定性说明的意义,而没有确切的定量价值。

考，若在经济学前面加缀其他专业词冠，则表明是研究"那个"领域的经济问题，如环境经济学、生态经济学、旅游经济学、人口经济学、技术经济学等。依此类推，则"计量经济学"应该是研究计量领域的经济问题，或用经济学观点考察计量专业的问题。这显然不是我们现在所讨论的Econometrics 的通行词义。

（3）从构成学科的必要条件的角度看，Econometrics 没有自己独特的经济理论，却有明显的"方法"特性。以萨缪尔森（1954）的定义为代表，Econometrics 定位于实际经济现象的定量分析，它所依据的是与一定的推断方法相联系的理论和观测。Econometrics 运用数理统计知识分析经济数据，为描述经济理论的数学模型提供经验支持，给出具有统计和概率意义的数量结果。总之，Econometrics 不是根据经济逻辑重新构建经济学，而是利用数学工具和方法研究经济问题，从方法论意义上说，把它列为"经济学科"未必恰当。再从与统计学的关系看，经济统计学与经济计量学都是将统计方法用于经济研究的学问，"计量"是"统计"的拓展，却不是"经济"的延伸。

（4）或有反驳的观点认为，目前在中国，采用"计量经济学"译名者显然不在少数，特别是作为官方教育行政部门代表的教育部已经决定使用这一译名。为维系语言词汇的稳定起见，"计量经济学"的中文名称，不动为好。这种说法貌似有理，却在学理依据上存在漏洞：学问是对科学的求索，必须坚持科学道德准则，不能将错就错，削足适履。若从维护语言"稳定"的角度考虑，更应该坚持真理，纠正误译，从本质上维护汉语词汇的稳定。如果把公认有悖汉语构词规则的"歧译"固化下来，从眼下看，是对既定规则的破坏和挑战；从长远看，则是造成语言混乱的祸根。更何况如前文分析，认同术语"经济计量学"译名的人数呈现上升趋势，代表着正确的潮流。从社会学的角度考虑，语言词汇的混乱，可能推动全社会滑向相对主义的"无价值状态"。

### 三 学科名称混乱的危害远在学科之外

"一叶落而知秋"。经济计量学学科名称混乱的危害，远远超出这一学科领域。之所以这样说，是因为一个学科名称的混乱，其实就是当时社会思维范式混乱的投影。由于教育，特别是"准则"教育的缺失，是非不分，良莠不辨，"假作真时真亦假"，混乱则成为必然。

现代科学的发展需要以（可）溯源性作为保障。例如在计量学中，就要求具备"溯源性",溯源性是计量准确性和一致性的技术归宗。通过回溯,可以验证假说的真实性,保证后续系列结果的准确性和一致性。对汉语术语"经济计量学"的源头进行回溯,可以找到英文单词 Econometrics 这个源头。假设"计量经济学"具有存在的价值和理由,对"计量经济学"进行回溯,又将以什么作为它的源头?

再换言之,创造"计量经济学"概念的做法,违背"奥卡姆的剃刀"原则。中世纪英国学者奥卡姆的威廉(William of Occem)名言:"如无必要,勿增实体。"也就是说,在任何一门科学里,如果能够不以这种或那种假设的实体来解释某一事物,那就绝没有理由去假设它,而一定要抛弃它。这句名言被后人称为"奥卡姆的剃刀"。逻辑学家罗素(B. Russell)称奥卡姆的剃刀是"逻辑分析中一项最有效的原则",也是归纳法中不可缺少的原则。这把剃刀锋利无比,一切多余的"科学"概念和假设迟早要被它剃掉。① 所谓"计量经济学"是冗赘之名。在关于"计量经济学"的考察、论证和争辩中,我们找不到任何在根本上有别于"经济计量学"的东西。科学研究对象的客观存在性,决定了那些凭空杜撰的"科学名词"都难以逃过奥卡姆的剃刀这一关。退一万步说,如果"经济计量学"和"计量经济学"真是等量齐观,平分秋色,那也必须从二者之间择其一。

台湾学者徐统先生(1998)在《科技术语研究》上撰文指出:会成问题的问题有两类,一类是严重影响到社会,但是一般人一时察觉不到,只有少数有远见的人忧心。例如四五十年前中国的人口。还有第二类,就是人人痛心疾首,天天受害,却没有人能够解决的那些问题。如果第一类问题不能及早拿到桌面上来研究解决,迟早也会转变成第二类问题(徐统,1998)②。这好像是中国的历史故事:扁鹊见蔡桓公,初言"病在肌肤",蔡桓公不信。一而再,再而三,由表及里,由浅入深,终于熬到"病入膏肓",不可救药,扁鹊失踪。学术名词术语的不统一、不规范,最终的结果必定是学术涣散,而社会用语和生活概念的不一致,迟早会使一个统一的社会变成一盘散沙。回看历史,这个命题并非危言耸听。

回到"计量经济学"流行带来的问题,是三人成虎,慢慢地在汉语经济学术语中滋生起一个"赘生的"经济学领域或"分支"名称。如

---

① 陈敏伯:《量子与理论化学》,上海科技教育出版社 2001 年版,第 54 页。
② 徐统:《一国两字与一国两词》,《科技术语研究》1998 年第 1 期。

2007 年出版的《大不列颠百科全书·国际中文版》（修订版）经济学（economics）条目解释，计量经济学即与数理经济学、财政学、货币学、国际经济学、劳动经济学、工业组织、农业经济、经济增长和发展等并列成为"当代经济学的主要领域"。并有进一步的解释说："数理经济学就是用数学方法研究经济理论。微分是数理经济学的传统工具。微分方程是处理动态问题的理想工具。动态经济学是数理经济学的最新发展之一。计量经济学是运用统计学方法研究经验数据，以检验和估量经济理论所提出的假设和各种经济关系。"（《大不列颠百科全书·国际中文版》，2007）显然，此处的"计量经济学"也是译自 Econometrics，于是回到问题的起点：Econometrics 就是经济计量学，是"运用统计学方法研究经验数据，以检验和估量经济理论所提出的假设和各种经济关系"的学问。

四　明确采用"经济计量学"的术语态度

检索《新帕尔格雷夫经济学大辞典》（The New Palgrave：A Dictionary of Economics）第二卷，Econometrics 被唯一地译为"经济计量学"：经济计量学是经济学中一个迅速发展的分支，概括地说，它的目的是给经济关系以定量分析。虽然经济计量学这个词早在 1910 年就被帕韦尔·希敖帕（Pawell Ciompa）第一个使用过，但是经济计量学会的创建人之一拉格纳·弗里（施）希（Ragnar Frisch）应该被授予创造这个词并且将它确立成按今天意义理解的一个主体的荣誉。[①]……由此看经济计量学唯一译名的确立，自是毋庸讳言。我们要做的，只是拨乱反正，制止谬种流传。

不过在这个过程中，也不可急于求成，虽说"一万年太久，只争朝夕"，但就社会而言，病来如山倒，病去如抽丝，尽可听之任之，"拨乱而不急于反正"，在最大限度上尊重语言惯性，相信社会内在、固有的调适能力，不可强求。切不可迷信行政权力，发号施令，急于求成。其实目前我们所要纠正的，只是"曾经"的一个笔误。是非有公断，人心各主张。"计量经济学"的滋生固化与继续流行，绝不会成为学界的光荣。倒是"拨乱反正"，能给学界的形象加分。

有诗为证：如此这般术语，就是水泊梁山；虽有李逵李鬼，亦非真假难辨；

只问列位好汉，英雄是否够胆；未必拍案而起，悉听一声喝断。

---

[①] 《新帕尔格雷夫经济学大辞典》（第二卷），经济科学出版社 1996 年版，第 8 页。

# 第三章 经济计量传统的演变与实践

对经济现象进行计量分析的思想由来已久。为了对经济计量学产生与发展的历史演变有一个相对完整的印象，在谈及经济计量学发展历程的时候，首先需要回顾经济研究历史上的数学传统，以及可能涉及或影响经济计量学发展的社会现象，包括数学方法、经济理论等。为使脉络清晰，采用术语编年体与事件本末体相结合的陈列方式。

## 第一节 作为工具的数学的发展

### 一 数学发展的历史分期

数学是最古老的学科，它的诞生和发展体现了人类文明的进步。数学从一开始就与社会实践活动密切相关。从结绳记事、刻痕计数、土地丈量、器物制造、产品分配，直到商业贸易、宗教活动等，都向数学提出问题，寻求解决办法，最终成为相对固化、定型的数学方法和学科。年深日久，各种社会活动与数学密不可分。同样地，当我们谈到经济计量思想、数学分析方法的应用时，已经无可回避地触及数学的发展和演化，触及数学史。可以毫不犹豫地说，没有数学，就没有经济学研究中的数学应用，也不会有经济计量学。要透彻了解经济计量学的历史，就要把握数学的发展史，数学发展史大致可以作如下分期：前史时期（公元前4世纪前）、古代及中世纪时期（公元前4世纪到16世纪末）、近代前期（17—18世纪）、近代后期（19世纪）、现代时期（20世纪以来）。

（1）前史时期：前史时期的数学主要是民族数学或文化数学，在各种文化的发展过程中，各民族都掌握有一定的数学技术，反映不同的文化差异。

（2）古代及中世纪时期：从公元前4世纪到16世纪末。这一时期的数学经过长期发展，正式成为一门学科，其主要标志是①建立数的表示及计算方法；②数学技术初步形成；欧几里得《几何原本》问世，提出了理论数学的原型。古代数学的主要领域是算数和几何，希腊数学发展了数论、量论以及一些基本的几何问题，对后世数学发展有很大影响。另一方面，面向实用领域，比较重要的是数学计算，特别是解方程。中国、印度、阿拉伯的数学，偏重于计算及实际问题的解决。

（3）近代前期：17—18世纪。近代数学诞生的标志是符号化的普遍算法的建立以及数字无穷思想的发展，成为科学技术进步的有力工具。

（4）近代后期：近代数学的成熟期在19世纪，数学真正作为自为的理论科学而产生。伴随操作理论（最小二乘法及误差理论、级数求和理论、函数逼近理论及丢番图逼近理论）、操作对象理论（代数方程理论、常微分方程理论）的发展，数学技术本身也有长足进步。

（5）现代时期：20世纪的数学开始从19世纪数学的多样性时期逐渐趋于统一。除了纯粹数学领域的扩大与深化，20世纪的应用数学和计算数学也有根本性的变化。数学应用的范围，已经扩展到几乎所有自然科学、工程技术、社会科学、人文科学，形成相对独立的分支，成为大数学科学的组成部分。①

**二　数量经济学的史前阶段**

数学是具有强大生命力的语言表达体系。随着社会发展，时代进步，数学的发展未曾停步。数学语言的介入，对经济社会活动的确切描述有很大促进作用；丰富多彩的社会现实，反过来也在促进数学作为一个科学学科的发展，今天"经济计量学"所要表达的确切含义，正是经济与数学互动，是自然存在的具象与语言描述的抽象之间的相互促进和共同进步。

众所周知，西方数量经济学是由19世纪晚期形成的数理经济学派发展起来的。然而，在那以前的漫长史程上，就散留着不少试用数学方法于经济分析的探索者的足迹。② 本书尝试以术语为线索，按照公元纪年的节奏，以时间序列方式，把数理经济学历史上一些标志性人物的努力作一简单陈列，作为了解西方数量经济学发展的背景资料。透过这些具体时点上的事迹，可以看到一个明显的事实：数量经济学的起步和发展，得益于当

---

① 胡作玄：《数学辞海》第6卷，第4页。
② 秦朵：《西方数量经济学发展史概观》油印本，1986年第6期。

时人们对于经济现象的总结抽象，以及由此归结出来的经济理论；另一方面，则毫无疑问地仰赖于数学工具和数学方法的成熟。数学是一种语言，一种相对于自然语言来说更为精确、更为精密的表达工具。为了实现当时社会经济活动的确切描述，必须借助于数学这样一种语言工具，以抽象的经济理论，描述具象的经济现实。

### 三　经济数学方法的描述对象

这种描述，当然不能离开西方经济思想的发展。西方古典政治经济学自17世纪中叶开始形成，到18世纪后期建立起以亚当·斯密学说为基础的理论体系，后由李嘉图在19世纪初完成。伴随着古典政治经济学的发展，在当时已经相对成熟的数学，理所当然地被选择作为精确描述古典政治经济学成果概念的另一种语言。那一时期一定数学技能的科学家，包括工程师，也自然而然地试图用他们所掌握的数学（语言工具）对习常所见的经济现象展开描述。两者相辅相成，相得益彰，尽管还需要经历时间的磨合。

由于这种现实状态的约束，早期在经济分析中应用数学并作出贡献的人，大多数并不是操持专业的经济学家。从而使得这方面的成果在当时的经济界鲜为人知，有些甚至因为年深日久，长期被束之高阁。例如瓦斯哥关于动态过程的探讨（1772）、朗格的宏观经济模型（1811）、朗费尔德的边际理论（1834）等都遭此命运（秦朵，1986）。

基于同样的理由，在那一时期应用数学的经济对象多为具体。较好、较深应用数学的人所涉足的经济问题往往更为具体，更偏于细致。例如伯努利的财富与效用函数（1738）就是以彩票持有者为例得出来的；相反，讨论一般性经济问题的人所用的数学工具则比较浅，例如魁奈的《经济表》（1758）。这种情况也说明，在那一时期数学与经济学之间的交流还只是分散的、个别的，两个学科之间处在严重的分离状态。

这一时期的数学应用，主要是用作描述的手段，是用于阐明逻辑推理的一种语言形式。因此所用的数学亦比较浅显，包括常见的代数、几何，最多也就是一元微积分和级数，尚未形成系统化的经济数学方法体系。但在这些尚显质朴和原始的应用中，已经开始表现出现代经济理论的思想特点，展现了数学语言在经济领域纵横驰骋的强大能力。例如，在马里奥特的命题（1717）中有交换者追求效用最大化的思想；伯努利的函数体现了边际效用递减的概念（1738）；韦利—弗里希的生产函数式（1829）则包含了用最少的投入获得最大产出的思想；而古诺建立的完全垄断模型（1838）在西方经济学中仍然保有一席之地（秦朵，1986）。作为开拓者的数学家们，始终抱持着对作为语言的数学的尊重与欣赏。意大利数学家、经济数学方法的倡导者、《经济论》一书的作者弗奥哥的话具有代表性，他说："代数语言的应用不仅简练自然，而且十分有用，这是因为我们从中有可能发现新的真理。"[1] 语言是思维的翅膀，研究严密的科学，必须使用严密的语言。

**四 顺应经济学思想多元化的本质特点**

我们现在还无法回答在怎样的条件下经济学才能成为真正意义上的"严密"科学，不过至少有一点是可以肯定的：即人们越来越认识到，虽然凯恩斯的干预主义与哈耶克等人的自由主义已经成为西方经济学术思想的寡头势力，经济学的思想传统在其引导下实现优化配置，形成了许多卓越的经济学理论与思想成果。然而对经济学思想本质的探索是自由的，也是无界的，百花齐放，色彩纷呈，永远不可能形成简单双头垄断的"古诺模型"。经济学思想是一个多元的、垄断竞争型的供求结构，在主流经济学和体制外不断涌现并顽强生存着一批经济学家，成为非主流的经济学流派。他们或崭露头角或独树一帜、自成体系、窥到真理之一角，撬动经济学思想的杠杆，推动其演化与发展，功不可没，不容低估（杨建飞，2004）。

"成者王侯败者贼"。主流与非主流总是相对的。"江山代有才人出，各领风骚数百年。"谁也不敢说，今天"非主流"的经济学思想，未来就注定不能成为经济学思想的主流。但是这种主流与非主流的替代，绝非非此即彼简单的位置交换，而是否定之否定、交相融汇、批判与继承的扬弃。经济学思想的发展，是多文化的共生。20世纪末21世纪初，中国思想界曾经盛行"河东河西"的论点，认为在即将到来的时代，"东方文化"或"中国文化"会取代"西方文化"的位置，成为世界文化的主流。其实这是一种由于观念落后、思维僵化而导致的盲目乐观。多元文化的未来，是以并存为基础的发展，而非"河东河西"的切换。直到百岁文化学者周有光先生撰文，指出"河东河西论"思想的僵化，主流舆论才彻底改弦更张。

---

[1] Fuoco, Francesco：SAGGI ECONOMICI, 2 Vols (Pisa, 1825 – 1827).

就主流与非主流而言，非主流源于对主流的批判，批判来自于对既有结论的不满。但若从更宏观的角度和更漫长的时间段落上理解，所有的批判其实都是基于继承的完善，其中伴随着主流与非主流位置角色的转换。

例如，在数理学派占据主流地位的条件下，流行于北欧的非主流的瑞典学派否定了开创无视货币经济效应的数理学派的"观点"，却以更完善的数理方法为工具，开创了宏观动态均衡分析和经济周期理论，即积累过程理论，建立了统一的货币经济理论，分析了事前估计、事后估计对预期的效果和影响，构造了通货膨胀世界性传递机制的小国经济开放模型，用工资物价和税收循环分析了通货膨胀的形成机制，提出了充分就业和高税率下的通货膨胀的新概念，揭示了产业结构、技术结构和高工资水平是造成失业的重要原因。瑞典学派最卓越的贡献，是在低购买力假说、基于资源禀赋的国际贸易假说、小国开放模型等基础上建立了国际经济学的框架，用组织机制、结构等观点来分析经济制度及其集权、分权关系。在政策上，他们认为国家干预有正面作用，除财政货币政策外，还主张使用人力政策和收入指数化政策，在此基础上完成从资本主义过渡到自由社会、民主主义和福利社会的理想状态（杨建飞，2004）。

再如流行于美国的新制度学派，以加尔布雷思为最卓越的代表，其基本工作的方向是对资本主义社会矛盾的揭露和批判。他们以制度本身作为研究对象，以结构分析、历史分析、文化价值分析为手段，针对现代企业和经济系统开展研究，认为权力已经从资本所有者手中转移到技术经理阶层手中；公司目标已经不再是单一的利润最大化；"消费者主权"已经让位于"生产者主权"。在资本主义体系内已经分化为一个大公司组成的计划体系和无数小企业组成的市场体系，形成性质各异的二元经济体系。为此，必须进行结构改革，强化市场影响力，控制并减少计划体系的权力。加尔布雷思等人认为，这种二元经济模式同样适用于发达国家与发展中国家的经济关系的分析，适用于开放型的发展中国家内部的经济分析（杨建飞，2004）。

同样地，当我们今天谈及主流以及非主流经济学研究方法的异同时，必然会注意到数学方法和数理思想的普遍应用。其中突出的例子是以超边际分析为基础的新兴古典（经济）学派。这是一个前途光明、方兴未艾的流派，主要代表人物有罗森、贝克尔、杨小凯和黄有光等。其出发点和方法思路与当代主流经济学有重大区别，运用严格的数学工具，以超边际分析（角点解）为基本方法，从专业化分工出发，关注由此产生的内生效率优势和交易成本上升之间的冲突，利用专业收益来代替规模效益，在一个统一的框架内，一体化地解决宏观与微观、城市化、国内贸易与国际贸易、经济发展与地区分工、产权问题、社会组织演进、商业循环与经济周期等问题，突破了新古典经济学生产者与消费者的分离假说、交易瞬间完成假说，从根本上转变了经济学的基本思想方法，克服了新古典经济学的许多理论难题。

对新兴古典学派的有关论文和著作，有关权威专家评价认为：杨小凯的《专业化与经济组织》"是有吸引力的原创性著作"，"杨使用一种全新的微观经济学方法，使微观经济学从资源配置问题转向经济组织问题，开辟了新的方向，……杨正在迅速建立起他作为主流理论经济学家的国际声望"，这一工作具有原创性和新颖性，而杨的著作"几乎是一部百科全书式的教材，涵盖了经济学的主要问题"。[①] 综观诸多非主流经济学家的贡献，可以明显看到数学或数理方法的运用已经成为或正在成为不言而喻的事情。以这样的发展趋势，数学作为一种语言、一种工具，必定会更加深刻地融入经济学的思想方法，顺应经济学思想方法在本质上所具有的多元化的特点。

## 第二节　数理经济学是数理学派的重要支脉

数理经济学派，简称数理学派。严格地说，数理经济学派从属于数理学派，并且仅仅只是其中的一个分支。数理经济学派出现于19世纪70年代，主要是在经济研究中以数学的运算和推理来辅助理论分析。一般认为其创始人为法国经济学家、数学家古诺（Antoine Augusitin Cournot, 1801—1877，或译库尔诺）。古诺曾任里昂大学教授，首先把微积分应用于经济学，并将均衡理论与数理方法相结合，第一次导入边际概念和连续概念，发现需求弹性及价格与需求的函数关系，最先阐述垄断理论，并用边际原理说明垄断价格。他于1838年出版《关于财富理论之数学原理的

---

[①] 杨小凯、张永生：《新兴古典经济学和超边际分析》，中国人民大学出版社2000年版，第245—246页。

研究》一书，用函数形式表述需求规律，对供给函数也进行了分析，还以数学推理分析垄断价格的决定问题。他提出了需求函数，但没有估计出具体参数值。

**一　数理经济的本质是数学对经济的描述**

后来英国的杰文斯（William Stanley Jevons，1835—1882）在论证边际效益概念时，同样广泛地借助于数学公式。杰文斯既是逻辑学家，又是经济学家、伦敦大学教授，属于布尔学派的符号逻辑论者，对数理逻辑的发展亦有贡献。他的关于逻辑学的一些入门著作，曾被广泛用作课本。他与奥地利的卡尔·门格尔、法国的瓦尔拉大致同时提出边际效用价值说。他认为政治经济学是"快乐和痛苦的微积分学"，运用数学方法解释政治经济学的主要概念，并提出关于经济危机的太阳黑子说，其主要著作有《逻辑基础教程》、《政治经济学理论》、《科学原理》。

奥地利经济学家、维也纳大学教授卡尔·门格尔（Carl Menger，1840—1921）是现代经济学的奠基人，奥地利学派的开创者。其主要著作有《国民经济学原理》、《社会科学特别是政治经济学的方法研究》。他反对历史学派的所谓历史实证方法，强调运用抽象方法研究经济现象，强调个人消费的重要性；提出边际效用价值说，认为生产资料的价值最后决定于它所生产的消费资料的边际效用。

洛桑学派的创始人、法国的瓦尔拉（Marie Esprit Léon Walras，1834—1910）在1874年出版的《纯粹经济学要义》中，则用一系列的方程式来论证在边际效用的基础上全部商品的交换比例是如何确定的，并据此提出一般均衡理论（general equilibrium theory）。洛桑学派的另一创始人、意大利的帕累托（Vilfredo Pareto，1848—1923）也是以用数学方法研究经济而著称，并发展了一般均衡理论，对边际主义贡献巨大。帕累托认为："人们可以通过搜集消费者的偏好相对物价的变动而变化的资料，来记录和研究市场行为。"帕累托属于边际主义的第二代人物，洛桑学派的主要代表和数理学派的主要创始人之一，他继承了瓦尔拉的衣钵。瓦尔拉是一位很有使命感的学者，他深知需要有后继者，他的学说才会发扬光大，但他在洛桑大学开设经济学讲座20余年，始终没有发现一个适当的追随者，直到退休前才物色到帕累托。①

---

① 何正斌编：《经济学300年》，湖南科学技术出版社2009年版，第211页。

维弗雷多·帕累托（Vilfredo Pareto，1848年7月15日到1923年8月19日），意大利经济学家、社会学家，洛桑学派的主要代表之一。帕累托既有扎实的数学和工程学基础，又有丰富的工业管理和政治活动经验，经济论文也写得很出色，受到瓦尔拉赏识。1893年继任瓦尔拉教职担任洛桑大学教授12年，使洛桑学派得以形成并广为传播。①

20世纪30年代，特别是第二次世界大战以后，随着电子计算机以及其他先进的信息技术手段的出现，数学和统计的方法，包括几何图形、微积分、线性代数和数理代数等，更多地被应用于经济学研究，甚至出现了以数学理论和数学公式作为研究经济的唯一方法的倾向。

数理经济学是运用数理方法对经济现象进行分析、研究和表述的经济理论体系，有广狭二义。狭义专指19世纪运用数学函数式推导、表述经济理论的经济学，其主要代表人物包括戈森、埃奇沃思（Francis Ysidro Edgeworth，1845—1926）、维克塞尔（Johan Gustaf Knut Wicksell，1851—1926）及欧文·费雪（Irving Fisher，1867—1947）等。

费雷，美国经济学家，统计学家。耶鲁大学教授，曾任美国经济学会、统计学会和计量经济学会会长。其著作有《价值与价格理论之数学的研究》、《货币的购买力》、《利息理论》。运用数学方法研究经济现象，发展了货币数量说，提出交换方程式，把一定时期、一定社会进行的总交易，用数学公式表现；费雷认为主观效用可以计量；由所谓"收获超过成本率"决定投资的选择，把预期及风险因素导入经济分析中，其理论对凯恩斯及瑞典学派的经济学说有一定的影响。

1854年，德国经济学家赫尔曼·戈森（Hermann Heinrich Gossen，1810—1858）著作的《交换规律的发展和人类行为的准则》②一书出版。书中用导数式和二维图表示了边际效用的概念，并为后人留下了著名的戈森第一定律（即效用递减定律）和戈森第二定律（即边际效用均等定律）。他发现当一个人继续消费某种物品时，每一单位这种消费品提供给他的享乐是递减的；花费一定量收入要获得最大总和的享乐，就必须使他消费的每种消费品的最后一个单位所提供的享乐都相等。此即"戈森定律"，又称"享乐定律"。其本质是把经济现象归结为单纯的心理因素。

---

① 何正斌：《经济学300年》，湖南科学技术出版社2009年版，第211页。

② Hermann Heinrich Gossen: Entwicklung der Gesetze des menschlichen Verkehrs, und der daraus fliessenden Regeln für menschliches Handeln, Braunschweig, 1854.

尽管戈森被后人誉为边际效用学派的先驱，但是在当时，戈森的著作并未引起人们的注意（秦朵，1986）。

牛津的埃奇沃思（Francis Ysidro Edgeworth，1845—1926）博览群书，不仅研究经济学和心理学，还研究自然科学、数学以及用各种现有的或已经消失了的语言写成的文学作品，是"具有超凡思想的教授"，并且著作等身，被誉为"英格兰最接近马歇尔（Marshall）的经济学家"。庇古（Pigou AC）评价他是分析工具的发明者，并以此而获得荣誉。这其中包括效用函数的一般形式、无差异曲线、帕累托（Pareto）最优、契约曲线。① 这些概念对今天的经济学来说耳熟能详，但作为工具，它们起着基本的连接作用。嗣后数学在经济学中的广泛应用和经济计量学中统计推论的必要性，显然也肯定并且支持了埃奇沃思所持有的观点。1879 年 7 月，埃奇沃思发表《享乐的计算》。随后在 1881 年又有《数学心理学》问世。这本书的篇幅较短，可以分为三个部分：（1）数学在经济学中的作用的解释和答辩；（2）经济计算；（3）功利的计算。②

维克塞尔（Johan Gustaf Knut Wicksell，1851—1926），是瑞典经济学家、瑞典学派的创始人、隆德大学教授。依据边际效用价值说和边际生产率说，并采用一般均衡理论，建立其学说体系，倡导货币经济理论、自然利率理论和中性货币说，企图从利率、储蓄和投资等货币因素的分析，说明经济变动和危机。他为瑞典学派奠立理论基础，也对维也纳学派与凯恩斯的货币理论有较大影响。著有《利息与价格》、《政治经济学讲义》。维克塞尔是一位具有宗师风范的学者，平生不得志，45 岁才获得博士学位。他认为仁慈君主和国家是为公众利益服务的说法是一个谬误。按照布坎南的观点，维克塞尔是现代选择理论的主要先驱，是宪制经济学的鼻祖（何正斌，2009）。

1875 年，美国统计学家赖特（Carrolld Davidson Wright，1840—1909）根据德国经济学家和统计学家恩格尔（Ernst Engel，1821—1896）研究英、法、德等国数据后提出"随着居民收入增加，食品支出比例就会减少"的论点，提出恩格尔定律。恩格尔系数是食品支出与家庭消费支出

---

① 1890 年 11 月，潘塔莱奥尼（Pantaleoni）从巴西写给埃奇沃思的信。参见《新帕尔格雷夫经济学大辞典》，第 88—92 页。

② ［英］伊特韦尔：《新帕尔格雷夫经济学大辞典》，陈岱孙主编，经济科学出版社 1996 年版。

总额的比值。后人认为，恩格尔定律"大概是从实际经验的经济数据中得出来的第一个数量定律"，① 它的研究方法可称为经济学中数量分析方法的一个经典范例（汪同三，1992）②。

广义的数理经济学包括20世纪30年代兴起的经济计量学（econometrics）等。随着对"经济现象"的细分，数理经济学又分化出"数理金融学"等新的分支，系指用数学方法，特别是随机分析方法研究金融与投资问题的一个边缘学科。它是由于金融证券市场发展需要而形成的一个研究领域。这充分说明"数理"具有明显的工具和语言性质。

广义数理学派的概念，可以表述为："运用数理方法于关注对象，进行分析、研究和表述的理论表达体系。"它同时浸润着语言、历史甚至考古等众多领域，形成若干新兴边缘学科。其特点是采用数学模型和函数程序等工具手段进行研究，以相对严密的数学语言替代自然语言，从而实现描述与解析的精密化，建立更为精密的形式系统，具有"工具进步"的意义。不过，这种进步并不能直接导致科学学科研究领域的"严密化"。"严密"是逻辑和因果关系的闭合，属思想范围。"精密"则仅指观察的细致程度，两者不能直接等同。"工具"应该是思想的工具，而不能是思想的替代品。

**二 经济科学地位提高促进数学方法运用**

第二次世界大战以来，西方数理经济学加速发展，其突出特点是与整个经济学的发展融为一体。数理经济学的突飞猛进，实际上就是数学分析的方法论在主体经济学的研究中越来越占据主导地位。20世纪40年代后期，西方经济学开始在理论上代替传统的经济分析方法，以顺应经济学试图使自己逐步成为精密科学和严格科学的愿望。在这一时期，起源于20世纪30年代，并在40年代乃至50年代发展起来的经济计量学，越来越成为应用经济学的话语主体。到20世纪60年代，以经济计量学为代表的经济学方法论的数量革命已经基本完成。其主要表现为：

（1）经济专业文献普遍使用数量方法；

（2）数学、数理经济学和经济计量学成为高等院校经济专业学生的必修课程；

---

① M. Blang, P. Sturges (ed)、*Who's who in Economics*, 1983.
② 汪同三：《宏观经济模型论述》，经济管理出版社1992年版。

（3）短于数量分析的老经济学家面临严峻的技术淘汰，只有以新思想见长的人除外；

（4）几乎所有较为著名的经济学家都以数学分析见长；

（5）历届诺贝尔经济学奖的获得者大多是经济计量学家。

广义而言，现代的理论经济学和应用经济研究都是数量经济学的组成部分，经济学的本质属性并未因为数学描述和分析方法的介入而发生改变。数量方法的应用越来越融入经济学本身，这种状况已经使数量经济越来越难以作为一个明显独立的学科而存在。与此同时，经济学研究日趋科学化、实用化，表现出现代科学发展的特征，在理论上，则集中反映在经济理论分析、论证和表述语言的数学化。经济概念用数学形式严格定义，外在的真理公理化，内在的规律定理化，具有较强重复性的结论则定律化。其所用的数学形式也日趋一般化或广义化，以适应经济理论的高度抽象和概括性。

"工欲善其事，必先利其器"。经济理论研究方法的变革，强化了经济学说的客观性、推理的严密性、逻辑演算的精确性和理论衔接的一致性（秦朵，1986）。在实践上，数字中可以同时兼顾多因素、多主体、多时点、多维度问题的各类经济模型几乎将传统的经济估计方法彻底取代，成为情景模拟、政策分析、计划制定和未来预测的主要手段。经济研究正在从潜移默化中走向真正意义上的科学。1969 年瑞典皇家科学院和诺贝尔基金会决定自 1969 年起增设诺贝尔经济学奖，与其他诺贝尔自然科学奖项并驾齐驱。经济学作为后起之秀，快步跻身于科学的行列。截止到 2013 年，诺贝尔经济学奖已经被颁发了 45 次，授予 71 位经济学者。2000 年以后则有越来越多的获奖者属于"工匠"型的经济学家，他们通常是在某一个技术难关上获得突破（沈玮青，2013）。①

回顾以往，科学研究历来有两大传统模式：数理传统和博物学传统。一般而言，研究对象越复杂，关于这类对象的学科就越难以定量化。人们对于这门学科的研究，往往采取分类、对比的方法。这种方法被称为博物学模式，是任何一门科学在它初期时所采取的方法。研究的对象越简单、越稳定，人们就越能将这门科学推向严密科学，这就是数理模式。自然科学的几大学科中，从数学、物理、化学、地质学，直到生物学、医学，研

---

① 沈玮青：《三名美国学者分享诺贝尔经济学奖》，《新京报》2013 年 10 月 15 日。

究对象的复杂程度不断提高，因而它们的研究模式也就越来越从数理传统转移到博物学传统（陈敏伯，2001）。①

现在看来，正在努力跻身"科学"行列的经济学，与20世纪50年代末的化学有几分相像。20世纪50年代末，物理学家、量子力学的奠基人之一海森伯格（W. Heisenberg）曾经对当时物理学与化学的状况作了对比。他认为"化学还不是严密科学"，而物理学是。他在《物理学与哲学》一书中写道："物理学最近的相邻学科是化学。"19世纪中叶时，"它们相隔得很远，那时它们的研究方法完全不同，化学概念在物理学中没有对应的概念。原子价、活性、溶解度和挥发性这一类概念都具有比较定性的特性，因而化学很难说是严密科学"。但是现在量子力学把化学带进了严密科学。"物理学和化学的概念构成了一个闭合的前后一贯的集合，即量子论的概念集。"

1998年在化学史上是划时代的一年。这一年的诺贝尔化学奖颁发给理论化学家、美国人科恩（Walter Kohn）和英国人波普尔（John A. Pople）。颁奖公告向全世界宣告："化学不再是纯实验科学了。"这是人类第一次在整个科学界都认可的文件中宣告化学正式进入了严密科学（陈敏伯，2001）。②

在21世纪第一个10年结束时的经济学，处在怎样的状态之中呢？我们是否已经完成了对经济学变化现象的分类与描述？这是一门科学走向严密科学的必由之路。事实上，经济学正在进入某种意义上的"实验阶段"。1999年，笔者担任中国社会科学院数量经济与技术经济研究所网络信息中心主任期间，曾经建议筹设高级别的"国家经济实验室"；10年后，有幸参加由时任社科院常务副院长王伟光同志主持的国家经济实验室筹备论证工作，并为此随以社科院学部委员汪同三先生为团长的代表团于2009年9月赴美国纽约、华盛顿、新墨西哥州等地考察。2010年春从澳门大学教授孙广振先生处得到消息：美国、德国等西方发达国家处在经济学研究前沿的科学家，设计并且实施了在计算机模拟实验室之外关于经济博弈的"田野实验"，并有意在中国内地开展类似的实验活动。③

此后三年，我们在社科院经济研究领域的期刊中越来越多地看到了跨

---

① 陈敏伯：《量子与理论化学》，上海科技教育出版社2001年版，第4页。
② 同上书，第5页。
③ 2010年春，华裔经济学家、澳门大学教授孙广振先生提供了这一信息。

学科研究的论文。例如，应用实验方法研究腐败问题的《集体与个体腐败行为实验研究》①，论文提出一个不完全信息最后通牒模型，试图刻画腐败的本质特征，得出集体组腐败率显著高于个体组的实验结果；《第三方的惩罚需求：一个实验研究》②，明确得出"即便利益无关，第三方惩罚这种看似纯粹利他行为背后也存在很强的经济考虑"的判断；浙江大学跨学科社会科学研究中心（ICSS）和实验社会科学实验室（ESSL）就"人类社会合作"问题组织长期的讨论，并且在数年以前（叶航，2005）就把美国圣塔菲研究所学者研究的成果（强互惠行为的生物学证明）介绍到中国。

### 三 经济学的迅速发展催生分支学科问世

有观点认为，西方数量经济学的蓬勃发展促进了与经济学交叉的新型边缘学科的产生。例如企业管理学、地区经济学、市场经济学、国际经济学等。在这些学科当中，数量分析方法仍为主要的分析手段。（秦朵，1986）这种说法无疑是正确的。但若更进一步探究这些边缘学科产生与发展的路径时，却可以明明白白地看到数理主义（mathematicism）的影子。所谓数理主义，是用数学的形式结构和严格方法作为指导哲学思考模式的一种尝试。数理主义至少以三种方式表现在西方哲学中：

①一般的数学研究方法能用于建立意义的一致性和分析的完备性。这是17世纪前半期R. 笛卡儿所引进的革命性方法。这种方法的改善，导致了20世纪前半期的"分析时代"。②笛卡尔还倡导把表现最终实在本质的形而上学体系从属于公理化方法。所谓公理化方法就是以欧几里得几何的公理化模式从一组基本公理演绎出一些原则的程序。这一方法后来在17世纪为斯宾诺莎精心地应用。③以数理逻辑为模式的演算体系或句法体系为20世纪的几个分析哲学家所发展，用以描述、阐明哲学体系和弄清并解决形而上学问题。这些哲学家中有 B. 罗素、L. 维特根斯坦和 R. 卡尔普纳。③

1628年，笛卡儿对基于数理主义程序的哲学给出了4条法规：①只接受不容置疑的（不言自明的）命题为真理；②把问题分解为构成成分；③

---

① 雷震：《集体与个体腐败行为实验研究》，《经济研究》2013年第4期。
② 范良聪、刘璐、梁捷：《第三方的惩罚需求：一个实验研究》，《经济研究》2013年第5期。
③ 《不列颠百科全书》第11卷，第12页。

按从简单到复杂的顺序工作；④务求列举、检查完全和普遍。当一个哲学家如此来对待形而上学问题时，便是把自己的哲学知识组织在定义、公理、规则和演绎出的定理等形式下。这样，他就可以确保意义的一致性和推理的正确性，并获得发现以及揭示事物之间关系的一种有规则的方法。①

在人类科学的发展历史上，数学作为数理主义标志的代言者，获得普及应用的程度，几乎已经成为一个科学学科是否已经走向成熟、是否成为"严密科学"（exact science）的主要标志。由于种种原因，历史上人们有时将 exact science 译作"精密科学"，有时译作"严密科学"。但在汉语中，"精密"一词只代表了对物理量在数值的精确性上的量度追求，而"严密"侧重于表达科学概念逻辑关系上的严格性，在严格考究的术语意义上，"精密"与"严密"是不同的，它们之间不存在简单的替换关系，不能等价替换。

据说，19 世纪初叶德国数学家高斯（G. F. Gauss）和意大利化学家阿伏伽德罗（A. Avogadro）之间曾有一场激烈的辩论。辩论的核心在于：化学究竟是不是一门真正的科学？

"科学规律只存在于数学之中，化学不在严密科学之列"，高斯说。

"数学虽然是自然科学之王，但是没有其他科学，她就会失去真正的价值"，阿伏伽德罗反驳道。此话惹恼了高斯，这位数学权威发怒道："对数学来说，化学充其量只能当个女仆。"

阿伏伽德罗用实验事实来反击高斯，他将 2 升氢气在 1 升氧气中燃烧得到 2 升水蒸气。阿伏伽德罗十分自豪地告诉高斯："请看，只要化学愿意，她就能使（2 + 1 = 2）。数学办得到吗？不过，遗憾的是我们对化学知道得太少了。"

显然，高斯的本意是说，作为一门学科，如果不努力走向严密科学，那么这门学科就有可能被排挤到科学的边缘。这是高斯给任何一门自然科学的警示。阿伏伽德罗的反驳则是在提醒人们：化学里面奥秘无穷，切莫因一时难以厘清它的规律而放弃追求。其实被誉为"化学之父"的 17 世纪爱尔兰科学家玻意耳（Robert Boyle）就非常重视数学、物理的研究方法。他曾经说过："化学必须是为真理而追求真理的化学。""化学，为了完成这样庄严的使命，绝不能认为目前的研究方法是正确的。必须抛弃自

---

① 《不列颠百科全书》第 11 卷，第 12 页。

古以来的空想的方法。化学也应当像已经觉醒了的天文学和物理学等姊妹学科那样，立足于严密的实验基础之上，并始终忠实地遵循这一原则，以扎扎实实的研究步骤前进。"①玻意耳的话，对于今天中国的社会科学或者经济学研究，仍然适用。

那么，什么是高斯声称的严密科学（exact science）呢？数学是人类智慧中概念上最严格、数值上最精密的表达方式。在表达人类智慧的所有方式中，只有数学传达的信息不会产生歧义和误解。数学是人类使用的一种语言，而在所有的语言中，只有数学语言是不会使人误会的。因此，所谓"数学表述"不只是代表了一门科学的定量化，更是各种概念的严格化和统一化的过程。数学的运用可以推动人们对自然科学认识的深化。在希尔伯特公理化运动以前，1885 年，法国物理学家迪昂（Pierre Duhem）就曾在热力学上进行过"公理化"的研究。他用类似于拉格朗日（J. Lagrange）在分析力学中所采用的做法，结果得到了后人称为"化学势"的概念，从一个全新的角度完成了物理和化学的统一。② 按照这样的思路推想，目前关于经济学的研究或许也要经历"公理化"过程。

概言之，数学的目的在于表达客观世界的本质。一种自然存在的严肃的科学，必然起源于观察。而观察的结果在于描述。从开始时的定性表述起步，必然会朝着运用数学表述的方向进步，这就是它在逐步转化成为一门严格的科学，并最终走向严密科学的历程。值得一提的是，"科学"不能自封，而需要经受验证与检验。那些貌似伟大、甚至具有无可比拟的"创新性"的伪科学，是否也可能利用"数学"的"不完备性"招摇过市，是一个需要时刻提防的重要问题。数学无疑是一种伟大的工具，但是任何一种伟大的工具都不能给出最后判断的终结。数学之所以伟大，正是因为它坦然承认由哥德尔代言的"不完备定理"。

### 四 经济学数理学派与历史学派的竞争与共生

在西方经济学思想发展的进程中，除了在资源利用与配置上以凯恩斯为代表的干预主义，和以哈耶克等为代表的自由主义两种基本思想趋势外，偏重于抽象分析、演绎推理、形式化表达、凡事必须证明的即数理学

---

① 陈敏伯：《量子与理论化学》，上海科技教育出版社 2001 年版，第 6 页。
② 参见陈敏伯《量子与理论化学》，上海科技教育出版社 2001 年版，第 2、7 页。

派①与偏好于历史史实分析、历史事件解读、案例及其具体情景分析、文化心理因素分析及时间演化效应分析的历史学派之间的竞争、共生关系是西方经济学思想发展中另外两种最重要的动力来源，代表了西方经济学两种重要的思维方式。数理学派与历史学派。这两个学派及其思想方法彼此穿插、交相辉映，相互补充、相互渗透，在分析深度、思想广度两个方向上互补、竞争，构成稳定的共生关系，推进了西方经济学的创新与发展（杨建飞，2004）。

偏好数理逻辑的数理学派与偏好时间历史的历史学派相互竞争、相互制约、相互监督、彼此控制，激烈的批评与反批评，不仅有助于经济学的深化，起到抑制经济学思想完全数量化、抽象化的数学乌托邦主义倾向的作用，同时也克制了社会历史学派沉迷于历史事件及偶然性，无视经济规律的倾向，有助于避免极端的、有害于经济思想成长的方法论的泛滥。从更广泛的意义上说，经济思想演化、发展的基石和基本动力本身就是一种多元互补结构。同任何科学学科的思想发展和演变一样，"一边倒"、一言堂都是抑制科学成长的不利因素。

数量方法的优势在于严谨确切，边界明确，但偏于抽象；历史方法则生动直观，解释力强，具有历史特有的连贯性，能够帮助人们做出符合实际的判断，也有利于经济学与政治学、社会学、历史学、人类学、文化学、哲学等学科的融合，有利于综合优势的形成和思想智慧的萌生。习惯认为，数理学派倾向于以法国这样的唯理主义思想占据支配地位的国家为阵地，而历史学派则以德国这样偏重于文化哲学和历史思维的国家为阵地，当然也涉及奥地利、英国、美国等国家（杨建飞，2004）。

数理学派最早起源于对19世纪重商主义的超越。一些具有数学知识背景或偏好的经济学家，从关注单纯货币意义上的财富转移到对有关概念的计算与度量上来。例如奥地利经济学家卡尔·门格尔（Carl Menger，1840—1921），反对历史学派的所谓实证方法，运用抽象方法研究经济现象，提出边际效用价值说；法国的瓦尔拉（Marie Esprit Léon Walras，1834—1910）在1874年出版《纯粹经济学要义》，提出一般均衡理论（general equilibrium theory）；意大利的帕累托（Vilfredo Pareto，1848—

---

① 亦有称之为数量学派，如杨建飞《科学哲学对西方经济学思想演化发展的影响》，商务印书馆2004年版，第88页，但若从术语考究的意义上，称之为数理学派似更为贴切妥当。

1923）也用数学方法研究经济。在哲学上，数理学派主要是受到法国唯理主义哲学家笛卡儿思想的影响。数学方法在其他科学领域的运用，使人们自然而然地感到，在对经济学的研究中，数学方法也会有用武之地。而大量具体的数据观察与数量计算，最终势必导向抽象的数理分析。

第一个对数理学派做出卓越贡献的是霍布斯，而古典经济学创始人配第本人就有很专业的数学和统计学基础，他认真研究了国民收入、乘数效应、平价理论和价值理论、贸易问题、分配问题、人口问题，其中充满了大量的统计数据和计算。大数学家伯努利将高深的概率论、微积分、解析几何应用于效用、财富的度量，提高了经济学数量化的水平。由于数量方法在古典政治经济学的主要问题中推广拓展，人们甚至把政治经济学称为"政治算术"（杨建飞，2004）。然而在18世纪中期，由于政府和国王对于统计数据、财政收入保密，人们无法得到可信的原始统计数据，经济数量方法沦为无米之炊，其发展几近停顿，直到19世纪下半叶新古典经济学兴起，数量方法方才又见炊烟。说明数量方法的运用，必须以可靠的统计数据支撑为前提。

19世纪30年代，法国数学家安多万·奥古斯丹·古诺①（A. A. Cournot，1801—1877）第一个以专业数学家的身份进入经济学领域，提出了著名的关于寡头垄断条件下产量与价格决定的古诺模型。并提到需求函数，但是并没有估计出具体参数值（张寿、于清文，1984，pp. 7—8）②。以拉普拉斯变换闻名的法国数学大师拉普拉斯（Pierre—Simon de Laplace，1749—1827），以及以创立随机变量的泊松分布而闻名的概率论专家泊松都曾关注过经济学问题。1858年，德国经济学家赫尔曼·戈森（Hermann Heinrich Gossen，1810—1858）提出"享乐定律"，把经济现象归结为心理因素。他认为经济事件必然涉及多变量，必须借助数学方程和三维图形才能说明。

19世纪70年代数理经济学进入繁荣期，数理分析成为最主要的分析方法，其阵地从法国扩展到英国、奥地利等国家。杰文斯、瓦尔拉、帕累托等甚至认为，数理方法是经济学研究的不二法门。相对于长于思想分析

---

① 《辞海》、《数学辞海》均译作"库尔诺"，参见下文对照，《辞海》（第558页）所介绍的"古诺"是法国作曲家，不是经济学家古诺或库尔诺。但是在许多经济著作中似乎更偏向于译为古诺。

② 张寿、于清文：《计量经济学》，上海交通大学出版社1984年版，第7—8页。

的历史学派而言，数理学派长驱直入，成果显著。20世纪诺贝尔经济学奖中，数学偏好明显强化。从1969年设立诺贝尔经济学纪念奖到1999年31年间，共有44位经济学家获奖，成果产生的主要年代为20世纪50年代到80年代，其中90%是因为他们能够熟练应用数学方法而获奖。放眼看去，似乎使人感到经济学不是社会科学，而是一门应用数学的学科。经济计量学的蓬勃发展，成为20世纪数理经济学的一个重要方向（杨建飞，2004）。

然而，正如中国成语所说：寸长尺短。精确严格的数学并不能一劳永逸地给出足以描写所有经济进化阶段的公式与方程。在这个问题上，历史学派的批评并非没有道理。

以德国历史学派①最卓越的代表之一施莫勒（Gustav von Schmoller, 1838—1917）②为例，他不仅批评经济学的古典学派，也批评新古典学派的方法论，认为其理论假说缺乏现实性。施莫勒利用历史学和文化人类学的方法来分析中世纪的行会制度、城市化、工业发展、银行问题。他认为，以社会组织和集团为标准，经济发展可以分为若干进化的阶段，在不同的阶段有不同的理论与政策，而没有所谓永恒普适的理论与方法。按照施莫勒的结论，理论经济学是不可能的。通过历史、社会、法律、文化、道德分析，人们充其量只能给出个别的、特殊的答案，经济学所能贡献的，最多是启发智慧和思想，而不是原理和答案（杨建飞，2004）。

在历史学派的著名人物中，马克斯·韦伯作为一名卓越的、几乎是百科全书型的德国学者，其研究领域几乎遍布社会科学的全部领域。经济学、政治学、法学、社会学、历史学、人类学、文化学、哲学、宗教学等，都有他卓越的论述，综合知识的优势使他的分析力透纸背，入木三

---

① 一般把历史学派分为德国历史学派和英国历史学派两个分支。它们形成的背景和哲学思想有所不同，但在主导方法和思想上却保持了一致，其中德国历史学派影响最大。德国历史学派起源于19世纪中叶前德国本土思想解放和历史主义思想的复兴，起源于对于组织问题、国家利益的关注，研究方法不局限于经济学，重视学科之间的相互渗透（杨建飞，2004）。

② 施莫勒（Gustav von Schmoller, 1838—1917），《辞海》（1999年版音序缩印本，第1513页）译作施穆勒。德国经济学家，新历史学派和讲坛社会主义的主要代表。柏林大学教授，社会政策学会事实上的创立人，上院议员。主张加强经济现象的历史研究，力言经济的伦理性，试图建立伦理经济学。强调民族发展的特点，否认一般经济规律；宣扬"社会政策"，主张缓和阶级矛盾，把经济发展史划分为村落经济、都市经济、区域经济、国民经济和世界经济等阶段。主要著作有《社会政策与国民经济学的根本问题》、《一般国民经济学原理》、《国民经济、国民经济学和方法》。

分。韦伯认为，自利的"经济人"假说是正确的，但不完备，还应再作改进。对于财产权、经济组织形式、资本主义的起源、货币、企业组织结构、分配问题、社会制度、企业家、市场与交易、国家贸易、经济伦理学等，韦伯都作了社会学意义和历史学意义上的双重分析，从而对德国经济学的研究方向和范式产生了巨大的影响（杨建飞，2004）。

英国的历史主义经济学起源于理查德·琼斯对于李嘉图的抽象的、缺乏应用性的方法的不满和批评。琼斯认为，经济学假说是历史决定的，并应由经验数据来支撑，李嘉图主义使用范围有限，只能解释非常小部分的经济现象。1859年达尔文发表《物种起源》，说明自然界历史演进与历史选择的重要性。这一思想同样影响了英国经济学家的思想方法。斯宾塞在经济学分析中应用了这种思想。孔德、英格拉姆、穆勒、莱斯利等人用历史方法论和社会有机体的观点分析了工资基金、消费者主权、财产增长、利润平均化、税收等问题，形成了独特的理论结论，表现了明显的现实解释力的优势。而后来对历史主义方法作出改进并影响了经济学的两个人分别是罗杰斯和（老）汤因比。罗杰斯用历史方法并辅以数量统计方法，在历史方法中引入数量分析，改进了历史主义的方法（杨建飞，2004）。

老汤因比，即阿诺德·汤因比（Arnold Toynbee，1852—1883），英国早期的经济史学家，社会改良主义者。曾在牛津大学讲授经济史，著有《十八世纪英国产业革命》。他是20世纪伟大的历史学家、《历史哲学》巨著作者汤因比，即阿诺德·约瑟夫·汤因比（Arnold Joseph Toynbee，1889—1975）的叔叔。阿诺德·约瑟夫·汤因比是英国历史学家，历史形态学派主要代表。毕业于牛津大学。1912年起在牛津大学、伦敦大学执教，后任英国皇家国际事务学会研究部主任，主编《国际事务概览》，并任职于外交部。有代表作《历史研究》十二卷，其学术思想发展了施本格勒的史学观点，在西方史学界颇具影响。

奥斯瓦尔德·施本格勒（Oswald Spengler，1880—1936），德国哲学家、历史学家、柏林大学哲学博士。任中学教员，后专事著述。其主要著作有《西方的没落》、《抉择的时刻》等。他认为历史只是若干各自独立的文化形态循环交替的过程。任何一种文化形态，都像生物有机体那样，要经过青年期、壮年期、衰老期以至死亡。[①]

---

[①] 参见《辞海》1999年版音序缩印本第1512页。

## 第三节 强互惠模式

就经济学而言，人们已经注意到这一学科研究对象"空前"的复杂性，以及由于"人"作为经济活动主体所造成的经济现象的不确定性。这种不确定性导致社会经济系统毫无疑义地成为极端复杂、充满非线性和不确定性的对象，难以观察，难以描述，更难以控制。因此，所有关于经济学的一切讨论，包括一切社会科学的研究都需要回归到关于"人"的行为模式及其生物科学依据的基础性研究。强互惠模式就是对这种观点的贯彻。

强互惠（Strong Reciprocity）系指一种超越或突破"经济人"与"理性人"假说的人类行为模式。2004年2月，美国《理论生物学杂志》发表萨缪·鲍尔斯（Samuel Bowles）[1]和赫伯特·金迪斯（Herbert Gintis）[2]的论文《强互惠的演化：异质人群中的合作》，认为人类行为具有超越"经济人"和"理性人"假设的"强互惠"行为模式，即超越"利己"动机，为公平公正可以"路见不平，拔刀相助"，而不惜付出代价。

### 一 以交叉科学研究著称的圣塔菲

强互惠概念是圣塔菲学派对经济学[3]的贡献。圣塔菲学派起源于美国新墨西哥州著名的圣塔菲研究所（SFI）。这是一个私人机构，创建于1984年，倡导并坚持在自然科学与社会科学之间合作。他们的成果表明，合作以及由合作产生的剩余，可能是人类心智、社会行为包括人类文化和

---

[1] 萨缪·鲍尔斯（Samuel Bowles），1965年获哈佛大学经济学博士学位，历任马萨诸塞大学经济学教授（荣誉退休），圣塔菲学院讲座学者（External Faculty），曾发表论文批评萨缪尔森。1998年发表综述型论文"内生偏好"，引起学界广泛注意。自2000年起出任圣塔菲学院"经济学板块"研究主任。

[2] 赫伯特·金迪斯（Herbert Gintis），1969年获哈佛大学经济学博士学位，历任马萨诸塞大学经济学教授（荣誉退休），哈佛大学访问教授，巴黎大学访问教授，西耶纳大学访问教授，圣塔菲学院讲座学者（External Faculty）。尝试在包括脑科学在内的最新研究成果的基础上，反思以往经济学的思想遗产。

[3] 经济学研究中的圣塔菲学派，起源于美国新墨西哥州著名的圣塔菲研究所（SFI）。这间研究所是一个私人机构，创建于1984年，倡导并坚持在不同的自然科学与社会科学之间进行合作研究。目前西方学者们正在从经济学、生物学、社会学文化人类学、演化心理学、认知科学和符号逻辑等多个领域展开研究，他们的目标，就是走向"统一的社会科学"。

人类制度共生演化的最终原因。有效的合作规范和秩序，也许是人类在生存竞争中最大的优势。"亲社会情感"，包括同情、歉疚、感恩、正义等，平衡了进化赋予人类的冷酷自私与理论算计。他们在实验测试过程中发现，人类具有一种明显的、带有利他性质的、对不公平行为实施惩罚的倾向。而这种行为机制，恰恰是以往经济学"利己"的"理性人"假设所无法解释和包含的（叶航，2005）。[①]

从术语翻译角度看，英语中 Reciprocity 所表达的概念，是与"合作"密切相关的"对等性"，依场合不同，常被译作"交互性"、"互惠性"、"己所不欲，勿施于人"，（汪丁丁，2005）以及"互给、互惠"。但金迪斯等在使用这一词汇时，不仅有"互惠"，还有"对等惩罚"的含义。因此，汪丁丁最初提议将其译作"对等"或"对等性"。但仔细阅读原文，发现作者希图表达的意思，更在于强调"路见不平，拔刀相助"，这就超出了"对等"的包容，而牵涉到为"利他"而甘愿付出代价的问题。[②]

## 二　强互惠与利他惩罚的生物科学依据

2004 年 8 月出版的《科学》杂志，封面文章是恩斯特·费尔[③]撰写的《利他惩罚的神经基础》(*The Neural Basis of Altruistic Punishment*)，以现代科学手段解释并验证金迪斯等关于人类合作起源和演化假说。在这篇论文中，费尔教授把"强互惠"（Strong Reciprocity）直接指称为"利他惩罚"（Altruistic Punishment）。

强互惠和利他惩罚是具有正外部性的利他行为。费尔博士猜测，强互惠者可以从利他惩罚行为本身获得满足。苏黎世大学国家经济实验室使用 PET 即正电子发射 X 射线断层扫描技术（Positron Emission Tomography）对这一行为的脑神经反应进行观察，证明位于中脑系统的纹体（striatum）包括尾核与壳核的神经回路，是人类及灵长类动物整合激励信息与行为信息的关键部位。利他惩罚行为发生时，这一脑区被激活，且利他惩罚行为的

---

① ［美］赫伯特·金迪斯、萨缪·鲍尔斯等：《走向统一的社会科学》，上海世纪出版集团 2005 年版。

② 在此我们必须感谢浙江大学跨学科社会科学研究中心的汪丁丁、叶航、罗卫东等人。正是以他们为代表的学者团队，将"强互惠"这一术语，以及由此表达的进步思想和社会科学前沿课题研究的方向性转变引入汉语世界。2005 年，他们主编"跨学科社会科学研究论丛"之第一册，［美］赫伯特·金迪斯、萨缪·鲍尔斯等：《走向统一的社会科学》由上海世纪出版集团、上海人民出版社出版，成为中国社会科学走向"统一的社会科学之路"一块不可替代的基石。

③ 恩斯特·费尔博士，苏黎世大学国家经济实验室主任，是圣塔菲学派的重要成员。

强弱与其活跃程度正相关,从而证实了费尔的猜想。① 这是以交叉方式研究社会科学的"一小步",同时也是人类迈向"统一的社会科学"的一大步。

"没有术语就没有知识"。从这样的意义上说,术语世界,满是术语,绝不是什么稀缺的东西。既然如此,又凭什么断言"强互惠"这样一个经济学术语将可能影响世界呢?回答这个问题,要从西方经济学概念中的"经济人"说起。所谓"经济人",意指不抱其他动机,只追求经济利益,并按经济原则进行活动的人。自亚当·斯密(Adam Smith,1723—1790)以来的经济学者通常从这种抽象的"人"出发研究经济现象。

### 三 强互惠超越经济人和理性人假说

1776年英国古典政治经济学体系建立者亚当·斯密发表《国富论》②。"从人类利己心出发,以经济自由为中心思想,以国民财富为研究对象",把追求利润最大化的个人确定为经济分析的出发点,为新古典经济学和现代主流经济学奠定了分析生产者行为的基本范式。19世纪50—70年代,经济学的边际革命把追求效用最大化的个人确立为经济分析的另一个出发点,为新古典经济学和现代主流经济学奠定了分析消费者行为的基本范式。由于这两个范式可以统一于追求自身利益最大化,因此意大利经济学家帕累托(Vilfredo Pareto,1848—1923)把具有这种行为倾向的人概括为"经济人",并认为它是全部经济分析的前提假设。这种假设隐含着一种对人性自私的肯定,一经面世就引发了众多批评,包括来自经济学内部的批评。20世纪20年代以后逐步被"理性人"假设所替代。

经济人假设被理性人假设替代,主要基于两个原因。一是为了回避怀疑和争论,在表述时使用例如最大化行为、最优决策、理性选择等更为抽象的术语,给"经济人"戴上"理性"的面具;二是出于经济学数理化的需要,20世纪30—50年代美国经济学家萨缪尔森等对许多传统的经济学概念进行了重新表述,其中关于效用的重新表述导致了对理性和理性人的再定义,并最终确立了他们在现代经济学中的地位。根据现代经济学的解释,效用是偏好的函数,偏好只要满足完备性和传递性假设就可以体现为理性。而所谓理性人,简言之就是约束条件下使自身偏好最大化的人。

---

① 叶航:《被超越的"经济人"和"理性人"》,[美]赫伯特·金迪斯、萨缪·鲍尔斯等:《走向统一的社会科学》导读,上海世纪出版集团2005年版,第8—25页。
② 亚当·斯密的代表作《国民财富的性质和原因的研究》简称《国富论》。他的另一重要著作是《道德情操论》。

"偏好"可以七十二变,提供了"去伦理化"的可能和遁词,但是并没有跳出"自利"这一如来佛的手心。

经济学求助于"偏好"是一种狡猾。因为经济学所谓的偏好既可以包括利己偏好也可以包括利他偏好。在面对"人性"诘问时,"偏好"是"免战牌",是"顾左右而言他",① 又如孔子所说:"未知生,焉知死"。② 而金迪斯等提出 Strong Reciprocity,即"强互惠",则以其明确的"利他"性质而超越了以往所谓主流经济学"自利"性质的"经济人"和"理性人"假说。由于这一事件的发生,经济学必须重新考察其基以立足的理性假设的公理性质。

## 四 强互惠假说具有积极普遍的社会意义

圣塔菲学派借助计算机仿真技术,通过实验寻找"理性人",结果找到的却是在某种程度上超越了"理性"的人;于是他们试图根据新的经验资料修改传统经济学传统的前提,从而建立一个超越"经济人"与"理性人"假设的经济学(叶航,2005)。或许,我们可以暂且称之为"自然人"假设,③ 即与"强互惠"假说等价、区别于"经济人"与"理性人"假说。

强互惠的自然人以其"利他"性质,对立于"自利"的经济人假说,理性人假说以"偏好"的双重解释介立中庸。观察这种状况,可以看到"魔环"④ 或"默比乌斯带":利己与利他分别是一条纸带的正反两面,"偏好"则是制造"默比乌斯带"时最关键的对于一个端头的翻转。魔环的数学形式是"哥德⑤定理",是描述知识与科学总体道理的学问。

20 世纪 80 年代伊始,把西方发展模式奉为人类文明终极模式的不乏其人。这种思潮在 21 世纪的第一个十年遭遇沉重打击。以往以"利己"

---

① 《孟子·梁惠王下》,孟子谓齐宣王曰:"王之臣,有托其妻子于其友而之楚游者,比其反也,则冻馁其妻子,则如之何?"王曰:"弃之。"曰:"士师不能治士,则如之何?"王曰:"已之。"曰:"四境之内不治,则如之何?"王顾左右而言他。

② 《论语·卷六·先进第十一》,季路问事鬼神。子曰:"未能事人,焉能事鬼?"敢问死。曰:"未知生,焉知死?"

③ 在严格"词汇"的意义上,强互惠与经济人不具有可比性,因为它们不属于同一分类体系,没有共性。

④ 将纸带一对对边反向粘合,就得到只有一面的魔环。如果沿着纵向中心线将魔环一分为二,魔环会变成扭转着的一个大圈,而不是相互分离的两个小环。

⑤ 哥德尔(Kurt Godel,1906—1978)是原籍奥地利的美国数学家。生于布尔诺,卒于美国普林斯顿。

为标志对于财富的无尽追求，成为推动世界走向末日的动力之源。尽管中国古人曾经崇信"人之初，性本善"，但也禁不住"三人成虎"的频繁灌输，越来越多的人相信，利己才是人的唯一本性。这种观点日益成为主流，构成对"利他者"的惩罚，以及对"合作氛围"的摧毁，世风日下。尤其耐人寻味的是，基于"利己"行为的外延，竟是"毫不利己"的"损人"。也许可以这样猜测：当"利己"无望时，给别人制造麻烦也可以算作是自己快乐的"增加"。①

事实上，利己只是人、动物"本性"的一个侧面，人的本质的另一个侧面，就是利他。人有正义感、仁爱心，有为了谋求公平而甘愿付出代价，甚至不惜牺牲的"拼命精神"，从整体意义上说，只在公平、公正的前提下，才有群体下的个人利益。其实，即便是人以外的动物，也存在着在"利他"过程中获得满足的例证。我们可以说一条为了救助地震灾民而牺牲的搜救犬"不知道什么是死亡"，但却不能不承认它在实施搜救的过程中一定会得到某种食物之外的满足。狗且如此，何况人乎？在本性上，我们和其他动物并无两样。

俗话说，没有没有背面的纸牌。金迪斯们的新假说，给这个几乎挤满了"经济人"的世界带来一缕阳光。它提醒人类，最近这二百多年来我们一直目不转睛地盯着的，只是"人性纸牌"的背面。按照这个背面给定的极端图景描摹社会，则贪婪、恶毒比比皆是，凶杀、暴力层出不穷；当然我们还有希望，那就是按照人类善良本性的指引重整心情，重见光明，重拾助人为乐、服务众生的传统。

## 第四节 数理分析方法与经济计量术语记略

**约公元前 1100 年至公元前 6 世纪（西周初年），周公，商高，陈子**

**周公**　中国周朝数学家，姓姬，名旦，亦称叔旦，相传为周武王之弟。史传"周公作九章之法，以数天下"，故《九章算术》为周公遗书。但古无定论，无从稽考。

---

① 典型的例子是那些毫无价值的行政规定，除了增加麻烦、制造冲突，别无他用。对任何人都没有好处。

**商高** 西周初年数学家。据《周髀算经》中周公与商高问答所载,他懂得数学、天文、历法及天文测量等。对数与形有深刻认识,明确描述边长为 3∶4∶5 的直角三角形。

**陈子** (公元前 6—7 世纪)中国周朝数学家,专门研究商高的数学理论,有弟子荣方。通数学哲理。

**约公元前 400 年(秦献公六年),经济论**

**经济论** 西方认为,研究经济问题从古希腊开始。以前的经济学,或可称为"家政学"或"家庭管理",属于微观经济范畴。师从著名哲学家苏格拉底的色诺芬(Xenophon,约前 430—前 355 或前 354)一生有许多著作,其中有《经济论》,即是讨论一位优秀的主人应该如何管理好自己的财产。按照色诺芬的标准,好的管理的标志,就是自己的财产得到增加。有观点认为,这是最早的经济学著作。[1]

**约公元前 370 年(秦献公十五年),比例论**

**比例论** 公元前 370 年,古希腊数学家欧多克索斯(C. Eudoxus)创立比例论,并将其运用于不可通约量上,从而克服了第一次数学危机。在此之前,公元前 479—前 404 年,毕达哥拉斯学派的成员希帕索斯(M. Hippasus)发现不可公度线段,引发了第一次数学危机。[2]

**约公元前 356 年(秦孝公六年),商鞅变法**

**商鞅变法** 商鞅(约前 390—前 338),战国时期政治家。卫国人。公孙氏,名鞅。初为魏相公叔痤家臣,后入秦说服秦孝公变法图强。商鞅认为追求名利是人的本性,"利出于农"、"名出于战",推动人们积极投身于农战。以农为"本",以奢侈品生产为"末",主张"事本而禁末"。重视统计,认为强国必须了解"境内企、口之数,壮男、壮女之数,利民之数,马、牛、刍稾(饲料)之数",否则"地虽利,民虽众,国愈削至弱"。[3]

**约公元前 340 年(秦孝公二十二年),形式逻辑学,平等原则**

**形式逻辑学** 公元前 340 年,古希腊学者亚里士多德(Aristotle)创立形式逻辑学,讨论了定义、公理、定理的含义及区别。[4]

---

[1] 何正斌:《经济学 300 年》(第三版),湖南科学技术出版社 2009 年版,上册,第 3 页。
[2] 胡炳生:《数学辞海》第 6 卷,第 696 页。
[3] 袁政:《公共管理定量分析方法与技术》,重庆大学出版社 2006 年版,第 3 页。
[4] 胡炳生:《数学辞海》第 6 卷,第 697 页。

**平等原则** 推本溯源，最早使用数学方法来描述经济活动的可能是古希腊的亚里士多德（Aristoteles，公元前384—前322）。在亚里士多德的《尼可马可伦理学》①中，用极简单的代数形式和几何图形表述了商品交换及财富分配中的平等原则。②亚里士多德之后，在中世纪经院哲学影响下，经济文献中的数学应用似乎是漫长的空白（秦朵，1986）。

中世纪的数学史，由于语言学家和历史学家对中世纪数学不感兴趣，所以长期以来几乎没有人研究。直到20世纪初，学者们发现大量资料，证明了中世纪科学家数学著作的独创性，在许多方面成为欧洲数学科学的基础。苏联数学史家尤什克维奇对此作出了重要的贡献，他的专著《中世纪数学史》（1961）概括了当时所能得到关于中世纪数学史的全部资料。③

**公元3—4世纪，数论派**

**数论派** 是印度六派哲学中最古老的一派。汉译佛经中称"僧佉（qū 音区）"或"僧毗罗论"。原意为"计算"、"数"或"要素的分类"。后引申为"思索的研究"。主要经典有《数论颂》和《数论经》。前者相传为自在黑（约公元3—4世纪）所作，后者据说出自迦毗罗之手。此外还有为数众多的注疏和复注本。

在古代印度，梵语通常把哲学称为"研究的科学"或"研究的学问"。它起源于原始社会晚期的《梨俱吠陀》时代，到《奥义书》出现时，印度哲学开始从吠陀教中分离出来，着重探讨宇宙的起源和人的本质问题，形成印度最早的哲学体系，史称"六派哲学"，即数论派、瑜伽派、胜论派、正理派、吠檀多派和弥曼差派。它们承认吠陀权威，属正统派。反之，否认吠陀权威的思想派别（顺世论、耆那教、佛教）则为非正统派。按照对哲学根本问题的主张和见解，这些学派又可分为两类：属于唯物主义的有顺世论、数论、胜论、正理论、弥曼差以及耆那教和佛教中的一些派别；属于唯心主义的有吠檀多、瑜伽和大乘佛教中的中观派、瑜伽行派。④

早期数论派具有唯物主义成分，它把物质世界最高的实体称为"原

---

① 亚里士多德著作《伦理学》，由其子尼可玛可斯（Nikomachos）编纂。此据《辞海》1999年版音序索引本，第1951页。
② Aristotle：NICOMACHEAN ETHICS, book 5.
③ 杜瑞芝、王辉：《数学辞海》第6卷，第7页。
④ 张广智：《世界文化史》古代卷，第153页。

初物质",认为大千世界中的物和人是由六种原初物质,即地、水、风、火、空和思(意识)演化而成,万物皆由此而生。数论派还提出三德说,德(Guna)相当于实体,意为"性质"或"属性"、"要素","三德"分别是"喜德"、"忧德"、"阇(shé,音舌)① 德"。认为原初物质由这"三德"之间相互制衡或相互作用而发展,是一种朴素的唯物主义宇宙观。该派学说到中古时期受到吠檀多派观点影响,把原初物质与神我(意识)并列,强调在物质世界之上有一种主宰一切事物的实在,这个"实在"就是神我,认为"在神我之上的东西是没有的。这是最终的目的,也是最高的归趋。"数论派亦有合理的主张,譬如因中有果论,认为世界上一切事物的原因中已经具有结果,而结果潜存于原因之内。这种关于因果关系的辩证认识,对印度哲学思想的发展具有深远影响。正如印度谚语所说:"没有一宗知识能胜过数论,没有一种力量能胜过瑜伽。"②

**公元830年(唐大和四年),百年翻译运动,智慧宫**

**百年翻译运动** 阿拉伯民族很早即接触到东西方文明的优秀遗产,拥有特殊宽阔的文化视野。在伊斯兰教兴起之前,作为阿拉伯—伊斯兰文化发祥地的阿拉伯半岛尚处在原始社会末期。随着阿拉伯—伊斯兰教的兴起,阿拉伯人鼓励信徒求学:"你们求学吧,哪怕是在中国,因为求学对每一个穆斯林都是天命";"学者的墨汁等于殉教者的鲜血";"守财者死,有学者生"……凡此种种,比比皆是。(纳忠等,1993)③ 进入阿拔斯时代(750—1258)后,国力日渐强盛,引入科学学术的翻译活动成为国家行为,造就了著名的"百年翻译运动"。阿拔斯王朝第七代哈利发麦蒙(813—833年在位)因发起这场翻译运动而名垂千古。麦蒙本人即是一位大学者,学识渊博,对希腊哲学迷恋至深。在他的鼓励和支持下,大批学者争赴君士坦丁堡、塞浦路斯等地搜求古籍。麦蒙还通过外交渠道派遣学者团前往拜占庭。当时阿拉伯帝国有许多传播希腊文化的学术中心,翻译运动在许多城市如火如荼。这场规模巨大的翻译运动实际上持续了大约一个半世纪,成就辉煌:古希腊科学典籍中全部重要或比较重要的著作均被译为阿拉伯文(纳忠等,1993)。④

---

① 阇,多音字,另读为 dū,意思是城门上的台。
② 张广智:《世界文化史》(古代卷),浙江人民出版社1995年版,第154页。
③ 纳忠等:《传承与交融:阿拉伯文化》,浙江人民出版社1993年版,第5页。
④ 纳忠等:《传承与交融:阿拉伯文化》,浙江人民出版社1993年版,第185页。

**智慧宫** 公元830年，阿拉伯阿拔斯王朝第七代哈利发麦蒙（813—833年在位）斥巨资在原巴格达图书馆的基础上兴建大型综合学术机构"智慧宫"，用以存放各种从欧洲搜集来的古代学术文献，同时高薪延聘大批学者前来翻译研习。精通多种语言的叙利亚基督教徒，尤其是聂斯托利派的基督教徒，即景教徒投身其中，发挥骨干作用（马克垚，2004）①。

**1142年（南宋绍兴十二年），经界法**

**经界法** 经界法，特指南宋清丈土地、整理地籍的办法。经界，土地、疆域的划分。经，即界划丈量；界指田沟之类的界线。《孟子·滕文公上》："夫仁政必自经界始，经界不正，井地不均，谷禄不平。是故暴君污吏必慢其经界。经界既正，分田制禄，可坐而定也。"

南宋时，势家兼并土地，田多无税。农民无田有税，相率逃亡，影响赋役的征发。乃采用李椿年意见，行经界法。绍兴十二年（1142年）命李椿年在平江府设经界局试行按图核地。十四年，以李椿年为户部侍郎加以推广经界法。由于势家反对，至二十年中止。后朱熹等在漳州、婺州继续推行。终南宋之世，屡行屡罢，未能贯彻。②

**1260年（元中统元年），货币统计**

**货币统计** 在封建社会，国家为了战争和征税的需要，有关于人口、土地和财产等专项统计，建立了相关的社会经济统计指标。例如，在中国历史上，元代即有诸如"岁印钞数"的货币统计数据（《元史》卷九十三）。按照公元纪年，中统元年（庚申）即为1260年。表3—1列出部分数据。有趣的是，据《元史》卷十五《世祖纪十二》记载，至元二十五年（辛卯，公元1288年）正月"毁中统钞版"，但是从表3—1中可见，自至大四年（辛亥，公元1311年）又有"中统钞"发行。③另据《元典章》卷二十《户部六·钞法》称："中统钞废罢虽久，民间物价每以为准，有司依旧印造，与至元钞子母并行，以便民用。"说明当时货币流通的具体情形④。

---

① 马克垚：《世界文明史》（上），北京大学出版社2004年版，第488页。
② 《辞海》音序缩印本，1999年，第855页。
③ 陈高华：《元代钞法资料辑录（上）》，《中国古代社会经济史资料》，福建人民出版社1985年版，第105页。
④ 同上书，第173页。

表 3—1　　　　　元代历年岁印钞数统计　　　　（单位：锭）

| 年号 | | 中统钞 | 至元钞 | 至大银钞 |
| --- | --- | --- | --- | --- |
| 中统 | 元年 | 73352 | | |
| | 二年 | 39139 | | |
| | 三年 | 80000 | | |
| | 四年 | 74000 | | |
| 至元 | 元年 | 89208 | | |
| | 二年 | 116208 | | |
| | 三年 | 77252 | | |
| | 四年 | 109488 | | |
| | 五年 | 29880 | | |
| | 六年 | 22896 | | |
| | 七年 | 96768 | | |
| | 八年 | 47000 | | |
| | 九年 | 86256 | | |
| | 十年 | 11192 | | |
| | 十一年 | 247440 | | |
| | 十二年 | 398194 | | |
| | 十三年 | 1419665 | | |
| | 十四年 | 1021645 | | |
| | 十五年 | 1023400 | | |
| | 十六年 | 788320 | | |
| | 十七年 | 1135800 | | |
| | 十八年 | 1094800 | | |
| | 十九年 | 969444 | | |
| | 二十年 | 61620 | | |
| | 二十一年 | 629904 | | |
| | 二十二年 | 2043080 | | |
| | 二十三年 | 2181600 | | |
| | 二十四年 | 83200 | 1001017 | |
| | 二十五年 | | 921612 | |
| | 二十六年 | | 1780093 | |
| | 二十七年 | | 500250 | |
| | 二十八年 | | 500000 | |

续表

| 年号 | 年号 | 中统钞 | 至元钞 | 至大银钞 |
|---|---|---|---|---|
| 至元 | 二十九年 | | 500000 | |
| | 三十年 | | 260000 | |
| | 三十一年 | | 193706 | |
| 元贞 | 元年 | | 310000 | |
| | 二年 | | 400000 | |
| 大德 | 元年 | | 400000 | |
| | 二年 | | 299910 | |
| | 三年 | | 900075 | |
| | 四年 | | 600000 | |
| | 五年 | | 500000 | |
| | 六年 | | 2000000 | |
| | 七年 | | 1500000 | |
| | 八年 | | 500000 | |
| | 九年 | | 500000 | |
| | 十年 | | 1000000 | |
| | 十一年 | | 1000000 | |
| 至大 | 元年 | | 1000000 | |
| | 二年 | | 1000000 | |
| | 三年 | | | 1450368 |
| | 四年 | 150000 | 2150000 | |
| 皇庆 | 元年 | 100000 | 2222336 | |
| | 二年 | 200000 | 2000000 | |
| 延祐 | 元年 | 100000 | 2000000 | |
| | 二年 | 100000 | 1000000 | |
| | 三年 | 100000 | 400000 | |
| | 四年 | 100000 | 480000 | |
| | 五年 | 100000 | 400000 | |
| | 六年 | 100000 | 1480000 | |
| | 七年 | 100000 | 1480000 | |
| 至治 | 元年 | 50000 | 1000000 | |
| | 二年 | 50000 | 800000 | |
| | 三年 | 50000 | 700000 | |

续表

| 年号 | | 中统钞 | 至元钞 | 至大银钞 |
|---|---|---|---|---|
| 泰定 | 元年 | 150000 | 600000 | |
| | 二年 | 100000 | 400000 | |
| | 三年 | 100000 | 400000 | |
| | 四年 | 100000 | 400000 | |
| 天历 | 元年 | 35000 | 310920 | |
| | 二年 | 40000 | 1192000 | |

资料来源：《元史》卷九十三。根据《中国古代社会经济史资料》第103—105页整理。

**1327年（元泰定四年），奥卡姆剃刀，经济原则，极度节俭原则**

**奥卡姆剃刀** 奥卡姆（的）剃刀，一种经济法则或极度节俭原则。由英国经院哲学家奥卡姆的威廉提出，即除非必要勿增实体。事实上，这一原理早在奥卡姆之前已由法国道明会神学家和哲学家圣普尔桑的杜朗提出，他运用这一原理说明抽象概念就是对真正实体的理解过程，故亚里士多德学派的认知能力、积极推理等被认为不必要。14世纪法国数学家奥雷姆也早在伽利略之前提出过经济原理，为天体最简假说作辩护。后世其他科学家也提出同样的简约法则和原理。然而，由于奥卡姆经常提及这一原理并且能犀利运用，因而有"奥卡姆剃刀"之称。

**经济原则** 奥卡姆（Willam of Occam 或 Ockham，约1285—1349）方济各会修士、哲学家、神学家、政论家，被认为是晚期经院哲学家中唯名论的创立者。一些历史学家认为他是16世纪宗教改革家路德的先驱。早年加入方济各会，专心研究逻辑。后入牛津大学读神学，由于持非正统观点而未获学位，是一位神学—逻辑学家。他提出中古时代的"经济原则"，即："没有必要不应当增加实体"，成为著名的"奥卡姆剃刀"，用来消除经院哲学家所构想的解释实在的实体。他有多部政论集传世，并独著《九十日集》。[①]

**极度节俭原则** 奥卡姆主张哲学的对象只能是经验以及根据经验而作出的推论。认为只有个别事物是实在的，一般或共相只是表示事物的符号，可以由归纳法而得到抽象的知识，但反对"隐秘的质"等虚构的概

---

① 《不列颠百科全书》国际中文版修订版，第12卷，第32页。

念，因此宣称"若无必要，不应增加实在东西（拉丁文 entia）的数目"。此说后被称为"奥卡姆剃刀"，用于把所有无现实根据的"共相"一剃而尽。认为神学只能在"信仰领域"占据统治地位，而不能干预"知识领域"。主张"政教分离"。其学说于 1327 年被教皇判为"异端"。著有《逻辑大全》、《论辨七篇》、《神学百论》等。（《辞海》音序缩印本，1999）

**1440 年（明正统五年），古登堡印刷术**

**古登堡印刷术** 古登堡在 1440 年左右发明的活字印刷术使古典数学著作第一次得以广泛普及。最初，那些拉丁文版的新作只有学者们能看懂，后来用当地语言印刷的书籍也开始出现，几乎所有人都能买到这种价格低廉的印刷品。这些书籍涉及算术、代数学和几何学，另外还包括为将要从商的年轻人准备的实用书籍。①

**1489 年（明弘治二年），算术符号（ + － × ÷）**

**算术符号** 15 世纪印刷术的发明导致了数学符号标准化。1489 年，德国人维德曼（Widmann, J.）在撰写的算术教科书《商业中的奇妙速算法》（莱比锡，1489）中，首次使用算术符号"＋""－"表示加减运算（胡炳生，2002）。等号最早出现于 1557 年雷科德完成的代数学著作中。而"×"和"÷"分别于 1631 年和 1668 年由奥特雷德和雷恩发明。这些符号的改进与计算技术的发展相伴而行（威尔逊，2002）。

**1494 年（明弘治七年），复式簿记**

**复式簿记** 古登堡在 1440 年左右发明的活字印刷术使古典数学著作第一次得以广泛普及。当时出版的书籍涉及算术、代数、几何学以及为将要从商的年轻人准备的实用书籍。书中有一部很重要的著作，就是意大利人帕乔利（L. Pacioli, 1445—1517）于 1494 年完成的《算术、几何、比和比例集成》。这是欧洲中世纪第一本内容全面的数学书，长达 600 页，囊括了当时已知的全部数学知识。其中首次刊出了对"复式簿记法"的阐述。（威尔逊，2002）② 复式簿记促进了商业经营管理的精确化。③

---

① [英] 罗宾·J. 威尔逊：《邮票上的数学》，李心灿、邹建成、郑权译，上海科技教育出版社 2002 年版，第 30 页。

② [英] 罗宾·J. 威尔逊：《邮票上的数学》，李心灿、邹建成、郑权译，上海科技教育出版社 2002 年版，第 30 页。

③ 胡炳生：《数学辞海》第 6 卷，第 700 页。

**1557 年（明嘉靖三十六年），等号**

**等号** 1557 年，英国人雷科德（Recorde, R.）在数学论文"砺智石"中，首次用符号" = "表示相等，后来为德国数学家莱布尼茨（G. W. Leibniz）倡用通行（胡炳生，2002）。

**1614 年（明万历四十二年），对数**

**对数** 1614 年 6 月，英国数学家纳皮尔（J. Napier, 1550—1617）[①]在爱丁堡出版《论奇妙的对数》，公布了他 20 年的研究成果，发明了对数，给出了最早的对数表。1615 年，英国数学家布里格斯（Briggs, H.）建议对数改用以 10 为底，创立了常用对数（胡炳生，2002）。对数作为数学计算的辅助手段，用简单的加减法代替含有乘法和除法的冗长计算，是对天文学家和航海家的莫大恩赐。对数的发明导致了基于对数标度的计算工具的产生，其中最著名的是"计算尺"，最早产生于 1630 年左右，在之后 300 年间广泛使用，直到袖珍计算器出现才逐渐取而代之（威尔逊，2002）。

**1615 年（明万历四十三年），政治经济学**

**政治经济学** 法国人蒙克莱田（1575—1621）曾向当时的路易王朝上书，极力主张法国国王顺应形势，积极管理国家经济生活。1615 年，他的上书正式发表，命名为《献给国王和王后的政治经济学》。

**1628 年（明崇祯元年），笛卡儿，思想的指导法则**

**笛卡儿《思想的指导法则》**（*Regulae ad Directionem Ingenii*）[②] 笛卡儿（René Descartes, 1596—1650）的第一部著作《思想的指导法则》于 1628 年写成，但在他死后（1692 年）才出版。1634 年，笛卡儿完成第二部重要著作《世界体系》（*Le Monde*, 1634），慑于教会的迫害，没有发表。他在 1637 年出版文学和哲学的经典著作《更好地指导推理和寻求科学真理的方法论》（*Discours de la méthode pour bien conduire sa raison, et chercher la vérité dans les sciences*）[③]。该书包括三个著名的附录：《几何》

---

[①] 一说为"苏格兰地主内皮尔"，参见威尔逊《邮票上的数学》，李心灿等译，上海科技教育出版社 2002 年版，第 50 页。

[②] 转引自［美］莫里斯·克莱因《古今数学思想》（第二册），朱学贤、申又枨、叶其孝等译，上海科学技术出版社 2002 年版，第 4 页。

[③] 转引自［美］莫里斯·克莱因《古今数学思想》（第二册），朱学贤、申又枨、叶其孝等译，上海科学技术出版社 1972/2002 年版，第 4 页。

(*La Géométrie*)、《折光》(*La Dioptrique*) 和《陨星》(*Les Météores*)，其中的《几何》部分包括了他关于坐标几何和代数的思想。这是笛卡儿所写的唯一的数学书。《方法论》一书，使笛卡儿名声大振。此后，他又发表了《哲学原理》(*Principia Philosophiae*, 1644)、《音乐概要》(*Musicae Compendium*, 1650)。笛卡儿是近代第一位杰出的哲学家、近代生物学的奠基人、第一流的物理学家，但只偶然的是个数学家。不过，像他那样富于智慧的人，即使只花一部分时间在一个科目上，其工作也必定是很有意义的。他的科学思想，支配着17世纪。他的教导和著作深入浅出。简单明了，甚至在非科学家中间也很通行，但受到教会排斥。在他死后不久，就把他的书列入《禁书目录》(*Inder of Prohibited Books*)，并且当在巴黎给他举行葬礼时，被阻止向他致悼词（克莱因，1972/2002）。[①]

笛卡儿自称是在1619年11月10日的梦境中感悟到在一切领域里建立真理的方法：那个方法就是数学方法。笛卡儿被数学所吸引，是因为数学立足于公理的证明无懈可击，不为任何权威所左右。数学提供了获得必然结果以及有效地证明其结果的方法。特别地，数学方法超出他的对象之外。笛卡儿说："它是一个知识工具，比其他由于人的作用而得来的知识工具更为有力，是所有其他知识工具的源泉。"

> ……所有那些目的在于研究顺序和度量的科学，都和数学有关。至于所求的度量是关于数的呢，形的呢，星体的呢，声音的呢，还是其他东西的呢，都是无关紧要的。因此，应该有一门普遍的科学，去解释所有我们能够指导的顺序和度量，而不考虑它们在个别科学中的应用。事实上，通过长期使用，这门科学已经有了它自身的专名——数学。它之所以在灵活性和重要性上远远超过那些依赖于它的科学，是因为它完全包括了这些科学的研究对象和许许多多别的东西。
> ——笛卡儿：《思想的指导法则》，1628年

笛卡儿进而提出"在任何领域中获得正确知识的一些原则"：不要承认任何事物是真的，除非它被理解到毫无疑问的程度；要把困难分解成一

---

[①] [美] 莫里斯·克莱因：《古今数学思想》（第二册），朱学贤、申又枨、叶其孝等译，上海科学技术出版社1972/2002年版，第3—5页。

些小的难点；要由简到繁，依次进行；最后，要列举并审查推理的步骤，要做得彻底，使之绝无遗漏的可能。（克莱因，1972/2002）①

**1637 年（明崇祯十年），变量数学**

**变量数学** 1637 年 6 月，笛卡儿（R. Descartes）匿名出版《更好地指导推理和寻求科学真理的方法论》（Discours de la méthode pour bien conduire sa raison, et chercher la vérité dans les sciences）②。包括三个附录：《几何》（La Géométrie）、《折光》（La Dioptrique）和《陨星》（Les Météores），其中《几何》部分包括了他关于坐标几何和代数的思想，第一次把变量、坐标引入数学，创立了解析几何，标志着常量数学进入变量数学，在数学史上具有划时代意义。③

**1638 年（明崇祯十一年），无限集合等价性**

**无限集合等价性** 1638 年，意大利科学家伽利略（G. Galilei）《关于托勒密和哥白尼两大世界体系的对话》出版，书中包含有无限集合等价性的思想，是德国数学家康托尔（G. F. P. Cantor）集合论的思想来源之一。④

**1642 年（明崇祯十五年），数字计算机**

**数字计算机** 1642—1644 年，法国神童、数学家、物理学家、哲学家帕斯卡（Blaise Pascal, 1623.6.19—1662.8.19）设计并制造了一个计算装置，用以帮助他父亲的税务计算。1639 年，他的父亲被任命为鲁昂地方行政长官，此前则是税务法庭的主审官。与帕斯卡同时代的人认为，计算机是使他出名的主要原因。这是第一台数字计算机，通过计数来完成运算。1644 年，帕斯卡满怀自豪地把这部机器献给了法国大法官 P. 塞吉耶。在此之前，帕斯卡写了一篇《论圆锥曲线》，是他研究 G. 德扎尔格关于综合射影几何经典著作的结果。年轻的帕斯卡在数学方面的成功，甚至引起了一些身份不低于法国伟大的理性主义者和数学家笛卡儿等名流的妒忌。帕斯卡是笃信宗教的哲学家和散文大师。他为现代概率论奠定了基

---

① ［美］莫里斯·克莱因：《古今数学思想》（第二册），朱学贤、申又枨、叶其孝等译，上海科学技术出版社 1972/2002 年版，第 6 页。
② 转引自［美］莫里斯·克莱因《古今数学思想》（第二册），朱学贤、申又枨、叶其孝等译，上海科学技术出版社 1972/2002 年版，第 4 页。
③ 参见《数学辞海》第 6 卷，第 702 页。
④ 参见《数学辞海》第 6 卷，第 703 页。

础，提出后来称为帕斯卡定律的流体压力定律，宣传可以通过心灵而不是通过理性来体验上帝的宗教教义。他建立的直觉主义原理对于后来一些哲学家（如卢梭和 H·柏格森）和存在主义者都有影响。①

**1657 年（清顺治十四年），数学期望**

**数学期望** 1657 年，荷兰数学家惠更斯（C. Huygens）在其所著《论赌博中的计算》中引进"数学期望"概念。该书是概率论的早期名著。②

**1662 年（清康熙元年），死亡公报**

**死亡公报** 1662 年，英国数学家格兰特（J. Graunt）发表论文《对死亡公报的自然观察和政治观察》，其中发现人口统计中的某些规律，是统计学早期的重要文献。③

**1662 年（清康熙元年），赋税论**

**赋税论** 1662 年，被马克思誉为"现代政治经济学的创始者"和"统计学创始人"的威廉·配第（William Petty）出版《赋税论》(*Treatise on Taxes and Contributions*)，较为系统地阐述了公共支出的必要性及其影响，认为应削减国防费、行政费、宗教事务费，同时增加生活救济费及公共事业费（陈柳钦，2011）④。

**1665 年（清康熙四年），国民收入**

**国民收入** 17 世纪中叶，资产阶级古典经济学家威廉·配第首开统计先河，他根据劳动收入和财产、租金收入，第一次计算了 1665 年英国的国民收入。国民收入统计首次出现在英国绝非偶然。17 世纪的英国是工业革命的圣地，真正意义上的大规模生产即发源于英国。只有借助于统计，才能够获得关于国家宏观经济的评价，满足政府干预经济的需要。在此之后，随着世界经济的发展和国家职能的加强，依据经济指标体系开展的统计活动得到迅速发展，但是经济指标体系各自独立，形成了东、西方两大核算体系，即 MPS 体系和 SNA 体系⑤。在威廉·配第的估算中，不仅包括物质产品的生产，也包括提供的劳务。现行统计中的 SNA 体系就渊

---

① 《不列颠百科全书》国际中文版修订版，2007 年，第 13 卷，第 71 页。
② 胡炳生：《数学辞海》第 6 卷，第 703 页。
③ 胡炳生：《数学辞海》第 6 卷，第 704 页。
④ 陈柳钦：《衡量财政收支对社会经济的影响——西方公共经济学的缘起与发展》，《中国社会科学报》2011 年 3 月 1 日。陈柳钦，天津社会科学院城市经济研究所。
⑤ 王宝琛：《现代统计指标体系》，上海社会科学院出版社 1989 年版，第 11 页。

源于威廉·配第的国民收入统计。

**1672 年（清康熙十一年），终身年金**

**终身年金** 德维特（1625—1672）是一位天才的数学家和政治领导人。他对荷兰的财政问题非常关注，为此专门写过有关终身年金计算的论文，是把概率论应用到经济学中的最早尝试。他的重要著作《曲线基础》是最早讲述解析几何的论著之一。1672 年由于政治原因遇刺身亡（威尔逊，2002）①。

**1676 年（清康熙十五年），政治算术**

**政治算术** 1676 年，英国古典政治经济学创始人威廉·配第（William Patty）发表《政治算术》，率先统计计算了英国 1665 年的国民收入，其中涉及没有函数形式的数字分析。

**1692 年（清康熙三十一年），坐标**

**坐标** 《辞海》释坐标为"确定平面上或空间中一点位置的一组有序数"（《辞海》1999 年版音序缩印本第 2304 页）。1692 年，德国数学家莱布尼茨（G. W. Leibniz）正式使用"坐标"一词，并给出关于"函数"的一个定义，以及求一簇曲线包络的普通方法。②

**1694 年（清康熙三十三年），英格兰银行**

**英格兰银行** 英格兰银行是英国的中央银行。1694 年英国皇室特许苏格兰人派特森（William Paterson，1658—1719）等创办，条件是该行永久贷给政府 120 万英镑。后获货币发行权。1844 年分设发行部和银行部。后逐渐放弃商业银行业务，成为中央银行，代理国库，控制货币流通，独占发行权。1946 年工党政府将该行收归国有，对私人股东给予赔偿，大部分董事保持原来地位。总管理处设在伦敦。

早期英格兰银行的业务安排，只允许发行一定数量的以政府证券作担保的纸币，超过这一数量的所有纸币，都须以黄金作为保证。在证券为担保的发行限额内，这个计划具有通货膨胀的性质，但由于相应的纸币发行额不大，所以计划得以成功（何正斌，2009）。

纸币即信用，与各种信用券、私人期票、银行兑换券、国库券、电子货币以及形形色色、层出不穷的金融衍生产品并无两样，均属于虚拟性质

---

① [英] 罗宾·J. 威尔逊：《邮票上的数学》，李心灿、邹建成、郑权译，上海科技教育出版社 2002 年版，第 50 页。

② 胡炳生：《数学辞海》第 6 卷，第 705 页。

的"软货币"。在经济意义上,信用是以偿还为条件的价值运动的特殊形式。多产生于货币借贷和商品交易的赊销或预付之中。其形式有商业信用、银行信用、国家信用、消费信用等。信用衡量尺度标准的不确定性,是可能导致社会经济系统崩溃的重要因素。

**1696 年(清康熙三十五年),最速降线,变分法**

**最速降线** 1696 年,瑞士科学家约翰·伯努利(Bernoulli, Johann)在《教师学报》上提出"最速降线问题",引起数学界广泛关注,促使变分法诞生(胡炳生,2002)。最速降线问题不仅在自然科学和工程技术(例如建筑)方面有所表现,在人文社会科学领域亦有足够多的类比现象与空间,有必要结合实际社会现象展开研究。

**1700 年(清康熙四十四年),货币价值,约翰·洛克**

**货币价值** 在金银硬币流通的时代,海内外商业的发展常常受制于货币数量。稍早于约翰·罗的近代民主政治的主要哲学家约翰·洛克(John Locke, 1632—1704)曾经写过一本《论降低利息和提高货币价值的后果》,在谈到货币数量和贸易额的关系时,他假定英国所有的货币数量减少一半,而"商品的年产量"和分配商品的经纪人都和以前一样多,因而"一半贸易"将"全然丧失",或者是国内每一个人的商品和劳动所能换得的货币值等于以前的一半(何正斌,2009)。

**约翰·洛克**(John Locke, 1632—1704),英国哲学家,早年在牛津大学研究哲学和医学。曾参加辉格党政治活动,后逃亡荷兰。"光荣革命"(1688 年)后回国,从事著述,一度在贸易和殖民事务部任职。继承并发展了弗兰西斯·培根和霍布斯的思想,建立并论证了"知识起源于感觉"的经验论学说。政治上主张"三权分立";在经济上,提出劳动(包括经营在内)创造使用价值和地租来自剩余劳动的学说;在教育上,主张培养具有"文雅态度"和"善于处理事务"等品质的绅士。主要著作有《政府论》、《教育漫话》、《人类理解力论》等。

**1705 年(清康熙四十四年),供应货币**

**供应货币** 1705 年,约翰·罗(1671—1720)出版《论货币与贸易,为国家供应货币的建议》。书中认为,贸易有赖货币,如果货币稀缺,则不论国家做何种努力均少有成功的希望。他主张发行更多的货币,以便使贸易更加繁荣,提出在苏格兰成立发行纸币的银行,但这一建议被拒绝。

然而法国政府赞许他的想法,允许他在法国建立纸币发行银行。当时法国推行柯尔培尔主义，压榨农民，工商业又有诸多管制，宫廷靡费，海外战争耗资巨大，国家陷入深刻的财政经济危机。新的路易十五专制王朝回天乏术，渴望天赐奇谋。约翰·罗受到赏识，1716年被任命为法国财政大臣，举办罗氏银行，印刷发行纸币。不久，这家银行被收归国王所有。印刷纸币的贡献很快引起投机和通货膨胀，灾难袭来，银行破产，约翰·罗解职，再次出逃。①

**1711 年（清康熙五十年），货币代数式，南海泡沫，泡沫经济**

**货币代数式** 1711年，意大利数学家和工程师切瓦（Giovanni, 1648—1734）② 发表题为《关于货币问题》③ 的文章，首次给出了以时间、人口、货币量和货币价值为变量的货币代数式，以阐明他对货币量与货币价值之间关系的看法（秦朵，1986）。

**南海泡沫** 世界经济史上泡沫经济的典型代表。又译"南海骗局"。1711年，英国设立南海公司。成立之初认购了总价值近1000万英镑的政府债券，支持了政府债券的信誉恢复。作为回报，英国政府对该公司经营的酒、醋、烟草等商品实行永久性的退税政策，并给予其在西班牙控制下的南美贸易垄断权，经营奴隶贸易和捕鲸业务，虚构未来繁荣景象，成立许多虚假的附属公司，诱骗投资。鉴于秘鲁和墨西哥拥有丰富的金银矿藏，社会大众对南海公司的前景充满信心。虽然这家公司1717年的贸易处女航只是勉强成功，但是国王乔治一世担任公司的总裁，刺激了投资者的信心。④ 1719年，英国政府允许中奖的政府债券与南海公司股票进行转换，加之与南美贸易障碍的扫除，以及1720年在政府的支持下，南海公司被提议有权接管英国的国债。是年1月起，南海公司股票价格飞涨，带动股票价格上涨，引起投资狂潮。南海公司的股票价格在六个月里增加了十倍，形成泡沫经济。1720年6月，英国国会通过《反泡沫公司法》，狂潮急剧冷却，南海公司股价一落千丈，9月南海泡沫破灭，市场崩溃。

---

① 约翰·罗是苏格兰一位金匠的儿子，因在一次决斗中杀死敌手而逃出苏格兰。

② 此处援引秦朵文章为"切法（G. Ceva, 1647—1734）"，另据杜瑞芝：外国数学家，《数学辞海》第6卷第247页为"切瓦（Ceva, Giovanni, 1648—1734）"，从杜说。

③ Ceva, Giovanni: "De re numavia, quoad fieri potuit geometrice tractata, ad illustrissimos et excellentissimos dominos praesidem Quaestoresque hujus arciducalis Caesarri Magistratus Mantuac"（Mautova, 1711）; 法文译文载于 Revue d'histoire éconcmigue et sociale (1958)。

④ 英国布朗参考书出版集团：《经济史》，刘德中译，中国财政经济出版社2004年版，第39页。

1920 年年末，公司股票降得比暴涨前的水平还低，大批股票持有人遭遇破产，血本无归。

**泡沫经济**　贪婪与盲从是人类乌合之众的本性。南海泡沫既非空前，更不绝后。17 世纪上半叶，普通的荷兰家庭都把他们的房子或买卖抵押出去购买郁金香球茎。从 1633 年到 1637 年，在所谓郁金香狂潮席卷下，稀有球茎的价格如天文数字般上涨。一座工厂或房屋仅值一株球茎。不过，1637 年的时候，信心突然丧失，市场旋即崩溃，投资者血本无归。说明经济周期有起有落，扩张性经济崩溃是经济周期的极端证明：迅速增长让位于迅速紧缩。1887 年、1929 年股票市场的崩溃以及 2008 年牵累全球经济的美国次贷危机也是相似事件。这几次事件都导致了国际性的萧条，同时起到清除经济泡沫的作用。人类只有认识到自身基因内固有贪婪劣根性，才能避免因超常规增长而引发的崩溃。

**1717 年（清康熙五十六年），商品交换**

**商品交换**　1717 年，法国物理学家马里奥特（E. Mariotte，1620—1684）① 运用数学命题和定义的方法讨论了商品交换及消费者行为等问题（秦朵，1986）。

**1723 年（清雍正元年），数理精蕴**

**数理精蕴**　1723 年，中国第一部按学科编排的数学著作，为康熙皇帝敕编百卷乐律历算书《律历渊源》中的第三部分，由梅瑴成等人汇编，历时十年，于康熙六十一年（1722）六月成书，雍正元年（1723）十月首次刻竣。《数理精蕴》共 53 卷，分为三部分：上编 5 卷，下编 40 卷，数学用表四种 8 卷。全书汇集 1690 年以来传入的西方数学知识，也收入中国数学家的研究成果（何思谦：《数学辞海》第 6 卷第 31 页），成为一部会通中西数学、比较全面的初等数学百科全书。

**1728 年（清雍正六年），消费者行为**

**消费者行为**　1728 年，英国哲学家哈切森（F. Hutcheson，1694—1746）运用数学命题和定义的方法讨论了商品交换及消费者行为②等问题（秦朵，1986）。

---

① Mariotte, Edme: "Essai de logique", Euvres de M. Marotte, Vol. 1 (Leide, 1717).
② Hutcheson, Francis: An Essay on the Nature and conduct of the passions and Affections, with Illustrations on the Moral Sense (London, 1728).

**1738 年（清乾隆三年），财富效用**

**财富效用**  1738 年，著名瑞士数学家伯努利（D. Bernoulli，1700—1784）发表关于概率论的论文，文中举例，根据人们对预期利润的普遍心理，列出了个人从新增财富中所获的效用与其整个财富之间关系的微分方程式，并附有相应的对数曲线图。① 伯努利的表述，颇有现代效用理论的味道（秦朵，1986）。

**1742 年（清乾隆七年），哥德巴赫猜想**

**哥德巴赫猜想**  素数的概念极为重要。素数用乘法定义。素数集是自然数的一个子集。确切地说，$x$ 是一个素数，等于说，若 $x = yz$，其中 $1 \leqslant y \leqslant x$，$1 \leqslant z \leqslant x$，则 $y = 1$ 或 $z = 1$。1742 年 6 月 7 日，德国一位中学教师哥德巴赫写信给住在俄国彼得堡的大数学家欧拉，问他：大于等于 6 的偶数均可表示为两个奇素数的和吗？欧拉在回信中肯定了这一猜想，但并未给出证明。于是命题"每个大于 2 的偶数是两个素数之和"成为哥德巴赫猜想，简记为"$1+1$"②。但是在经济管理领域或者别的场合，"$1+1$"的含义可能指向其他。"$1+1$"的含义是什么？如果不交代背景，没有上下文，"$1+1$"的定义是不确定的。说明术语依托相应的语境而存在。脱离了相应的语词环境，或者在其他的语言场景当中，术语的含义则可能完全不同。中国数学家陈景润（1933—1996）一生致力于证明哥德巴赫（C. Goldbach）猜想，在艰苦的环境下取得了骄人的成果。陈景润的贡献，是在前人研究的基础上将数学界"皇冠上的明珠"哥德巴赫猜想，也就是"$1+1$"的证明结果推进到"$1+2$"。

陈景润是福建福州人，毕业于厦门大学数学系。任中学教师不久调回厦门大学任资料员，同时研究数论。1957 年调入中国科学院数学研究所。1980 年当选中科院物理学数学部委员。主要研究解析数论，著有《初等数论》等（《辞海》1999 年版音序缩印本）。1966 年，陈景润发表《表达偶数为一个素数及一个不超过两个素数的乘积之和》，获得了关于哥德巴赫猜想的最好结果——陈氏定理：每一个充分大的偶数都可以表为一个素数与不超过两个素数的乘积之和，人们通俗地将这个证明称为"$1+2$"。这个结果，距离哥德巴赫猜想的最后证明只有一步之遥，成为世界数学界

---

① Bernoulli, Daniel: "Specimen theoriae novae de mensura sortis", Commenterii academiae scoentiarum imqerialis petropolitanae, Vol. 5 (1738); 英文译文载于 Econometrica, 1954。

② 胡九稔：《数林掠影》，南开大学出版社 1998 年版，第 281 页。

最为领先的成果。1996 年陈景润逝世。夺走陈景润先生的健康和生命的，则是号称医学界"哥德巴赫猜想"的帕金森氏综合征。陈景润死后，经中共中央领导人批准，骨灰安放在北京西郊八宝山革命公墓，骨灰安放序号 257。257 是一个素数，只能被 1 和它本身整除。

**1750 年（清乾隆十五年），亲和数，欧拉公式，拓扑学**

**亲和数** 1750 年，瑞士数学家欧拉发表了他所发现的 64 对亲和数（胡炳生，2002）。

**欧拉公式** 也是在 1750 年，欧拉给出凸多面体的"欧拉公式"，是拓扑学的基本定理之一。然而，直到 1847 年，德国数学家利斯廷（Listing）的《拓扑学初步》出版，才首次给出拓扑（topology）这一术语。后世称《拓扑学初步》是世界上第一本拓扑学论著，标志着拓扑学的诞生。①

**1751 年（清乾隆十六年），百科全书**

1749 年，法国启蒙思想家、哲学家、文学家、美学家、巴黎大学文学硕士狄德罗（Denis Diderot，1713—1784）因尖锐抨击封建制度和宗教神学而被捕入狱。出狱后，组织许多先进思想家编纂《百科全书》，1751 年（清乾隆十六年）首卷问世，此后坚持二十余年，终于在 1772 年完成全书 28 卷。

这些人当中可能包括 F. 魁奈。这部 28 卷本的著作花了 20 年时间才完成，对包括经济学在内的许多实用学科提供了全面的、有影响的启蒙思想的说法。②

这部辞典共 28 卷，其中 11 卷是插图。狄德罗和达兰贝尔主持工作并撰写条目，参加者有伏尔泰、孟德斯鸠、卢梭、普拉德……要在辞典中阐述全部新思想，对政府的全部批评，当时的全部科学和技术知识，非要 30 年不可（1751—1772）③。

**1755 年（清乾隆二十年），经济法，商业性质，重农主义**

**经济法** 调整全局性的、社会性的、需要由国家干预的经济关系的法律规范的总称，亦指经济统制法。"经济法"一词最早见于 1755 年法国

---

① 胡炳生：《数学辞海》第 6 卷，第 716 页。
② 图版来源：《经济史》，中国财政经济出版社 2004 年版，第 41 页。
③ 图版来源：德尼兹·加亚尔、贝尔纳代特·德尚等：《欧洲史》（中文版），蔡鸿滨、桂裕芳译，海南出版社 2000 年版，第 20 页。

空想共产主义者摩莱里的《自然法典》。把这一概念与国家的立法实践结合起来，则始于20世纪初的德国。1906年德国的《世界经济年鉴》用"经济法"一词来说明与世界经济有关的各种法规。1914年8月德意志帝国议会通过14项战争经济法规，通常被认为是最早的经济立法。1919年德国颁布《煤炭经济法》，是世界上第一个以"经济法"命名的法规。在中国，1929年在中央苏区颁布的《兴国土地法》，被认为是中国红色政权最早的经济法规之一。新中国成立以后，从20世纪70年代末开始加强经济立法工作，试图构建具有中国特色的经济法规体系。[①]

**《商业性质概论》** 许多经济学家认为，亚当·斯密的《国富论》的发表标志着经济科学的诞生，而马克思认为更早的配第才是政治经济学之父。杰文斯则折中认为，理查德·康替龙（—1734）这位生于爱尔兰，而于1734年在伦敦被谋杀的国际银行家是政治经济学的创始人。他大约在1728年至1734年间写作了《商业性质概论》，该书于1755年他死后才出版法语版，之前已经在很大程度上被马拉奇·波斯特雷维特（1707—1767）用英语剽窃过，马拉奇·波斯特雷维特编撰了极有价值的《商贸通用词典》（1751—1755年）。其中全文引用了康替龙的《论商业的性质》，可能抄袭的是早已湮佚的最初的英文版。而康替龙的手稿在出版前也已被米拉波侯爵保存了16年，他似乎也有剽窃的企图。康替龙对魁奈和重农学派确实产生了深远的影响。

康替龙是第一个明确强调商品生产和流通之间联系的人。他从配第那里接受了包括"国家"概念在内的大量因素，"国家"不同部分之间的联系在于商品的流通过程。但是康替龙似乎并不像配第那样认为政治算术的计算非常重要，康替龙认为，它们只是描述和解释现实的近似工具，而不是揭示潜在数量法则的近似工具（荣卡格利亚，2005/2009）。

**重农主义** 重农主义者是自由市场体系的先驱，他们反对他们那个时代传统的经济学说，那个学说植根于重商主义原理，各国政府为了积累国民财富按照那个模式塑造经济。在重农主义者看来，国家唯一合适的经济职能就是保护财产、维护自然秩序。

重农主义者坚持认为，经济中的生产阶级由从事农业和必需品生产的人们组成；只有生产阶级才能够增加国民财富；政府收入只应该通过直接

---

[①] 参见《辞海》音序缩印本，1999年，第853页。

征收土地税得到；只有农民阶级能够生产出剩余产品即净产品，政府可以从中找到扩大产品流动的资本或税源；制造业等其他活动不是生产性的，因为它们并不产生新财富，只是把生产阶级的产出进行了变形或循环流动。重农主义者宣称，如果工业并不创造财富，国家对经济活动无微不至的管理和指导就无济于事，这样做并不是增加社会财富的办法。在制造业和工业蓬勃发展的时代，尽管重农主义从一出现就几乎是过时的，但是其中以"是否产生新财富"作为社会经济活动有效性的判断准则，具有永恒的、普遍适用的价值。

即使是在信息化横行的今天，不能为社会创造新财富的"行当"也不应该成为社会经济活动的主体或领导者。因为它们不是"生产阶级"。将社会上稀缺的人力资源投入到"非生产阶级"，并不能"有效地"增加就业，充其量只是为"生产阶级"增加赡养负担。更何况这种不能增加社会真实财富的无效就业，以及这种趋势所必然导致的行政过度、冗员生事和机构膨胀，对于社会的健康与民众的生活来说，有十害而绝无一利。总之，国家对于不能增加社会真实财富的行为和机构增加投入，并进行无微不至的管理和指导、强化都无济于事。人民的福祉不会因此而有丝毫增加。

**1758年（清乾隆二十三年），商业基本原理，经济表，贝叶斯分析**

**《商业基本原理》** 18世纪下半叶，含有数学应用的经济论著主要出现在意大利和法国。在法国，最早出现的有弗波奈（F. V. Forbonnais,）的《商业基本原理》（1758）和魁奈的《经济表》（秦朵，1986）。

**经济表** 1758年，法国古典政治经济学家，重农学派的创始人魁奈（Francois Quesnay，1694—1774）出版《经济表》，是在理论上探讨社会资本再生产和流通的最早尝试。魁奈在表中把国民分为生产阶级（租地农业资本家和农业工人）、土地所有者阶级（土地所有者、僧侣、贵族、官吏及其从属人员）和不生产阶级（工商业者）。把无数个别的流通行为综合成这三个阶级间的经济关系，进而说明有一定价值的年生产物如何由流通分配于这三个阶级，使简单再生产在其他条件不变的情况下得以进行。在"纯产品"的名义下，把剩余价值的研究从流通领域转到直接的生产领域，奠定了分析资本主义生产的基础。《经济表》把农业劳动看作唯一的生产劳动，把地租看作剩余价值的唯一形态（《辞海》音序缩印本，1999）。魁奈《经济表》考察的是一个封闭系统的情况，即只考虑各产业之间的关系,并没有考察它们与环境之间的关系(对外贸易);同时,只考虑不同阶级之间的关系,并没有考虑阶级内部的流通。因此,可以说魁奈是从产业结构的角度研究经济活动的(昝廷全,2002)。① 有观点认为,魁奈运用自然科学方法研究经济现象,视经济规律为自然规律,开自然科学与社会科学结合之先河。

**贝叶斯分析** 1758年,英国数学家贝叶斯(T. R. Bayes)著《机会的学说概论》(1763年出版),提出贝叶斯分析方法,对现代概率论和数理统计有重要意义。② 贝叶斯亦有译作贝斯,书名另译作《机会学说问题试解》(*Essay Towards Solving a Problem in the Doctring of Chances*),其中建立的条件概率贝斯定理成为统计推断的理论基础(王青建,2004)。③

在参数估计与统计分析中,有两大学派:频率学派(又称经典学派)与贝叶斯学派。二者的理论与方法都建立在概率论基础之上。贝叶斯学派与频率学派的差别,在于是否使用先验信息。经典学派使用经典方法(比如最大似然估计),只用样本信息,而贝叶斯分析把先验信息与样本信息结合起来,形成后验信息。贝叶斯分析于18世纪中期提出,20世纪70年代后迅速发展,嗣后由于马尔科夫链蒙特卡罗(Markov Chain Monte Carlo,*MCMC*)方法解决了贝叶斯估计中高维积分的数值计算问题,极大地推动了贝叶斯分析的应用,特别在微观经济学的参数估计和统计推断中得到许多发展和运用(李雪松,2008)。而*MCMC*算法的本质,就是通过构造合适的转移核,使目标分布为马尔科夫链的平稳分布。应用最广泛的*MCMC*方法是吉布斯(Gibbs)抽样算法,其马尔科夫链的样本是从一系列条件分布中抽取的,可以有效地将高维分布分解为低维分布(李雪松,2008)。④

**1759年(清乾隆二十四年),道德情操论**

**《道德情操论》** 1759年,亚当·斯密(1723—1790)写作并发表了他的第一本著作《道德情操论》。该书取得了巨大的成功,在斯密生前即已经出版了6版(荣卡格利亚,2005/2009)。

---

① 昝廷全:《产业经济系统研究》,科学出版社2002年版,第20页。
② 胡作玄:《数学辞海》第6卷,第709页。
③ 王青建:《数学史简编》,科学出版社2004年版,第159页。
④ 李雪松:《高级经济计量学》,中国社会科学出版社2008年版,第68—81页。

**1762 年（清乾隆二十七年），关税与走私**

**关税与走私** 1762 年，意大利法学兼经济学家白卡里阿（C. Beccaria，1728—1794）在他的《货币的混乱与治理办法》① (*Essay Towards Solving a Problem in the Doctring of Chances*) 中写出了商品价值与商品量、商品的买主与卖主个数，以及相应的税收、劳力、运输等变量间关系的比例式。两年后在另一篇关于关税和走私活动的论文中，② 他以二次方程式的形式表述了关税量与走私品价值之间的关系（秦朵，1986）。

**1769 年（清乾隆三十四年），均衡分析**

**均衡分析** 均衡分析是西方经济学的理论基础之一。1769 年，英国经济学家詹姆斯·斯亚特首次使用"均衡分析"。斯密对"看不见的手"的论述，也可以看作是宏观经济的一般均衡分析。一般均衡是相对部分均衡而言。均衡即均等、平衡。第一个建立均衡经济模型的则是瓦尔拉。在他之前杰文斯和门格尔曾经考察社会中特定部分的经济均衡或局部均衡，但他们都没有试图用任何确切的名词（术语）提出一个全面的经济观点。瓦尔拉提出了整个经济的均衡学说，即通常所说的一般均衡理论。然而即便是在斯亚特使用"均衡分析"术语的一百多年以后，瓦尔拉的贡献也并未受到任何注意。他于 1873 年 8 月在巴黎宣讲他的观点时，听者对他别出心裁的以数学方式表述经济学内容的做法，既怀有敌意又不能理解，瓦尔拉愤而退场（何正斌，2009）。说明从一个概念的产生到最终被接受，可能需要漫长的等待。

**1772 年（清乾隆三十七年），政治经济学思考，汇率影响**

**政治经济学思考** 1771 年，政治经济学家韦利（P. Verri，1728—1797）的畅销书《政治经济学思考》出版。第二年再版时，书的编辑、数学家弗利希（P. Frisi，1928—1784）在书的若干章尾加注了韦利观点的数学表达式。③ 主要有三个方面：一是商品价格与其卖主和买主人数之间的关系为一次函数式的推证，以及用导数对买者或卖者人数变动对于商品

---

① Beccaria, Cesare: Del disordine e deirimedi delle monete (1762), 重载于: Custodi, Scrittori Classici Italiani di Economia politica, parte moderna, Vol. 12 (Milano, 1804)。

② Beccaria, Cesare: Tentative analitico sui contrabbandi!: Estratte dal foglio periodico intitolato, Il Caffé, Vol. 1 (Brescia, 1764), 英文译文载于 W. J. Baumol and S. M. Goldfeld: Precursors in Mathematical Economics: an Anthology (LSE, 1968)。

③ Frisi, Paolo, ed, in the sixth edtion of P. Verri: Meditazioni Sulla Economia Politica (Livorno, 1772)。

价格的影响的讨论；二是货币供给量与需求量和利率的关系式推导；三是劳动与商品产量之间生产函数关系的建立。30 年后，瓦勒里阿尼（L. Valeriani）在《商品的成本价格》（1806）中把韦利-弗利希公式中的买主和卖主人数改为商品的供给量和需求量，① 这是一大进步（秦朵，1986）。

**汇率影响**　同一时期做出重大贡献的还有意大利人瓦斯哥（G. Vasco），他同时用算术式和代数式阐明了几个国家货币汇率如何相互影响、调整，最后趋向均衡稳定的动态过程② （秦朵，1986）。

**1774 年（清乾隆三十九年），政策曲线**

**政策曲线**　同一时期，另一位用动态分析方法讨论经济活动的是法国重农学派的代表人物之一杜邦（N. Du Pont，1739—1817）。杜邦在向重农学派提交的一篇研究报告中，绘制了三条表示政策效应的动态曲线，被他称为政策曲线。③ 这些曲线也是趋向均衡的。杜邦的研究，可能是应用数学方法进行政策分析的首例（秦朵，1986）。

**1776 年（清乾隆四十一年），国富论，经济学定义，交易学**

**国富论**　1776 年，在英国这个资本主义生产力最为发达的国家，年逾不惑的大学教授亚当·斯密发表了他的经济学处女作《国民财富的性质和原因的研究》，即《国富论》，西方古典经济学由此确立。

**经济学定义**　苏格兰律师兼经济学家亨利·邓宁·麦克劳德（Henry Dunning Macleod）坚持认为交易学是唯一正确的经济思想学派，并且对这种学派的起源追溯到惠特利之前 18 世纪后期的法国哲学家艾蒂安·博诺·德·孔狄拉克（Etienne Bonnot de Condillac）。虽然孔狄拉克在他所著的《贸易与政府》（1776 年）中实际上并未使用交易学这个术语，但是他给经济学下的定义是商业的科学或是交换的科学（麦克劳德，1863）。④

**1779 年（清乾隆四十四年），定积分**

**定积分**　1779 年，法国数学家拉普拉斯使用"定积分"术语（胡炳

---

① Valeriani, Molinari, Luigi: Del Prezzo Delle Cose Tutte Mercatabili（Bologna, 1806）.

② Vasco, Giambattista: Saggio Politico Della Moneta（1772），英文译文载于 W. J. Baumol and S. M. Goldfeld: Precursors in Mathematical Economics: An Anthology（LSE, 1968）.

③ Du Pont de Nemours, Piarre Samuel: Des Courbes Politiques（1774），in Carl Kneis（ed.）: Carl Friedrichs Von Baden brieflicher verkenr mit Mirabeau und Du Pont, Vol. 2（Heidelberg, 1892）.

④ 《新帕尔格雷夫经济学大辞典》第 1 卷，第 410 页。

生，2002）。

**1781 年（清乾隆四十六年），商品交换**

**商品交换** 1781 年，法国经济学家伊斯纳（A. N. Isnard，1749—1803）通过两种商品的交换式扩展到多种商品交换式的讨论，发现商品的价格确定与交换过程中的所有商品都相关。因此，商品交换方程个数必须等于交换中所有商品的个数。而且，所有方程中有一个方程是不独立的，由此便可算出各种商品的相对价格。① 这实际上就是一般均衡思想的雏形（秦朵，1986）。

**1794 年（清乾隆五十九年），最小二乘法**

**最小二乘法** 最小二乘法是用来确定最佳线性或非线性回归曲线的一种统计技术。据说 1794 年德国数学家高斯（C. F. Gauss）已发现最小二乘法，而后在 1809 年发表《天体沿圆锥曲线绕日运动的理论》时，首次提出最小二乘法原理，创建了误差理论（胡作玄，2002）。法国科学家勒让德（A. M. Legender）1805 年发表《确定彗星轨道的新方法》，独立发现最小二乘法（胡作玄，2002）。艾德伦（Adrain，1808 年）② 亦独立发展了最小二乘法。最小二乘法具有丰富而久远的历史。哈特（Harter，1974—1976 年）③ 对其有精彩记述（哈尔伯特·怀特/约翰·伊特韦尔，1996）。④

**1798 年（清嘉庆三年），人口原理**

**人口原理** 马尔萨斯（Thomas Robert Malyhus，1766—1834），英国经济学家、牧师。生于富有地主家庭。1784 年入剑桥大学耶稣学院学习哲学与神学。马尔萨斯在担任牧师期间，查看了当地教堂一百多年的人口出生统计资料，发现人口出生率是一个常数。⑤ 1798 年他发表《人口原理》一书，提出著名的 Malyhus 人口模型。他关于人口增长的观点对同时

---

① Isnard, Achylle Nicolas: Traité Des Richesses, 2 vols (London and Lausanne, 1781).

② R. Adrain 1808. Research concening the probabilities of errors which happen in making observations. *Analyst* I, 93 – 109.

③ H. L. Harter1974 – 1976. The method of least squares and some alternatives, Parts I – VI. International Statistical Review 42, 147 – 74, 235 – 64, 282; 43, 1 – 44, 125 – 90, 269 – 78; 44, 113 – 59.

④ 哈尔伯特·怀特/约翰·伊特韦尔：《新帕尔格雷夫经济学大辞典》第 3 卷，经济科学出版社 1996 年版，第 164 页。

⑤ 袁政：《公共管理定量分析：方法与技术》，重庆大学出版社 2006 年版，第 5 页。

代经济和政治思想具有深远的影响。马尔萨斯的经济学理论悲观地认为，人口增长会超过粮食供应的增长，从根本上危害持续繁荣的机会。马尔萨斯认为，人口每一代是指数增长的，从 2 增长到 4、8、16，以此类推。另一方面，粮食增长是算术级数的，从 2 增长到 4、6、8，以此类推。即人口增长快于生活资料的增长，因此需要采取各种措施以限制人口繁殖。①

人口倍增会受到自然或人类努力的制约。在马尔萨斯看来，"人口的力量遥遥领先于地球为人们生产必需品的力量，夭折或者其他形势的灾难必然造访人类"。这些形势包括战争、饥饿、贫困、繁重劳动、瘟疫，它们共同使世界人口下降到粮食供应能够维持的那个点上。马尔萨斯认为，缓解人口压力的唯一出路，即避免这些灾难的办法在于，对人口进行控制。作为一位天主教徒，马尔萨斯反对通过避孕控制出生率。恰恰相反，他认为同样的目的可以通过晚婚得以实现，晚婚的结果是使家庭小型化。这样，马尔萨斯就被看作是一位阴险的道德抑制的倡导者；他的观点使经济学获得了"阴暗科学"的雅号（《经济史》，2004）。

**1801 年（清嘉庆六年），税收效应**

**税收效应** 1801 年，法国人卡尔纳（N--F. Carnard，1750—1833）利用代数方程式，较为详细地讨论了商品的价格决定过程。② 他的表述具有局部均衡理论的萌芽。另外，卡尔纳还用级数表示了税收的动态效应（秦朵，1986）。

**1803 年（清嘉庆八年），商业财富**

**论商业财富** 1803 年，法国经济学家西斯蒙第（J—C. L. Sismondi，1773—1842）发表《论商业财富》。③ 西斯蒙第用代数式阐明了一个国家经济的增长与该国工资水平之间的关系（秦朵，1986）。

**1804 年（清嘉庆九年），货币公式，公序良俗**

**货币公式** 德国学者克龙克（C. Kroncke）是一位道路工程师。他在 1804 年出版的《税收的本质及其作用的研究》一书中，第一次在货币公

---

① 《辞海》音序缩印本，1999 年，第 1114 页。
② N. F Canard: Principes De Economie Politique (Paris, 1801); Essai sur la circulation de l'lmpot (Paris, 1801).
③ Sismondi, Jean – Charles – Leonard simonde de: "De la richesse commnerciale ou principes d'économie politique appliqués à la législation du commerce", Genève, Vol. 1 (1803).

式中使用了货币流通速度这一概念。克龙克的货币公式，与现在著名的费雪公式（MV = PT）相当接近（秦朵，1986）。

**公序良俗** 它是现代民法的一项重要概念和法律原则，包括公共秩序和善良风俗，意指民事法律行为的内容以及目的，均不得违背公共秩序或善良风俗。强调公序良俗，有利于维护社会普遍利益、弘扬公共道德，因此被视为现代民法至高无上的基本原则。公序良俗原则在各国民法，包括中国民法中都有明文规定。这一原则在性质上属于一般性条款，这是因为任何立法的具体条文都不可能穷尽被禁止事项，所以需要以一般性条款弥补禁止性规定条款之不足。遇有损害国家利益、社会公益和社会公认道德秩序的行为，法院可直接适用公序良俗原则判定该行为无效。从经济计量的角度看，如何对公序良俗的概念和程度加以计量，具有极大的挑战性。

1804年，法国民法典开始规定公序良俗原则。此后百余年，公序良俗原则已经从政治的公序良俗发展到经济的公序良俗。最初适用公序良俗的目的，在于保护国家和家庭。随着市场经济的发展以及国家经济政策的变化，公序良俗的概念逐渐扩展到经济的公序，即为了调整当事人之间的契约关系，而对经济自由予以限制的公序（信春鹰，2003）。[①]

在市场经济条件下，由于经济行为通常具有外部性（externality），或具有市场失灵的特点，因此强调"公序良俗"的原则还具有指导政府行政行为的意义。所谓外部性，是指一个人的行为对旁观者福利的影响。一些活动给第三者带来了成本，叫作负向（negative）外部性，或称外部不经济，如污染；也有一些活动给第三者带来利益，称正向（positive）外部性或外部经济。例如，科学研究、技术创新的成果，更多的是为社会公众所获得。科学活动和技术努力具有"正向的外部性"，或称为"外部经济"的特点。这些努力导致"知识溢出"，把福利或效益扩散到整个社会。

与外部性相伴生的另一个经济学概念是市场失灵（market failures）。市场势力（market power）和外部性是市场失灵普遍现象的例子。虽然外部性并不是导致市场失灵的唯一原因，但所谓市场失灵，却是一个严酷的事实：市场就是市场，商品经济不考虑道德，不懂得同情。"外部经济"，或称经济的正向外部性，可以为社会大众创造福利，却没有能力改变市场

---

[①] 参见信春鹰主编《法律辞典》，法律出版社2003年版，第216页。

规律的"无动于衷"。当经济活动表现出明显的外部性，通常倾向于伴随发生"市场失灵"。例如，从事基础性科学研究、技术创新的人所付出的成本，往往不能完全地从市场可能得到的回报中获得体现。再例如，实施某些商业行为的人，在为自己谋求利益的时候，事实上侵占了社会与公众或者他人的利益，同时也污染了市场经济的商业环境，导致市场失灵。在这种时候，"有动于衷"的不可能是市场，而应该是维护大众利益的法律。换言之，在此时"有动于衷"，政府的行为才符合公众利益。具体到现实生活中类似于商标抢注等的一系列问题，作为捍卫"公序良俗"的政府，应该积极作为，使那些以不良手段谋取利益的人得不偿失，而不是相反。

经济学告诉我们，政府有时可以改善市场结果，事实的结果并非总能如此。政府所奉行的政策都是具体的、有瑕疵的，这是因为在政府里制定公共政策的是人而不是天使。有时他们所设计的政策只有利于在政治上拥有权势的人；有时政策由动机良好但信息不充分的领导人制定。① 我们学习经济学、普及经济科学目的之一，就是要增强判断、识别政策的能力，以便能够正确、自觉地分辨哪些政策、在哪些情况下能够有效地促进效率与公正。概言之，政府行政行为的目的，就是要在社会生活中维护公序良俗，坚守公正公平、坚持公序良俗，而不是把为"人民"服务歪曲成为"规则"服务，使社会的良心正义不得不让位于"规则条文"。

总之，应该更多地关注政策判据，即据以评价一项具体政策好坏的基本原则。一项好的政策，一种合理的制度安排，应该使遵循公序良俗的社会大众感觉不到它的存在，而使那些心存不轨、巧取豪夺的"坏人"感觉如芒刺在背。如果一项政策的出台或者一套制度的实施使"好人"疲于奔命，而使"坏人"得到可乘之机，那就可以肯定地说：这项政策或制度是"不好的"。正如坊间所言，不扰民的干部就是好官，真利民的政策一定简单。一项真正优秀的政策或制度，在使"好人"感到平静如常、心旷神怡的同时，还会使"坏人"自觉收敛，甚至或多或少地也要去做一些"好事"，即有助于增加大众福利的事情。只有这样的政策，才能算得上是"优秀"的政策或者"良好"的制度安排。古老相传，如果大黄

---

① ［美］曼昆（N. Gregory Mankiw）：《经济学原理》（第3版），梁小民译，机械工业出版社2005年版，第10页。

牛也信上帝的话，那么上帝一定是头牛；能够让"贼"兴高采烈、如鱼得水的政策的制定者，一定代表着"贼"的利益。

注意以上描述中的"好人"和"坏人"都有引号，是因为在民法范畴中讨论问题，当事双方都属于"公民"范畴，所谓"坏人"也不是敌对意义上的人群。根据"利益是唯一驱动"的"个人理性"假设，为自己谋取利益的行为不应受到指责。问题的关键不在于是否要为个人谋利，而在于这种谋利的过程，是否具有负向的经济外部性，即牺牲或损害他人的合法利益为代价。如此说来，所谓公序良俗无非是依常识做事，凭良心做人；"君子爱财，取之有道"；利己而不损人，是公序良俗的底线；利己兼而利人，便是伟大（龚益，2006）①。

最后，所谓"坏人"也是制度的后果，坏制度助长他们成为"坏人"。政策与法律的教化作用，不可小觑。当权者有必要从建设和谐社会、坚持公序良俗的原则出发，统筹梳理各种政策法令，制止那些损人利己，甚至损人不利己、毒害社会风气、制造社会紧张，即违反公序良俗的行为。甚言之，任何一项政策、一种制度，如果能使原本并非敌对的"好人"陷入拼杀，你死我活，那么这种安排一定是"罪恶"。以这一准则，可以判决往事，而它的更大意义，在于衡量今天（龚益，2008）。②从数学方法应用的角度说，如何以数学语言描述"公序良俗"概念，是未来社会科学家需要讨论的问题。

**1811 年（清嘉庆十六年），政治算数基础，宏观模型**

**政治算数基础** 1811 年，堪称为世界上第一位宏观数理经济学家的朗格（J. Lang）在《政治算术基础》中建立了一个宏观模型③。整个经济在模型中被分为初级产品、制造业产品和劳务（包括土地、资本、国家管理的劳务）三大类。模型包括各个部类的商品交换方程，货币流通方程，收入和支出方程，总产值方程以及总的平衡条件式。朗格的货币公式更加接近于费雪公式，是当时表述最为清晰的货币理论（秦朵，1986）。

**1814 年（清嘉庆十九年），预测理论**

**《概率的分析理论》** 1812 年，法国科学家拉普拉斯（Pierre—Simon de Laplace，1749—1827）出版《概率的分析理论》（*Théorie analytique des*

---

① 龚益：《制度安排必须符合公序良俗的原则》，《中国风景名胜》2006 年第 8 期。
② 龚益：《关于"服务型政府"的定义问题》，《中国科技术语》2008 年第 3 期。
③ Lang, Joseph: Grundlinien Der Politischen Arithmeyik (Charkow, 1811).

probabilités），第二版（1814）的序言是一篇通俗的短文，题为《关于概率的哲学浅说》（*Essai philosophique sur les probabilités*），其中有一段著名的议论，大意是说，世界的未来是完全由它的过去决定的，而且只要掌握了这个世界在任一给定时刻状态的数字信息，就能预报未来。（克莱因，1972/2002）拉普拉斯是一位数学天才，从来不关心数学本身，只在有助于研究自然的时候为其所用，但是这并未成为妨碍：他创造了许多数学方法，后来发展成为数学的分支。换句话说，拉普拉斯对数学是不耐烦的，只爱好应用。他对纯粹数学不感兴趣，而他在数学方面的贡献，乃是在自然哲学中伟大著作的副产品。在拉普拉斯看来，数学是手段，而不是目的，是人们为了解决科学问题而必须精通的一种工具（莫里斯·克莱因，1972/2002）。[1]

**1815 年（清嘉庆二十年），行列式，边际成本，森林价格**

**行列式** 1815 年，德国数学家高斯（C. F. Gauss）使用"行列式"一词，并把行列式的元素排成方阵，采用双重足标的记法，给行列式理论第一个系统的处理，并给出了行列式乘法定理（胡作玄，2002）。

**边际成本** 1815 年，德国学者布高伊（G. Buguoy）在讨论土地耕作深度与庄稼收益和种植成本关系的具体例子中写出了一个导数关系式，说明边际收益应当等于边际成本[2]（秦朵，1986）。

**森林的价格** 1815—1817 年，意大利学者乔加（M. Grioja，1767—1829）发表《经济学的新前景》。用复利式形式推导了像森林这样长投资周期的商品的价格估算式[3]（秦朵，1986）。

**1817 年（清嘉庆二十二年），经济模型**

**经济模型** 英格兰人大卫·李嘉图（David Ricardo，1772—1823）发明了"经济模型"的概念。对后世经济学的发展影响极大。他的著作立足于现实经济的复杂性，概括出了建构理论模型的原理，指出"经济模型"是由若干变量构成的一个逻辑工具，这个模型能够揭示出经济生活

---

[1] ［美］莫里斯·克莱因：《古今数学思想》（第二册），朱学贤、申又枨、叶其孝等译，上海科学技术出版社 1972/2002 年版，第 231 页。

[2] Buguoy, Georg von: "Die Theorie der National wirthschart, nach einem neuen plane und nach mehreren eigenen Ansichten dargestellt" (Leipzig, 1815).

[3] Gioja, Melchiorre: NUOVO PROSETTO DELLE SCIENZE ECONOMICHE, 6 vols (Milano, 1815 – 1817).

中起作用的基本影响因素，经过一些计算后能够预测实际情况的结果。直到今天，经济学家们仍然在运用各种模型解释经济行为，并进行一些预测。

李嘉图发展了亚当·斯密的经济理论，是资产阶级古典政治经济学的集大成者。此人炒股发了财，所以能够在42岁退休。他关于经济问题的观点对经济学的发展具有重大影响。早期有关于货币与银行的著作，如1817年出版的《政治经济学与赋税原理》主导了半个世纪的古典经济学。李嘉图寻找"确定主导工业生产的分配（在地主、资本家、工人等不同阶级之间）规律"，认为，个人主义、竞争、个人利益和私有财产的经济基础决定着产出和资源在各个社会阶级之间的配置，与亚当·斯密关于"看不见的手"的观点大同小异。

**1821年（清道光元年），最大似然估计，拉文斯顿**

**最大似然估计（MLE）** 最大似然估计（MLE）是数理统计中一种重要而常用的参数估计，现代经济计量学三类主要的参数估计方法（最小二乘法、最大似然法、广义矩方法）当中的一种。1821年由德国数学家高斯（Gauss）提出；1922年，费雪（R. A. Fisher）再次提出最大似然估计思想并讨论其性质，使之得到广泛的研究和应用。其基本思想是构造一个样本的函数去估计未知参数，而待估参数取估计值时，这个样本值出现的可能性不会比其他任一个样本值出现的可能性小。（《辞海》1999年音序缩印本，第2299页）当总体分布（如概率密度函数）已知时，最大似然估计是一种常用的估计方法。其主要优点是：在所有一致的、渐近正态的估计量中，MLE（最大似然估计）是渐近最优的。主要弱点是，需要假设特定的概率密度函数形式，另外它在小样本性质方面表现一般。

最大似然估计广泛应用于现代经济计量学的许多领域，基于最大似然估计的假设检验，如似然比检验、沃尔德检验及拉格朗日乘数检验，在时间序列分析及微观经济计量模型中都有许多具体的运用（李雪松，2008）。[1]

**拉文斯顿** 皮尔西·拉文斯顿（理查德·普伦的笔名）是一位鼓吹财产公有，支持工人拥有其全部劳动产品权的人物。他于1821年发表了《对于人口与政治经济学观点正确性的一些疑问》。对马尔萨斯人口原理的批判使得拉文斯顿进一步论证贫困并不是自然原因导致，而是由人为因

---

[1] 李雪松：《高级经济计量学》，中国社会科学出版社2008年版，第1页。

素造成。拉文斯顿代表了一个极端的特例，被众多评论者认为是马克思最为直接的先驱（荣卡格利亚，2005/2009）。

**1822 年（清道光二年），相互依赖**

**相互依赖** 相互依赖一词的使用最早可以追溯到 1822 年。从单纯的词语意义上，依赖可以是单方向的，某甲依赖于某乙，或者相反。但是在经济研究中人们更关心不同经济的相互依赖问题。经济学家从经济发展的内部关系上、比较全面地讨论地区之间的相互依赖关系，则是在第二次世界大战之后。这一时期，发达国家之间以各种形式进行经济交往，相互渗透。在此基础上建立起来的商品、货币、资本和技术联系机制，使得人们日益认识到，没有任何一个国家能够在经济隔绝状态下生存和发展，于是也就越发关注各国经济之间的相互依赖关系。以此为契机，经济学家对相互关系的研究，也从一般概述发展到探求其内部的形成机制（张蕴岭，1989）。①

进入 20 世纪 70—80 年代以来，关于相互依赖的文章、报告以及专著大量涌现。在此期间，美国麻省理工学院国际问题研究中心受美国国务院委托，专门对相互依赖的范畴、结构及对策等进行了系统的研究；② 国际货币基金组织、美国的布鲁金斯学会（Brookings Institution）以及经济合作与发展组织所属的发展研究中心等许多经济研究单位，都就相互依赖关系中的宏观经济政策联系与协调、政策行为的计算机模拟等方面进行了大量的研究。③

迄今为止，究竟用什么来衡量相互依赖程度，仍然没有统一的标准。通常使用的指标有贸易指标（例如对外贸易在各国经济中的比重）、资本指标（例如资本进出流动在资本构成以及在整个经济中的比重）、技术指标（主要是一国技术贸易量或外来技术在技术构成中的比例）。此外还有人员流动、信息交换量（如电话、电讯往来次数）等指标，也有些研究者利用一国经济对外界发展或政策变动的敏感性，来标示不同经济之间相互依赖程度（特曼，1979）。④

---

① 张蕴岭：《世界经济中的相互依赖》，经济科学出版社 1989 年版，第 2 页。
② Hagward R. Alker: "Analyzing Global Interdependence", Center for International Studies, MIT, 1974.
③ Gilles Audis and Jeffrey Sachs: "Macroeconomic Coordination among the Industrial Economies", Brookings Paper, No. 1, 1984.
④ 玛利那·V. N. 特曼：《对相互依赖的反应》，美国匹茨堡大学出版社 1979 年版，第 203 页。

**1823 年（清道光三年），富裕程度**

**富裕程度** 1823 年，法国经济学家杜布阿梅（Du Bois—Aymé）发表《政治经济学若干问题的考察》，① 列出了国与国之间富裕程度及熟练工人与不熟练工人之间工资的比例式（秦朵，1986）。

**1825 年（清道光五年），经济论**

**《经济论》** 1825—1827 年问世的《经济论》，是为倡导而系统研究经济数学方法的第一部著作。作者是意大利人弗奥哥。《经济论》一方面阐述了在经济分析中应用数学方法的范围和限度，指出适度应用数学的益处，另一方面也对持反对意见者的种种责难——加以批驳。② 弗奥哥本人的主要贡献包括：把李嘉图的地租理论数学公式化；用几何图形说明供求关系；类比于物理概念，将经济状态分为静态和动态两类；列出生产中所用要素的量、生产时间和产量三者之间的关系式等等（秦朵，1986）。

**1826 年（清道光六年），虚几何学，非欧几何学，罗巴切夫斯基**

**虚几何学** 俄国数学家罗巴切夫斯基（НИЛобачевский，1792—1856）从 1816 年开始尝试第五公设的证明。他把全部几何命题按是否依赖第五公设分为两部分。不依赖平行公设的几何命题现在叫"绝对几何"。但是他发现，在突破第五公设的情况下，可以在严密的推导下得到一系列命题，构成逻辑上没有矛盾，且与绝对几何不冲突，但又不同于欧几里得几何学的新集合体系。被称为"虚几何学"（王青建，2004）。

**非欧几何学** 1826 年 2 月 23 日，罗巴切夫斯基把手稿《几何定理简述》正式交学校物理—数学系审查，并在全校大会上作了报告，因此人们把这一天定为非欧几何学的诞生日。1829 年，罗巴切夫斯基的《论几何原理》在《喀山通报》（1829—1830）上发表，是世界上最早的非欧几何文献。③ 此后多年虽然他的学说反响甚微，甚至受到嘲讽，但他始终执着研究，坚持著述，1937 年用法文发表《虚几何学》（*Géométrie imaginaire*），1840 年用德文出版《平行线理论的几何研究》（*Geometrische Untersuchungen zur Theorie der Paralleeinien*），去世前又口述完成《泛几何学》（1855），用俄、法两种文字发表。他的思想与精神都受到后人的高度评

---

① Du Bois – Aymé: "Examen de quelques questions d'économie politique, et notamment de louvraga de M. Ferrier intitulé: du Gouvernment" (Paris, 1823).

② Fuoco, Francesco: SAGGI ECONOMICI, 2 Vols (Pisa, 1825–1827).

③ 胡炳生：《数学辞海》第 6 卷，第 713 页。

价（王青建，2004）。

**罗巴切夫斯基** 俄国数学家罗巴切夫斯基生于下诺夫戈罗德（今高尔基城）的一个穷职员家庭，10 岁入喀山中学，14 岁（1807 年）以高材生资格进入喀山大学，1811 年获硕士学位，第二年进大学执教，1816 年升为副教授，1822 年晋升为教授，1820—1825 年任物理—数学系主任，1827—1848 年任喀山大学校长。在高斯（C. F. Gauss）的建议下，曾被选为格丁根科学协会通讯会员，由于劳累过度，晚年双目失明，1856 年在喀山辞世。作为非欧几何学的创始人之一，罗巴切夫斯基被誉为数学革命家。他向人类几千年曾经确信不疑的欧几里得几何体系提出挑战，改变了欧氏几何的平行公理，以全新的姿态建立起他自己的几何体系，即罗巴切夫斯基几何学，或称"双曲几何学"。然而，无知和偏见压抑新思想的发展，他的学说在他死后才逐渐被确认（杜瑞芝，2002）。

### 1829 年（清道光九年），经济政策

**经济政策** 1829 年，英国数学家、科学哲学家威韦尔（W. Whewell，1794—1866）写了一篇《政治经济学若干教义的数学说明》。[①] 他在文中把政治经济学分为"道德准则和基本假定"以及"从这些准则和假定推导出来的结论"两大类，并指出考察后一类问题可以用数学方法。也是在这本书中，威韦尔用级数说明税收等经济政策的影响不是无限的（即现在的"乘数"思想），并且列出了表示价格灵活性的方程式。从这个方程式很容易推出商品需求的弹性系数（秦朵，1986）。

### 1831 年（清道光十一年），交易学

**交易学** Catallactics 交易学一词意即"交换的科学"，理查德·惠特利（Richard Weately）大主教于 1831 年在牛津大学德拉蒙德（Drummond）讲座讲授政治经济学时提出，以之替代"政治经济学"的名称（惠特利，1831）。19 世纪 20 年代，惠特利是牛津大学奥利尔学院一位善辩的宗教和经济自由派领袖，著名的逻辑学家。惠特利驳斥当时牛津大学的一种主导观点，即认为政治经济学由于同财富有关，因而是唯物主义的和反对基督教的。在集中力量研究交易的过程中，惠特利把亚当·斯密对于政治经济学的范围所下的定义斥之为财富的科学。[②]

---

[①] Whewell, william: "Mathematical Exposition of Some Doctrines of Political Economy" (1829) in CAMBRIDGE PHILOSOPHICAL TRANSACTIONS, Vol. 3 (1830).

[②] 《新帕尔格雷夫经济学大辞典》第 1 卷，经济科学出版社 1996 年版，第 410 页。

**1834 年（清道光十四年），政治经济学**

**政治经济学** 1834 年，爱尔兰学者朗费尔德（M. Longfield, 1802—1884）发表《政治经济学讲义》。① 用数学方法考察了价值确定、收入分配等经济问题，形成了初步的边际生产率决定分配论（秦朵，1986）。

**1838 年（清道光十八年），需求函数，古诺模型，数理学派**

**需求函数** 数学成为西方经济学理论研究中不可缺少的工具，是 1838 年法国（庸俗）经济学家、数理经济学派的先驱安多万·奥古斯丹·古诺②（A. A. Cournot, 1801—1877）于 1838 年发表《财富理论的数学原理研究》（Rechercheres sur les Principes Mathematiques de la theorie des richesses, 1838）以后的事。他的著作中提到需求函数，但是并没有估计出具体参数值。从那时起，直到 20 世纪 30 年代为止，经济学中所用的数学，基本是以微积分为主，此外还包括差分方程、概率统计、古典代数等。由于数学的引用，提高了经济学的精确性。但是，以微积分阐明经济现象，并不是一种完全适合的方法。1939 年苏联人康托罗维奇出版《生产组织和计划的数学方法》（Mathematical Methods of Organizing and Planning Production, 英译本 1960 年版）和 1944 年冯·诺伊曼（J. Von Neumann, O. Morgenstern）的《对策论和经济行为》（Theory of Games and Economic Behavior）等著作的出现，开辟了数学在经济学研究中应用的新领域（张寿、于清文，1984）。③

**古诺模型** 又称古诺博弈、古诺寡头竞争模型，又译库诺特模型，非合作寡头模型。法国经济学家古诺于 1838 年提出的第一个双寡头模型，即市场上仅有两个企业相互竞争的模型。古诺假设两个企业独立行动，同时做出关于各自生产量的决策，试图通过选择产量实现利润最大化。两家企业生产完全相同的同质产品，产品不能储存，因此企业只追求当期利润最大化，不考虑跨期问题。其他企业不能进入。每个企业在决定产量时，必须考虑另一企业也在做出决策，而两个企业的总产量将决定产品的价格。古诺模型所研究的双寡头在产量方面非合作博弈的竞争，称为"古

---

① Longfield, Mountifort: LECTURES ON POLITICAL ECONOMY (1834).
② 《辞海》、《数学辞海》均译作"库尔诺"。参见下文对照。《辞海》（第 558 页）所介绍的"古诺"是法国作曲家，不是经济学家古诺或库尔诺。但是在许多经济著作中似乎更偏向于译为古诺。
③ 张寿、于清文：《计量经济学》，上海交通大学出版社 1984 年版，第 7—8 页。

诺竞争"。在双寡头非合作博弈中一组最优产量策略的组合，即在给定竞争者的产量的情况下，每个企业都选择其能够实现利润最大化的产量的状态，称为"古诺均衡"，或"古诺—纳什均衡"（朱恒鹏、刘树成，2004）。

古诺，即库尔诺（Cournot, Antoine—Augustin, 1801—1877），法国数学家，生于格雷（Gray），卒于巴黎，1829年获博士学位，1835年任教授，著作有《财产理论数学原理的探索》（1838），通过研究价格问题，阐述了用公式表示垄断竞争的数据图表等资料的方法，被认为是数理经济学的奠基之作，他在《机会与概率理论》（1843）中提出"客观概率"、"主观概率"和"哲学概率"等概念，并对"科学"进行了分类（杜瑞芝，2002）。

上海辞书出版社《辞海》1999年音序缩印本（第941页）有"库尔诺"条：

库尔诺（Antoine—Augustin Cournot, 1801—1877），法国经济学家、数学家，数理经济学的创始人。曾任里昂大学教授。最先把微积分应用于经济学，并将均衡理论与数理方法相结合，首先导入边际概念与连续概念，发现需求弹性及价格与需求的函数关系，最初阐述垄断理论，并用边际原理说明垄断价格。著作有《关于财富理论之数学原理的研究》。

在西方数量经济学发展的史前阶段，将数学方法应用于经济分析推至最高点的人物是法国数学家、哲学家和经济学家古诺。他在1838年出版《财富理论的数学原理研究》，[①] 首次将数学连贯用于广泛的经济分析过程。古诺认为，应用数学方法不是为了求得具体的数字结果，而是要确定各种经济变量之间的确切关系。他从任意函数理论出发，进一步假定函数连续，从而推论可以用泰勒定理将经济分析中的函数式近似化为线性形式。在此基础上，古诺广泛运用导数及其极值来讨论各种经济问题。这些问题大致可以分为三类。

首先，纯粹价格理论：古诺在自由竞争和全部垄断两种假设前提下做出了商品需求的价格函数及需求曲线，商品供给的价格函数及供求关系曲线，详尽讨论了价格变动的各种效应；其次，国民收入理论：古诺主要讨

---

① Cournot, Augustin: RECHERCHES SUR LES PRINCIPES MATHEMATIQUES DE LA THEORIE DES RICHESSES（Paris: Hachette, 1838）.

论了消费者商品价格变动对国民收入的影响；最后，国际贸易理论：古诺采用联立方程组表述了他的汇率论和外贸价格论，以及国际贸易对国民收入的影响。总之，古诺的成就，标志着西方数量经济学史前期的结束，古诺也因此而被誉为西方数理经济学之父（秦朵，1986）。

**数理（经济）学派** 数理经济学派，简称数理学派。但在严格的术语概念下，数理经济学派从属于数理学派，并且仅仅只是其中的一个分支。数理经济学派出现于19世纪70年代，在经济研究中以数学的运算和推理来辅助理论分析。一般认为其创始人为法国经济学家、数学家古诺（Antoine Augusitin Cournot，1801—1877，又译库尔诺）。古诺（库尔诺）曾任里昂大学教授，首先把微积分应用于经济学，并将均衡理论与数理方法相结合，首先导入边际概念和连续概念，发现需求弹性及价格与需求的函数关系，最初阐述垄断理论，并用边际原理说明垄断价格。1838年出版《关于财富理论之数学原理的研究》一书，用函数形式表述需求规律，对供给函数也进行了分析，还以数学推理分析垄断价格的决定问题。他提出了需求函数，但是没有估计出具体参数值。

后来，英国的杰文斯（William Stanley Jevons，1835—1882）在论证边际效益概念时，同样广泛地借助于数学公式。杰文斯既是逻辑学家，又是经济学家，伦敦大学教授，属于布尔学派的符号逻辑论者，对数理逻辑的发展亦有贡献。他的关于逻辑学的一些入门著作，曾被广泛用作课本。他与奥地利的卡尔·门格尔、法国的瓦尔拉斯大致同时提出边际效用价值说。他认为政治经济学是"快乐和痛苦的微积分学"，运用数学方法解释政治经济学的主要概念，提出关于经济危机的太阳黑子说，其主要著作有《逻辑基础教程》、《政治经济学理论》、《科学原理》。

卡尔·门格尔（Carl Menger，1840—1921），奥地利经济学家，奥国学派的创始人。维也纳大学教授。他反对历史学派的所谓历史实证方法，强调运用抽象方法研究经济现象，强调个人消费的重要性。提出边际效用价值说，认为生产资料的价值决定于它所生产的消费资料的边际效用，主要著作有《国民经济学原理》《社会科学特别是政治经济学的方法研究》。

洛桑学派的创始人、法国的瓦尔拉斯（Marie Esprit Léon Walras，1834—1910）在1874年出版的《纯粹经济学要义》中，则用一系列的方程式来论证在边际效用的基础上全部商品的交换比例是如何确定的，并据此提出一般均衡理论（general equilibrium theory）。洛桑学派的另一创始人、意大利的帕累托（Vilfredo Pareto，1848—1923）也是以用数学方法研究经济而著称，并发展了一般均衡理论。20世纪30年代特别是第二次世界大战以后，随着电子计算机以及其他先进技术的出现和发展，数学和统计的方法，包括几何图形、微积分、线性代数和数理代数等，更多地应用于经济学研究，甚至出现了以数学理论和数学公式作为研究经济的唯一方法的倾向。

数理经济学是运用数理方法对经济现象进行分析、研究和表述的经济理论体系。有广狭二义：狭义专指19世纪运用数学函数式推导表述经济理论的经济学。其主要代表人物还包括戈森、埃奇沃思（Francis Ysidro Edgeworth，1845—1926）、维克塞尔（Johan Gustaf Knut Wicksell，1851—1926）及欧文·费雪（Irving Fisher，1867—1947）等。

欧文·费雪，美国经济学家、统计学家。耶鲁大学教授，曾任美国经济学会统计学会和计量经济学会会长。他运用数学方法研究经济现象，发展货币数量说，提出交换方程式，把一定时期一定社会进行的总交易，用数学公式表现；认为主观效用可以计量；由所谓"收获超过成本率"决定投资的选择，把预期及风险因素导入经济分析中，对凯恩斯及瑞典学派的经济学说有一定的影响；著作有《价值与价格理论之数学的研究》、《货币的购买力》、《利息理论》。

1858年，德国经济学家赫尔曼·戈森（Hermann Heinrich Gossen，1810—1858）以戈森定律形式提出边际效用学说。被誉为边际效用学派的先驱。他发现当一个人继续消费某种物品时，每一单位这种消费品提供给他的享乐是递减的；花费一定量收入要获得最大总合的享乐，就必须使他消费的每种消费品的最后一个单位所提供的享乐都相等。此即"戈森定律"，又称"享乐定律"，其本质是把经济现象归结为单纯的心理因素。

牛津的埃奇沃思（Francis Ysidro Edgeworth）阅读广泛，不仅包括经济学和心理学，还包括自然科学、数学以及用各种现有的或已经消失了的语言写成的文学作品，是"具有超凡思想的教授"，被誉为"英格兰最接近马歇尔（Marshall）的经济学家"。庇古（A. C. Pigou）评价他是分析工具的发明者，并以此而获得荣誉。这其中包括效用函数的一般形式，无差别曲线，这些曲线的凸性，帕累托（Pareto）最优，契约曲线，以及用于调整的时间的三重划分：极短期、短期和长期，消费者剩余，弹性。① 这些概念对今天的经济学来说耳熟能详，但作为工具，它们起着基本的连接作用。嗣后数学在经济学中的广泛应用和经济计量学中统计推论的必要性，显然也肯定并且支持了埃奇沃思所持有的观点。1879 年 7 月，埃奇沃思发表《享乐的计算》，随后在 1881 年年中又有《数学心理学》问世。这本书的篇幅较短，可以分为三个部分：（1）数学在经济学中的作用的解释和答辩；（2）经济计算；（3）功利的计算。②

维克塞尔（Johan Gustaf Knut Wicksell，1851—1926），是瑞典经济学家，瑞典学派的创始人。隆德大学教授。依据边际效用价值说和边际生产率说，并采用一般均衡理论，建立其学说体系，倡导货币的经济理论、自然利率理论和中性货币说，企图通过对利率、储蓄和投资等货币因素的分析，说明经济变动和危机。他除为瑞典学派奠立理论基础外，也对维也纳学派与凯恩斯的货币理论有较大影响。著有《利息与价格》、《政治经济学讲义》。

广义的数理经济学，则还要包括 20 世纪 30 年代兴起的经济计量学（econometrics）等。随着对"经济现象"的细分，数理经济学又分化出"数理金融学"等新的分支，系指用数学方法，特别是随机分析方法研究金融与投资问题的一个边缘学科。是顺应金融、证券市场发展需要而形成的一个研究领域。这也说明"数理"具有明显的工具和语言性质。

**1840 年（清道光二十年），无政府主义**

**无政府主义** Anarchism 无政府主义的名称来自希腊语 an archos，意谓"没有政府"。英国内战期间，平等派的一个政敌用"无政府主义者"一词来挖苦平等派，称他们为"瑞士雇佣兵般的无政府主义者"。法国大革命期间，这个词汇被大多数党派用来嘲弄在政治上站在其左边的那些人。1840 年，法国学者皮埃尔—约瑟夫·普鲁东（Pierre—Jpseph Proudhon）在他的《什么是财产》（论述社会经济基础的一篇有争议的论文）中，第一次从正面意义上使用"无政府主义"一词，以表明自己的政治立场，宣布自己"是个无政府主义者"。普鲁东认为，社会借以运行的真

---

① 1890 年 11 月，潘塔莱奥尼（Pantaleoni）从巴西写给埃奇沃思的信。参见《新帕尔格雷夫经济学大辞典》第 2 卷，第 88—92 页。
② [英] 伊特韦尔：《新帕尔格雷夫经济学大辞典》，陈岱孙主编，经济科学出版社 1996 年版，第 94、99 页。

正法则在社会本质中固有，与权威无关。他希望解散权威，解放被权威淹没的社会自然秩序。"正如人们在平等中寻求公正，社会在无政府状态中寻找秩序。无政府（不存在统治者）正是我们日渐接近的一种政府形式。"

无政府主义的基本思想先于"无政府主义者"称号的使用。一些历史学家在早期宗教运动中发现了无政府思想的起源。这类宗教运动游离于普通社会之外，拒绝服从社会法律，并试图以某种方法公有他们的财产，例如苦行派信徒、再浸礼教徒和18世纪创立的俄国教派成员。他们的作为似乎是要摆脱物质烦扰，寻求精神解脱，与世俗主张的无政府主义相去甚远。例如，1649年在英格兰共和政体期间出现的掘土派的基本主张：权力令人腐败，财产和自由水火不相容，权威和财产乃是万恶之源，只有在共享工作与产品的无统治者的社会中，人们才会既自由又快乐。①

**1843年（清道光二十三年），经济学家**

**《经济学家》** *The Economist* 英国刊物，周刊，1843年在伦敦创刊。《经济学家》以报道政治、经济和社会问题为主。每周六在伦敦出版。②

**1844年（清道光二十四年），效用衡量**

**效用衡量** 1844年，有位叫杜布衣的工程师发表著作《公共工程的效用衡量》。他在寻求一些集体财物如道路、运河和桥梁等公共设施所提供的社会福利的颁发时，偶然地发现了总效用与边际效用的区别。他注意到这些公共福利设施所提供的效用高于人们愿意支付的价格。所以他设想，政府如果要获得最大的税收收入，可以对诸如桥梁的每个增加单位的服务征收最大的通过税，但在提供每一增加单位时，对通过税做小步骤的减低，就可以从公共设施服务上获得最大的总收入（何正斌，2009）。

**1845年（清道光二十五年），n维空间**

**n维空间** 英国数学家凯莱（Cayley, A.）在"论n维解析几何"中用分析方法研究n维几何，引入8元数，首次提出"n维空间"的概念（胡炳生，2002）。

**1846年（清道光二十六年），人口过剩**

**人口过剩** 1846年，韦吕勒经过分析得出结论：推断人口过剩阻碍

---

① 乔治·伍德科克（George Woodcock）：《新帕尔格雷夫经济学大辞典》，周建平译，经济科学出版社1996年版，第97页。

② 参见《辞海》音序缩印本，1999年，第854页。

人口增长，即阻碍人口增长的因素正比于"过剩"人口对总人口的比率，进而推算出比利时人口的上极限为9400000人（到1967年比利时实际人口约为9581000）。他的这一工作为现代人口理论研究提供了有价值的材料。

**韦吕勒** 韦吕勒（Verhulst, Pierre‐Francois, 1804—1849），比利时社会学家、数学家。生于比利时的布鲁塞尔，卒于布鲁塞尔。曾任布鲁塞尔私立学校和皇家军事学院教授，1841年成为比利时皇家科学院院士，1848年当选为科学院主席，致力于社会统计学研究（杜瑞芝，2002）。

**1847年（清道光二十七年），拓扑学**

**拓扑学** 1847年，德国数学家利斯廷（J. B. Listing）的《拓扑学初步》出版，首次给出topology（拓扑）这一术语。这是世界上第一本拓扑学论著，标志着拓扑学的诞生（胡炳生，2002）。但是早在1750年，瑞士数学家欧拉给出凸多面体的"欧拉公式"，是拓扑学的基本定理之一。也是在1750年，欧拉发表了他所发现的64对亲和数（胡炳生，2002）。

**1854年（清咸丰四年），戈森定律，边际效用学说**

**戈森定律** 1854年，德国经济学家赫尔曼·戈森（Hermann Heinrich Gossen, 1810—1858）提出边际效用学说，被誉为边际效用学派的前驱。此人一度任法官，长期从事经济研究。他认为政治经济学的目的就是帮助人们获得最大总合的享乐，并用数学方法探讨所谓享受的规律。这个定律就是"戈森定律"，也叫"享乐定律"。戈森自称，他发现当一个人持续消费某种物品时，每一单位这种消费品提供给他的享乐是递减的；一个人花费一定量收入要获得最大总合的享乐，就必须使他消费的每种消费品的最后一个单位所提供的享乐都相等。毫无疑问其本质是把经济现象归结为单纯的心理因素。著有《论人类交换规律的发展以及由此产生的人类行为的规则》（1854）。

戈森堪称"怪杰"。他和蔼、真诚，崇尚理想，喜爱生活之美，但一生坎坷，官场失意。1834年在科隆作为"高等候补文官"（低级法律文书）进入政界，却对做行政官吏毫无兴趣，表现平平，最终在1847年提出辞呈。此后戈森与他的两个姐妹生活在一起，用全部精力把自己在文官考试中表露出来的非正统思想写入他的《选集》。在前言中，他希望这本书不仅要使他成为社会领域的哥白尼（Copernicus），而且也为他从事学术工作打开成功之门。然而1853年的一场严重伤寒使他元气大伤。

《论人类交换规律的发展》一书是由不伦瑞克的出版商菲韦格（Vieweg）于1854年自费出版。但是该书没有销路，极少有人问津，令戈森失望和沮丧。在他去世前不久，戈森决定停止这本书的发行，收回所有存书。就这样，1858年2月13日戈森在科隆死于肺结核之前毫无名气。第一个提到戈森著作的人是朱利叶斯·考茨（Julius Kautz，1858，1860），可惜此人根本不了解戈森已经解决了的问题。兰格（F. A. Lange）似乎稍微理解得多一些，但也只不过是一个简单的脚注。值得庆幸的是，考茨对戈森的提及被罗伯特·亚当森（Robert Adamson）看到了。他弄到一本戈森的书，并把此书的内容告诉了杰文斯（Jevons）。在《政治经济学原理》一书的第二版中，杰文斯对戈森大加赞扬，感谢他首先"对经济学理论的一般原则与方法"所作的阐述，这是戈森去世后出名的转折点。

**1857年（清咸丰七年），恩格尔曲线，恩格尔系数**

**恩格尔曲线 Engel Curve**　通过把来自比利时的劳动者家庭的调查数据资料列表，德国统计学家恩斯特·恩格尔（Ernst Engel，1821—1896）于1857年首先指出①，一个家庭在食品和其他项目上的开支取决于它的收入或总的消费开支。这种依赖关系的图形表示，特别是在横截面资料中出现这种关系时，不久就被人们称为恩格尔曲线（H. S. 霍撒克/J. 伊特韦尔，1996）。②

恩格尔早年与法国社会学家弗雷德里克·勒普莱（Frédéric Le Play）过往甚密，勒普莱对家庭问题很感兴趣，这使恩格尔开展了对家庭问题的调查。这些调查得到的开支数据使恩格尔确信，在家庭收入与分配于食物和其他项目的支出之间，存在某种联系。这是经济学中最早确立的函数关系之一。收入较高的家庭用于食物的支出一般多于收入较低的家庭，但食物开支在总预算中所占的比重一般同收入成反比。由此恩格尔断言，在经济发展过程中，相对于其他经济部门而言，农业将萎缩（恩格尔，1857年）。1860—1882年，恩格尔曾在柏林担任普鲁士统计局局长，为发展和加强官方统计做了大量工作。后因反对俾斯麦（Bismarck，1815—1898）的政策而辞职。在研究工作中，他从成本方面特别研究了人类生活的价值

---

① E. Engel. 1857. Die Productions - und Consumptionsverhaeltnisse des Koenigsreichs Sachsen Reprinted with Engel (1895), Anlage I, 1–54.

② ［英］伊特韦尔：《新帕尔格雷夫经济学大辞典》（第2卷），严筱钧译，经济科学出版社1996年版，第152—154页。

(恩格尔，1877)，还研究了价格对需求的影响。1885年，恩格尔参与创立了国际统计学会，直到1896年在拉德博伊尔去世（H. S. 霍撒克/J. 伊特韦尔，1996）。[1]

**恩格尔系数** 恩格尔系数是食品支出与家庭消费支出总额的比值。他在1857年发表的一篇论文中，通过分析恩格尔数据集——其中记录了235个比利时家庭（工作收入为其家庭生活主要来源）的家庭收入和食品支出情况，提出了著名的恩格尔定律：随着家庭和个人收入增加，收入中用于食品方面的支出比例将逐渐减小。另有说法称，恩格尔根据当时德国萨克森地区的不同收入阶层花费在各类物品和劳务上的支出比例的数据资料，得出了著名的恩格尔定理。后人认为，恩格尔定律"大概是从实际经验的经济数据中得出来的第一个数量定律"，[2] 它的研究方法可称为经济学中数量分析方法的一个经典范例（汪同三，1992）。[3] 反映这一定律的系数被称为恩格尔系数，即：

恩格尔系数(%) = (食品支出总额/消费支出总额) × 100%

国际上通常用恩格尔系数来衡量一个国家或地区人民的生活水平。根据联合国粮农组织提出的标准，恩格尔系数大于60%为贫困，50%—60%间为温饱，在40%—50%之间为小康，在30%—40%之间为富裕，小于30%为充分富足（李雪松，2008）。然而随着经济计量技术水平的提高，经济学家在20世纪后期利用分位数回归等方法重新分析恩格尔数据集，揭示出恩格尔曲线之外更多的信息，也展示了分位数回归（1978）方法的魅力[4]。相关的研究表明，最小二乘法对贫困家庭的食品支出预测较差，常常低估了他们的恩格尔系数，高估了他们的生活质量（李雪松，2008）。

**1858年（清咸丰八年），默比乌斯带**

**默比乌斯带** 1858年，德国数学家默比乌斯（August Ferdinand Möbius，1790—1868）发现默比乌斯带。取一长方形纸条，把一短边旋转180°后首尾相连，粘在一起，就得到一个默比乌斯带。默比乌斯带有许多

---

[1] [英] 伊特韦尔：《新帕尔格雷夫经济学大辞典》（第2卷），陈悦译，经济科学出版社1996年版，第152页。
[2] M. Blang, P. Sturges (ed)：《Who's who in Economics》，1983.
[3] 汪同三：《宏观经济模型论述》，经济管理出版社1992年版。
[4] 相关内容可以参见本书：1978年，分位数回归。

奇妙的特性。① 一些在平面上无法解决的问题，却不可思议地在莫比乌斯带上获得了解决。原本具有正反两面的纸条粘成的默比乌斯带是只有一面的魔环；一只蚂蚁可在不越过边界的情况下爬到魔环上任意一点；沿纵向中心线将魔环剪开，会得到一个扭转的大圈，而不是相互分离的两个小环；再剪一次，则变成两个相互嵌套在一起的小圈。这些特性吸引了无数学者，对拓扑学的诞生和发展起到重要作用。

**1859 年（清咸丰九年），代数学**

**代数学** algebra（代数学）一词起源于波斯数学家花拉子米（al—Khowarizmi，约 783—850）的著作，14 世纪开始在欧洲使用。花拉子米是阿拉伯第一位著名数学家。algebra（代数学）从本意为"还原"的 al—jabr 演变而来（王青建，2004）。② 1859 年，中国数学家李善兰和英国学者伟烈亚力（A. Wylie）翻译英国人德摩根（Augustus. de Morgan，1806—1871）1835 年所著的代数学教科书《Elements of Algebra》，定名为《代数学》，这是中国第一本代数学著作。代数学的汉文译名由此诞生。③

**1865 年（清同治四年），煤炭问题**

**《煤炭问题》** 1865 年，威廉·斯坦利·杰文斯（W. S. Jevons，1835—1882）出版成名著《煤炭问题》。这是一部应用经济学著作，其中他认为煤炭储备即将耗尽，由于煤炭是整个生产体系的能源来源，因此英国制造业的发展面临一种无法跨越的障碍。这是一个马尔萨斯式的观点，只是由一种稀缺的自然资源——煤炭——取代了食物在马尔萨斯理论中的地位（荣卡格利亚，2005/2009）。

**1866 年（清同治五年），大数定律**

**大数定律** 1866 年，俄国数学家切比雪夫（П. Л. Чебышев，1821—1894）利用他创立的切比雪夫不等式，建立了有关独立随机变量的大数定律，次年又建立了"有关各阶绝对一致有界的独立变量序列的"中心极限定理。他还研究了服从正态规律的独立变量和函数的收敛条件，证明了独立随机变量和的函数按 $n^{-(1/2)}$ 方幂渐进展开（$n$ 为独立变量的个数）。1898 年俄国数学家马尔可夫（A. A. Марков，1856—1922）推广了切比

---

① 《数学辞典》，山西教育出版社 2002 年版，第 263 页。
② 王青建：《数学史简编》，科学出版社 2004 年版，第 53 页。
③ 参见杜瑞芝《数学辞海》第 6 卷，第 269 页。

雪夫大数定律的应用范围,并给出了中心极限定理的严格证明①。

**1869 年（清同治八年），综合经济学，优生学**

**综合经济学** 1869 年,美国经济学家穆尔（Henry Ludwell Moore,1869—1958）所著《综合经济学》一书为经济计量学奠定基础（宋原放,1984）。

**优生学** 优生学是应用遗传学原理来改善人类遗传素质的学科。19 世纪 60 年代为英国统计学家高尔顿（Francis Galton,1822—1911）所创造。可分为消极优生学和积极优生学。消极优生学的目的在于寻找各种方法,以减少产生不利表型的等位基因的频率;积极优生学则是设法增加或维持产生有利表型的等位基因的频率。由于等位基因往往不能脱离特定的遗传背景而产生有利或不利的结果,所以优生学也包括消除不利的或增加有利的等位基因的组合（《辞海》音序缩印本,1999）。

英国探险家、人类学家、优生学家高尔顿（Francis Galton,1822—1911）是进化论先驱者达尔文的表弟,也是最早承认达尔文进化论意义的学者之一。1869 年使用"天才"一词来表示"一种超乎一般的天生能力"。他说:"一种唾手可得的伟大力量,一种一经熟悉并学会运用即可以放大效益为人所用的伟大力量,是存在的,我们对此不能有所怀疑。"②

20 世纪 30 年代德国医学界曾经占据优生学研究和实践的前沿。1933 年,狂热虔诚的德国医学精英们先是从消灭本国那些"不应该传续后代的"人们,例如智障、精神疾病患者、残疾人入手,通过"治疗"手段结束那些个体的生命。为提高规模化屠杀处理的效率,1939 年更在德国卡夫博依伦地方建造起第一个针对德意志精神病人的毒气室,杀害残疾人。直到 1941 年才由希特勒下令停止,转而开始对犹太人的种族屠杀。有资料表明,在当时参加党卫军的最大群体是素有"白衣天使"称号的医生。包括著名医学教授卡尔·克伦伯格在内的大批医生妥协于金钱,积极投身于以"优生学"为崇高目标的学术活动。

**1871 年（清同治十年），政治经济学，经济学原理**

**《政治经济学理论》** 1871 年,英国经济学家杰文斯（W. S. Jevons,

---

① 王青建:《数学史简编》,科学出版社 2004 年版,第 158 页。
② 《不列颠百科全书》（第 6 卷）国际中文版修订版,中国大百科全书出版社 2007 年版,第 563 页。

1835—1882）的《政治经济学理论》①一书问世，数理经济学派方才显露雏形。杰文斯的主要贡献在于，用变量及导数和二维图明确定义并首次区分了总效用和边际效用的概念。在此基础上，又用微分方程表明在已知价格条件下消费者在交换中谋求总效用最大化的行为准则。杰文斯十分注重数学和统计学与经济学的联系。他认为，如果经济学想要科学化，就必须应用数学。杰文斯搜集编录了早期数量经济学文献目录，附于他的著作之后，成为后人研究数量经济学史前期的主要线索（秦朵，1986）。

杰文斯以一种经济学界极少用的数学几何方式来表述旧话重提的效用价值理论，"理论的进展非常有限"，而"新的表述方式也不为人所欣赏"，所以它"不过像茫茫林海里发出来的叫声"（何正斌，2009）②。正所谓"阳春白雪，和者盖寡。"

1871年，奥地利学派经济学创始人卡尔·门格尔出版 *Grundsaetze der Volkswirthschaftslehre*，英译本译为《经济学原理》，汉译本译为《国民经济学原理》③（姚中秋，2006）④。

**1872年（清同治十一年），经济犯罪**

**经济犯罪**　自然人或法人为谋取非法利益，在经济领域中违反国家经济法律，危害经济运行秩序，情节严重的行为。经济犯罪是随着商品经济的发展，逐渐从传统的犯罪中分离出来的一种动态犯罪。最早由英国学者希尔在1872年于伦敦召开的"预防与抗制犯罪"国际研讨会上提出，随后逐步演化成为犯罪学、刑法学上的概念。⑤

**1873年（清同治十二年），经济分析**

**经济分析**　马克思和恩格斯认为："分析经济形势，既不能用显微镜，也不能用化学试剂。二者都必须用抽象力来代替"⑥。1873年，马克思在给恩格斯的一封信中主张用数学方法研究经济波动问题。他在信中说："你知道那些统计表，在表上，价格、贴现率等在一年内的变动是以上升和下降的期限来表示的。为了分析危机，我不止一次地想计算出这些

---

① Jevons, William Stanley: Theory of Political Economy, London, 1871.
② 何正斌编：《经济学300年》（第三版上），湖南科学技术出版社2009年版，第218页。
③ 刘絜敖译，上海人民出版社2001年版。
④ 姚中秋：翻译说明引自［奥］卡尔·门格尔《经济学方法论探究》，姚中秋译，新星出版社2007年版。
⑤ 参见《辞海》版音序缩印本，1999年，第853页。
⑥ 《马克思恩格斯全集》第23卷，第8页。

作为不规则曲线的升和降,并想用数学方式从中得出危机的主要规律(而且现在我还认为,如有足够的经过检验的材料,这是可能的)"①。

1873年8月,瓦尔拉在巴黎"伦理和政治学会"宣讲他的"一般均衡"理论观点,听者既怀敌意又对此不能理解。瓦尔拉愤而退场(何正斌,2009)。

**1874年(清同治十三年),科学原则,纯粹经济学原理,一般均衡**

《科学原则》 1874年,杰文斯(W. S. Jevons,1835—1882)出版《科学原则》,后经过修订于1877年再版。杰文斯认为,政治经济学已不再像历史或政治学那样是一门道德科学,从学科特点来看它更接近物理或数学。社会科学和人文科学领域也需要数量关系("规律")。逻辑作为一种纯粹的抽象形式科学,它同时为自然科学和人文科学领域的"规律"分析提供了工具。特别地,杰文斯观点中尤其基本的一点就是:数字能够反映万物(荣卡格利亚,2005/2009)。用杰文斯的原话来说,就是:"很明显,如果经济学想成为一门科学,它必须是一门可以用数学进行研究的科学……我们的理论必须是精确的,就是因为它研究的是数量"②(荣卡格利亚,2005/2009)。

但是荣卡格利亚对于这种观点抱持批评态度。他说:"在某种意义上,就整个边际主义传统与杰文斯理论相似的理论基础而言,由于这一传统基于'经济学是一种理性行为理论'这一观点,因此可以认为它是经济思想史上的一种错误思路:它偏离了一种社会科学的漫长进程,这门科学致力于研究人类以及人类社会的复杂本质,结果它分岔到了用自然科学模型构建的'经济学'道路上,其代价就是现实世界被反映为一幅虚构的单维度图像。"(荣卡格利亚,2005/2009)

《纯粹经济学原理》 1874年,法国数学家、经济学家,洛桑学派创始人瓦尔拉(L. Walras,1834—1910)的《纯粹经济学原理》出版,它奠定了数理经济学的基础。(胡作玄,2002)瓦尔拉,亦有译作瓦尔拉斯;《纯粹经济学原理》,也有译作《纯粹政治经济学要义》,说明译名混乱严重,年深日久,统一起来更加困难。

---

① 《马克思、恩格斯〈资本论〉书信集》,人民出版社1976年版,第329—330页。
② 杰文斯,1871年,第78页;斜体为原文所有。实际上最后一句话应改为:"我们的理论应该研究数量……即那些通过定义使其能够作为单维度数量进行处理的变量——因为只有通过这种方式我们才能够用数学术语解决问题。"

**一般均衡** 瓦尔拉的著作《纯粹政治经济学要义》① 在 1874—1877 年分卷发表。在这部划时代的著作中,瓦尔拉先从用任意函数定义的效用函数出发,导出边际效用的概念及商品之间的边际替代率等于它们的价格之比这一交换原则,然后将这一边际效用理论与需求理论联系在一起,创立了在自由竞争条件下用联立方程同时确定所有商品量及其相对价格的一般均衡理论。瓦尔拉用方程个数等于未知数个数则方程有解的数学原理来论证其一般均衡体系的存在,他提出:如果整个经济包含有 n 个交换市场,当其中的 n—1 个市场处于均衡时,剩下的一个市场也必定处于均衡。这就是著名的瓦尔拉法则。瓦尔拉还提出"卖者喊价"(tàtonnement)的概念,作为均衡价格实现的途径。瓦尔拉建立的一般均衡模型第一次清晰地展示了所有商品和资本货物的量与价格在交换、生产、资本形成和货币流通等方面的相互依赖与决定关系,同时也为描述这些(经济)关系提供了有效的数学形式。从经济学角度看,瓦尔拉的贡献,其形式意义远远大于这一形式所阐述的内容。他的一般均衡模型至今还是经济学研究的理论框架,也正因如此,瓦尔拉被誉为现代经济理论的先驱(秦朵,1986)。

若从方法的角度看,尽管经济科学数量化的性质日趋明显,但经济学中大部分真正有意思的问题,仍然需要通过解释和辩论来解决。([英]J.R. 沙克尔顿、G. 洛克斯利,1981/1999)② 瓦尔拉的工作表明了数学相对于经济的"工具"或"语言"的作用:由于引入数学,经济学的研究"如虎添翼":经济学是虎,数学是翼,添翼之虎仍为虎,而非其他。有朝一日,进化可能导致所有的老虎都长出翅膀,"老虎有翼"成为常识。凡虎必有翼,"如虎添翼"变化成"如虎有翼",关于老虎长翅膀,自然不再成为问题。到那时,人们会只知有虎,不再提"翼"。

**1875 年(清光绪元年),恩格尔系数**

**恩格尔系数** 食品支出与家庭消费支出总额的比值。1875 年,美国统计学家赖特(Carrolld Davidson Wright,1840—1909)根据德国经济学家和统计学家恩格尔(Ernst Engel,1821—1896)研究英、法、德等国数据得出"随着居民收入增加,食品支出比例就会减少"的结论(恩格尔定律),提出恩格尔系数。

---

① Walras, Leon: Elements D'Economie Politique Pure, Lausanne – Paris, 1900.
② 参见[英]J.R. 沙克尔顿、G. 洛克斯利《当代十二位经济学家》,陶海粟、潘慕平译,商务印书馆 1981/1999 年版,第 2 页。

**1879 年（清光绪五年），享乐的计算**

**《享乐的计算》** 1879 年 7 月，英国的埃奇沃思（F. Y. Edgeworth，1845—1926）发表《享乐的计算》，随后在 1881 年又有《数学心理学》问世。这本书的篇幅较短，可以分为三个部分：（1）数学在经济学中的作用的解释和答辩；（2）经济计算；（3）功利的计算。①

**1881 年（清光绪七年），向量分析，契约曲线，无差异曲线**

**向量分析** 1881 年，美国数学家吉布斯（Gibbs, J. W.）著《向量分析基础》（1881—1884），与英国数学家赫维赛德（Heaviside, O.）共同创立了向量分析（胡作玄，2002）。

**契约曲线，无差异曲线** 1881 年，英国的埃奇沃思（F. Y. Edgeworth，1845—1926）以两个人进行两种商品的交换为例，做出了衡量效用的"无差异曲线"和表示交换均衡的"契约曲线"，并讨论了这些曲线的性质。②这两种曲线后来成为现代经济分析的重要工具。例如，所谓"核"问题便是埃奇沃思"契约曲线"的一般化（秦朵，1986）。

**无差异曲线** 埃奇沃思的方法寓意了均衡形成过程中商品交换比例与瓦尔拉的价格形成间的对偶关系。1892 年，美国经济学家费雪（I. Fisher, 1867—1947）发现了"无差异曲线"的优越性，将其用于确定消费者均衡。③20 世纪初，瓦尔拉的继承者、法国人帕累托为了克服主观效用评价无法计量的困难，摒弃了瓦尔拉的基数效用函数，用埃奇沃思的"无差异曲线"取而代之，建立了以序数效用函数为基础的一般均衡理论。④ 在这种均衡理论的基础上，帕累托提出了实现社会福利最大化的均衡状态的条件，后经费雪公理化，成为西方经济学中广泛使用的帕累托最优条件（秦朵，1986）。

**1883 年（清光绪九年），伯川德模型，经济学方法论探究**

**伯川德模型** 又称伯川德博弈、伯川德寡头竞争模型，又译伯特兰德模型。法国经济学家伯川德（Bertrand Joseph, 1822—1900）在其 1883 年批评古诺模型的论文中建立的一种双寡头模型。该模型和古诺模型的假设

---

① ［英］伊特韦尔：《新帕尔格雷夫经济学大辞典》，陈岱孙主编，经济科学出版社 1996 年版，第 94、99 页。
② Edgeworth, F. Y.: Collected Papers Relating to Political Economy, London, 1925.
③ Fisher, I.: Mathematical Investigations in the Theory of Value and Price, New Haven, 1892.
④ Pareto, V.: Manuel D'Economie Politique (2nd ed.) Paris, 1927.

相同：某个市场上有两家企业，其他企业不能进入；两家企业生产完全相同的同质产品，产品不能储存，因此企业只追求当期利润最大化，不考虑跨期问题。伯川德认为，如果企业不设定价格，就难以确定在寡头市场上是谁制定了价格。而古诺模型以产量而不是以价格为竞争策略，无法明确解释价格决定机制。在伯川德模型中，企业是设定价格而非产量。如果消费者拥有完全信息，而且认识到两家企业生产的是完全相同的产品，自然会购买价格较低的那家企业的产品。在这样的对局中，最终的均衡是价格等于边际成本，两家企业的"经济利润"均为零。没有一家企业可以通过单方面改变价格来增加利润。如果降价，由于价格会低于边际成本和平均成本，企业将出现亏损；如果单方面提价，将会失去所有业务。这个均衡被称为"伯川德均衡"或"伯川德—纳什均衡"。

在完全竞争市场中，从长期看，竞争的结果也是经济利润为零，任何企业均不能永远操纵市场以获得"经济利润"。伯川德模型说明，即使在只有两家企业的寡头垄断中，最终也会导致与完全竞争市场相同的结果。这被称为"伯川德悖论"。伯川德模型所研究的双寡头在价格方面非合作博弈的竞争，称为"伯川德竞争"（朱恒鹏：刘树成，2004）。

**《经济学方法论探究》** 奥地利学派经济学的创始人卡尔·门格尔继《经济学原理》（1871 年）之后所写的一本经济学专著，德文书名为《对于社会科学，具体而言对于政治经济学的方法的探究》（*Untersuchungen über die Methode der Sozialwissenschaften und der Politischhen Okonomie insbesondere*, 1983）。在这本书中，门格尔强调了包括经济学在内的社会科学与自然科学之间的区别，探讨了经济活动主体知识的不完备性问题，以及制度的自发形成问题，这些都是当代奥地利学派讨论的重要话题。这部著作 1963 年出版的英译本，书名译为《经济学与社会学问题》（*Problems of Economics and Sociology*, ed. Louis Schneider; reprinted, New York：New York university Press, 1985）。2007 年，姚中秋根据另一英文本（*Inverstigations into the Method of the Social Sciences*, translated by Francis J. Nock; Grove city, PA. Libertarian Press, Inc., 1996）译出中文版《经济学方法论初探》，由新星出版社出版（姚中秋，2006）。[①] 为便于中国读者了解门

---

[①] 姚中秋：翻译说明引自［奥］卡尔·门格尔《经济学方法论探究》（姚中秋译），新星出版社 2007 年版。

格尔的著作和奥地利学派的方法论思想，这部译著还收纳了与主题相关的几篇当代文章，以供参考。译文流畅清晰，神采飞扬，装帧版式爽朗明快，落落大方，是弥足珍贵的收藏版本。

**1884 年（清光绪十年），边际，边际主义**

**边际，边际主义** 人们通常使用"边际主义革命"这一术语来表示经济学科学方向的突然变化：古典方法——更确切地说李嘉图方法——被抛弃，取而代之的是一种基于主观价值论和边际效用分析概念的新方法。豪伊（R. S. Howey，1960 年）[①] 告诉我们约翰·霍布森在《工作和财富》（1914 年）中第一次引入"边际主义"这一术语；威克斯第德在《字母表》（1888 年）中"第一次"使用"边际"这一术语，而维塞尔在 1884 年的《边际》中已经使用了它（荣卡格利亚，2005/2009）。

**1885 年（清光绪十一年），纽康公式，国民经济学的数学基础**

**纽康公式** 1885 年，美国经济学家纽康在其所著《政治经济学原理》中，用数学公式表述了货币流通和物价水平的关系。纽康公式是：

货币数量（货币流通速度＝交易的商品和劳务量/物价水平）；

其中：货币数量包括现金与银行存款。纽康之后，甘默尔又把纽康公式演变为：

物价水平＝货币数量（货币周转率）/商品数量（商品周转率）。

最早倡导货币数量论的是法国重商主义代表人物让·波丹（1530—1596），他曾用货币流通变化来解释 16 世纪西欧的物价波动。此后，英国经济学家洛克（1632—1704）和休谟（1711—1776）都宣传货币数量论。洛克主张，在产量不变的条件下，货币数量的增加必定使货币的价值成反比例地减少；休谟认为：物价就是商品与货币之间的比率，二者之中任何一方的变动，都可以使物价上涨或下降；但物价上涨或下降的原因不在商品或货币绝对数量的变动，而在于进入市场的商品或货币数量的变动。从时间顺序上说，洛克和休谟是较早的货币数量论者，他们奠定了货币理论的基础。纽康和甘默尔远在洛克和休谟之后，比他们晚得多。纽康公式和甘默尔公式也影响平平。在所谓"资产阶级旧货币数量论"的代表人物中，最有影响的是美国耶鲁大学教授欧文·费雪（Irving Fisher，1867—

---

[①] Howey, R. S. 1960. *The rise of the marginal utility school*, 1870 - 1889. Lawrence: University of Kansas Press; repr. New York: Columbia University Press, 1989.

1947)。1910年费雪出版《货币的购买力》,提出"交易方程式",即"费雪公式",旧货币数量论初步形成了一个比较完整的理论体系(胡代光、厉以宁,1982)。①

**《国民经济学的数学基础》** 1885年,在德国出现了第一本数理经济学教科书《国民经济学的数学基础》,著者是龙哈特(W. Launhardt,1832—1918)②(秦朵,1986)。从这时起,数学在经济分析中的地位不断上升,而且孕育着一场经济学方法论上的大变革。这主要是由于采用数学的描述方法,具有一种自校验的能力:"与单纯(自然语言)描述的方法相比,(数学方法)有一种巨大的优点,就是它不会长久隐蔽所犯的错误,同时,错误的见解在它已证明是错误的以后,也不可能被人们长久地加以辩护"(维克塞尔,1906)。③

数学是经济分析中能动而又有效的工具,不仅被直接用来定义经济概念(比如最先出现并被广泛应用的"边际"概念,实际上就是数学当中的导数),还能够从数学推导中引出新的经济概念(如弹性、无差异性等等)。从一般均衡概念和模型的建立与发展,我们还可以看到,数学在被用于描述经济内部运动机制的过程中,经过周密、严谨的演绎,能够导出一些仅靠文字推理很难得到的结论(均衡的存在性和唯一性的证明便是典型之例)。再进一步,统计方法与数学和经济学的结合,为经济学的大发展提供了更为广阔的天地。

初期经济学中所应用的数学,基本属于古典数学范畴。最常用的是高等数学,包括线性方程组、微积分、微分方程,以及变分法这种古典的最优化方法。其前锋也触到了集合论(序数与基数理论)、拓扑学、概率统计等前沿领域。从处理对象的维数的角度看,早期数学方法在经济学研究领域的运用,大多停留在低维数范畴,即每一次运算或分析所针对的"经济对象"都表现出较为"单一"的特点。这种情况,随着人们对社会经济现象的把握和理解、对经济统计的运用和积累,以及对数学科学认识的深化日益得到改善。

回顾以往,用于经济分析的数学,基本上类同于用来描述自然科学中机械力学的数学,这种数学的长处,在于刻画描述确定性的观察对象,而

---

① 胡代光、厉以宁:《当代资产阶级经济学主要流派》,商务印书馆1982年版,第103页。
② W. Launhardt: Mathematische Begründung Der Volkswirtschaftslehre, 1885.
③ K. Wicksell: Lectures on Political Economy, 1906.

无力应付社会科学当中所特有的、由人的主观行为的差异所导致的行为不确定性、不连续性、不可逆性等等。换言之，正是由于社会科学不同于自然科学的特点，由于社会科学的复杂性，在未来的发展中，才更加需要采用适合于社会科学研究的数学工具。数学的应用，并没有也不可能创造出另外一种不同于以往"经济学"的新的"××经济学"，过去如是，现在如是，今后亦如是。这是可以切实断言的、并未超出常识的结论。

**1886 年（清光绪十二年），回归，回归分析**

**回归** "回归"这个词（regression）是由英国探险家、人类学家、优生学家高尔顿（Francis Galton，1822—1911）[①] 1886 年首先提出的。他在一篇著名的论文中指出，虽然存在着这样一种趋势，即身材高的父母有高个子的孩子，而身材矮的父母有个子矮的孩子，但是世世代代人口总体的身高分布并没有显著的变化。[②] 对此他作了如下的解释，即一定身高的父母所生子女的平均身高，有朝着整个总体平均身高移动或"回归"的倾向。Galton 的普遍回归定律由他的朋友 Karl Pearson 进一步加以证实。Karl Pearson 收集了上千个家庭成员的身高记录，[③] 发现在父亲身材高的一组中，儿子的平均身高比他们父亲的身材低，而在父亲身材矮的一组中，儿子的平均身高比他们父亲的身材高。这样，高的和矮的儿子同样都"回归"于所有人的平均高度。用 Galton 的话来说，这就是"回归到中等水平"[④]。

**回归分析** 但是，回归的现代含义与过去大不相同。一般说来，回归分析（regression analysis）研究一个变数即应变数对一个或多个其他变数即解释变数的依存关系，其目的在于根据已知的或固定的（在重复抽样中）解释变数之值，来估计和预测应变数的总体平均值。（［美］D. Gujarati，1978/1986）《现代经济词典》定义回归分析为：将经济变量之间

---

[①] 高尔顿是进化论先驱者达尔文的表弟，也是最早承认达尔文进化论意义的学者之一。他的另一项术语创造，是在 1869 年使用"天才"一词来表示"一种超乎一般的天生能力"。他说："一种唾手可得的伟大力量，一种一经熟悉并学会运用即可以放大效益为人所用的伟大力量，是存在的，我们对此不能有所怀疑。"（《不列颠百科全书》（第 6 卷）国际中文版修订版，中国大百科全书出版社 2007 年版，第 563 页）

[②] Francis Galton，"Family Likeness in Stature"，*Proceedings of Royal Society*，London，Vol. 40，1886，pp. 42 – 72.

[③] K. Pearson and A. Lee，*Biometrike*，Vol. 2，1903，p. 357.

[④] ［美］D. Gujarati：1978/1986《基础经济计量学》，庞皓、程从云译，吴可杰审校，科学技术文献出版社 1986 年版。

的因果相关关系定量地描述出来的分析方法（张平、扶青、刘树成，2005）。

**1888 年（清光绪十四年），经济周期，收益递减**

**经济周期** 19 世纪末期，出现了对经济周期波动进行定量的测定和预测的研究。1888 年，在巴黎统计学会上出现了以不同色彩标示经济状态并进行评价的文章。但是大规模的、系统的研究实际上是从 20 世纪初开始的。此时由于各国逐渐积累了一批可供研究分析的统计资料，经济计量研究进入了较为正规的实际操作阶段。说明经济计量学的发展需要大规模数据建设的支持。在这一时期，经济统计学家大量借鉴数学、生物学及人体测量学方法，显著提高了处理大量经济统计资料的能力。英国经济学家皮高（A. C. Pigou）、美国经济学家穆尔（H. C. Moore）研究了关于需求弹性的计量问题。

**收益递减** 1888 年，英国人威克斯提德（P. H. Wicksteed，1844—1927）用函数式表示出商品的边际效用等比于其价格，并以此来解释生产要素的价格。[①] 指出收益递减是普遍存在的规律。1894 年，威克斯提德又建立了生产要素的市场价值与其边际产出等价的定理（秦朵，1986）。

**1889 年（清光绪十五年），边际成本**

**边际成本** 1889 年，奥地利经济学家维赛尔（F. von Wieser，1851—1926）在《自然价值》中用联立方程组表述了生产要素间比例不变时要素边际成本的确定问题，并明确了要素边际成本与其边际收益的关系[②]（秦朵，1986）。

**1890 年（清光绪十六年），新古典学派**

**新古典学派** 在数理经济学发展的初期，经济学研究方法的变革开始逐渐向当时经济学的各个领域渗透。而在这一时期占有主导地位的，首推以马歇尔为代表的新古典学派。马歇尔虽然是学数学出身，在其著作《经济学原理》[③]（1890）的附录中也用了许多数学表达式，但对数学的作用仍持怀疑态度。19 世纪末 20 世纪初西方数量经济学的主要发展途径，就是把马歇尔的经济学说与瓦尔拉斯的数理方法结合起来（秦朵，1986）。

---

① P. H. Wicksteed: The Alphabet of Economic Science, 1888.
② Wieser, Friedrich von: Natural Value, 1889.
③ Marshall, Alfred: Principles of Economics, London, 1890.

数理方法的融入，改变了传统经济学的陈述方式。

**1892年（清光绪十八年），瓦尔拉的继承者，价值与价格的数学分析**

**瓦尔拉的继承者**　1892年，瓦尔拉由于健康原因要放弃教学，辞去在洛桑大学的教职。马费奥·潘塔莱奥尼（Maffeo Pantaleoni）提议聘用帕累托为洛桑大学的政治经济学教授，正是这位潘塔莱奥尼，在1890年建议刚刚辞去意大利钢铁公司总经理职务，离开公司在菲耶莱索隐居，"把全部时间用于研究"并"萌发了将数学用于政治经济学的兴趣"的帕累托研究里昂·瓦尔拉（Leon Walras）的著作。

帕累托于1890年9月17日在沃州的克拉朗会见了瓦尔拉本人。1892年4月15日，沃州公共教育的负责人欧仁·吕费（Eugène Ruffy）和洛桑大学名誉校长乔治·法韦（Georges Favey）在菲耶莱索拜访了帕累托，邀请他接替瓦尔拉担任政治经济学教授，帕累托接受了。他花费了整整一年的时间撰文批评马克思的价值论，该文作为保罗·拉法格（Paul Lafargue）编辑马克思《资本论选集》的引言，于1893年在巴黎发表，许多社会主义的杂志发言对这篇引言表示不满，其中包括马克思的搭档弗里德里希·恩格斯（Friedrich Engels）。1893年4月25日帕累托被聘为洛桑大学政治经济学副教授，5月12日发表第一次演讲。伦敦的国际仲裁与和平协会热烈欢迎他的任职，并希望这将有助于传播和平主义的思想。1894年4月13日帕累托成为正教授，正式的授职仪式于10月23日举行。1899年，帕累托幸运地继承了他的一位叔叔价值二百多万金里拉的遗产，于是决定放弃教学以全部身心投入研究。第二年，帕累托的妻子离开他与一个年轻的仆人私奔。1902年2月，帕累托结识了22岁的法国女子让娜·雷吉斯（Jeanne Regis），并与其同居，1923年6月19日二人结婚。两个月后，8月19日，帕累托死于心脏病，在塞利尼一个小公墓的简单墓穴中入土为安。①

**《价值与价格的数学分析》**　1892年，欧文·费雪发表《价值与价格的数学分析》。他说：经济领域似一片雾区，最初的探险者全凭自己的视觉，数学则是一盏照明灯。它使原来昏暗模糊的物象隐隐露出确实、粗略的轮廓。旧的幻觉效应消失了，我们能够看得更清，而且，我们能够看得

---

① 参见布西诺《帕累托》，张国初译，王宏昌校《新帕尔格雷夫经济学大辞典》（第3卷）中文版，经济科学出版社1996年版，第856—860页。

更远。①

**1894 年（清光绪二十年），边际产出，欧拉定理**

**边际产出** 1894 年，威克斯提德（P. H. Wicksteed, 1844—1927）建立生产要素的市场价值与其边际产出等价的定理。

**欧拉定理** 1894 年，英国的弗拉克斯（A. W. Flux, 1867—1942）证明了一次齐次生产函数的所有生产要素基于其边际生产力的收入之和等于总产出价值这一欧拉定理性质②（秦朵，1986）。

**1896 年（清光绪二十二年），政治经济学讲义，帕累托法则，政治无效率**

**《政治经济学讲义》** 1896 年 7 月 13 日，帕累托（Pareto, Vilfredo 1948—1923）被选为洛桑大学法学院高级成员。此前不久他的《政治经济学讲义》第一卷出版，第二卷定于 1897 年初付印。这是时年 49 岁的帕累托写出的第一本书。他用超然冷静的态度，主张一般用于研究自然科学的标准应该同样用于研究经济，在逻辑推导时尤应如此。他说："我们没有而且将永远不会在所有的细节上理解任何具体的现象，我们只能理解与具体现象接近的理想的现象……类似地，纯经济学向我们展示现象的一般形式；应用经济学提供了第二次近似，但永远也不能向我们说明如何管理每个个体的经济生活。"帕累托用联立方程组来表示一般均衡。《政治经济学讲义》的独创性首先在于其方法论上：发现经济和社会现象之间的关系，以及在它们共处一个系统结构中的互补和相互依存。在此系统结构中，局部和整体之间的关系存在一种自主性质的结构效应。③

**帕累托法则** 帕累托在《政治经济学讲义》中用一章论述收入分配。帕累托认为，在一个社会中用财富的分配来强行划分的等级，事实上随时间推移并没有什么变化。不同的财富分配将不会全面解决现实社会划分的问题，它也不会改进阶级和社会阶层之间流动的条件。帕累托发现的这种现象被命名为"帕累托法则"。④

**政治无效率** 在维克塞尔之前，几乎所有早期、传统的经济学家、政

---

① 引自秦朵《西方数量经济学发展史概观》油印本，中国社会科学院数量经济与技术经济研究所，1986 年 6 月。
② Flux, A. W.: Economic Journal, 4, 1894.
③ 参见《新帕尔格雷夫经济学大辞典》（第 3 卷）中文本，经济科学出版社 1996 年版，第 858 页。
④ 《新帕尔格雷夫经济学大辞典》（第 3 卷）中文本，经济科学出版社 1996 年版，第 858 页。

治家，虽然在关于国家行为和政治行为过程理论上存在巨大差异，但都把国家作为"公正的道德化身"。政治家们自觉地代表社会上多数人的利益行事，简直就是"公仆"。所以，对政治家的行为动机，自然而然地归于信仰、理想的追求，而政治无效率的问题好像根本就不存在。政治家们根本不同于经济生活中的经济人，他们按照另外的原则行事。然而，这种认为经济当事人行为与政治当事人行为动机截然相反的观点与事实不符（何正斌，2009）。大量公共财政活动效率低下的事实，足以说明这种情况。

最早指出这一矛盾的，是长期不得志的瑞典经济学大师维克塞尔。他在1896年出版的《公平赋税新原理》一书中，对传统公共财政经济学的教条发难。他指出：传统的公共财政理论建立在超利益的、能够实现真善美共同目标、至高无上的国家的基础之上，但理论与实际严重脱节，因而公共财政活动的效率便无从谈起。他提出，公共财政活动不应是政治权力结构的结果，而应是人们在自愿基础上的选择和交换的结果，甚至就连政治权力制度本身也是如此（何正斌，2009）。

**1898 年（清光绪二十四年），中心极限定理**

**中心极限定理** 1898 年，俄国数学家马尔可夫（А. А. Марков，1856—1922）利用切比雪夫（П. Л. Чебышев，1821—1894）的矩方法，严格证明了切氏在 1867 年建立的"有关各阶绝对一致有界的独立变量序列的"中心极限定理，推广了这个定理的应用范围。他还推广了切比雪夫于 1866 年利用其自创的切比雪夫不等式建立的有关独立随机变量的大数定律的应用范围（王青建，2004）。

**1899 年（清光绪二十五年），制度主义**

**制度主义** 制度主义经济学本是 19 世纪德国历史学派在美国的变种。研究"制度"和分析"制度因素"在社会经济发展中的作用，是以反对当时在经济学中居于"正统"地位的剑桥学派的"异端"形式出现的经济学派。主要代表人物是凡勃仑、康蒙斯、密契尔。凡勃仑被认为是制度主义经济学的奠基者。他的主要著作《有闲阶级论》（1899 年）、《企业论》（1904 年）、《既得利益与普通人》（1920 年）、《工程师和价格制度》（1921 年）、《不在所有权和最近的商业企业》（1923 年）等是制度主义早期代表作。制度学派经济学家着重从制度发展角度论述制度变革与社会经济之间的关系，强调制度因素对经济活动的重要作用（胡代光、厉以宁，

1982)。

20世纪30年代和40年代，是制度主义从"旧"传统到"新"理论之间过渡的阶段，是凡勃仑和康蒙斯等到新制度主义者加尔布雷思和包尔丁等之间经济理论过渡的桥梁。这一阶段的制度主义经济学家中，最重要的是米音斯和贝利、特格维尔、艾尔斯等（胡代光、厉以宁，1982）。

米音斯和贝利的著作《现代公司和私有财产》（1933年）从社会和企业结构角度分析经济问题，分析所有权和管理权的分离对权力结构的影响。特格维尔曾是罗斯福政府的决策人物和高级官员，在"新政"实施过程中起过重要作用。艾尔斯的著作《经济进步理论》（1944年）从评价标准和技术进步的性质等角度来考察社会经济现象，分析了工业化和工业化以后社会发展的趋势。艾尔斯因此被誉为制度主义经济理论"承先启后"的人物。艾伦·格雷泽曾这样评论道："在艾尔斯的分析中，一切价值起源于生活过程；价值的基本标准在于，科技是否有助于生活过程的改进，亦即是否有助于人类的生存。随着科学和技术的进步，工业体系越来越复杂，更实际的或工艺性的价值被创立，生活过程也就得到了改进……像自由、平等、安全、丰裕和优秀这样一些价值，都是相互有关的，并且同生活过程的科学和技术基础有联系。例如，科学和技术使得经济丰裕成为可能，后者又扩大了消费者的自由。技术过程创造实际的或'真正的'价值，能改进生活过程。但是，'制度的'或'仪式的'过程是伪价值的源泉，只会削弱生活过程。这种伪价值反映着世代相传的对地位和特权的崇拜和迷信，并无科学和技术的基础，而对人类的福利有害。"[1]

按照艾尔斯的分析，存在着两种价值观的判断。艾尔斯认为，真正的价值与科学技术相联系，它给人类带来福利；伪价值反映地位和特权的信念，与科学技术无关，带给人类以祸患。工业发达后，第一种价值观逐渐占据优势，这是社会的动向。（胡代光、厉以宁，1982）然而在事实上，埃尔斯的观点依然存在着问题：他假定并且绑定了科学技术与人类福祉"价值"即"真价值"的关系，但这只是局限于宏观层面和当前时点的观

---

[1] 艾伦·格雷泽：《制度学派》，《国际社会科学百科全书》（1968年）第4卷，第466页。转引自胡代光、厉以宁《当代资产阶级经济学主流学派》，商务印书馆1982年版，第176页。

察。如同人们习常表述的"真、善、美"一样,科学技术是另外一套分类体系当中的内容,与社会经济的"真价值"之间,并不存在必然的等价关系。科学技术未必不会给人类带来灾难,诺贝尔发明的高效炸药和美国联合碳化物公司在印度博帕尔农药厂的毒气泄漏,日本广岛、长崎的原子弹应用,美军在越南战场上使用的"橙剂"——枯叶剂,都是科学技术可以带来人类灾难的实证(龚益,2010)。①

制度主义发展的第三阶段大体上是从 20 世纪 50 年代开始。这一阶段的理论有时就被称为"新制度主义"。它继承了制度经济学前两个发展阶段的基本特色,受到凡勃仑、康蒙斯的影响,并从米音斯、贝利、艾尔斯等人的学说中吸收了基本观点。新制度经济学派不再停留在理论探讨阶段,在政策目标和价值准则问题上所涉及的范围更加宽广(胡代光、厉以宁,1982)。

**1900 年(清光绪二十六年),《生物统计学》,拟合优度**

**《生物统计学》** 英国数学家皮尔逊(K. Pearson,1857—1936)是现代统计学的奠基人之一。他将统计学应用于生物遗传和进化诸问题,得到生物统计学和社会统计学的一些基本法则。例如,引进了以他的名字命名的分布族,其中包含了正态分布及现在已知的一些重要的偏态分布,还引进矩估方法,用来估计他引进的分布族中的参数,作为一种重要的参数估计方法沿用至今。1900 年,皮尔逊主持创办了《生物统计学》(Biometrka)杂志,成为统计学的重要期刊之一(王青建,2004)。

**拟合优度** 1900 年,皮尔逊提出了检验拟合优度的 $x^2$ 统计量,并证明在原假设成立时,其极限分布是 $x^2$ 分布。这一结果成为大样本统计的先驱性工作。他的学生戈塞特(W. S. Gossett,1876—1937)引入均值、方差、方差分析、样本等基本概念,并于 1908 年提出 t 检验与 t 分布,开创小样本理论研究之先河(王青建,2004)。

**1901 年(清光绪二十七年),道德政策,生产函数**

**道德政策** 1901 年荷兰政府开始对荷属东印度群岛实行较为温和的殖民地政策。道德政策的基础,受到荷兰法官和政治家德芬特(Deventer, Conrad Theodor van,1857—1915)思想的影响。德芬特早年研习法律,1880 年去东印度群岛,担任律师和司法界各种职务。1897 年回国,

---

① 龚益:《汉语社科术语记略》,社会科学文献出版社 2010 年版,第 413 页。

加入自由民主党，拟定新的殖民计划，主张发展福利事业，分散行政权力，任用更多当地人担任政府高级职务。1899 年发表《道德上的欠债》一文，论述荷兰人应该承认在道义上对东印度群岛负有责任。他认为，荷兰应大量拨款在东印度群岛兴办教育，发展经济，以便全部偿还自 1867 年以来在那里榨取的财富。他的呼吁引起公众的注意，并且成为 1901 年开始实行的"道德政策"的思想基础。

**生产函数**　1901—1906 年，瑞典经济学家维克赛尔（J. G. K. Wicksell，1851—1926）发表《国民经济学讲义》①，书中把瓦尔拉的一般均衡方法与庞巴维克多资本理论结合在一起，建立了一个统一的生产、分配和交换理论。维克赛尔从欧拉定理出发，导出了现称为柯布—道格拉斯生产函数的生产关系式。他还首次区分了规模收益递增、规模收益不变和规模收益递减三个不同的生产阶段。

### 1903 年（清光绪二十九年），货币原理

**货币原理**　在经济学理论方面，一般认为美国芝加哥大学具有两个传统的特征。一是重视货币理论的研究，二是坚持经济自由主义思想，反对政府直接干预市场经济活动。这种传统，可以追溯到 19 世纪末至 20 世纪 20 年代初芝加哥大学在货币经济学方面的领军人物詹姆士·劳伦斯·劳夫林（1850—1933）。他的主要观点发表在《货币原理》（1903 年）、《货币与价格》（1919 年）等著作中。在货币理论方面，他并不同意甘默尔和费雪等的简单的货币数量理论，而是主张多种因素决定物价水平的观点（胡代光、厉以宁，1982）。

### 1906 年（清光绪三十二年），马尔科夫过程，货币中性

**马尔科夫过程**　1906—1912 年，俄国数学家马尔科夫（A. A. Марков，1856—1922）提出一种能用数学分析方法研究自然过程的一般图示，并做了研究。后来这种图示被称为"马尔科夫链"。他还同时开创了一种无后效的随机过程——马尔科夫过程的研究。这些工作发展成为概率论的新分支——随机过程理论，在现代科学中具有重要的应用（王青建，2004）。马尔科夫在数理统计和数的几何等方面也颇有建树。

**货币中性**　瑞典经济学家威克赛尔（J. G. K. Wicksell，1851—1926）首次区分了货币利率和自然利率，定义了货币中性概念，并以此为基础建

---

① Wicksell. K.：Lectures on Political Economy，1906.

立了与利率相联系的货币均衡理论①（秦朵，1986）。

**1907 年（清光绪三十三年），账户的哲学，会计理论**

**《账户的哲学》** 1907 年，美国纽约大学教授斯普拉格（Chartes E. Sprague）撰写《账户的哲学》，基于账户和交易概念阐述会计记录和报告的方法，研究会计理论。此后，众多会计学者和专著相继涌现，如坎宁（Canning）的《会计学中的经济学》，帕通（Paton）的《会计理论》等，促进了传统会计理论规范性研究的发展。20 世纪 60 年代出现实证会计理论，迅猛发展，渐成主流。

**1908 年（清光绪三十四年），经济学**

**经济学** 19 世纪后半期，日本学者借用古汉语"经济"一词把英文 Economics 译为"经济学"。当时中国严复等在介绍英国古典政治经济学（《原富》）时，则将其译为"计学"、"生计学"等。据现有资料，在中国，"经济学"一词最早是 1908 年朱宝绶翻译美国人麦克凡的《经济学原理》一书时使用的（宋原放，1984）。②

**1909 年（清宣统元年），景气预测，巴布森指数**

**景气预测** 1909 年，美国统计学家巴布森（Babson）设立了世界上最早的景气观测机构 BSO（Babson Statistical Orgnnization），并在其刊物上定期发表反映美国宏观经济状态的巴布森景气指数和图表（Babson Index of Business Activity or Babson Chart）。

**巴布森指数** 巴布森指数由商业、货币、投资三类共 12 个经济指标构成。巴布森对选定的指标作了一系列统计处理，如用 12 个月移动平均进行季节变动调整、工作日调整；根据产品的附加价值进行加权平均；用最小二乘法来估计趋势线等。这是世界上第一个关于经济波动的指示器，比哈佛指数早十年③。

**1910 年（清宣统二年），需求弹性，费雪公式，交易方程式**

**需求弹性** 20 世纪初，将数理统计方法应用于经济学的研究成果开始出现。1910 年，英国的庇古（A. C. Pigou，1877—1959）计算了消费

---

① K. Wicksell: Lectures on Political Economy, 1906.
② 宋原放：《简明社会科学词典》（第二版），上海辞书出版社 1984 年版，第 704 页。
③ 董文泉、高铁梅等：《经济周期波动的分析与预测方法》，吉林大学出版社 1998 年版，第 4—5 页。

品的需求弹性。① 1914 年、1917 年，美国的穆尔（H. C. Moore, 1869—1958）估计了一些农产品的需求弹性。②

**费雪公式，交易方程式**　美国耶鲁大学教授欧文·费雪（Irving Fisher, 1867—1947）于 1910 年出版《货币的购买力》，提出形如：MV = PT，以及：MV + M（V（= PT 的"交易方程式"，即"费雪公式"。其中：P 是平均物价水平，M 是货币数量，M（是银行存款（活期）数量，V 是货币的年流通速度，V（是银行活期存款的流通速度，T 是一年内商品和劳务的交易总额。自此，作为货币主义基础源流之一的货币数量论初步形成了一个比较完整的理论体系。从费雪公式看，货币数量（M）居于主动地位，起支配作用，物价水平（P）追随货币数量的波动而波动。

1917 年，英国剑桥大学教授庇古（1877—1959）根据他的老师马歇尔德学说，也提出了一个所谓"剑桥方程式"：M = ky。

其中 M：代表货币需求量，即人们为应付日常开支，经常保存在手边的货币数量；y：代表以货币计量的国民生产总值或国民收入；k：代表人们手边经常持有的货币量与名义的国民生产总值或国民收入之间的比例关系。"费雪公式"即费雪的"交易方程式"和"剑桥方程式"，二者都属于简单的"货币数量论"，前者着重在支付过程的机制作用，后者着重于人们手头的现金的作用。（胡代光、厉以宁，1982）但本质上殊途同归。

经济学界普遍认为："简单的货币数量理论可以被看作物价水平理论或总需求理论。如果货币供应按照货物购买的不变速度来周转，那么货币供应的增加必然意味着总支出等比例地增加。如果整个经济处于充分就业的产量水平上，那么支出的增加必然意味着物价水平等比例地上升。如果物价水平的上升是持续的、相当可观的，根据我们的定义，就有了通货膨胀。因此，在既定的条件下，只要扩大了货币供应，就会发生通货膨胀，货币供应的增加有多快，通货膨胀就有多快。当货币供应停止扩大时，通货膨胀就中止……根据简单的货币数量论的解释，货币供应一旦停止扩大，通货膨胀就中止。按上述解释，货币当局通过对货币存量的控制，就

---

① A. C. Pigou: "A Method for Measuring the Elasticity of Demand", Economice Journal, 1910.
② H. C. Moore: Economic Cycles: Their Law And Cause, 1914; Forecasting The Yield And The Proce of Cotton, 1917.

可以控制总支出，控制物价水平，从而也就控制了通货膨胀。"①

**1910 年（清宣统二年），消除趋势**

**消除趋势** 1910 年，美国经济统计学家珀森斯（W. M. Persons，1878—1937）在数量论辩论中第一次使用一阶差分法，以便从他的资料中消除趋势（珀森斯，1910 年）②，然后用环比法去掉季节变动，利用剩下的循环变动构造哈佛指数。1919 年，珀森斯成为《经济学与统计学评论》的第一位主编。他的主要贡献，是应用统计方法去分析和测量经济波动。他把相关系数的使用引入数量论文献，作为检验变量关系的手段。在哈佛，珀森斯开始把一些有差分的数字系列排成一张表，以便对各种系列加以比较，或者比较同一系列不同时点的数据。为此，他设计了从时间序列中消除季节性和趋势影响的"哈佛测量器"技术。将调整的序列的时间加以比较，显示出它们之间有系统的差分，并且强调了商业波动的短期性和周期性。结果，他在《预测经济周期》（1931 年）中预言，1931 年 3 月正在衰退的经济将会停止衰退。他预言大萧条即将结束，并赞成以财政紧缩手段抑制萧条，这一说法"偏离了"他在经济周期度量方面的重大贡献（乔治·S. 塔夫拉斯/约翰·伊特韦尔，1996）。③

**1911 年（清宣统三年），劳动力市场，景气指数，货币方程，经济学杂志**

**劳动力市场** 汪同三（1992）④认为，最早的经济计量学研究可以追溯到 1911 年，美国学者穆尔（H. Moore）进行了关于劳动力市场的分析研究，他对工资的边际生产率理论进行了统计验证。⑤

**景气指数** 1911 年，美国布鲁克迈尔经济研究所（Brookmire Economic Service）编制并发布了涉及股票市场、一般商品市场和货币等方面的景气指数。

**货币方程** 1911 年，费雪（I. Fisher）发表了他著名的货币方程⑥，

---

① 夏皮洛：《宏观经济分析》（第 3 版），1974 年，纽约，第 411 页。转引自胡代光、厉以宁《当代资产阶级经济学主要流派》，商务印书馆 1982 年版，第 104 页。

② Persons, Warren Milton, 1910. The correlation of economic statistics. *Quarierly Publications of the American Statistical Association* 12 (92), December, 287 – 322.

③ [英] 伊特韦尔：《新帕尔格雷夫经济学大辞典》第三卷，经济科学出版社 1996 年版，第 912 页。

④ 汪同三：《宏观经济模型论述》，经济管理出版社 1992 年版，第 4 页。

⑤ H. Moore: Laws of Wahes: An Essay in Statistical Economics, 1911.

⑥ Fisher, I.: The Purchasing Power of Money, New York, 1911.

把这个方程作为经济均衡的货币条件式，并且用比较静态的方法讨论了货币发行量变动对均衡价格的影响（秦朵，1986）。

**经济学杂志**　1911年起，由于马歇尔的支持，凯恩斯担任了《经济学杂志》主编。两年后，他又成为皇家经济学会的秘书。凯恩斯在这两个职位上工作了30多年，其间保持了异常旺盛的活力，尤其是担任《经济学杂志》的主编工作，使该杂志成为当时最有威望的经济学期刊（荣卡格利亚，2005/2009）。

### 1913年（民国二年），经济周期，序数效用论

**《经济周期》**　1913年，关于经济周期最大的学术权威，美国经济学家米切尔（Wesley Clair Mitchell，1874.08.05—1948.10.29）的著作《经济周期》问世。米切尔就读于芝加哥大学，受到凡勃伦和杜威的影响。他曾在许多大学任教，例如芝加哥大学（1900—1902）、加利福尼亚大学（1902—1912）、哥伦比亚大学（1913—1919、1922—1944）、纽约市的社会研究新学院（1912—1921）担任过一些官职，1920年他帮助成立了全国经济研究局（NBER，1920年），并在1945年之前任所长；第一次世界大战期间，担任战争工业局价格处处长、全国计划委员会委员等。著作有《经济周期》（1913年）、《经济周期：问题及其背景》（1927年）、《落后的花钱术及其他散文》（1937年）等。[①]

**序数效用论**　序数效用论，是一种认为消费者在消费商品或服务时所获得的效用可以用第一、第二、第三等序数来描述的理论。（朱恒鹏、胡怀国、刘树成，2005）在现代经济学发展的历史上，帕累托最早建立以序数效用函数为基础的一般均衡理论。而后效用序数论经由约翰森（W. E. Johnson，1859—1931）[②]、安东奈利（G. B. Antonelli，1879—1971）[③]、鲍利（A. L. Bowley，1869—1957）[④] 等不断补充，最后被艾伦（R. Allen，1906—）和希克斯（J. Hicks，1904—）完善化，系统地应用于经济理论的表述中，即在消费、生产和交换领域中普遍用边际替代率递

---

[①] 《不列颠百科全书》（国际中文版），中国大百科全书出版社2007年修订版，第9卷，第249页。

[②] W. F. Johnson: "The Pure Theory of Utility Curves", Economic Journal, 1913.

[③] G. B. Antonelli: Principes D' Economie Pure, 1914.

[④] A. L. Bowley: Mathematical Groundwork of Economics, 1924.

减的原则代替边际效用或收益递减的原则①（秦朵，1986）。说明随着经济学研究领域的不断拓展和研究内容的日益深化，数学作为精密严谨的语言系统，越来越被"系统地"应用于经济理论的表述。而这种特征，正是"数理学派"潜移默化地向各个学科渗透时所表现出来的本质特征。作为"工具"的数理，可以应用于所有需要"严格阐述"的科学分支，而所有这些被严格阐述的科学分支的性质，并不会因为数学的使用而发生改变。正如我们在本书中所一再强调的：添翼之虎仍然是虎，"如虎添翼"不能把虎变成翼。

**1914年（民国三年），最低工资，法律经济辞典**

**最低工资** 1914年1月5日，拥有福特汽车公司的资本家亨利·福特决定将工人的日最低工资提高到5美元，远高于当时2美元的平均标准，引起极大震动，对美国乃至现代西方世界的发展产生深远的影响。1938年，美国国会通过《公平劳动标准法案》，规定国家最低工资，并规定了8小时工作制。

福特T型汽车是最早大量生产的汽车。装配线取得的产量增加使福特到1915年占据了美国汽车生产的半壁江山。②

福特在经营中强调人性化管理。他的"5美元"改革极大地增加了员工的归属感。在实施"新政"前后，福特公司的工作队伍变更率降低了90%，旷工率从10%降到0.3%，工人们以在福特公司工作为荣，求职者蜂拥而至，越来越多的优秀技工被吸收进厂，到1916年，福特汽车的售价比1908年下降了58%。5美元新政还在一定程度上引导了社会风尚。福特设置了相应条件，例如：同家人在一起生活的已婚者，要乐于照顾家庭；年龄22岁以上的单身，生活要节俭；年轻人要有帮助和照顾近亲的愿望。福特公司有专职人员负责考察员工的家庭责任感。由于5美元改革以及福特公司的壮大，老福特很快成为风云人物，言行俱成表率。他认为："一个人或者一小撮人聚敛财产是无益的，因为这常常会伤害他人的利益"。他以身作则，强调企业家的社会责任，投身慈善事业，回馈社会

---

① R. G. D. Allen and J. R. Hicks: "A Reconsideration of the Theory of Value", Economica, 1934.

② 图版来源：《经济史》，中国财政经济出版社2004年版，第86页。

(张国庆，2009)。①

**法律经济辞典** ［日］清文澄著，郭开文、张春涛译，上海群益书局1914年出版。收录法律、经济、政治等词汇两千余条，每一条目均注日文假名，并释其义，正文按中文笔画顺序排列，书前有条目索引。

**1916年（民国五年），广义相对论**

**广义相对论** 1916年，A.爱因斯坦发表《广义相对论的基础》，阐述广义相对论的基本原理。

**1917年（民国六年），哈佛指数**

**哈佛指数** 关于景气预测，在这一时期影响最大的是美国的哈佛指数。1917年，哈佛大学设立经济研究委员会（Harvard Committee on Economic Research），从事经济周期波动的监测和分析等研究工作。由著名经济统计学家珀森斯（W. M. Persons）领导，在广泛收集和分析了1875—1913年期间大量经济统计资料的基础上，研究新的景气预测方法，利用新方法编制了哈佛—美国一般商情指数（Harvard Index Chart），从1919年1月开始在《经济统计评论》（Review of Economic Statistics）上定期发表，成功地预测了美国1919年的繁荣、1920年后半年的急剧衰退，又在1920年底的恐慌时期预测出1922年4月景气开始回升。哈佛指数因此名声大噪，风行一时，形成了以哈佛指数为代表的"晴雨计"时期②。但盛极而衰，哈佛指数的蜜月期过后，以1929年"黑色星期四"开始的震撼资本主义世界的大危机来临之际，哈佛指数却指示经济将继续扩张，从而哈佛指数的威信受到沉重打击，不得不几次修改指标。到1941年，哈佛指数最终因效果不佳而停止使用。

哈佛指数的遭遇，说明经济规律自身始终处在调整和变化当中。所谓"成功的预测"，只是在已经被掌握的"规律"的范围之内，对即将发生的事件状况的描述。从这种意义上说，真正"成功的预测"，首先是基于对"规律变化"和"不确定性"的把握。这种规律的变化，未必完全服从按部就班的演进，甚至可能在看到N多只白天鹅以后，意外发现竟然有一只黑天鹅，会从某处飞来。

---

① 张国庆：《5美元的繁荣》，《新京报》2009年1月17日B06版。张国庆，中国社会科学院美国所学者。

② 毕大川、刘树成：《经济周期与预警系统》，科学出版社1990年版，第218页。

**1918 年（民国七年），"一战"结束，均衡模型**

**"一战"结束** 1918 年 11 月 11 日，德国投降。持续了四年零三个月的第一次世界大战结束。

**均衡模型** 瓦尔拉斯均衡模型问世后，很长一段时间内，几乎无人注重对均衡模型自身的研究。1918 年，瑞典经济学家、斯德哥尔摩大学教授、瑞典学派的创始人之一①卡塞尔（Karl Gustav Cassel，1866—1945）出版《理论社会经济学》，在书中把边际效用函数和要素劳务的供给函数从瓦尔拉斯一般均衡模型中分离出来，建立了一个基于"稀缺"原则的瓦尔拉斯式均衡模型②。然而，有关均衡自身的存在性、唯一性、稳定性等一些基本问题仍未被涉及。事实上，若从数学上看，联立方程个数与未知数个数的关系根本不能等同于均衡的存在，更不能说明其性质（秦朵，1986）。在理论研究中，卡塞尔摒弃英国和奥地利经济学家的边际效用价值说，依据货币数量说，倡导"购买力平价"概念，从"稀缺性原理"出发，采用一般均衡理论，以价格形成作为其理论体系的中心。卡塞尔是"价值无用论"的主要倡导者，其主要著作还有《1914 年以后的货币与外汇》（《辞海》音序缩印本，1999）。卡塞尔 1920 年由于在布鲁塞尔会议中解决世界货币问题及 1921 年在国际联盟财政委员会工作中成绩卓著，卡塞尔赢得国际盛誉。③

**1920 年（民国九年），经济研究局，黄狗合同，苏维埃经济科学，经济数学方法**

**经济研究局（NBER）** 1920 年 1 月，美国国家经济研究局（National Bureau of Economic Reseach，NBER）成立。这是一个私营、非营利性、非党派的研究组织，著名经济学家韦斯利·米切尔（Wesley Clair Mitchell，1874—1948）为第一任主席。经济研究局（NBER）的前身是 1917 年成立的收入分配委员会。其宗旨是遵循科学原理进行经济的量化研究，对经济事实做经验的、数量的分析（龚益，2010）。④

**黄狗合同（yellow-dog contract）** 又译野狗契约。劳资间私下商

---

① 瑞典现代经济学的另外两位创始人分别是克努特·威克赛尔（Knut Wicksell）和戴维·戴维森（David Davidson）。参见《新帕尔格雷夫经济学大辞典》第 1 卷，第 407 页。
② Cassel, G.: The Theory of Social Economy, London, 1918, 1932.
③ 《不列颠百科全书国际中文版》2007 年修订版，第 3 卷，第 503 页。
④ 龚益：《汉语社科术语记略》，社会科学出版社 2010 年版，第 340 页。

定的一种协议：雇员在受雇期间不得加入工会。20 世纪 20 年代，这类契约在美国被广为使用，雇主能对那些鼓励工人破坏黄狗合同的工会组织者依法起诉。1932 年《诺利斯－拉瓜迪亚法案》根据政府不应干扰工人结社权利的新观点，规定这种契约在联邦法庭中无效，不得执行。①

**苏维埃经济科学**　在苏维埃政权的初创时期，苏联共产党和政府就非常注意发展苏维埃经济科学，其中包括经济中的数量分析方法。19 世纪 20 年代，苏联的学者和实际工作者建立了国民经济平衡表体系，对一系列重要的国民经济比例关系，不仅能进行数量分析和计划，而且能进行质的分析和计划；他们还相应地制定了统计核算和统计报表的体系，使其能用数量观察的方法来掌握一切决定性的生产部门。列宁指出了数量处理对领导经济管理的必要性，反复强调社会主义首先就是计算。②

**经济数学方法**　与此同时，为了过渡到以寻求最优解为基础的更准确的计划方法，还要求进一步发展数量分析方法。因此，早在 19 世纪 20 年代中期，苏联中央统计局制定了所谓棋盘式平衡表，它比传统的平衡表更详细地反映部门联系，而首要的是能使这些部门联系进行优化。后来，又开始了对运输方面最优化问题寻求数量解的途径的工作。可惜，这些工作只停留在探索阶段，因为那个时期还未出现为解决已发生问题所必要的电子计算机技术。

随后几年，数学方法和数理统计在计划统计工作中的运用实质上被长期禁止，但这方面的工作还是得以延续下来。30 年代末，形成了借助线性规划求解最优问题的一般数学方法。苏联学者还创立了一系列数量研究方法，在社会主义计划工作中获得了最广泛的应用。例如，改进指数法和建立一系列国民经济模型，就具有很大的理论意义和实际意义（［苏］B. C. 涅姆钦诺夫，1965/1980）。这种情况与后来在中国发生的事情颇为类似，说明经济数学方法的推广普及必然受到社会发展条件的约束，也说明经济数学方法的进步实际上是依赖于一般数学方法的发展。经济数学不是经济，而是方法，是用数学语言、数学思维范式所作的关于经济的描述与分析。

涅姆钦诺夫反对"根本就不存在经济发展数量规律性"的观点，强

---

①　《不列颠百科全书》第 18 卷，第 436 页。
②　［苏］B. C. 涅姆钦诺夫，1965/1980。

调"必须对经济中数量规律性的一般理论观点进行科学研究"。他认为："经济学家要成为社会工程师，经济科学要成为精密科学。经济研究不应以文献资料的加工为基础，而应当以现实生活的具体事实和数字为基础。"①

**1921 年（民国十年），概率论，汉字计量学**

**《概率论》** 1921 年，凯恩斯出版《概率论》，这是对他 1909 年博士论文的修改，为此他付出了更多的心血。这一时期凯恩斯的文章涉及的主题都是经济政策。1923 年出版《货币改革论》。此时，除了他所承担的众多学术职务，他还担任了一家保险公司的董事长，并为自己和亲戚朋友与他人合伙在外汇市场上从事投机活动（虽然结果并不总是皆大欢喜的）。1925 年出版《丘吉尔先生的经济后果》，并与著名的俄罗斯舞蹈家莉迪亚·洛普科娃结婚。1930 年发表《货币论》。1931 年出版《劝导短论》，收录许多生动活泼而又引人深思的文章。1933 年发表《传记随笔》，收录资料翔实、敏锐深刻的传记（荣卡格利亚，2005/2009）。

**汉字计量学** 与经济一样，汉字也需要计量。在中国，汉字计量学的研究方法最早是从美国引进的。在美国，语文教学需要研究"词儿"的常用性。美国给我们的借鉴只是从"词儿"常用性的研究改变为"汉字"常用性的研究。长期以来，没有跨出这条认识界限。"1921 年陈鹤琴开始用统计方法研究白话文中汉字的出现频率，1928 年出版《语体文应用字汇》，选定 4261 字。1929 年敖弘德继续陈氏的研究，发表《语体文应用字汇研究报告》，改定为 4329 字。1930 年王文新发表《小学分级字汇研究》，选定小学应识字量为 3799 字。后来的研究者综合各家常用字编汇成综合统计，例如庄泽宣综合四种常用字汇编成基本字汇 5262 字，李智根据六种常用字汇编成新的综合统计 5552 字。""1951 年审定一等常用字 1010 个，次常用字 490 个，共计 1500 字，此外另选补充常用字 500 个，合成 2000 字，1952 年 6 月 5 日由教育部公布，作为扫除文盲的识字标准。"② 以上这些都是"常用字"的研究，不是"用字全表"的研究。用字全表，是要从定性的审查入手查明现代汉字家底，使数量化的汉字研究成为可能。

---

① ［苏］B. C. 涅姆钦诺夫：《经济数学方法和模型》，乌家培、张守一译，商务印书馆 1980 年版，第 9 页。

② 以上两段文字引自周有光《汉字改革概论》，文字改革出版社 1961 年版，第 309 页。

语言文字学家周有光先生在20世纪50年代提出现代汉语用字问题，他说：

> 汉字随时随地增加，出生不报；又随时失去作用，死而不葬。字典里死字活字并立，不加区别。书写现代汉语究竟要用多少个汉字？谁也说不出来。这种现象不应当长此任其自然。
>
> 整理汉字的一项基本工作就是清点汉字的家底，编出一份现代汉语用字全表的清单来。应当一方面埋葬死字，把现代汉语用字和非现代汉语用字分开；另一方面登记出生，新造汉字必须经过国家机构同意登记才算成立，并且到适当时候宣布停止再造新字。如果拿不出一份现代汉语用字全表，不知道活字究竟有多少，那么，限制和减少汉字总数的工作也就不能不是盲目的。
>
> 有一天我们能够告诉人家书写现代汉语究竟要用多少个汉字，把不可知数变成可知数，这将是汉字史上的一件大事！①

周有光认为，得到一个现代汉语的"用字全表"是汉字计量学研究最根本的一步。这个字表，简称为"现代汉字表"，要求达到"四定"，即："字有定量"、"字有定形"、"字有定音"、"字有定序"。"四定"的基础是"定量"。现代汉语的"用字全表"跟"常用字表"是不同的概念，必须明确区别开来。"用字全表"是根据"字性"来审定的。"常用字表"是根据概率来选择的。"用字全表"是新的概念，20世纪50年代以前没有提出过。

1956年中国文字改革委员会曾印发一个通用汉字表草案初稿，向各方面征求意见。这个表共收通用汉字5448个（后来又加500个），分为常用字1500个，次常用字2015个，不常用字1933个。不常用字包括文言成分、姓名、史地、动植物、科学技术、其他（宗教、民族、方言、译音）六类……这件工作可以说是对汉字的初步摸底。但是这是一种比较精细选择的通用字典的字表，还不是现代汉语用字全表。②"通用汉字表草案初稿"由翟健雄主编，他去世后这项工作就停止了（龚益，

---

① 周有光：《现代汉语用字的定量问题》，《辞书研究》1984年第4期。
② 周有光：《汉字改革概论》，文字改革出版社1961年版，第313页。

2009）。①

乍看起来，语言文字不是"经济"，文字计量似乎与经济计量风马牛不相及。但是二者均为"计量"，都需要服从"计量"的基本要求。类比于"用字全表"，未尝没有一个"经济活动全表"存在。为了实现精细化的经济计量，这种摸底、选择、分类的工作，也许并非多余。

**1923 年（民国十二年），社科理事会**

**社科理事会**　（美国）社（会）科（学研究）理事会 20 世纪 20 年代以后，社会科学领域出现了旨在强化知识的贯通性和公共价值的制度性努力，这一努力的基础形式就是鼓励跨学科研究。1923 年，在一些社会科学领袖人物的主持和号召下，美国社会科学研究理事会成立，其宗旨在于针对美国社会科学研究越来越细琐和脱离现实的取向，提倡和赞助跨学科、综合性的研究，面向现实政治与社会问题。这个机构极大地推动和引领了其后美国社会科学的风尚和走向。同时，哈佛大学和其他一些顶级大学纷纷设立"校席教授"的最高头衔，授予那些"做出跨越知识常规界限的智力贡献"的学者（牛可，2008）。②

**1925 年（民国十四年），哲学辞典**

**哲学辞典**　1925 年，商务印书馆出版《哲学辞典》（樊炳清编，蔡元培序）。

> 此书网罗西洋哲学名辞甚夥，每辞下附有英德法三国文字，译名多取通行者；虽未敢谓悉臻妥洽，然读其注释，可知原文之意义；其有西文一名而中文异译者，释文中亦备列之，其为用计可谓周至。
> ——摘自蔡元培《哲学辞典·序》（1925）

**1926 年（民国十五年），货币效用测算，经济计量学**

**货币效用测算**　1926 年，弗里希（R. Frisch）测算了货币的边际效用。③ 也正是在这篇文章中，弗里希首次定义了"经济计量学"这一概

---

① 龚益：《社科术语工作的原则与方法》，商务印书馆 2009 年版，第 167—168 页。
② 牛可：《"波士顿婆罗门"与美国政治传统》，《中国社会科学院报》2009 年第 1 期，胡荣荣摘自《文化纵横》。
③ R. Frish："Sur un Problème d èconomie Pure, Norsk Mathematisk Forenings SkriFter, Series I, 1926."

念，以使"政治经济学的抽象理论规律或纯经济学得到实验上的量化检验，并且尽可能使纯经济学在严格的意义上变成一门科学"（秦朵，1986）。①

**经济计量学**　1926年挪威经济学家弗里希（R. Frisch）仿照"生物计量学"（Biometrics）一词提出"经济计量学"（Econometrics）。由宋原放主编，上海辞书出版社1984年12月出版的《简明社会科学词典》（第二版）将"计量经济学"作为主词条（第171页），"经济计量学"条则注为"即计量经济学"。②

**1928年（民国十七年），生产理论，最优增长理论，边际人，对策论**

**生产理论**　1928年，柯布（C. W. Cobb, 1914—）和道格拉斯（P. H. Douglas, 1892—1976）对美国工业生产进行了估计③（秦朵，1986）。

**最优增长理论**　1928年，拉姆赛（F. P. Ramsey, 1903—1930）探讨了消费者效用不变情况下的最优积累率确定问题④，堪称为现代最优增长理论之鼻祖（秦朵，1986）。

**边际人**　美国社会学家罗伯特·埃兹拉·帕克（Robert Ezra Park, 1864—1944）⑤于1928年创用，指生活在两种或两种以上文化群体中的人，是文化冲突的产物。当一个人生活在不同的文化群体中时，会感到无法适应，缺乏群体认同感，从而引发内心冲突，甚至形成特殊的边际人人格类型，导致行为偏差或越轨。是引起犯罪和自杀行为的因素之一。随着社会的发展，如何描述和计量边际人的行为表现亦将成为现代经济计量学需要回答的问题。

---

①　"学界义上"引秦朵（1986, p. 21）原文如此。由此推论，似可以认定，弗里希先生认为在"经济计量学"以前的经济学尚不能归类于"严格的科学"。严格的科学需要经过"量化的检验"。弗里希，秦朵文中译为弗瑞希。其他各处译法亦各有不同。有弗里希、弗利西、弗瑞西等等，不一而足。说明在研究经济计量学发展史的过程中，还要关注科学家和历史人物的译名对照和统一等问题。

②　《简明社会科学词典》，上海辞书出版社1984年版。

③　P. H. Douglas, and Cpbb, C. W.："A Theory of Production", American Economic Review, 1928.

④　F. P. Ramsey: "A Mathematical Theory of Savings", Economic Journal, 1928.

⑤　罗伯特·埃兹拉·帕克（Robert Ezra Park, 1864—1944），美国社会学家。1925年任美国社会学会会长。芝加哥大学社会学教授，为芝加哥学派重要代表人物之一。最先将大都市芝加哥作为试验基地，把都市问题和都市发展结合起来进行系统的研究分析。曾来中国，在燕京大学讲学。著有《社会学导论》、《都市》（均为合著）等。（《辞海》音序缩印本，p. 1256）

**对策论** 1928 年，美籍匈牙利数学家冯·诺伊曼（von Neumann, J）证明了极大极小定理，为对策论奠定了基础（胡炳生，2002）。

**1929 年（民国十八年），社会科学大辞典，商品供求估计，大萧条**

**社会科学大辞典** 《社会科学大辞典》高希圣等编，上海世界书局 1929 年初版，1931 年第 3 版。收录政治、经济、哲学、宗教等学科名词约一千七百余条，按中文笔画顺序排列，书前有中文笔画索引和英文索引，书后有社会科学家传略及中国社会科学名著介绍等附录。

**商品供求估计** 1929 年，列昂惕夫（W. Leontief，1906—）使用相关法和最小二乘法估计了德国七种商品的供求情况[①]（秦朵，1986）。

**大萧条** （资本主义）自由竞争，供求失衡，周期起伏，终于发生经济大萧条（1929—1933），又称经济大恐慌。1929 年 10 月开始，美国股票猛跌 40%，损失 260 亿美元。此后三年间，经济全面崩溃，银行破产 101 家，企业破产 10 万家，工业生产下降 53%，农业总产值从 111 亿美元降到 50 亿美元，进口从 40 亿美元降到 13 亿美元，出口从 53 亿美元降到 17 亿美元。失业工人 1700 万，农户破产 10 万户，国民总收入从 878 亿美元降到 402 亿美元，商品消费下降 67%。28% 的美国人口无法维持生计，200 万人流浪街头，125 万失业工人罢工大游行。工业、农业和信用危机同时爆发，波及整个资本主义世界，世界工业生产总值下降 36%，世界贸易减少 2/3。资本主义如野马脱缰，面临困境，惶惶不可终日（周有光，2006）。

**1930 年（民国十九年），统计名词，均衡利率，经济计量学会，经济统计学派**

**（汉译）统计名词** 《汉译统计名词》王仲武编纂，上海商务印书馆 1930 年出版。收集统计学名词六百余条，均译成中文。全书分为两篇，上篇将名词分类汇集，下篇以西文字母顺序排列。

**均衡利率** 1930 年，费雪（Fisher, I.）在《利率理论》[②]一书中用无差异曲线方法阐述了均衡利率的确定过程（秦朵，1986）。

**经济计量学会** 1930 年，弗里希（R. Frisch）、丁伯根（J. Tinbergen）和费雪（I. Fisher）等在美国克利夫兰市发起成立国际经济计量学

---

① W. W. Leontief: "Statistical Analysis of Supply and Demand", Weltwirtschaftliches Archiv, 1929.

② Fisher, I.: The Theory of Interest, 1930.

会。12月29日，学会正式成立①。后世通常以此作为经济计量学诞生的标志。

**经济统计学派** 美国经济学家库兹涅茨（Simon Smith Kuznets，1901—1985）重视经济统计方法，有时在西方经济学中被单独列为一派——"经济统计学派"。库兹涅茨曾受到密契尔的影响，着重于经验统计方法，并对经验统计的结果进行制度因素的分析。20世纪30年代中期起，专门研究国民生产总值和国民收入核算问题。他的国民收入理论和对于国民收入中消费、投资、储蓄关系的论述，与凯恩斯学派的理论有密切联系，甚至成为凯恩斯学派宏观财政政策、货币政策制定的重要依据。50年代后期起，库兹涅茨着手研究经济增长问题，在继承密契尔传统思想影响，强调制度因素的同时，开创了将制度因素与经济统计资料分析相结合，将经济史、比较经济研究和国民收入理论相结合的研究方式，提出了不少富有价值的论述与分析。例如，库兹涅茨关于知识存量在经济增长中作用的分析，关于部门结构比例及其在经济增长中的变化趋势，以及关于经济发展是长期渐进过程，而不可能是突发跃进，即突发式的"跃进"过程的见解，都具有理论和现实意义（胡代光、厉以宁，1982）。

库兹涅茨生于俄国，后移居美国，1926年在哥伦比亚大学获经济学博士学位。1927—1961年任宾夕法尼亚大学、约翰·霍普金斯大学以及哈佛大学经济学教授。第二次世界大战期间，曾任美国战时生产委员会统计局副局长，1949年和1954年先后当选美国统计学会会长、美国经济学会会长。主要贡献是以经验数据为依据对国民经济的增长进行比较研究，并因此获1971年诺贝尔经济学奖。主要著作有《生产与价格长期趋势》（1930年）、《1919—1935年国民收入和投资》（1937年）、《国民收入：研究的总结》（1946年）、《关于经济增长的六篇演讲》（1959年）、《美国经济中的资本：它的形成和资金供给》（1961年）、《战后经济增长》（1964年）、《现代经济增长》（1966年）、《各国经济增长》（1970年）等。②

密契尔是制度经济学早期重要的代表人物之一，对后来经济发展有重要的影响。密契尔重视经济统计资料的整理、加工和分析。他认为重要的

---

① 陈正澄：《计量经济学》，国立台湾大学讲义，中国数量经济研究会，1980年。
② 《辞海》1999年版音序缩印本，第942页。

理论论断应当来自经验统计的归纳和总结。库兹涅茨、伯恩斯等，都明显地受到密契尔的影响，他们一方面强调要把经济学研究建立在统计学基础之上，另一方面也以制度分析作为基本分析手段。库兹涅茨等有时被单独地称作"经济统计学派"经济学家，有时也被笼统地包括在制度学派范围之内，但一般并不被叫作"新制度学派"经济学家，因为他们不像艾尔斯、加尔布雷思、包尔丁等那样，着重于以价值判断标准、伦理学角度来"诊断"社会病症，或者提出制度结构改革的"处方"（胡代光、厉以宁，1982）。

**1931年（民国二十年），哥德尔定理**

**哥德尔（不完备性）定理**　（Gödel's incompleteness theorem）1931年，原籍奥地利的美国数学家哥德尔（Kurt Gödel，1906—1978）证明了关于形式数论系统不完全性的两个定理，即哥德尔不完备性定理。第一个不完备性定理：任意一个包含算术系统在内的形式系统中，都存在一个命题，它在这个系统中既不能被证明也不能被否定。第二个不完备性定理：任意一个包含算术系统的形式系统自身不能证明它本身的无矛盾性。哥德尔的不完备性定理使希尔伯特证明数论系统无矛盾性的方案归于失败。但哥德尔在证明中所用到的方法却开创了递归论的研究。哥德尔不完备性定理中所指出的不可判定的命题是理论的而不是自然的命题。1977年，J.帕里斯给出了一个自然的命题，这个命题在数论中是不可判定的。这又引起人们寻找此类命题的兴趣。[1]

由于语言风格的差异，关于哥德尔定理的阐述有所不同。以下是《数学辞海》中关于哥德尔定理的陈述。第一定理：数论或分析或集合论中每一个形式体系如果相容，则是不完备的；第二定理：如果对数论充分的一个形式体系是相容的，其相容性命题可由该体系的一个语句来表达，但不能在该体系内证明。[2][3]

哥德尔1906年生于奥地利的布尔诺，1978年卒于美国普林斯顿。哥德尔在维也纳大学先学物理，继而转学数学和数理逻辑，后又研究哲学。1930年获得维也纳大学哲学博士学位，1933—1938年任该校不支薪讲师，1933—1934年访问普林斯顿高等研究院，自1938年起在该院任职。1940

---

[1]　《中国大百科全书》精粹本，第422页。
[2]　杜瑞芝：《数学辞海》第6卷，山西教育出版社2002年版，第343页。
[3]　同上。

年移居美国，1953年晋升为教授；1955年入选美国艺术与科学学院和美国全国科学院院士；1968年成为伦敦皇家学会外籍会员；1972年入选不列颠科学院外籍院士。曾获耶鲁、哈佛等多所大学的荣誉学位，对数理逻辑有重大贡献；1930年证明谓词演算系统完全性定理，对模型论的产生和发展影响巨大；1931年证明了形式数论系统不完全性定理，否定了希尔伯特方案的某些设想，对递归论的产生和发展起了重要作用；1938—1939年证明了连续系统假设和ZFC公理系统不矛盾，对公理集合论有重大影响，而且直接导致了集合和序数上的递归论的产生。①

数学是大自然的语言，又是人类社会生活中各种关系的高度概括。数学从现实世界中获取模型，扩大外延，同时在不同的学科方面展现新的内涵，实现新的抽象。与哥德尔定理相似，经济学上有阿罗不可能性定理（Arrow's impossibility theorem），表示在某些假设的条件下，无法把个人偏好加总为一种有用的社会偏好的数学结论，是对1972年诺贝尔经济学奖获得者、美国经济学家肯尼斯·约瑟夫·阿罗（Kenneth J. Arrow）所提出的一种推论的通称。这个推论认为，在现实中，不可能在已知社会所有成员的个人偏好次序的情况下，通过一定的程序，把各种各样的个人偏好次序归结为单一的社会偏好次序，即不可能通过一定的合理程序准确地达到合意的公共决策。阿罗用数学证明了这一点。这一理论在社会福利和公共政策的研究中具有极其重要的价值。②

哥德尔定理和阿罗推论提示我们：纷繁复杂的现实世界，尤其是归属于人文社会科学的社会经济现象，除了存在"可观测性"即"是否可以被观测"的客观约束，还需要回答"是否可以被数学充分描述"的问题，通过"可描述性"的检验；更进一步，还要经受"可计算性"的审查。一般而言，针对任何现象或过程，只有在同时满足"可观测"、"可描述"、"可计算"的条件之后，才能讨论其是否"可预测"乃至"可控制"的问题。这是一个具有普遍性的规律，经济计量也不能超乎其外。

**1932年（民国二十一年），消费方程，交叉加速**

**消费方程** 使用序数效应方法并作出贡献的其他经济学家，在消费需求方面有斯拉茨基（E. Slutsky，1880—1948），他建立了分别考察商品需

---

① 龚益：《社科术语工作的原则与方法》，商务印书馆2009年版，第4页。
② 郭万超、辛向阳：《轻松学经济——300个核心经济术语趣解》，对外经济贸易大学出版社2005年版，第4页。

求的替代效应和收入效应的消费方程①；霍特林（H. Hotelling, 1895—1973），提出了具有有限预算能力的消费者进行最优消费的条件。②

**交叉加速**  在生产供给方面，弗里希（R. Friseh, 1895—1973）提出"交叉加速"的概念，即用交叉二阶偏导数表示一种生产要素使用量的变动对另一种要素的边际生产力的影响③；施奈德（E. Schneider, 1900—1970）提出了生产规模弹性和规模的边际收益的概念④（秦朵，1986）。

**1933 年（民国二十二年），卡莱斯基的挑战，经济计量学刊，垄断竞争均衡，经济学辞典**

**卡莱斯基的挑战（早于凯恩斯）**  通常的观点认为，宏观经济学方向上，1936 年凯恩斯《就业、利息和货币通论》（简称《通论》）的出版，否定了市场经济运行模式和机制上完美无缺的神话。然而事实并非如此：以全面挑战传统概念而著称的波兰经济学家米查尔·卡莱斯基在1933 年早于凯恩斯公开了同样的观点（杨建飞，2004）。⑤

**经济计量学刊**  从 1933 年 1 月起，国际经济计量学会按季度出版《经济计量学刊》（*Econometrica*），后改为双月刊。弗里希在该杂志发刊词中明确提出经济计量学的范围和方法，指出经济计量学是经济理论、数学和统计学的综合，但它又完全不同于这三个学科中的每一个。他说："用数学方法探讨经济学可以从好几个方面着手，但任何一方面都不能与经济计量学⑥混为一谈。经济计量学与经济统计学绝非一码事；它也不同于我们所说的一般经济理论，尽管经济理论大部分都具有一定的数量特性；经济计量学也不应视为数学应用于经济学的同义语。经验表明，统计学、经济理论和数学这三者对于真正了解现代经济生活中的数量关系来说，都是必要的，但本身并非是充分条件。三者结合起来就有力量，这种结合便构成了经济计量学。"⑦ 按照这样的解释，若将经济学、数学、统

---

① E. E. Slutsky: "On the Theory of the Budret of the Consumer" (English Translation), in Readings In Price Theory, Chicago, 1932.

② H. Hotlling: "Edgeworth's Taxation Paradox and the Nature of Demand and Supply Functions", Journal of Political Economics, 1932.

③ R. Frisch: New Methods of Measuring Marginal Utility, 1932.

④ E. Schneider: Theorie Der Produktion, Vienna, 1934.

⑤ 杨建飞：《科学哲学对西方经济学思想演化发展的影响》，商务印书馆 2004 年版，第 2 页。

⑥ 此处原译者将其译为"计量经济学"。下同。

⑦ 张寿、于清文：《计量经济学》，上海交通大学出版社 1984 年版，第 8 页。

计学分别表示为三个各自独立的学科集合（J、S、T），则经济计量学应该是这三个集合的交集。

**垄断竞争均衡**　瓦尔拉斯模型的基本假定前提，是完全竞争的经济状态。20世纪30年代初，美国经济学家张伯伦（E. H. Chamberlin, 1899—1967）[1] 和英国的罗宾逊（J. Robinson, 1903—）[2] 以及弗瑞希[3]、霍特林、鲍利、哈罗德（R. F. Harrod, 1900—1978）等在古诺垄断理论的基础上，建立起垄断竞争均衡理论体系的雏形。

**《经济学辞典》**　1933年，上海南强书局出版由柯柏年等编著的《经济学辞典》。这是在我国出版较早的经济学专科辞典。其中收录常见的经济学词汇1000余条，对经济学的基本概念有比较详细的解释。全书按部首笔画排列，后附笔画索引和西文索引。

**1934年（民国二十三年），斯坦克尔伯格模型，经济科学大辞典，英汉经济辞典**

**斯坦克尔伯格模型**　又称斯坦克尔伯格博弈、斯坦克尔伯格寡头竞争模型、领导—追随者模型，又译为斯坦克伯格模型，是寡头模型中继古诺模型（1838年）和伯川德模型（1883年）之后第三种重要的模型，1934年由德国人斯坦克尔伯格（Stackelberg, Heinrich von, 1905—1946）提出。斯坦克尔伯格模型的假设与古诺模型一样：某个市场上有两家企业，其他企业不能进入；两家企业生产完全相同的同质产品，产品不能储存，因此企业只追求当期利润最大化，不考虑跨期问题。在斯坦克尔伯格模型中，企业的行动也是选择产量，但存在一个领导企业，率先决定自己的产量。另一个企业则作为跟随者，在观察到领导企业的产量后再行选择自己的最优产量。现实经济中的许多行业，往往是以那些在研究开发新产品或掌握产品定价权的龙头企业为主导。通常龙头企业的首先行动造成一种既定事实，选定了较高的产量水平，而跟随型企业只能选择低产量水平。首先行动使领导企业获得一种利益。领导企业在决定自己的产量时，需要设想跟随企业的响应。斯坦克尔伯格均衡时两个企业的总产量大于古诺均衡时的总产量。其中领导企业的斯坦克尔伯格均衡产量大于古诺均衡产量，而跟随企业的斯坦克尔伯格均衡产量小于其古诺均衡产量。领导企业的利

---

[1] E. H. Chamberlin: The Theory of Monopolistic Competition, 1933.
[2] J. Robinson: The Theory of Imperfect Competition, Macmillan, 1933.
[3] R. Frisch: "Monopole, Polypole", National Ekonomisk Tidsskrift, 71, 1933.

润大于其在古诺均衡中的利润，跟随企业的利润则低于其在古诺均衡中的利润。跟随企业的境况比古诺均衡时相对恶化。这就是所谓"先动优势"（朱恒鹏、刘树成，2004）。①

**《经济科学大辞典》** 上海世界书局出版高希圣、郭真同编撰的《经济科学大辞典》，收录经济学、财政学、商业词汇及经济学家等共约3000余条。全书按中文笔画顺序排列，书前有详细目次，书后有西文索引。此书1934年初版，到1935年已有第3版问世，说明读者之众，流传之广。

**《英汉经济辞典》** 1934年，上海商务印书馆出版《英汉经济辞典》，何士芳编。此书搜罗经济学名词、术语15000余条，按西文字母顺序排列，后附汉译。书后有附录三种：经济名词略语、各国度量衡表和当时世界货币的现行状况。

**1935年（民国二十四年），实用商业辞典**

**《实用商业辞典》** 1935年，上海商务印书馆出版《实用商业辞典》，陈稼轩编。全书140万字，收古今中外商业名词约10000条。

**1936年（民国二十五年），通论，图灵机器，可计算性，投入产出，价格向量**

**通论** 1936年2月，约翰·梅纳德·凯恩斯（J. M. Keynes, 1883—1946）的名著《通论》，即《就业、利息与货币通论》问世，全面系统地论证政府干预社会经济生活的必要性和可能性。它的影响主要集中在专业经济学家领域；并且由于该书校样在凯恩斯的同事和学生中热烈地传播，所以早在出版前就已产生了一定的影响。它对年轻的学者产生了特别强的影响：从哈罗德到希克斯，从勒纳到萨缪尔森，从瑞德威到塔尔什斯，一大批初露头角的经济学家，后来在世界各地的大学——尤其是英语世界——占据了重要位置，并且在自己的研究工作和教学中以这一新的理论作为基本参考点（荣卡格利亚，2005/2009）。

尽管荣卡格利亚认为："《通论》并不是一部通俗易懂的著作，而且很多'凯恩斯主义的'经济学家没有读过它。如果更多人曾经直接接触过凯恩斯的这一著作，那些从文献学角度根本站不住脚的理解——如认为凯恩斯理论的基础是工资和价格向下的刚性——就不会如此深广流传荣卡格利亚。"但有一点毋庸置疑，那就是1936年凯恩斯《通论》的问世，

---

① 刘树成：《现代经济学辞典》，凤凰出版社、江苏人民出版社2004年版。

为西方数量经济学界展示了一个新的途径，即从宏观入手，从现实经济的不均衡性出发，描述和研究经济活动。凯恩斯理论本身也给数量经济学提出了许多重大课题，最主要的挑战可能是如何利用模型明确表述凯恩斯理论，并对他的结论加以经验证明（秦朵，1986）。正是在这样的背景之下，理论的和应用的宏观经济模型得以蓬勃发展。在自然科学特别是物理学中蕴酿已久的模型技术厚积薄发。此时，怀疑经济学是否能够被数学和模型技术充分描述的观点，理所当然地被认为是"不学无术"或者是"大逆不道"。正所谓"潮流来了如山倒"。值得注意的是，这种状态在中国经济学界的表现尤为突出。

**图灵机器，可计算性**　英国科学家阿兰·图灵（Alan Mathsion Turing，1912—1954）是计算机科学理论的奠基人，1936 年提出的"图灵机器"以及图灵机的停机问题不可判定等光辉思想，对当代计算机理论和应用意义重大。图灵在《关于可计算数》的论文中，定义了"可计算性"的概念，提出：存在着一类数学问题，它们不可能通过有限的固定步骤得到解决。根据邱吉—图灵论题：①任何可计算函数都是递归函数；②图灵机可计算的函数是可计算函数[1]（胡久稔，1998）。[2]

由此而引发的思考，是随着社会科学研究的自然科学化，可计算性在人文社会科学理论方法研究中或将成为一个需要关注的问题。这其中既涉及人文社会科学是否能够被数学完全描述的判断，又牵涉到在同等已知条件下，对社会科学"计算"结果不唯一，或"实验"不能重复的现象的解释。进言之，为了寻找解决社会科学问题的方法（verfahren）或算法（algorithm），也需要定义是否存在"人文图灵机"的问题。

**投入产出**　1936 年，瓦西里·列昂惕夫首次介绍投入产出法，[3] 这是一般均衡概念在实际应用方面的重要发展。此后投入产出表的编制以及相应模型的建立渐次传入西欧、日本、苏联、东欧、亚非、拉美等 80 多个国家和地区，产生了数以千计的投入产出表，其中包括世界性的、全国性

---

[1]　上述论断之所以称为论题，是因为它不是一个假设或猜想，更不是一个定理，因为这句话中含有一个未加定义的直观概念"可计算函数"，而递归函数和图灵机器可计算均有严格的数学定义。

[2]　胡久稔：《数林掠影》，南开大学出版社 1998 年版，第 177、262 页。

[3]　W. W. Leontief："Quantitative Input and Output Relation in the Economic System of the United States"，Review of Economic Statistics，1936.

的、地区性的、部门性的、企业性的各种形式，连带产生了各种各样采用投入产出分析的经济模型（秦朵，1986）。列昂惕夫创立投入—产出经济学，据说是受到当年苏联编制 1923—1924 年综合计划平衡表的影响。投入产出分析应用实际资料，系统地考察社会经济各部门之间相互联系、相互依存的复杂关系，被广泛应用于裁军、环境和能源问题，以及对经济形势的预测（何正斌，2009）。①

**价格向量** 1936 年，美国数学家瓦尔德（A. Wald，1902—1950）发表《论若干数理经济学的方程组》一文，在自由竞争条件下一般均衡解的存在性才首次得到严格证明。② 瓦尔德引入一个价格向量，在此向量约束下所有生产者和消费者各自追求最优选择的行为转化为市场行为，而这种市场行为又决定了价格向量的明确值（秦朵，1986）。

**1937 年（民国二十六年），冯·诺伊曼模型，IS–LM 模型，经济学辞典**

**冯·诺伊曼模型** 1937 年，美国数学家冯·诺伊曼（J. von Neumann，1903—1957）建立了一个一般均衡模型，把瓦尔拉斯均衡模型发展到了顶点。③ 冯·诺伊曼模型不但把商品的供给者和需求者之间的相互依赖关系体现出来，而且还把价格体系在协调供求矛盾中的作用明确表示。另外，均衡增长率和均衡利率在该模型中也能同产出和价格一道被解出。这个模型首次明确表示出商品交换结构与相对价格结构、生产增长速度与均衡利率之间的对偶关系。冯·诺伊曼模型已经不是纯静态的而是超越静态的了。冯·诺伊曼运用布劳韦尔的不动点定理，严谨地证明了模型均衡的存在性和唯一性，并阐明了该均衡的有效性，在现代经济增长理论中占显要位置（秦朵，1986）。

**IS–LM 模型** 1937 年，希克斯建立 IS–LM 模型。这是一个凯恩斯式的宏观理论模型，其中 I 表示投资、S 代表储蓄、L 代表货币偏好、M 表示货币量。④ 这一时期建立凯恩斯理论宏观模型的还有米阿德（J. E. Meade，1907—）、兰格（O. Lange，1904—1965）、汉森（A. H. Hansen，

---

① 何正斌：《经济学 300 年》（第三版）上册，湖南科学技术出版社 2009 年版，第 9 页。

② A. Wald："On Some Systems of Equations in Mathematical Economics"（translated from Germen），Econometrica，19，1951.

③ J. Von Neumann："A Model of Genverral Economic Equilibrium"（translated from German），Review of Economic Studies，13，1945–1946.

④ J. R. Hicks："Mr. Keynes and the Classics"，Econometrica，5，1937.

1887—1975)、萨缪尔森等人。其中萨缪尔森提出的乘数与加速数关系式也很著名（秦朵，1986）。

**《经济学辞典》** 1937年，上海中华书局出版周宪文等编撰的《经济学辞典》。嗣后，由昆明中华书局于1940年再版。这部辞典全书150万字，收词6000余条。其中包括经济学、财政学、货币、金融、工业、农业、商业等名词术语，对经济学名词详细解释。辞典所收名词以中文笔画顺序排列。书后附有世界各国货币一览表、中国现时通行的经济法令等19种附录和中西名词索引。

**1938年（民国二十七年），新福利经济学，美国的凯恩斯**

**新福利经济学** 在交换领域里，巴朗尼（E. Barone，1859—1924）、霍特林、伯格森（A. Bergson，1914—）、希克斯、卡尔多（N. Kaldor，1908—）、兰格（G. Lange，1904—1965）和勒纳（A. P. Lerner，1903—）等人围绕着社会的福利与效率问题，发展出一组"帕累托最优"存在的严格条件，并将经济学中的实证问题和规范问题区分开来，初步形成了新福利经济学这一分支。其中，兰格和勒纳对帕累托最优与完全竞争均衡等价性的公理化[1]、美国学者帕格森提出社会福利函数理论[2]、卡尔多和希克斯提出的"假想补偿原理"[3] 等等，对后来福利经济学的发展都有较大作用（秦朵，1986）。

**美国的凯恩斯** 在经济学说史上，即使是一些著名的经济学家，他们的理论观点和研究方法乃至政策主张也并非一成不变，例如美国经济学家汉森（Alvin Harvey Hansen，1898—1975）。1938年从明尼苏达大学到哈佛大学任教后，终于同意凯恩斯理论，成为凯恩斯最积极的追随者。这时他已经五十岁了。此后的汉森往往被称为"美国的凯恩斯"。他所著的《财政政策与经济周期》（1941年）、《经济政策和充分就业》（1947年）、《凯恩斯学说指南》（1953年）、《美国的经济》（1957年）、《二十世纪六十年代的经济问题》（1960年）等书，被认为是凯恩斯理论"通俗化"

---

[1] O. Lange：On The Economic Theory of Socialism，1938.

　　A. Lerner：The Economics of Control，Macmillan，1944；Essays in Economic Analysis，Macmillan，1953.

[2] A. Bergson："A Reformulation of Certain Aspects of Welfare Economics"，Quarterly Journal of Economics 52，1938.

[3] N. Kaldor："Welfare Propositions and Inter–personal Comparisons of Utility".

　　J. R. Hicks："The Foundations of Welfare Economics"，Economic Journal，49，1939.

和"美国化"的重要著作，在理论和政策主张上发展了凯恩斯经济学。但是汉森早年受到剑桥学派的影响，30年代就任美国明尼苏达大学教授。在凯恩斯的《就业、利息和货币通论》出版以前，汉森一直坚持"正统"经济理论，认为资本主义经济能够自动维持均衡。1932年在芝加哥大学召开的哈里斯基金圆桌会议关于黄金与通货稳定的专题讨论会上，汉森几乎是到会经济学家中唯一不相信公共工程可以作为克服经济危机的人。他认为公共工程不仅将造成巨大浪费，而且对私人经济有严重损害。即使在凯恩斯的《就业、利息和货币通论》出版后，汉森起初仍坚持自己原来的观点，认为凯恩斯的说法不能令人满意，声称凯恩斯所谈的消费倾向难以度量。1936年10月，他在美国《政治经济学杂志》上发表《凯恩斯先生论就业不足均衡》一文，支持剑桥学派庇古的经济理论，对凯恩斯提出了批评，认为凯恩斯的主张很可能把社会引导到社会主义上去（胡代光、厉以宁，1982）。[1] 汉森后来转变了看法。然而，若从新的角度重新审视当年汉森以及剑桥学派对凯恩斯学说的诘问和考究，或许不无益处：看如何用昨天的尺码，度量今非昔比的光阴。

汉森（Alvin Harvey Hansen，1898—1975）曾任美国经济学会会长，从财政、货币、金融等方面研究商业循环理论。提出长期停滞论和混合经济理论，试图为垄断资本主义提供理论依据，因推动将凯恩斯理论应用于美国经济政策，被誉为"美国的凯恩斯"。

**1939年（民国二十八年），总量动态模型，生产组织和计划，经济学术语规范，统计学术语规范**

**总量动态模型** 最早的总量动态模型当属哈罗德（R. Harrod，1900—1978）—多马（E. C. Domar，1914—）模型（1939—1946）。[2] 该模型把储蓄向投资的全部转化解释为均衡增长的条件，并由此证明了动态均衡的不稳定性。但是由索洛、斯旺（T. W. Swan）等建立的新古典总量动态模型（1956年）则从边际生产率理论出发，得出了动态均衡稳定性存在，并且均衡增长率独立于储蓄率的结论[3]（秦朵，1986）。

---

[1] 胡代光、厉以宁：《当代资产阶级经济学主要流派》，商务印书馆1982年版，第4页。

[2] Harrod, R. F.: "An Essay in Dynamic Theory", Economic Journal, 1939; Domar, E. D.: "Capital Expansion, Rate of Growth and Employment", Econometrica 1946.

[3] Solow, R. M.: "A Contrbution to the theory of Economic Growth", Quarterly Journal of Economics, 1956; Swan, T. W.: "Economic Growth and Capital Accumulation", The Economic Record 1956.

**《生产组织和计划的数学方法》**　1939年苏联人康托罗维奇出版《生产组织和计划的数学方法》(Mathematical Methods of Organizing and Planning Production，英译本1960年版)，开辟了数学在经济学研究中应用的新领域（张寿、于清文，1984）。

**经济学术语规范**　关于经济学术语的规范，国立编译馆成立之后，即"感于经济学之发展，有赖于译名之统一，爰由编译何维凝着手编订"，于1939年4月完成了经济学名词审定草案，是年夏即以英文为序，分别系以德文、日文、法文及中文之各家译名释义，油印成帙，送请当时教育部所聘请的经济学名词审查委员会委员方显廷、朱偰（xiè）、何廉、何维凝、吴幹、吴大钧、李柄焕、李超英、周炳琳、金国宝、孙恭度、章元善、陶孟和、陈岱孙、陈启修、陈长蘅、张肖梅、傅筑夫、乔启明、杨端六、万国鼎、厉德寅、叶元龙、赵人儁（jùn）、赵廼搏（tuán）、赵兰坪、刘大钧、刘振东、刘秉麟、潘序伦、卫挺生、萧蘧（qú）诸先生（32人）审查。三十年（1941）三月由教育部召开审查会议于重庆，逐字校勘，详加讨论，又经整理，始成定稿，凡得（经济学）名词三千六百二十五则，于同年十一月由教育部公布（陈可忠，1946），1946年由上海中华书局正式出版。

**统计学术语规范**　在汉语统计学术语方面，系于1939年秋由朱君毅先生主持编订，并与中国统计学社第十届统计名词编译委员会合作，分类汇编，初步拟定译名1367则，印发初审本，函送国内专家审核。又于1941年1月呈请教育部聘朱君毅、吴大钧、吴定良、金国宝、艾伟、陈长蘅、陈达、许世瑾、王仲武、黄锺、褚一飞、芮宝公、邹依仁、唐启贤、郑尧枰、潘彦斌、刘南溟、朱祖晦、杨西孟、汪龙、刘大钧、赵人儁、厉德寅、乔启明、赵章黼（fú）、尤崇宽、罗志如、杨蔚、吴大业、倪亮、李蕃诸先生为该科名词审定委员，而以朱君毅先生为主任委员，分别审查，参注意见，于是年三月二十六日在重庆国立中央图书馆举行审查会议，反复研究，悉心审核，为期三天，计得统计名词九百二十四则，于同年七月呈请教育部公布之①（陈可忠，1944）。

**1941年（民国三十年），完全消耗系数，影子价格，不动点定理，无限维空间，经济学名词**

**完全消耗系数**　1941年，列昂惕夫从矩阵逆阵中引出了"完全消耗

---

① 陈可忠：《统计学名词》序，上海正中书局1946年版。

系数"的概念。①

**影子价格** 20世纪40年代前后，荷兰经济学家丁伯根（J. Tinbergen，1903—）和苏联的康托洛维奇（1912—1986）分别根据线性规划的对偶解，提出"影子价格"理论②（秦朵，1986）。

**不动点定理** 1937—1938年诺伊曼均衡模型之后十几年中，对于均衡状态存在性的研究大都采用传统方法。40年代点集拓扑发展中出现了各种不动点定理，其中较为著名的有日本数学家角谷静夫（S. Kakutani,）所证明的广义布劳韦尔不动点定理。

**无限维空间** 1941年，日本数学家角谷静夫（S. Kakutani,）提出AM，AL空间，研究无限维空间测度。（胡炳生，2002）无限维空间将会应用于未来的经济学研究。

**经济学名词** 1941年11月，中华民国教育部公布审定经济学名词，凡3625则。

**1942年（民国三十一年），中国棉业史，严中平**

**中国棉业史** 1942年，严中平出版《中国棉业之发展》，叙述从元世祖设立"木棉提举司"和"责民遂输木棉十万匹"的实物贡赋制度起，至1937年抗日战争开始中国棉纺织业发展史。是中国第一部系统论述棉纺织业的专著。

**严中平** 严中平（1909—1991）是中国经济史学家，江苏涟水人。1936年毕业于清华大学经济系，同年入国立中央研究院社会科学研究所工作，1947年赴英进修，1950年回国，历任中国科学院社会科学研究所研究员、经济研究所副所长、中国社会科学院经济研究所经济史研究室主任、研究生院经济系主任、中国经济史学会会长等职。他是第三届全国人大代表，第五、六届全国政协委员。著有《中国棉业之发展》（1955年修订本改名为《中国棉纺织史》）、《清代云南铜政考》、《中国近代经济史统计资料选辑》等。③

**1944年（民国三十三年），通向奴役的道路，布雷顿森林会议，对策论和经济行为，哈维尔莫革命**

**通向奴役的道路** 1944年，哈耶克出版《通向奴役的道路》。30年

---

① Leontief, Wassily W.: The Structure of American Economy, 1919 - 1929, Cambridge, Mass, 1941.
② Tinbergen, Jan: Selected Papers, North - Holland Pub. Co., 1959.
③ 《辞海》音序缩印本，1999年，第1959页。

后，与瑞典经济学家缪尔达尔一起获得1974年度诺贝尔经济学奖金。哈耶克声称：奖金"是使我的声望得到恢复的一个象征"，因为"我在三十多岁时成了最有名的经济学家之一，可是接着就发生了两件事：凯恩斯的完全相反的观点获得了成功，我因写了《通向奴役的道路》一书而使自己名誉扫地。"①

哈耶克（1899—）是当代最有影响的新自由主义理论家，1899年出生于维也纳，原籍奥地利，受教于维也纳大学；20世纪20年代曾任奥地利经济研究所所长（1927—1931）和维也纳大学经济学讲师（1929—1931）。1931年起，到英国伦敦大学任图克讲座经济学与统计学教授，1938年加入英国籍；1950年起，到美国芝加哥大学任社会伦理学教授，1962—1970年在西德弗赖堡大学任经济学教授。1970—1974年任奥地利萨尔茨堡大学客座教授。维也纳大学、伦敦大学、芝加哥大学和弗赖堡大学都是新自由主义的重要理论阵地，哈耶克先后在这些大学中担任过教授，所以当人们以"新奥国学派"、"新维也纳学派"、"伦敦学派"、"伦敦—芝加哥学派"或"弗赖堡学派"代表新自由主义时，都必然提到哈耶克，把他列为这些学派的重要代表人物。从哈耶克的学术倾向来看，他同罗宾斯的观点最为接近，将这二人合称为伦敦学派的主要代表人物更为恰当。

哈耶克的主要著作有《物价与生产》（1931年）、《货币理论与经济周期》（1933年）、《利润、利息和投资》（1939年）、《资本纯理论》（1941年）、《通向奴役的道路》（1944年）、《个人主义与经济秩序》（1948年）、《科学的反对革命》（1952年）、《自由的宪章》（1960年）、《哲学、政治学和经济学研究》（1967年）、《法律、立法和自由》（第1卷，1973年；第2卷，1976年；第3卷，1978年）、《货币的非国家化》（1976年）等。他早期从事货币理论和资本理论的研究，从中得出经济自动调节无须国家干预的论断。以后，他转向政治、哲学和法学理论的研究，探讨新自由主义的理论基础，在新自由主义方面的研究成果备受关注。他对货币理论、经济周期理论的研究，更被认为具有"创造性"（胡代光、厉以宁，1982）。

在经济学研究方法论方面，与其说哈耶克看到了单纯数量研究方法的

---

① 参看《纽约时报》1979年5月7日，转引自《世界经济译丛》1980年第5期，第42页。转引自胡代光、厉以宁《当代资产阶级经济学主要流派》，商务印书馆1982年版，第145页。

局限性，倒不如说他注意到了数量描述方法的工具性。哈耶克完全不用数量和数字阐述经济理论，而获得 1974 年诺贝尔经济学奖这件事本身，也说明经济学的本质特性并非一定要用数学方法来解说。理解这一事实，对于冷静看待所谓"数量经济学"乃至"经济计量学"，具有积极意义，至少有助于克服中国经济学界长期以来盲目追求细节完美，而较少致力于经济哲学判断的被动局面。换句话说，除非这种局面被早日打破，否则就不能指望在中国出现可以登堂入室、彪炳史册的经济学大家。

哈耶克反对单纯数量研究方法，强调经济学的伦理学研究方法或规范研究方法的意义，对经济学的善恶与是非提出了一定的价值判断准则，并以此作为对经济学家著作的评价尺度是可取的（胡代光、厉以宁，1982）。除了关于善恶的准则判断，在包括经济研究在内"科学的"社会科学研究中，"尺度原则"同样重要，研究当中必不可少的"对比"，需要在同一的尺度之内进行，跨越尺度的讨论通常没有价值。

**布雷顿森林会议** 1944 年 7 月，在美国新罕布什尔州布雷顿森林举行了国际货币金融会议，通过"国际货币基金协定"，其中包括采行固定汇率制度。这就是遭到货币主义者反对、战后资本主义世界根据凯恩斯经济理论而实行的布雷顿体制。具体到汇率问题上，货币主义者反对固定汇率制而主张实行浮动汇率制或自由汇率制。布雷顿森林会议决定：各国货币价值都钉住在一盎司黄金等于 35 美元上，从而直接以美元为基础来确定各国之间的货币兑换率，凡属即期汇兑交易，不得超过或低于法定平价的 1%（胡代光、厉以宁，1982）。

**《对策论和经济行为》** 1944 年冯·诺伊曼（J. Von Neumann）与摩根斯坦（O. Morgenstern，1902—）合作发表《对策论和经济行为》（*Theory of Games and Economic Behavior*），开辟了数学在经济学研究中应用的新领域（张寿、于清文，1984）。① 冯·诺伊曼和摩根斯坦的伟大贡献在于，把拓扑学和博弈论这些现代数学方法、数学工具引入经济学领域，为均衡存在性的证明提供了一条新路，即用类似于埃奇沃思的"核"概念表示均衡，通过阐明"核"的非空性方法来证明均衡的存在，同时再阐明"核"与竞争均衡的关系及其等价性的条件。纳什（J. Nash，1928—）

---

① 张寿、于清文：《计量经济学》，上海交通大学出版社 1984 年版，第 7—8 页。

对此也有重大贡献（秦朵，1986）。①

20世纪三四十年代以来，西方数量经济开始大量运用现代数学方法。集合论、抽象代数、数理统计与随机过程、运筹学、控制论、系统论等现代数学分支，相继伴随着电子计算机的飞速发展成为理论经济学与现实经济研究的利器。与此同时，数学在大量应用于经济学研究的过程中也促进了其自身的发展。规划论以及数理统计和拓扑学的一些理论，都是典型的经济数学的产物（秦朵，1986）。

**哈维尔莫革命**　皮尔逊（Pearson）提出的概率误差形式设定理论，使得随机性经济计量方程具有相对稳定的形式；假设检验理论则成为整个经济计量学的基本支柱之一，它不仅解决了经济计量技术中参数估计和检验的具体技术问题，更重要的是奠定了宏观经济模型方法的概率论基础。1944年，哈维尔莫（Haavelmo）以皮尔逊的假设检验理论为基础写出《经济计量学的概率论方法》，② 世人称之为一场"革命"。

**1946年（民国三十五年），动态与优化**

**动态与优化**　凯恩斯的《就业、利息和货币通论》就经济总量动态过程的严格描述遗留下一系列亟待解决的课题；一般均衡理论的发展，在关于均衡稳定性、有效性和比较静态分析的讨论中也都蕴含着动态和优化的萌芽。第二次世界大战以来经济学界对经济运动过程的模型化探讨，逐步形成了以现代经济增长理论为主线的动态经济学（秦朵，1986）。电子计算机技术的迅速发展，从工具手段上支持了关于现实经济动态与优化的学术进步。但是，经济现象的复杂性和经济研究尺度的跨越性，始终制约着动态与优化的总体水平。特别值得指出的是，因为关于经济发展之目标的判断准则，即究竟如何为"优"、如何是"劣"的问题并未得到解决，优化的盲目性正在越来越成为本质性的缺陷。

**1947年（民国三十六年），因素分析，马歇尔计划，总产值，经济分析，均衡稳定性，序贯分析，价值分析**

**因素分析**　瑟斯通（L. L. Thurstone）在发展和扩充他的巨著《才智

---

① 秦朵引文称纳施（纳什）出生于1924年，有误，应为1928年。
② T. Haavelmo: "The Probability Approach in Econometrics", Econometrca, Vol. 12, 1944 (Supplement).

的动力》[1]时写道:"因素分析的探索性常常没有被理解。因素分析在科学的分界线上有它的最重要的用途。它自然而然地被按照所涉及的科学的推理公式所取代。因素分析特别在那些基本上缺乏丰富概念的领域以及那些关键性实验至今还难以表达的领域是有用的。这种新方法有一种很普通的作用。它们使得我们可以绘制出一个新领域的最粗略的初步地图。但假如我们具有科学的直观知识和足够的独创性,这种某一领域的粗糙的因素图将使我们走到比探索因素更远的阶段,即进入实验室的心理实验的直接形式(理查德·斯通,2000)。"

**马歇尔计划** 又称"欧洲复兴方案"。第二次世界大战后的1947年6月5日,美国国务卿马歇尔(Marshall George,1880—1959)在哈佛大学发表演讲时提出的援助欧洲经济复兴的方案。1947年7—9月,英、法、意、比、荷、卢等西欧国家的代表在巴黎开会,决定接受这一计划,并建立欧洲经济合作委员会。1948年4月,美国国会通过《对外援助法案》,马歇尔计划正式施行。计划原定期限为5年,即1948—1952年。1951年底,美国宣布马歇尔计划提前结束,代之以共同安全计划。根据马歇尔计划,美国对欧洲拨款共达131.5亿美元,其中赠款占88%,其余为贷款。马歇尔计划的实施,为北大西洋公约组织和欧洲共同体的建立打下了基础(赵志君、刘树成,2004)。

**总产值** 19世纪初,瑞典开始首先按"工厂法"计算工业总产值,以概括反映工业生产的总成果。从19世纪到20世纪初,俄国、美国、德国、加拿大、丹麦、挪威等国家相继采用总产值这个指标。1932—1946年美国也采用总产值指标,到1947年放弃,并开始采用国民生产总值指标。此后,国民生产总值逐步成为衡量经济发展的主要指标,大多数西方国家都采用以国民生产总值为中心的经济指标。

**《经济分析的基础》** 1947年,美国天才的经济学家萨缪尔森(P. A. Samuelson,1915—2009)出版《经济分析的基础》。这部书第一次系统地运用数理经济学方法阐述了现代微观经济与宏观经济理论的基本问题,为现代经济学理论的科学化奠定了基础(秦朵,1986)。

**均衡稳定性** 最早对均衡的稳定性进行专门探讨的是希克斯和萨缪尔

---

[1] L. L. Thurstone Multiple – Factor Analysis. The University of Chicago Priess,1947. (原书参考文献序号第170)

森等人①（秦朵，1986）。他们推导的都是均衡局部稳定性存在的条件，这种方法的实质是用均衡邻域内的线性影射或矩阵近似来表示供求函数的调整过程，这时的稳定性以矩阵特征根负实部的存在为条件。进入20世纪50年代，阿罗和布洛克（H. D. Block, 1920—）及赫维茨（L. Hurwicz, 1917—）基于李雅普诺夫稳定性定理，提出了均衡全局稳定性的条件，②即设定价格或其他变量的正定函数形式，然后证明它随时间递减，满足李雅普诺夫定理。1961年，尼基施（T. Negishi, 1933—）总结归纳了均衡的局部稳定与全局稳定条件，并提出在没有瓦尔拉斯"卖者喊价"调价机制条件下的稳定性问题。③对这个问题颇有研究的还有宇沢弘文（H. Uzawa, 1928—）、汉（F. H. Hahn, 1928—）等人④（秦朵，1986）。

2009年12月13日，享誉世界的经济学泰斗、美国经济学家保罗·萨缪尔森（Paul Samuelson, 1915—2009）在美国马萨诸塞州的家中辞世，享年94岁。萨缪尔森曾因将数学分析应用于经济学领域的巨大贡献而在1970年成为第一个获得诺贝尔经济学奖的美国人。作为新古典经济学和凯恩斯经济学综合的代表人物，萨缪尔森代表了整整一代正统西方经济学的理论观点。他的鸿篇巨制《经济学》教科书，到2009年已经发行至19版，被天下学子奉为经典。美国联邦储备局主席伯南克是他的学生，奥巴马的首席经济学顾问劳伦斯·萨默斯是他的侄子。

保罗·萨缪尔森1915年出生于美国印第安纳州加里城，1931年考入芝加哥大学，专修经济学，1936年师从汉森·阿尔文教授攻读博士学位。1948年萨缪尔森发表了他最有影响力的巨著《经济学》，以四十多种语言风靡世界，销量超过四百万册。⑤但是，关于萨缪尔森，还有一段较少为人所知的史实。早年的萨缪尔森，曾先后在芝加哥和哈佛两大经济学圣地读书。他在芝加哥拿到的成绩是A，在哈佛拿到A+。导师熊彼特从未见过如此天才的学生，欣喜不已。特别值得一提的是，导师熊彼特虽然不以

---

① Samuelson, Paul Anthony: Foundations of Economic Analysis, Atheneum, 1947.

② K. J. Arrow, H. D. Block and L. Hurwcz: "On the Stability of the Competitive Equilibrium, II", Econometrica, 27, 1959.

③ T. Negishi: "The Stability of a Competitive Economy: A Survey Article", Econometrica, 30, 1962; "On the Formation of Prices", International Economic Review, 2, 1961.

④ Uzawa Hirofumi: "On the Stability of Edgeworth's Barter Process"; Hahn, Frank H,: "On the Stability of Pure Exchange Equilibrium", International Economic Review 3, 1962.

⑤ 周鹏飞：《经济学泰斗萨缪尔森逝世》，《新京报》2009年12月15日B03版。

数学分析见长，但终其一生都在鼓励学生将经济学数理化。由于哈佛保守的学术传统，萨缪尔森的犹太人身份背景终于为哈佛同事所不容，遂去了麻省理工学院。为此，他的恩师熊彼特伤心至极，甚至也想离开哈佛，而被众多同事、学生所挽留。

按照常规看来，这本是一段挫折，但萨缪尔森到了麻省理工学院，突然发现自己拥有极大空间，于是才思泉涌，一发不可收。有人评价萨缪尔森为"经济学界最后一个通才"，这个"通"字，着实不易。萨缪尔森的诸多学术成果让当初排挤他的那些同事哑口无言。1969年，诺贝尔奖第一次设立经济学奖，颁给两位具有开创精神的北欧经济计量学家。第二年，就颁给了美国人萨缪尔森。[1] 这一事件，成为世界经济计量学制高点从北欧移向美国的重要标志。

**序贯分析**　序贯分析（sequential analysis）是数理统计学的分支。研究对象是序贯抽样方案，及如何用这种抽样方案得到的样本去作统计推断。其名称源出于 A. 瓦尔德（Abraham Wald, 1902—1950）[2] 在1947年发表的同名著作《序贯分析》。序贯抽样方案是指在抽样时，不事先规定总的抽样个数（观测或实验次数），而是先抽取少量样本，根据其结果，再决定停止抽样或继续抽样，抽多少，这样下去，直至决定停止抽样为止。反之，事先确定抽样个数的那种抽样方案，称为固定抽样方案。例如，一个产品抽样检验方案规定按批抽取样品20件，若其中不合格品数不超过3，则接收该批，否则拒绝接收，这是固定抽样。若方案规定为：第一批抽出3个，若全为不合格品，拒收该批，若其中不合格品件数 $X_1$ 小于3，则第二批再抽 $3-X_1$ 个，若全为不合格品，则拒收该批，若其中不合格品件数 $X_2$ 小于 $3-X_1$，则第三批再抽 $3-X_1-X_2$ 个，这样下去，直到抽满20件或抽得3个不合格品为止。这是一个序贯抽样方案，其效果与前述固定抽样方案相同，但抽样个数平均讲要少些。序贯抽样方案除可节省抽样量外，还有一个作用，即有时为了达到预定的推断可靠程度及

---

[1] 梁捷：《萨缪尔森：宗师逝去》，《新京报》2009年12月15日B02版。
[2] 瓦尔德（Abraham Wald, 1902—1950），美国数理统计学家。原籍罗马尼亚。就学于克卢日大学和维也纳大学，1938年因纳粹迫害迁居美国。主要研究数理统计，首先建立序贯分析和统计决策函数理论，开创了统计学的新局面。1943年提出关于序贯概率比检验最优性质的猜测，并于1948年得出证明。还用数理统计方法处理经济问题，有不少贡献。著作有《序贯分析》、《统计决策函数》等。

精确程度必须使用序贯抽样。利用序贯抽样方案得到的样本去作各种统计推断和决策，如假设检验、点估计等就构成了序贯分析的内容。

**价值分析** 1947年美国通用电气公司发明对生产的消费品的主要功能加以鉴定，并以最低的成本实现产品或服务的必要功能，以谋求（价值=功能/成本）最大化的一种生产管理方法。价值分析的基本思路，是在使产品保持同等功能的条件下，通过使用其他代用材料、修改设计等手段，尽量降低产品的生产成本，提升产品的价值。1954年美国海军船舶局开始在其管辖的部门内推行价值分析方法，改称为"价值工程"，大幅度降低成本，减少政府支出。此后，价值工程在工业部门迅速推广，广泛应用于民用系统、建筑业、空间计划、医院等众多部门和领域，成为降低成本的重要工具。这里的"价值"是指产品的必要功能除以产品成本的比值。满足公式：价值=功能/成本（尚列、刘树成，2005）[①]。

**1948年（民国三十七年），奥尔多，社会市场经济，问卷调查，技术进步**

**奥尔多（Ordo），社会市场经济** 鼓吹"社会市场经济"的西德新自由主义者们，首先从哲学理论上来论证"社会市场经济"存在的理由。西德服赖堡大学教授欧根最早提出所谓经济的"理念型"的概念。1948年起，以欧根为中心的一批西德经济学家，出版了《奥尔多：经济和社会秩序年鉴》。奥尔多（Ordo）是一个拉丁字，本意是指一种有条不紊的秩序。这种秩序也就是一种社会经济的理念。欧根和他的追随者们认为，历史上存在的各种经济制度都是"理念经济模型"的体现。"理念经济模型"有两种：一种是"自由市场经济"，另一种是"集中管理经济"。"自由市场经济"由市场价格机制调节，资本主义经济本身不等于"自由市场经济"，而是它的一种变态形式。"自由市场经济"的优点在于资源配置的协调和经济生活的和谐。资本主义经济中存在的问题，不应由"自由市场经济"负责，而只能由资本主义本身来负责，因为资本主义经济只是"自由市场经济"的一种变态。"集中管理经济"则是通过政府计划和行政命令进行管理。其中包括各种形式：从奴隶占有制的国家管理经济到希特勒的法西斯主义统制经济、社会主义计划经济，都是"集中管理经济"的表现形式。"集中管理经济"由于排斥市场价格机制的调节，往往造成僵化、不协调和无效率的社会经济后果。西德的新自由主义者同

---

① 刘树成：《现代经济辞典》，凤凰出版社、江苏人民出版社2005年版，第505页。

时认为，两种"理念经济模型"在任何时候都不会单一地存在，任何国家某一时期的具体经济制度，都是两种"理念经济模型"的特定的组合。

西德新自由主义经济学家缪勒—阿尔马克、罗普克、艾哈德等认为，所谓"社会市场经济"是一种既非资本主义，又非社会主义的特定形式的经济，或可称为"经济人道主义"。在这种经济体制下，私有财产权得到保障，自由竞争原则受到尊重，资源的配置和收入的分配都通过市场经济进行，而国家则对市场经济起到两个方面的补充作用：一是维护自由竞争原则，反对垄断；二是运用国家所掌握的部分国民收入，协助市场经济的稳定，但国家在经济领域内的活动以不削弱市场机制作用和不限制竞争为原则。通过国家的适度调节，抑制贫富差异、失业、危机、通货膨胀等社会弊病（胡代光、厉以宁，1982）。[①]

**问卷调查** 1948年，联邦德国实行货币改革后，慕尼黑IFO经济研究所（IFO Institute for Economic Research, Munich）访问过许多公司，就货币改革能否带来相应的经济发展问题进行咨询，由此形成了一种新的信息采集方式。这种技术后来被广泛采用。从1949年11月开始，IFO经济研究所首创了世界上第一例定期（每月一次）的景气动向调查（Business Survey）。这种调查采用特有的定期问卷方式：问题是选择性的，提问内容不问"多"与"少"，只问"是"或"否"，不问未来的变化程度，只问变化的方向；问卷咨询的对象则是经济活动的参加者本人。

**技术进步** 1948年，希克斯最早对技术进步因素进行了细分，指出技术进步具有三种类型：节省劳力型、节省资本型以及中性技术进步。[②] 20世纪60年代以来，技术进步因素在动态过程中的作用开始受到越来越多的重视，相应地也出现了依照不同分类原则而对技术进步所进行的细分。1960年，索洛首次将技术进步划分为"体现的"与"未体现的"两类，并将其引入模型。[③] 另有弗尔纳（W. Fellner, 1905—）在1961年[④]，准达基斯（E. M. Drandakis）与弗尔普斯（1966年）[⑤]、孔利斯克（J.

---

① 胡代光、厉以宁：《当代资产阶级经济学主要流派》，商务印书馆1982年版，第156页。
② J. R. Hicks: The Theory of Wages, Macmillan, 1948.
③ R. M. Solow: "Investment and Technical Progress", Mathematical Wethods in the Social Sciences, Stanford, 1960.
④ W. Fellner: "Two Propositions in the Theory of Induced Innovations", Economic Journal, 1961.
⑤ Drandakis, E..M. and Phelps, E. S.: "A Model of Induced Invention, Growth and Distribution", Economic Journal, 1966.

Conlisk)（1969 年）① 等把技术进步因素内生化，建立了引致技术进步动态模型（秦朵，1986）。技术进步或者其他任何被观察、被描述的客观主体，依照不同的分类原则，都可以被细化或分解成为完全不同的部分：不同的分类原则必定导致不同的分类结果，退言之，在不同的分类体系之下，可以得出不同的比较结果；而在不同分类下的结果之间所进行的比较，通常没有意义。

**1949 年，公共选择，景气动向调查**

**公共选择** 詹姆斯·布坎南 1948 年在田纳西大学开始他卓越的学术生涯。他对经济学的重大贡献，是在被人们错误地忽视了的"公共选择"或者说"政治的经济学"领域中。对原有公共财政理论的不满意，促使他进入了这个领域（布坎南，1949）。他对公共财政问题的研究集中在以下方面：（1）税种结构；（2）由税收提供资金的各种活动；（3）就哪些商品应由集体提供以及产量和成本如何分摊做出决定的那种政治程序。这非常自然地导致他去研究个人对不同的决策规则和集体制度的反应，即公共选择问题（加雷思·洛克斯利）。②

**景气动向调查** 1948 年，联邦德国实行货币改革后，慕尼黑 IFO 经济研究所（IFO Institute for Economic Research，Munich）访问过许多公司，就货币改革能否带来预期的经济发展问题进行咨询，由此形成了一种新的信息采集方式。这种技术后来被广泛采用。从 1949 年 11 月开始，IFO 经济研究所首创了世界上第一例定期（每月一次）的景气动向调查（Business Survey）。这种调查采用特有的定期问卷方式：问题是选择性的，提问内容不问"多"与"少"，只问"是"或"否"，不问未来的变化程度，只问变化的方向；问卷咨询的对象则是经济活动的参加者本人。

**1950 年，统计决策函数，纳什均衡，信用卡**

**统计决策函数** 20 世纪 40 年代后，由于经济和军事技术的快速发展，以及电子计算机的出现，使数理统计学的应用达到了前所未有的规模。1950 年，罗马尼亚—美国数学家瓦尔德（A. Wald，1902—1950）在《统计决策函数》（*Statistical Decision Functions*）中创立了统计决策理论，

---

① Conlisk, J.: "The Neoclassical Growth Model with Endogenously Positioned Technical Change Frontier", *Economic Journal*, 1969.

② ［英］J. R. 沙克尔顿、G. 洛克斯利：《当代十二位经济学家》，陶海粟、潘慕平译，商务印书馆 1981/1999 年版，第 38 页。

对战后数理统计各分支产生不同程度的影响（王青建，2004）。

**纳什均衡**　1950年，纳什（J. Nash）建立了由有限个局中人参加的均衡模型，现通称为古诺—纳什均衡（秦朵，1986）。① 亦称古诺均衡。在博弈中，一组最优策略的组合称为"纳什均衡"，是指在给定其他参与者的策略的条件下，每个参与者都采取他所能采取的最优策略。在这种情况下，各参与者所选择的策略都已达到最优，所以不存在单方面改变其策略的动机。纳什均衡由非合作博弈论的开创者美国数学家和经济学家纳什（Jr. Nash John Forbes，1928—）提出，是非合作博弈论中一个最基础的概念（朱恒鹏：刘树成，2005）。

纳什1950年获普林斯顿大学博士学位，在《数学年刊》杂志上发表博士论文"非合作对策"，创立非合作对策理论。1951年，在马萨诸塞理工学院任教。1959年，被诊断患有精神分裂症，于是辞去教职进行长期治疗，其间仍断续坚持研究，后又到普林斯顿大学任职。纳什因在对策论领域的贡献，在经济分析方面应用后取得很大成效，而与匈牙利裔美籍经济学家约翰·豪尔绍尼（C. John Harsanyi）和德国数学家泽尔滕（Selton, R.）分享了1994年的诺贝尔经济学奖。1996年，纳什被选为美国全国科学院院士（杜瑞芝，2002）。

纳什建立了对策论（game theory）的数学原理。对策论是研究有混合利益的竞争者之间对抗的数学分支学科。以纳什解或纳什平衡（均衡）而著名的理论，试图解释竞争者之间的威胁和行动的动力学。纳什解尽管还有一些实际的局限性，但还是被商业策略家广泛应用。②

**信用卡**　信用卡最初起源于20世纪的美国。最早是由商家发行的一种信用筹码，为推销产品，刺激购买，有选择地向一些讲信誉的客户发放。客户凭这些筹码赊购商品，然后再用现金或银行转账方式结账。1950年，美国商人弗兰·克麦克纳马拉与他的好友施奈德合作投资1万美元，在纽约创立"大莱俱乐部"。这家俱乐部后来成为著名的大莱信用卡公司。俱乐部向会员们发放一种能够证明身份的特殊卡片，会员可以凭卡片记账消费，一定时期后再统一结账。由于信用卡使用方便，一经创制即广

---

　① J. F. Nash："Equilibrium in N – Person Games", Proceedings of The National Academy of Sciences 36（1950）.

　② 《不列颠百科全书》（国际中文版），中国大百科全书出版社2007年修订版，第9卷，第249页。

受关注。1952年，美国加州的富兰克林国民银行进入发行行列，率先发行了银行信用卡。许多银行马上跟进，信用卡迅速传遍美国，并在世界风行（陈彩虹，2002）。1985年，中国银行珠江分行发行第一张"中银卡"，首开中国信用卡发行之先河。但是在中国，除几家银行发行的国际卡外，真正意义上的完全赊账性质的信用卡直到1990年代末期才开始发行，其他大量在国内使用的"信用卡"都只是不具备"信用特色"的"借记卡"。这种卡相当于"存款卡"或"储蓄卡"，持有者在消费时所花的，其实只是他在此之前已经存入银行账户的那些钱（陈彩虹，2002）。

### 1951年，阿罗不可能定理

**阿罗不可能定理** 美国数理经济学家阿罗（K. J. Arrow，1921—）研究个人偏好能否集合为社会偏好，即：政治行为是否必然代表多数人的意愿，率先把经济学的个人选择引入到了政治行为过程的研究中，得到悲观的结论。1951年，阿罗提出"不可能定理"：企图在任何情况下以个人偏好次序推导出社会偏好次序是不可能的（何正斌，2009）。

### 1952年，新制度主义

**新制度主义** 加尔布雷思的新制度主义理论的最早一本重要著作是1952年出版的《美国资本主义：抗衡力量的概念》。加尔布雷思认为：一方面，现代资本主义经济中已经形成各种"抗衡力量"，例如强大的卖主、强大的买主、工会和大公司等，各方力量势均力敌；另一方面，这种情况可能成为社会不平等的原因，因为"抗衡力量"自身可能转变为反对公共利益的强大力量（例如工会和大公司相持不下，其结果即可能损害消费者和非工会工人的利益）。这种分析方法和论点反映了新制度主义特色。20世纪50年代末到70年代初，加尔布雷思众多著作中最重要的三本书分别是：《丰裕社会》（1958年）、《新工业国》（1967年）以及《经济学和公共目标》（1973年）。三本书的观点一致，只不过讨论的范围一本比一本更广泛，理论越来越系统化，结论性的意见也越来越明确。《丰裕社会》的基本论点是：今天的美国资本主义高度发展，成为"丰裕社会"，这是技术发展的必然结果，但"丰裕"不是完美，还有弊病。"丰裕"之中还有贫困，"丰裕"之后人们生活得并不理想，人的独立性受到抑制，精神上空虚、贫乏。《新工业国》的经济体系由"技术结构阶层"掌握权力的大公司构成，亦因"组织"的力量愈益强大，而使个人受到束缚、压抑，从而威胁到个人的自由、独立和幸福。公司的目标被冒充为"公共的目标",一切为了"经济增长",实际上都是为了"大公司的利益"。《经济学和公共目标》提出"二元体系"理论,认为现代资本主义社会是由"计划体系"(由少数大公司构成)与"市场体系"(由大量小企业、小生产者构成)组成的"二元体系"结构,前者有权力,后者无权力,前者剥削后者。权力的不平等引起收入的不平等,出路在于实现"权力均等化",提高"市场体系"的地位,此即所谓"加尔布雷思主义"(胡代光、厉以宁,1982)。

**1953 年,消费需求,模型偏离,并不存在的经济理论**

**消费需求** 1953 年,沃尔德(H. Wold)出版《需求分析的经济计量》[①],研究瑞典的消费需求,是经济计量方法应用的范例。在方法论的意义上,一个经济所发生消费和需求的情况,主要体现在消费的数量、消费品的市场价格和消费价值量的数字上,通过调查取得这些数据,为研究提供有用的信息,还希望考察并说明经济现象与现有经济理论究竟吻合到什么程度,希望得到妥帖的解释。

**模型偏离** 概言之,作为科学的经济学的发展依赖于事实(以数字形式的数据表达)与理论的结合,即归纳与演绎的结合。因此,所谓经济学的发展,就是要改变虽有理论而没有太多事实支持,或虽有众多事实而没有与理论相联系的状况。数量分析方法的主要目的,是分析、确证理论与事实之间的关系,所要求的条件是相对稳定的理论和可供使用的观测数据。在经济学的早期阶段,数据匮乏,故不得不在观察的基础上施以想象,假设推断;但是随着人们对经济观察的深入,数据信息逐渐丰富,于是经济学家便可以考虑如何利用这些数据,从中抽象出更符合经济事实的理论,而不是仅仅依据少量的事实去创造宏大的理论。

**并不存在的经济理论** 经济计量学仰赖经济统计关注经济现实,并试图提供足以描述这些现实的模型手段。起初,人们按照一定的假设条件,推定描述,再利用各种不同的检验去发现这种描述的误差,即不完全性。在理论研究中,某些经济关系被假设为不变,例如消费者的偏好和习惯。而在经济行为方程中加入随机误差项,正是为了容纳体现在固定描述关系之外的那些误差,即模型关系与经济事实之间的偏差,可以将其称为模型偏离。在极端严格的意义上,按照"奥卡姆剃刀"原则,所谓"经济理

---

① H. Wold: "Demand Analysis: A Study in Econometrics", 1953.

论"其实并不存在，至少不具有永恒的存在价值。它只是在现实的真实与描述的真实之间，一个可有可无的、最终必定消失的、虚无缥缈的"实体"。也是基于这样的话语背景，所谓"经济理论"的存在价值，仅仅在于它可以提供发现模型偏离的对话过程的起点。所有的"理论"都是局部的，所有的理论都是"暂时"的，上帝并没有创造出终极的一体化经济理论的兴趣和能力。

**1954 年，动态路线稳定性，需求分析，阿罗德布鲁模型，一般均衡的存在性**

**（动态路线的）相对稳定性** 1954 年，索洛和萨缪尔森首次提出了时段间有效增长路线的相对稳定性概念。① 尔后，1962 年弗路雅（H. Furuya）和稻田献（K. Inada. 1925—）② 及费雪（F. M. Fisher，1934— ）等（1963 年）③ 对此问题都作出了较大的贡献（秦朵，1986）。

**需求分析** 在需求分析研究方面做出突出贡献的是英国经济学家斯通，其代表作是 1954 年出版的《1920—1938 年英国消费者支出和行为的度量》。④ 斯通不仅针对具体问题进行数量分析，得出了重要结论，而且还论述了数量分析在经济学研究中的意义和基本原理。此外，在对英国的消费者支出和市场需求进行深入研究的基础上，斯通首次从理论上提出了线性支出系统的研究方法。⑤ 这是一个具有基础理论性质的关于需求方程的实用系统，对后来的需求研究有重要作用。其基本表述形式，在经济学上符合消费的基本理论，在数学和统计学上满足可加性、齐次性和替代矩阵的对称性。其参数估计需要利用迭代最小二乘法。斯通这一成果，是经济计量方法对实际问题应用研究的成功典范（汪同三，1992）。

**阿罗德布鲁模型** 1954 年，美国经济学家阿罗（K. J. Arrow，1921—）和美籍法国经济学家德布鲁（G. Debreu，1921—）以生产集合代替固定系

---

① Solow, R. M. and Samuelson, P. A.: "Balanced Growth Under Constant Return to Scale", Econometrica, 1954.

② Furuya, H. and Inada, K.: "Balanced Growth and Intertemporal Efficiency in Capital Accumulation", International Economic Review, 1962.

③ Fisher, F. M.: "A Comment", International Economic Review, 1963.

④ R. Stone: The Measurement of Consumer's Expenditure and Behaviour In the U. K. 1920 - 1938, 1954.

⑤ R. Stone: "Linear Expenditure System and Demand Analysis: An Application to the Pattern of British Demand", The Economic Journal, Vol. 64, 1954.

数的生产技术方法,用准序数型偏好结构代替效用函数,建立了一个比瓦尔拉均衡模型更为广义的一般均衡模型①(秦朵,1986)。

**一般均衡的存在性** 1954年,美国经济学家迈肯济(L. W. McKenzie,1919—)用角谷静夫定理证明了一般均衡的存在性。②紧接着,迈肯济③与二阶堂(H. Nikaido,1923—)④又分别证明了广义的阿罗德布鲁模型中竞争均衡的存在性(秦朵,1986)。

**1955年,美国计量模型**

**美国计量模型** 20世纪40年代之后,克莱因(L. R. Klein,1920—)先后建立了三个美国宏观模型,其中最为复杂并且影响最大的是他与哥德伯格(A. S. Goldberger,1930—)合建的美国经济计量模型,这个模型被首次用于定期的事前预测和财政与货币政策模拟。⑤在此之后,宏观经济计量模型大行其道,在加拿大、荷兰、英国、印度、日本、意大利、德国等许多国家出现。及至20世纪60年代,随着计算机技术的飞速发展,宏观计量模型的发展更加复杂、多样,并且逐渐摆脱了仅仅依靠个人力量的模式,成为有组织的集体项目,模型规模越来越大,分类越来越细,理论越来越复杂⑥(秦朵,1986)。

**1956年,核估计方法,芝加哥传统,多部门动态模型**

**核估计方法** 罗森布拉特(Rosenblatt,1956)⑦和帕森(Parzen,1962)⑧是最早系统地提出密度函数核估计方法,即罗森布拉特-帕森

---

① Arrow, Kenneth J. and Debreu, Gerhard: "Existence of an Equilibrium for a Competitive Economy", Econometrica, 22 (1954).

② McKenzie, Lionel W.: "On Equilibrium in Grahams Model of World Trade and Other Competitive Systems", Econometrica, 22 (1954).

③ McKenzie, L. W.: "Competitive Equilibrium with Dependent Consumer Preferences" in Proceedings of The Znd Symposium in Linear Programming, ed, H. A. Antosiewicz (Washington: National Bureau of Standards 1955).

④ Nikaido, Hukukane: "On the Classical Multilateral Exchange Problem", Mwtroeconomica 8 (1956).

⑤ Klein, Lawrence R. and Goldberger, Arthar S: An Econometric Model of the United States, 1922-1952, North-Holland Publishing Company, 1955.

⑥ Bodkin, Ronald G., Klein, L. R. and Marwah, Kanta: "Macro-Econometric Modelling: A Schematic History and a View of Its Possible Future", 1983 (To be Published).

⑦ Rosenblatt, Murray (1956), Remarks on some nonparametric estimates of density function, Annals Mathematical Statistics, 27, pp. 832-837.

⑧ Parzen, Emanuel (1962), On estimation of a probability density function and mode. Annals Mathmatical Statistics, 33, pp. 1065-1076.

（Rosenblatt – Parzen）核估计方法的学者。核估计量是应用最普遍的非参数密度估计量（李雪松，2008）。

参数估计量 OLS（最小二乘法）、MLE（最大似然法）、GMM（广义矩方法），都需要对变量间的关系作出参数假设。这些估计量都具有优良的性质，比如一致性和渐近正态性。但有时经济理论并不能提供准确的函数关系，而一旦函数形式误设，这些估计量将不再是一致的。与参数估计方法不同，采用非参数方法时，不需对未知函数和统计分布形式作任何具体的假定，且估计量的稳健性好。非参数密度估计方法的弱点，是它要求大量的数据，存在窗宽的最佳选择问题，且收敛速度较慢。换言之，非参数方法的基本思想是要避免预先设定变量分布的密度函数的形式。在密度函数的非参数估计方法中，最简单的是局部直方图法，应用最广泛的是核估计方法。所谓局部直方图法，就是把 x 的区间按照固定窗宽 h 等分，然后计算落入每个区间的样本点所占的比例；为避免局部直方图法估计出的密度函数所具有的非连续性，更好的做法是用平滑的权数集，比如选择一个正的核函数，来替代指标函数。

非参数回归模型比较适合于解释变量较少的情形，当解释变量数量较多时，人们转向半参数回归模型。半参数密度估计方法对经济变量之间的关系作出部分的设定，半参数模型是近年来微观经济计量学中较为热门的研究问题之一（李雪松，2008）。

**芝加哥传统**　即芝加哥经济学传统，是货币主义的理论渊源之一。1956 年，货币学派的首领密尔顿·弗里德曼即曾指出，所谓芝加哥传统，"就是坚持货币至关重要这样一种理论研究方法——如果忽视货币的变动和反应，如果对人们为什么愿意单单保持现有的名目货币量不去加以阐明，那么对经济活动的短期动向的任何解释就会如坠五里雾中。"在创立货币主义学派时，弗里德曼沿着"剑桥方程式"的思路重新表述了他对货币数量论的见解，同时声明："货币理论的一个更为基本的发展，是以深受凯恩斯的流动偏好分析影响的方式而重行描述的货币数量说。"[①] 在经济学理论方面：一般认为美国芝加哥大学具有两个传统的特征。一是重视货币理论的研究，二是坚持经济自由主义思想，反对政府直接干预市场

---

① 弗里德曼：《货币数量说》，《国际社会科学百科全书》1968 年版，第 439 页。转引自胡代光、厉以宁《当代资产阶级经济学主要流派》，商务印书馆 1982 年版，第 105 页。

经济活动。这种传统，可以追溯到 19 世纪末至 20 年代初芝加哥大学在货币经济学方面的领军人物詹姆士·劳伦斯·劳夫林（1850—1933）。他的主要观点发表在《货币原理》（1903 年）、《货币与价格》（1919 年）等著作中。在货币理论方面，他并不同意甘默尔和费雪等的简单的货币数量理论，而是主张多种因素决定物价水平的观点（胡代光、厉以宁，1982）。

**多部门动态模型** 建立在一般均衡理论基础之上的多部门动态模型兴起于 20 世纪 50 年代。这方面的研究，沿着拉姆塞和冯·诺伊曼所开拓的道路，大致朝向以消费为导向的最优增长模型和以生产为导向的最优积累模型两个支路发展。1956 年，萨缪尔森和索洛建立了消费导向的全部资本品模型。① 在稍后的 1960 年，丁伯根建立了消费导向的最优储蓄率模型。② 与消费导向的优化模型相比，生产导向的模型更被广泛重视。首先是诺伊曼模型本身的拓展和完善。凯米内（J. G. Kemeny，1926—）③、卡林（S. Karlin，1924—）④ 及豪尔（C. W. Howe，1931—）⑤ 分别用博弈论、普通集合论和线性规划的对偶定理证明了诺伊曼均衡状态的存在性；而森岛通夫（1964）⑥ 则对诺伊曼模型做了一系列的扩展。紧随诺伊曼均衡状态的存在性之后，是"高速增长定理"，即生产导向的最优增长路线在长期时向诺伊曼均衡渐进的性质的发现及证明（秦朵，1986）。

**1957 年，歧视经济学，市场歧视系数，动态优化**

《歧视经济学》 1957 年，27 岁的加里·贝克尔在其博士论文的基础上完成了自己的第一本重要著作《歧视经济学》，并于 1971 年再版。⑦ 但是在 20 世纪 50 年代中期知识界的气氛中，仍然醉心于凯恩斯经济学显

---

① R. M. Samuelson, and R. M. Solow: "A Complete Capital Goods Model Involving Heterogeneous Capital Goods", Quarterly Journal of Economics, 1956.

② Tinbergen, Jan.: "Optimal Savings and Utility Maximization Over Time", Econometrica, 1960.

③ J. G. Kemeny, et al.: "A Generalization of the von Neumann Model of an Expanding Economy", Econometrica, 24, 1956.

④ Karlin, S.: Mathematical Methods and Theory in Games, Programming, and Economics, Mass: Addison - Wesley, 1959.

⑤ C. W. Howe: "An Alternative Proof of the Existence of General Equilibrium in a von Neumann Model", Econometrica, 28, 1960.

⑥ Morishima, M.: Equilibrium, Stability and Growth, Clarendon Press, 1964.

⑦ G. S. Becker, 1957 (1st edn), 1971 (2nd end) The Economics of Discrimination, University of Chicago Press.

赫成就的经济学界占据着主流,贝克尔对微观经济分析的运用,无可避免地使他在经济学同行中遭到"冷淡和敌意"。更何况在这本书中,还隐含着芝加哥学派所特有的那种对政府仁慈的不信任态度(沙克尔顿,1981/1999)。

**市场歧视系数**　贝克尔认为,在市场经济中,两个集团之间经济上的不平等,本身不能作为存在歧视的证据。……应当把由于学历、技术、工作经验等因素造成的差别分离出来,以便剩下一个由"纯粹的"歧视带来的差别,这个剩余部分才是研究的主要对象。① 为此,贝克尔定义了一个市场歧视系数,用来从理论上衡量"纯歧视"的大小。市场歧视系数(MDC)的定义是:

$$MDC = Y(W)/Y(N) - Y_0(W)/Y_0(N)$$

其中,$Y(W)$ 和 $Y(N)$ 是统治集团(W)和被歧视集团(N)的成员所分别得到的实际收入;$Y_0(W)$ 和 $Y_0(N)$ 是在没有歧视的情况下他们分别得到的收入。

按照贝克尔的观点,这种"纯歧视"仅仅是一种特别的"爱好",可以从经济的角度进行分析;并且这种意义上的歧视,在长期均衡的意义上并非一般所认为的是一种增加歧视者货币收入的手段,而实际上是既加于歧视者也加于被歧视者的一种花费。歧视的存在,意味着歧视者显然愿意付出这种费用,来换取放纵自己"爱好"的收益(沙克尔顿,1981/1999)。②

**动态优化**　经济学中的动态优化研究,与第二次世界大战后控制领域动态优化技术的发展有着十分密切的联系。1957 年,贝尔曼(R. Bellman, 1920—)出版《动态规划》著作,③ 提出最优化原理与动态规划理论(秦朵,1986)。

**1958 年,高速增长定理,就业不均衡,菲利普斯曲线**

**高速增长定理**　五十年代后期,萨缪尔森与多夫曼(R. Dorfman, 1916—)和索洛(R. M. Solow,1924—)在求解长期最优规划问题时发现

---

① 然而这并非否认不同集团在接受教育和训练机会上可能存在歧视。贝克尔(1967 年)对此作出了有价值的贡献。

② [英]J. R. 沙克尔顿、G. 洛克斯利:《当代十二位经济学家》,陶海粟、潘慕平译,商务印书馆1981 年版,第32 页。

③ R. Bellman: Dynamic Programming, Princeton Univ. Press.

了长期最优轨迹向有效均衡轨迹收敛的"高速增长定理"性质。①

**就业不均衡** 闻特罗布（S. Weintraub，1914—）等人用总量的需求和供给函数重新描述凯恩斯理论，以便把就业的不均衡现象包含其中②（秦朵，1986）。

**菲利普斯曲线** 用以表示失业率与通货膨胀率之间此消彼长、互相替代关系的曲线。1958年，伦敦政治经济学院教授、经济学家菲利浦斯（Alban W. Phillips，1914—1975）根据1861—1957年英国的有关统计资料，估算配合，编制成表示失业和货币工资变动率之间的关系模型。以 y 表示货币工资变动率。x 表示失业率，a、b、c 为参数，得出方程式：$y + a = bx^c$。据说，货币工资率的增长幅度如果大于劳动生产率的增长幅度，物价就上涨，所以这一公式又意味着失业与物价变动之间的关系。在坐标图上，如以物价上涨率为纵坐标，以失业率为横坐标，那么可以表现出一条向右下方倾斜的曲线。这条曲线被称为菲利普斯曲线。它意味着失业率和物价上涨率（或通货膨胀率）之间有一种此消彼长的交替关系。其实，菲利普斯曲线只是依据经验的统计资料求得的关于失业率与通货膨胀率这两个变量之间的交替关系。这条曲线受到奉行凯恩斯主义"需求管理"政策的政府人士的欢迎：如果失业与通货膨胀之间确实存在交替关系，那么政府便可以依此制定政策，要降低失业率，可以实行通货膨胀来实现；要遏制通货膨胀，只消适度增加一些失业率。60年代初期，萨缪尔森和索洛根据美国1960年以前的统计资料计算得出，美国的菲利普斯曲线表现为5%—6%的失业率大概要求使工资的提高不超过美国经济中的劳动生产率增长；而要满足当时一般承认的"充分就业"的定义，即只有3%的失业率，物价就不得不上涨到年率为4%—5%的水平。③

然而，自20世纪60年代后期以来，通货膨胀与失业并发，使得菲利普斯曲线不可能再继续作为政府"需求管理"的依据。更有甚者，这种并发甚至动摇了标准凯恩斯经济学的调节总需求的学说，因为通货膨胀不是在

---

① Dorfman, Robert、Samuelson, P. A, and Solow, R. M.：Linear Programming and Economic Analysis, McGraw – Hill, 1958.

② Weintraub, Sidney：Approach to The Theory of Income Distribution, Philadelphia：Chilton, 1958.

③ 萨缪尔森、索洛：《反通货膨胀政策的分析见解》，《美国经济评论》（1960年版），第192页。

达到充分就业之后出现过度需求时产生，而是在失业，甚至是大量失业存在的条件下出现；至于失业，也不是通过刺激需求就能减少的。事实证明，即使政府一再刺激需求，也无法把大量的失业消除。在一国经济同时面临高通货膨胀和高失业率双重压力的时候，要想利用凯恩斯主义财政金融政策调配解药，已经十分困难。换言之，失业和通货膨胀交替关系的协同恶化，在凯恩斯体系内部无法加以解说，因为按照标准凯恩斯理论，过度需求产生通货膨胀，有效需求不足时产生失业，除非过度需求与有效需求不足同时出现，否则通货膨胀和失业就不会并发（胡代光、厉以宁，1982）。

**1959 年，公共经济学，新自由主义，应用研究，价值理论，舒毕克模型，孙冶方考察**

**公共经济学**　1959 年，美国学者理查德·马斯格雷夫（Richard Abel Musgrave）出版《财政学原理：公共经济研究》（*The Theory of Public Finance: A Study on Public Economics*），首次引入"公共经济学"概念。按照马斯格雷夫自己的说法，公共经济学就是研究政府所从事的经济活动的主要后果及其与社会目标的关系。此后，他又在 1964 年和 1965 年分别以法文和英文出版《公共经济学基础：国家经济作用理论概述》和《公共经济学》，直接以"公共经济学"为书名，标志着现代公共经济学的产生。马斯格雷夫由此被称为"公共经济学之父"（陈柳钦，2011）[①]。

**（西德的）新自由主义**　从理论上说，联邦德国（西德）的新自由主义与哈耶克的新自由主义稍有区别，对经济政策的影响更大些。由于艾哈德（Ludwig Erhard，1897—1977）[②]和其他一些新自由主义经济学家曾在联邦德国政府中担任经济和财政方面的重要职位，因此更容易在政策制定中发挥影响。艾哈德所著《通过竞争的繁荣》（伦敦，1959 年），不仅从西德战后初期的回复和发展经验中得出"维持自由经济秩序"的必要性，而且提出加强市场经济、缩小国家干预范围，以保持"持久繁荣"

---

[①] 陈柳钦：《衡量财政收支对社会经济的影响——西方公共经济学的缘起与发展》，《中国社会科学报》2011 年第 13 版。

[②] 艾哈德（Ludwig Erhard，1897—1977），联邦德国总理（1963—1966），经济学家。早年在纽伦堡从事经济研究工作。第二次世界大战后，任伐利亚州经济部长，曾负责巴伐利亚工业重建工作和担任英美占领区经济执行理事会主席。1949—1963 年任联邦德国经济部长。1957 年起兼任副总理。实行新自由主义经济政策，对联邦德国战后经济复兴起了重要作用。1963 年任总理，1966 年辞职。同年出任基督教民主联盟主席。著有《全民福利》、《德国经济政策》、《通过竞争的繁荣》等，《辞海》1999 年版音序缩印本，上海辞书出版社，第 16 页。

的政策建议。在西德,新自由主义的政策理论同政府的实际政策之间密切联系。"社会市场经济"政策,是政府经济政策的重要内容之一。这一点与哈耶克的纯粹理论性的、学院式的探讨有所不同(胡代光、厉以宁,1982)。之所以发生这种情况,一个可能的原因在于:英美两国是凯恩斯理论的主要基地,哈耶克其实并未成为彼时彼地社会经济环境的主流,心有所思,力则不逮,不在其位,难谋其政,哈耶克也有他的无奈与无为。

**应用研究** 与不断创新的经济理论研究齐头并进的,是活跃的应用研究。美国的库兹茨(S. Kuznets,1901—)从 20 世纪 30 年代以来,即开始对大量历史统计数据采用因素分析法进行分析处理,对许多国家的经济增长特点提出独到的见解。[①] 从事类似工作并有所贡献的,还有登尼森(E. F. Denison,1915—)等人。[②] 20 世纪 50—60 年代出现了列昂惕夫动态投入产出模型,之后又出现了采用投入产出结构概念的动态优化模型(秦朵,1986)。总而言之,各种形式的动态模型与优化模型越来越成为不同国家制定经济政策、分析经济计划的实现政策模拟的工具。

**《价值理论》** 1959 年,美籍法国经济学家德布鲁(Debreu, Gerard. 1921—)出版《价值理论:经济均衡原理分析》[③],是对一般均衡研究的阶段性总结(秦朵,1986)。德布鲁被授予 1983 年度诺贝尔经济学奖,以表彰他在一般均衡理论方面所作出的杰出贡献。德布鲁是现代数理经济学的著名代表人物之一。他通过发展微观经济学的拓扑学和集合论基础,引起了经济理论研究的一场革命。他不是通过微积分和矩阵代数,而是通过使用拓扑学和集合论,成功地以最经济和最精确的方法重新阐述了竞争价格理论的传统理论。由德布鲁等人首创的一般均衡分析已经成为当代微观经济理论的统一构架。德布鲁的主要著作包括:《价值论:经济均衡原理分析》(1959 年)、《数理经济学:热拉尔·德布鲁 20 篇论文》(1983 年)等(刘树成,2005)。

---

① Kuznets, Simon: Six Lectures on Economic Growth, 1959; Modern Economic Growth, 1966; Economic Growth of Nations, 1971.

② Denison, Edward F.: Why Growth Rates Differ: Post – War Experience in Nine Western Contries, 1967; Accounting for Slower Exonomic Growth: The United States in the 1970s, 1979.

③ Debreu, G.: The Theory of Value: An Axio – Matic Analysis of Economic Equilibrium, John Wiley, 1959.

**舒毕克模型** 1959年，舒毕克（M. Shubik, 1926— ）建立了一个分配变动集随局中人数目的增加而减少的均衡模型。① 1963年，德布鲁和斯卡夫（H. Scarf, 1930— ）在舒毕克模型基础上提出并证明了"极限定理"。② 随后，1964年，为了克服局中人数有限性对竞争价格的影响，奥曼（R. J. Anmann）证明了当局中人行为集合为缺原子测度空间时均衡的存在性。③

**孙冶方（赴苏联）考察** 1959年，新中国经济学界的前辈孙冶方等同志就开始意识到，经济学必须开展定量研究，并带队到苏联考察社会主义国家研究和应用经济数学的情况。

**1960年，最优的存在性，可控性，卡尔多模型，荷兰病，比较静态分析，经济数学小组**

**最优的存在性，可控性** 1960年，卡曼（R. E. Kalman, 1930— ）证明了最优控制的存在性，并且建立了"可控性"概念。④

**卡尔多（宏观分配）模型** 1960年，卡尔多（N. Kaldor, 1908— ）从凯恩斯理论出发建立了宏观分配模型。⑤ 此间以卡尔多和罗宾逊夫人为代表的剑桥学派建立的动态总量模型主要用来说明增长与国民收入分配的关系（秦朵，1986）。⑥

**荷兰病（the Dutch disease）** 荷兰病是指一国，特别是中小国家经济的某一初级产业部门异常繁荣而导致其他产业部门衰落的现象。20世纪60年代，已是制成品出口主要国家的荷兰发现大量天然气，荷兰政府大力发展天然气业。这一措施严重打击了荷兰的农业和其他工业部门。到20世纪70年代，荷兰遭受到通货膨胀上升、制成品出口下降、收入增长率降低、失业率增加的困扰，国际上将这种现象称为"荷兰病"。

**比较静态分析** 20世纪60年代，以森岛通夫为首的一些经济学家开

---

① Shubik, Martin: "Edgeworth Market Games", Contributions to The Theory of Gams, IV Annals of Mathematics Studies, No. 40, Princeton University Press, 1959.

② Debreu, Gerhard and Scarf, Herbert: "A Limit Theorem on the Core of an Economy", International Economic Review 4, 1963.

③ R. J. Anmann.: "Markets with a Continunm of Traders", Econometrica 32, 1964.

④ Kalman, R. E., Bol Soc. Mat. Mex. 5, 102 (1960).

⑤ N. Kaldor: "Alternative Theories of Distribution", Essays on Value and Distribution, London, 1960.

⑥ N. Kaldor: "A Model of Economic Growth", Essays on Econo, ic Stability and Growth, London, 1960; Robinson, J.: Essays in The Theory of Economic Growth, Londun, 1962.

始探讨一般均衡全局的比较静态分析,① 但是在这个领域的研究尚无一般化方法。所谓比较静态分析，即是分析均衡时一些已知条件的变动对均衡状态的影响。从方法上看，比较静态分析与稳定性的证明所用的数学基本相同。比较静态研究也是起始于希克斯和萨缪尔森的著作。由他们起源的局部比较静态分析，主要讨论的是应该对所用矩阵加以何种约束的问题。其中的主要办法有：（1）极大化假定，即对二阶导数做出假定；（2）对应定理，即做出稳定性假定；（3）质判定法，即用矩阵中的正、负号形式来分析；（4）特定约束，如瓦尔拉斯法则、供求函数的齐次性等等（秦朵，1986）。1960年，约翰森（L. Johansen, 1930—）将一般均衡模型线性化解出,② 使一般均衡理论向应用领域大进一步。

**经济数学（方法）小组** 1960年，中国科学院经济研究所国民经济平衡组内设立了经济数学方法小组。同时，中国科学院数学研究所运筹学研究室设立了经济研究小组，与经济研究所的小组合作，开始了经济数学方法、社会主义再生产数学模型和部门联系平衡（投入产出）原理三方面的研究③。当时在中国国内，把西方经济学统统看成是"反动、庸俗的资产阶级经济学"，视"定量经济研究"为资产阶级、修正主义的东西，因此只有为数不多的青年学者投身其中，并且是以"批判的方式"进行研究。虽然如此，在"批判性地"吸收数理经济学与经济计量学的方法方面，尤其是在投入产出分析方面还是取得了很大的进展。

**1961年，合理预期，技术进步，高速增长定理**

**合理预期** 合理预期的概念最早在1961年被约翰·穆思所采用。④ 穆思作了这样的假定：人们在进行预测时，总是以自己尽可能收集到的信息作为依据，但合理预期的理论发展主要集中在20世纪70年代。美国芝加哥大学的年轻教授小罗伯特·卢卡斯被认为奠定了合理预期的理论基础。他和美国明尼苏达大学的托马斯·萨金特、尼尔·华莱士是这一学说

---

① M. Morishima: "On the Three Hicksian Laws of Comparative Statics", Review of Economic Studies 27, 1960.
② L. Johansen: A Multi-Sectoral Study of Economic Growth, North-Holland, 1960.
③ 参见张守一《数量经济学概论》，辽宁人民出版社1985年版，第19—21页。
④ 约翰·穆思：《合理预期和价格变动理论》，《经济计量学》1961年7月。

最重要的代表者。① 他们三人同其他一些年轻学者组成"合理预期学派"，又称"理性预期学派"，成为货币学派的分支，享有"比弗里德曼还要弗里德曼"的声誉。美国经济学界的部分人士认为，卢卡斯很可能成为弗里德曼的继承人。

合理预期学派认为，政府在经济领域里是无能为力的，它在财政金融政策上耍的花招，例如在这里降低税收，在那里提高利率，只有在完全出乎公众意料之外的情况下才能影响经济。但是，"人们认识到真理，就不再犯同样的错误。当他们这样做时，他们就取消了政策所期望达到的效果。"因此，合理预期派持有这样一种怀疑态度，即：经济学家究竟懂得多少？政府究竟能有多大作为？② 由于合理预期的结果，政府的经济政策对人们经济行为的影响将是微弱的（胡代光、厉以宁，1982）。

**技术进步** 1948 年，希克斯最早将技术进步细分为节省劳力型、节省资本型，以及中性技术进步三种类型。③ 1960 年索洛将技术进步分为"体现的"与"未体现的"两类，并将其引入模型。④ 1961 年，弗尔纳（W. Fellner, 1905—）把技术进步内生化⑤。嗣后，准达基斯（E. M. Drandakis）与弗尔普斯（1966 年）⑥、孔利斯克（J. Conlisk）（1969 年）⑦ 等人也把技术进步因素内生化，建立了引致技术进步动态模型。

在术语意义上，任何被观察与描述的主体，都可以依据不同的分类原则，被细化或分解成为完全不同的次级主体：正是不同的分类原则，导致出现不同的分类结果，结果服从原则。采用不同的分类体系，可以得出不同的比较结果；不同分类的结果之间，不存在比较的价值。

---

① 小卢卡斯：《预期和货币中性》，《经济理论杂志》1972 年 4 月。萨金特、华莱士：《合理预期、最适度的货币手段和最适度的货币供应规则》，《政治经济学杂志》1975 年 4 月。转引自胡代光、厉以宁《当代资产阶级经济学主要流派》，商务印书馆 1982 年版，第 123 页。

② 参见《新经济学家》，《新闻周刊》1978 年 7 月 3 日；《切合实际的新经济学》，《幸福》杂志 1978 年 12 月（《世界经济译丛》1979 年第 5 期）。

③ J. R. Hicks : The Theory of Wages, Macmillan, 1948.

④ R. M. Solow : "Investment and Technical Progress", Mathematical Wethods in the Social Sciences, Stanford, 1960.

⑤ W. Fellner: "Two Propositions in the Theory of Induced Innovations", Economic Journal, 1961.

⑥ E. M. Drandakis, and Phelps, E. S. : "A Model of Induced Invention, Growth and Distribution", Economic Journal, 1966.

⑦ J. Conlisk : "The Neoclassical Growth Model with Endogenously Positioned Technical Change Frontier", Economic Journal, 1969.

**高速增长定理**　继萨缪尔森、多夫曼和索洛在20世纪50年代后期对高速增长定理进行的开创性研究（1958）①之后，森岛通夫（1964）、二阶堂（1964）②、迈肯济（1963）、拉德纳（R. Radner, 1927—）③等人将定理进行了精练和广义化。1967年，文特（S. G. Jr. Winter, 1935—）通过引进一些新的概念和假定条件，提出了"直上高速路线"的定理④（秦朵，1986）。

**1962年，极大值原理，消费导向优化的存在性，同意的计算，公共选择，布坎南流亡**

**极大值原理**　1962年，庞特利亚金（L. S. Pontryagin, 1908—）提出极大值原理。⑤推进了动态优化方法的应用与研究。

**消费导向优化的存在性**　1962年，查克拉瓦提（S. Chakrauaty, 1910—）证明了消费导向优化中最优储蓄率问题的存在性。⑥1965年，威萨克（von Weizsacker, 1912—）也证明了此类问题的存在性。⑦

**《同意的计算》**　1962年，布坎南与戈登·塔洛克合著《同意的计算》，成为公共选择理论的经典著作。1963年，二人又一起创立公共选择学会，宣扬公共选择的自由主义学说。早期的布坎南向往成为"社会主义者"，他注意到所谓"上层建筑"问题一直是社会主义理论研究的主要对象，而在西方，除了文艺复兴时期的老调之外，其实并没有多少新东西，成为西方学术研究的一个薄弱环节。于是布坎南运用西方正统理论的分析工具，使公共选择理论融汇新经济自由主义的潮流，加入了针对凯恩斯主义弊端的批评和进攻（何正斌，2009）。

---

① Dorfman Robert、Samuelson, P. A, and Solow, R. M.：Linear Programming and Economic Analysis, McGraw – Hill, 1958.

② H. Nikaido：" Persistence of Continual Growth Near the von Neumann Ray: A Strong Version of the Radner Turnpike Theoren", Econometrica, 1964.

③ Radner Roy：" Paths of Economic Growth That Are Optimal with Regard Only to Final States: A Turnpike Theorem", Review of Economic Studies, 1961.

④ S. G. Winter, Jr.：" The Norm of a Closed Technology and the Straight – Down – the – Turnpike Theoren", Review of Economic Studies, 1967.

⑤ Pontryagin, L. S. Boltyanskii, V. G. Gamkrelidze, R. V. and E. F. Mishchenko, : The Mathematical Theory of Optimal Processes, Wiley, 1962.

⑥ S. Chakravarty：" The Existence of an Optimal Saving Program", Econometrica, 1962.

⑦ C. C. Von Weizsacker：" Existence of Optimal Programs of Accumulation for an Infinite Time Horizon", Review of Economic Studies, 1965.

**布坎南流亡** 政治问题历来敏感，标榜民主自由的西方也不例外。布坎南声称要对政治的无效率进行审查验证，虽然是以西方正统的古典经济学方法研究政治问题，却并不妨碍得出批判性的结论，于是同样会引起统治者的制裁时方透过弗吉尼亚大学校方①干涉。迫于压力，1968—1969年布坎南流亡洛杉矶加利福尼亚大学任经济学教授。这个事件说明经济科学具有正向外部性，以及一元化的特点，矛头所指，殊途同归；也说明无效率的政治必然具有捍卫统治者利益的作用，所以会受到现行统治者的格外垂青。好在经济学理论界的大环境有利于布坎南发展其学说，1969年他重返弗吉尼亚大学，担任弗吉尼亚大学和乔治·梅森大学经济学教授，正式挂出"公共选择研究中心"招牌，收揽门徒，传播学说，终成大器。1986年，布坎南获诺贝尔经济学奖，表彰他在"政治决策理论的契约和法制基础的发展"方面的贡献。

**1963年，健康经济学，新古典综合，机会平等，沃顿模型，增长路线的相对稳定性，无限维空间优化**

**健康经济学** 1963年，阿罗（K. J. Arrow）发表《不确定性与卫生保健的福利经济学》，标志着健康经济学的真正建立②。阿罗应用福利经济学第一定理和第二定理界定了医疗服务市场与完全竞争市场的偏离，尤其是疾病发生的不确定性带来的风险分担市场的缺失，并以此为背景讨论了医疗市场的特殊性，指出医疗需求是不稳定的，同时医生作为病人的代理人也是利润最大化行为者。其次，他在确定性的假设下分析了医疗市场与完全竞争市场的差异主要在于收益递增、进入障碍以及医疗定价行为的价格歧视三个方面。最后，他在不确定性的假设下，比较了医疗市场与完全竞争市场的差异（高梦滔，2002）。③

**新古典综合** 新古典综合是现代凯恩斯主义中的一个流派，从标准凯恩斯理论出发，吸收传统经济学的一些论点，把二者"综合"在一起，用来指导制定国家的经济政策。当代新古典综合派的重要代表人物有美国的保罗·萨缪尔森、詹姆士·托宾、罗伯特·索洛、华尔特·海勒、阿

---

① 1956—1968，布坎南升任为弗吉尼亚大学经济学教授。

② K. J. Arrow, 1963, "Uncertainty and the welfare economics of medical care", *American Economic Review*, Vol. 53, pp. 947–967.

③ 高梦滔：《美国健康经济学研究的发展》，《经济学动态》2002年第8期。《中国社会科学报》2011年5月12日第12版。

瑟·奥肯、赫伯特·斯坦、詹姆士·杜生贝等人。"新古典综合"一词是保罗·萨缪尔森"创造"出来的。其中"新古典"是指对凯恩斯以前的传统经济学，即所谓"新古典经济学"的某些理论。"新古典综合"就是把凯恩斯理论同"新古典"经济理论"综合"在一起。正如萨缪尔森所一再强调的，"新古典综合"理论也就是一种"混合经济"理论。

1963年，萨缪尔森撰写《凯恩斯派理论发展概述》①，曾把"新古典综合"列为战后凯恩斯派的主要"理论发展"之一，所以后来它又被称为"后凯恩斯主流经济学"，而萨缪尔森本人从《经济学》第8版起则不再使用"新古典综合"这个术语。萨缪尔森长期在美国麻省理工学院任教，在那里形成了一个宣传新古典综合派理论的中心。由于该校位于波士顿城附近的坎布里奇，恰巧与英国剑桥大学校址同名，西方经济学界便把美国萨缪尔森等与英国琼·罗宾逊等彼此间的争论叫作"两个剑桥之争"，这实际上就是现代凯恩斯主义的两大分支——新古典综合学派和新剑桥学派——之争。1978年5月，琼·罗宾逊在北京与中国经济学家座谈时，除了主要批评萨缪尔森而外，也批评了托宾。虽则如此，新古典综合至今仍是经济学的"主流派"，并以"新正统"自居（胡代光、厉以宁，1982）。

**机会平等**　关于平等问题，更重要的是"机会平等"。哈耶克②认为，为了实现福利国家而要创立"公正经济"的运动是无稽之谈，只有个人的行动才可能是公正的，"正如世界上健康、力量或美丽的分配不可能是什么正义非正义的问题一样，物品的分配也不可能分什么公正不公正。"③

---

①　萨缪尔森：《凯恩斯派理论发展概述》，莱卡契曼编《凯恩斯的通论：三十年的报导》，1964年，纽约，第332、340页。

②　哈耶克（1899—　）是当代最有影响的新自由主义理论家，1899年出生于维也纳，原籍奥地利，受教于维也纳大学；20世纪20年代曾任奥地利经济研究所所长（1927—1931年）和维也纳大学经济学讲师（1929—1931年）。1931年起，到英国伦敦大学任图克讲座经济学与统计学教授，1938年加入英国籍；1950年起，到美国芝加哥大学任社会伦理学教授，1962—1970年在西德弗赖堡大学任经济学教授。1970—1974年任奥地利萨尔茨堡大学客座教授。维也纳大学、伦敦大学、芝加哥大学和弗赖堡大学都是新自由主义的重要理论阵地，哈耶克先后在这些大学中担任过教授，所以当人们以"新奥国学派"、"新维也纳学派"、"伦敦学派"、"伦敦-芝加哥学派"或"弗赖堡学派"代表新自由主义时，都必然提到哈耶克，把它列为这些学派的重要代表人物。从哈耶克的学术倾向来看，他同罗宾斯的观点最为接近，将这二人合称为伦敦学派的主要代表人物更为恰当。

③　参见《纽约时报》1979年5月7日，转引自《世界经济译丛》1980年第5期，第43页。胡代光、厉以宁：《当代资产阶级经济学主要流派》，商务印书馆1982年版，第151页。

罗宾斯在 1963 年出版的《政治学和经济学》一书中论述了新自由主义关于"机会平等"的看法。罗宾斯认为:"机会平等"与"收入和财富的平等"不同,它的意义在于让人们在自由经济体制中有同等的竞争机会。他说道:"对一个年轻人来说,如果用若干法定的或等级的限制来否认他能从事特定的职业,那是极不相宜的,因为这样做违背法律上的平等这个原则。……我们认为,这种情形在道义上是不合适的;在经济上说是不合算的,因为这样就不能做到人尽其才。"① 罗宾斯把"机会平等"列为一个值得争取的"良好的"目标,具有"广阔的前景和丰富多彩的内容",并认为可以采取"一种不那么有破坏性的方式"去努力实现它。同时罗宾斯也坦率地承认"不想牺牲一切去争取它"。这一点很重要,因为它反映了对政府干预的基本看法。换言之,政府的干预即使在促进"机会平等",更不消说促进"收入和财富平等"方面,也只能被局限在十分有效的范围之内。如果超过限度,则"过犹不及",会带来新的"不平等"。正如哈耶克所表述的:"为了实现这一点(指实际的机会平等),政府必定会控制所有的人的自然环境和人文环境,并且必定会致力于至少提供给每一个人以同等的机会;政府在这些做法上越是有成就,那么以下这种合法的要求就会变得越强烈,即要求按照同一原则,必须撤除至今仍保存的障碍。这种做法将会持续下去,直到政府原原本本地控制了一切可能影响任何人的生活的环境。"② 这就是说,甚至像"机会平等"这样的目标,也不能靠行政手段的干预来真正实现。以哈耶克等人为代表的新自由主义认为"计划经济"导致"极权","社会主义"是"奴役",是"乌托邦",在社会主义下不可能存在自由和民主,其思想根源的基点在于私有财产并非"特权"。③ 从这个意义出发继续推演,可以得到私产神圣即"私有财产神圣不可侵犯"的结论,那么对私有财产权利的任何形式的剥夺,都是"奴役"的体现。

**沃顿模型** 1963 年以来,沃顿模型预测开始用于私人企业,沃顿经济计量模型每个季度都要用来进行一次预测。沃顿预测团队根据实际应用

---

① 罗宾斯:《政治学和经济学》,1963 年,伦敦,第 76 页。转引自胡代光、厉以宁《当代资产阶级经济学主要流派》,商务印书馆 1982 年版,第 151 页。
② 哈耶克:《法律、立法和自由》,第 2 卷,《社会正义的幻景》,1976 年,芝加哥,第 84—85 页。
③ 胡代光、厉以宁:《当代资产阶级经济学主要流派》,商务印书馆 1982 年版,第 152 页。

的经验，建立了经济预测的程序即方法论。这种方法适用于按季度预测的标准结构，而采用这种时间结构的原因是美国国民收入与生产核算按季度发布数据材料。从那时起，沃顿模型的预测经受了市场的检验。而到20世纪70年代，其他参与竞争的模型也相继加入到迅速发展的市场上来（劳伦斯·克莱因、理查德·扬，1980/1982）。

根据对沃顿模型实际运行状况的推断可以知道，预测活动的结构模式取决于经济数据材料的供应情况，这种模式既可以适用于有月报材料的月度模型，也适用于每年更新一次数据的年度模型。沃顿模型当中也有许多是年度模型，包括美国、墨西哥、世界贸易、商品市场、巴西、新纽约市、费城等模型，这些模型都具有预测功能。

然而值得注意的是，经济计量模型开始用于预测，也就是1945年第二次世界大战结束的时候，人们曾认为预测也不太难。产生这种偏误的根本原因在于，人们使用了从表面上看起来很合理的简单方法把预测问题当成了算术，而忽略了模型中简单外推方式导致的巨大误差。（劳伦斯·克莱因、理查德·扬，1980/1982）

**增长路线的相对稳定性**　1954年，索洛和萨缪尔森首次提出了时段间有效增长路线的相对稳定性概念。[①] 尔后，1962年弗路雅（H. Furuya）和稻田献（K. Inada. 1925—）[②] 及费雪（F. M. Fisher, 1934—）等人（1963年）[③] 对此问题均有所贡献。

**无限维空间优化**　巴拉克里施南（A. V. Balakrishnan, 1922—）[④]、哈金（H. Halkin, 1936—）[⑤] 等提出将最优控制问题作为无限维空间的优化问题，并用有限维近似求解的新理论（秦朵，1986）。

**1965年，世代交叠模型，积累金律，动态渐进**

**世代交叠模型**

1965年，年仅25岁的戴蒙德在《美国经济评论》上发表了他的第一

---

① R. M. Solow, and P. A. Samuelson: "Balanced Growth Under Constant Return to Scale", Econometrica, 1954.

② Furuya, H. and Inada, K.: "Balanced Growth and Intertemporal Efficiency in Capital Accumulation", International Economic Review, 1962.

③ F. M. Fisher: "A Comment", International Economic Review, 1963.

④ A. V. Balakrishnan: "Optimal Control Problems in Banach Spaces", SiAm J. Contr. Optim. 1, 1963.

⑤ H. Halkin: "An Abstract Framework for the Theory of Process Optimization", Bull. Am. Math. Soc. 72, 1966.

篇经典论文《新古典增长模型中的国家债务》，在拉姆齐研究的基础上，建立了著名的世代交叠模型（Overlapping - generations model，OLG）。这个模型所采用的世代交叠研究方法，奠定了他在宏观经济学、公共财政问题研究中的标杆地位。

拉姆齐模型假设，经济中的个体都是彼此毫无差别的标准个体，具有无限的寿命，拥有完全相同的理性行为，在永恒的无限生命期界中，依照相同的经济决策方式追求跨期效用最大化，不考虑年龄的影响。世代交叠模型则假定每个社会成员都仅具有有限的生命，随着老一代逝去，新人口不断进入经济生活，在相同的时点上，不同代际存在广泛交往，但规律不尽相同，因此，整个经济就构成了一个复杂的有机体。世代交叠模型考虑经济个体的差异性，更加贴近现实生活。

**积累金律**　1965 年，库普曼（T. C. Koopmans，1910—）和弗尔普斯（E. S. Phelps）建立并证明了积累金定理。① 积累金律指在所有均衡增长路线中，存在着资本的边际生产率等于不变的外生劳力增长率时消费效用最大的一条均衡路线。在此基础上，卡斯（D. Cass，1937—）、库普曼等人提出了动态时段间的最优化问题② （秦朵，1986）。

**动态渐进**　在 1965 年同一年中，萨缪尔森③、卡斯④及库普曼⑤分别阐明了消费导向之动态优化的最优路线向积累金律的动态渐进行为（秦朵，1986）。

**1966 年，研究队伍解散，图灵奖**

**研究队伍解散**　以 1966 年开始以"无产阶级文化大革命"为标志口

---

① T. C. Koopmans: "On the Concept of Optimal Growth", The Econometric Approace to Development Planning, Rand McNally, 1965; Phelps, E. S.: "Second Eassy on the Golden Rule of Accumlation", American Economic Review, 1965。

② Cass David: "Optimum Growth in an Aggregative Model of Capital Accumulation", Review of Economic Syudies 32, 1965; 并见前注：Koopmans, T. C.: "On the Concept of Optimal Growth", The Econometric Approace to Development Planning, Rand McNally, 1965; Phelps, E. S.: "Second Eassy on the Golden Rule of Accumlation", American Economic Review, 1965.

③ P. A. Samuelson: "A Cantenary Turnpike Theorem Tnvolvings Consumption and the Golden Rule", American Economic Review, 1965.

④ D. Cass: "Optimal Growth in Aggregative Model of Capital Accumulation", Review of Economic Studies, 1965.

⑤ T. C. Koopmans: "On the Concept of Optimal Growth", The Econometric Approace to Development Planning, Rand McNally, 1965.

号的十年动乱，大批判如火如荼，黄钟毁弃，瓦釜雷鸣，刚刚组建起来并且规模很小的数量经济研究队伍被迫解散。

**图灵奖（Turing Award）** 1966年，美国计算机协会（ACM）设立的计算机科学界最高奖，奖励对计算机事业做出重要贡献的个人，其名称取自计算机科学的先驱、英国科学家阿兰·图灵（Alan Mathsion Turing，1912—1954）。一般每年只奖励一人，奖金25万美元，由英特尔和谷歌（Google）公司赞助。

**1967年，贝叶斯博弈，海尔萨尼转换，不完美信息博弈，贝叶斯均衡，随机最优控制，直上高速路线**

**贝叶斯博弈** 这是以英格兰概率统计学家贝叶斯（Bayes Thomas，1702—1761）的名字命名的一种博弈类型。又称"不完全信息博弈"，是"完全信息博弈"的对称。在这一类博弈中，至少有一个参与者不知道其他参与者的类型特征、对策和收益。1967年以前，博弈论对不完全信息博弈即"贝叶斯博弈"无能为力。

**海尔萨尼转换** 1967年，匈牙利经济学家海尔萨尼（Harsanyi John Charles，1920—2000）在贝叶斯博弈中引入虚拟参与者——"自然"，将不完全信息模型化并进行分析。这项工作被称为"海尔萨尼转换"。通过这个转换，海尔萨尼将不完全信息博弈转换为完全但不完美信息博弈。

**不完美信息博弈** 所谓不完美信息博弈，是指"自然"作出了它的选择，但是其他参与者仅仅知道该选择的各种可能的概率分布（先验信念），而不知道它的具体选择是什么。

**贝叶斯均衡** 在海尔萨尼转换获得"（信息）完全但不完美信息博弈"的基础上，海尔萨尼定义了"贝叶斯—纳什均衡"，或称为"贝叶斯均衡"。贝叶斯均衡是纳什均衡在不完全信息博弈中的扩展（朱恒鹏：刘树成，2005）。

**随机最优控制** 在20世纪60年代庞特里亚金等人的初步探索[①]之后，随机最优控制理论也有了较大发展[②]。动态优化技术的发展，构成了动态优化经济模型的基础和依托（秦朵，1986）。

**直上高速路线** 1967年，文特（S. G. Jr Winter，1935—）通过引进一

---

[①] L. S. PontSryagin Boltyanskii, V. G. Gamkrelidze, R. V. and Mishchenko, E. F.: The Mathematical Theory of Optimal Processes, Wiley, 1962.

[②] H. J. Kushner: Stochastic Stability And Control, Academic Press, 1967.

些新的概念和假定条件，提出了"直上高速路线"的定理（秦朵，1986）。①

**1968 年，宏观计量模型，诺贝尔奖，诺贝尔经济学奖，经济科学，高速增长定理模型**

**宏观计量模型**　在宏观经济理论模型发展的同时，宏观经济计量模型似乎具有更加广泛的影响。20 世纪 30 年代末期，丁伯根（J. Tinbergen，1903—）建立了第一个宏观计量模型，用来计算凯恩斯乘数和讨论经济周期问题（秦朵，1986）。②

**诺贝尔奖（1901）**　以瑞典化学家诺贝尔（Alfred Bernhard Nobel，1833—1896）的遗产设立的奖金。1895 年，瑞典化学家诺贝尔立下遗嘱，用 3100 万瑞典克朗成立基金会，这是其遗产之一部分，约合 920 万美元。基金会以此作为基金，以其利息分设物理、化学、生理学或医学、文学、和平五种奖金。根据他的遗嘱，以其遗产的大部分作为基金，设立诺贝尔奖。全称为纪念阿尔弗雷德诺贝尔奖。1900 年 6 月，诺贝尔基金会成立，并于次年首次颁发该奖。自 1901 年起，除因战争外，每年在诺贝尔逝世纪念日 12 月 10 日都会颁发。1968 年，瑞典国家银行提供资金增设经济学奖，并于 1969 年开始与其他 5 项奖金同时颁发。③ 诺贝尔是瑞典化学家，工程师。幼年随父侨居俄国，从家庭教师学习。十五岁起他先在意大利、英国、法国，再去美国求学，后回到其父在俄国圣彼得堡所办的工厂工作，并从事科学研究和机械制造。回瑞典后，转移志趣开始研究炸药。他在研究如何控制硝化甘油的爆炸时，发明了雷管的引爆，还利用硅藻土为掺合剂以保证硝化甘油的安全运输和使用，后又用火药棉与硝化甘油混合，制成更安全而威力更大的炸药，并在此基础上发明无烟火药。

**诺贝尔经济学奖**　1968 年，在瑞典银行（Sverigs Riksbank）成立 300 周年之际，为纪念诺贝尔奖奖金提供者，由时任行长艾斯伯林克等人倡议，并经瑞典皇家科学院批准设立"纪念阿尔弗雷德·诺贝尔瑞典中央银行经济学奖"。该奖由瑞典皇家科学院委任的 5—8 名经济学家组成"经济科学委员会"（即奖项委员会），负责在全球范围内对入围的经济学

---

① Winter, S. G., Jr. : "The Norm of a Closed Technology and the Straight – Down – the – Turnpike Theoren", Review of Economic Studies, 1967.

② Tinbergen, J,: "Business Cycles in the Uniter States of America 1919 – 1932", Statistical Testing of Business – cycle Theories, Agathon Press, Inc. , 1968.

③ 新京报：《解构诺贝尔奖》，《新京报》2012 年 10 月 14 日。

家进行遴选并将评选意见提交科学院社会科学部（The Social Science Class of the Academy），最终确定桂冠得主。由于该奖项与诺贝尔遗嘱所设立的物理学奖、化学奖、生物医学奖、文学奖以及和平奖以同样的时间、同样的奖金额颁发，故被世人习惯地称为"诺贝尔经济学奖"。

然而，人们对能否称经济学为科学怀有极大疑问。斯伯林克等人提出设立经济学奖时，也遭到许多名人的反对。他们认为，经济学作为一门社会科学，以它的价值判断为基础，其成就难以用一定的客观标准来衡量。尽管经济学的研究成果在影响人类文明、社会变动方面显示出极大作用，但并未得到足够重视。诺贝尔经济学奖的设立，对经济学科地位的确立具有重要意义。①

**经济科学** 在诺贝尔经济学奖设立后的最初30年里，瑞典皇家科学院及奖项委员会对"经济科学"一词采取了相当广泛的理解，因此，奖励对象涉及经济学邻近学科的很多科学成就。有几个奖项实际上是授予了"跨学科研究"的成果，处于经济学、政治学、社会学及历史学等学科的交叉点②。

**高速增长定理模型** 1968年，筑井甚吉（J. Tsukui, 1926—）首次运用日本数据试算了高速增长定理模型（秦朵，1986）。③

**1969年，诺-拉动态优化模型，第一届诺贝尔经济学奖**

**诺-拉动态优化模型** 1969年，厚见博（H. Atsumi, 1932—）建立了一个介于诺依曼模型与拉姆塞模型之间的诺-拉动态优化模型。④ 进入70年代后，多部门动态优化模型的研究朝向具体化发展，例如考虑加入效用贴现、要素稀缺，例如劳力稀缺等等约束条件。

**第一届诺贝尔经济学奖** 1969年，挪威统计学家拉格纳·弗里希（Ragner Frisch）与荷兰经济学家J. 丁伯根（J. Tinbergen）共同获得第一届诺贝尔经济学奖金，以表彰他们在创立经济计量学方面的贡献。弗里希

---

① 《诺贝尔经济学奖获奖者学术精品自选集》出版说明，首都经济贸易大学出版社2000年版。

② 参见诺贝尔经济学奖项委员会秘书托尔斯滕·珀森为《诺贝尔经济学奖获奖者学术精品自选集》所作的序言，1999年7月，首都经济贸易大学出版社2000年版。

③ J. Tsukui: "Application of a Turnpike Theorem to Planning for Efficient Accumulation: An Example for Japan", Econometrica, 1968.

④ H. Atsumi: "The Efficient Capital Program for Maintainable Utility Level", Review of Economic Studies, 1969.

声称,是他在 1926 年发表的一篇论文中以 ECONOMETRIE 的形式首先使用了经济计量学这一名词。

**1970 年,货币主义模型,经济增长的数学理论**

**货币主义模型** 1970 年,随着货币主义影响的增大,出现了反映货币主义的宏观理论模型。货币主义亦称"货币学派",20 世纪 50 年代末至 60 年代在美国兴起。因为强调货币在国民经济中的作用,故名。创始人美国芝加哥大学教授弗里德曼(Milton Fridman,1912—)。[①] 主要代表有美国布伦纳(Karl Brunner,1916—)和麦尔兹(A. H. Meltzer,1928—)等(秦朵,1986)。[②] 与此同时,在 70 年代前后出现了基于货币主义的宏观计量模型。其中较早的有美国的圣·路易模型,[③] 以及后来的莱德勒(D. Laidler,1938)模型和萨简特,(T. Sargent,1943—)模型等,[④] 这些模型的共同特点是强调货币金融的重要性(秦朵,1986)。

**《经济增长的数学理论》** 1970 年,布尔梅斯特(E. Burmeister)与道贝尔(A. R. Dobell)合作出版《经济增长的数学理论》。[⑤]

**1971 年,标准产业分类法,SIC 方法,实验室工作,优化收敛条件**

**标准产业分类法** 简称产业分类的 SIC 方法,是联合国为统一世界各国的产业分类而颁布的分类法,其全称为《全部经济活动的国际标准产业分类索引》(Indexes to the International Standard Industrial Classification of all Economic Activities,1971)。从本质上说,SIC 方法遵循层次分类原则,把"全部经济活动"划分为 10 个大类,各个大类中再细分为中、小、细类,共有 4 个层级。针对各大、中、小、细项,规定统一的统计编码,以

---

① Friedman Milton: "A Theoretical Framework for Monetary Analysis", Journal of Political Economy, 78, 1970.

② Brunner Karl and Meltzer, Allan H.: "Money, Debt, and Economic Activity", Journal of Political Economy, 30, 1972.

③ C. Andersen Leonall and M. Carson Keith: "A Monetarist Model for Economic Stabilization", Rederal Reserve Bank of St. Louis Review 52, 1970.

④ Lardler David: "The Influence of Money on Rent Income and Inflation: A Simple Model with some Empirical Tests for the United States 1953 – 1972", Manchester School of Economic and Social Studies 41, 1973; Sargent, Thomas J.: "A Classical Marcoeconometric Modek for the United States", Journal of Political Economy 84, 1976.

⑤ E. Burmeister and A. R. Dobell: Mathematical Theories of Economic Growth, Collier – Macmillan, 1970.

便于计算机处理。①

**实验室工作** 1971 年，亨利·锡尔出版《经济计量学原理》。他在介绍这本经济计量学教程时特别指出："没有人会相信，他只通过听课、阅读课本和期刊论文，就可以成为一位化学家。他还必须花时间与精力在实验室中进行实际工作。"② 从非常真实的意义上说，沃顿预测公司 16 年来连续进行的预测和模型工作的经验，就是实在的实验室工作。这个实验室的价值的最明显的证据，也许就在于为数众多的学生和同人参与过这项工作，而现在还在世界各地积极从事经济计量的模型工作和预测工作（劳伦斯·克莱因、理查德·扬，1980/1982）③。克莱因和扬回顾了将近 50 年经济计算模型的发展历史，得出结论：通过研究沃顿密执安和圣路易斯模型，可以明显看出，"我们这些判断方面的矮子能预见到这种程度完全是因为我们站在计算机这个巨人的肩上。"④

**优化收敛条件** 20 世纪 70 年代前后，乌尔夫（P. Wolfe, 1938—）建立了数值迭代过程向无约束最优化问题中的不动点收敛的充分必要条件，简称为优化收敛条件。⑤

**1972 年，合理预期模型**

**合理预期模型** 进入 20 世纪 70 年代，宏观模型又受到合理预期学派的影响。而卢卡斯（R. E. Lucas, 1937—）的商业周期模型是典型的合理预期模型。⑥ 普勒（W. Poole, 1933—）的研究也是较早期的成果。⑦ 卢卡斯也是基于合理预期理论应用的经济计量模型的开拓者（秦朵，1986）。

**1974 年，伪回归，寻租**

**伪回归** 格兰杰和牛博德（Granger Newbold, 1974）最早指出了伪回

---

① 昝廷全：《产业经济系统研究》，科学出版社 2002 年版，第 23 页。
② [美] 亨利·锡尔：《经济计量学原理》（纽约：威利，1971），第 5 页。
③ [美] 劳伦斯·克莱因、理查德·扬：《经济计量学预测与预测模型入门》，中国社会科学出版社 1982 年版，第 1 页。
④ [美] P. A. 萨缪尔森：《宏观模型技术科学的五十年》，《布鲁金斯模型：展望与当前发展》。转引自劳伦斯·克莱因、理查德·扬《经济计量学预测与预测模型入门》，中国社会科学出版社 1982 年版，第 140 页。
⑤ Wolfe, P., Siam Rev. 11, 1969; 13, 1971.
⑥ Lucas, Robert E. Jr.: "Expectations and the Neutrality of Money", Journal of Economic Theory, 1972.
⑦ Poole, William: "Rational Expectations in the Macro Modle", Brookings Papers on Economic Activity, 1976.

归问题：当求两个相互独立的非平稳时间序列的相关系数时，常常得到相关系数显著不为 0 的结果；当用两个相互独立的非平稳时间序列建立回归模型时，常常得到一个具有统计显著性的回归函数，此为伪回归。在两个时间序列相互独立的情况下，其回归方程应无意义，两个变量所体现的任何关系均带有欺骗性，但是通过蒙特卡罗（Monte Carlo）抽样模拟，格兰杰和牛博德发现，在 5% 的显著性水平上，方程参数显著的可能性有 75%，从而出现伪回归。当出现伪回归时，通常会伴随着较大的拟合优度，较小的 DW 值（即误差项 $\varepsilon_t$ 将出现正的自相关）（李雪松，2008）。①

**寻租** 当代经济学概念。是凭借政府准许的特权或垄断地位谋求利益的行为。最早由美国经济学家克鲁格（Anne O. Krueger, 1934—）在 1974 年发表的《寻租社会的政治经济学》一书中正式使用。例如，为了获取进口许可配额，或者获得评价短缺产品而"拉关系"、"走后门"、钱权交易、行贿受贿等活动，都属寻租，产生寻租的条件是存在限制市场进入的制度或政策。②

层层寻租则是腐败社会官僚机构中各级官吏人等攫取私利的常见手段。在从上到下的官僚阶层中，每一层的把持者都会利用自己手中的权力，设置各种障碍，"一夫当关（官），万夫莫开"，使前来办事的人无法通过，只好通过向他们这些"官"交钱纳贡，以便通行。这样做的后果，是社会生活当中的交易成本迅速提高，交易效率每况愈下，机构运转失灵，最终达到"民不聊生"的地步。因为这种寻租行为的普遍性，必定导致整体性的社会风气败坏，从成本角度看，就表现为处处加码，层层寻租。这种现象，是"行政过度"的必然结果。作为一种社会性的病毒，在利益驱动下，行政过度同时具有自我复制的传染性，表现为"层层寻租"的"层"数不断增加，官吏阶层规模不断扩张。

**1975 年，均衡的存在性，分形，分形维数，投入产出模型，随机动态模型**

**均衡的存在性** 20 世纪 70 年代以来，对均衡的存在性的研究更加趋向于广义化，例如采用非标准的交换经济概念、③ 放宽均衡模型中消费函

---

① 李雪松：《高级经济计量学》，中国社会科学出版社 2008 年版，第 123 页。
② 《辞海》音序缩印本，1999 年，第 1940 页。
③ D. J. Brown, and A. Robinson : "Nonstandard Exchange Economies", Econometrica 43, 1975.

数和生产函数的一些假定条件、① 甚至不对消费函数和生产函数做任何规定而直接讨论由两者产生的过度需求反应形式等等。②

**分形（fractal）**维数不是整数，而是分数的形状，叫作分形，在数学中指通常具有自相似性质的一类复杂的几何形状，不同于古典几何（欧几里得几何）中的简单图形，如正方形、圆、球等。它能够描述许多不规则形状的对象或在空间上具有非均匀性质的现象，这些恰是欧几里得几何图形所不能适应的。将近一个世纪以前的数学家就在处理分数维。他们发现，由于尺度不同、取舍精度不同，对同一事物测量的结果可能亦有不同。在自然界或日常生活中有许多这样的系统，这些系统的简单的数学模型具有"分维性质"。这样的系统包括带有树干、树叶、树枝和小枝的树，以及带有凹凸不平的山、曲折蜿蜒的海岸线等，而整数维就是分维的特例。

1975年，波兰出生的数学家B.B. 曼德尔布罗特（B. Mandelbrot）识别出带有分数维的集合，并且创造了新的术语分形（Fractal, 1975）来描述带有分数维的系统。他注意到拉丁字fractus，这是一个形容词，有断裂、破碎之意。来源于动词frangere，即破裂之意，英文中也有相对应的词，分裂、断裂、分数，于是他把这些形状——维数是分数的形状，叫作分形（fractal）。分形几何，或称分形分析，是非线性科学的重要组成部分。英国海岸线和图1975-1的三角形都是分形的（E. N. 洛伦兹, 1997）。从术语形成的角度看，分形一词值得关注：和其他许多创新的词汇不同，曼德尔布罗特（Mandelbrot）创造，用来描述带有分数维的系统的新术语分形（fractal）一词问世后立刻被广泛使用，而不像"混沌"（chaos）和"复杂性"（complex）那样引起分歧争议，它似乎有一种内在的单纯稳定的基本含义。③

曼德尔布罗特1924年生于波兰华沙，1952年在巴黎大学获数学博士

---

① Weddepohl, Claus: "Equilibrium in a Market with Incomplete Preferences Where the Number of Consumers May Be Finite", Equilibrium and DisEquilibrium in Economic Theory, Reidel Publishing Company, 1978.

W. P. Heller and R. M. Starr, : "Equilibrium with Non-Convex Transactions Costs: Monetary and Non-Monnetary Economies", Review of Economic Studies, 43, 1976.

② W. P. Heller : "Continuity in General Nonconvex Economies", Equilibrium And DisEquilibrium in Economic Theory, D, Reidel Pub, Co., 1978.

③ 参见［美］E. N. 洛伦兹《混沌的本质》，刘式达、刘式适、严中伟译，气象出版社1997年中文版，第162页。

学位，1958年移居美国，成为国际商用机器公司（IBM）沃特森研究中心的自然科学系的研究成员，后为哈佛大学应用数学教授。曼德尔布罗特建立分形几何理论，开创了20世纪数学的重要阶段。鉴于他对科学的杰出贡献，经美国国家科学院推荐，哥伦比亚大学授予他1985年度伯纳德奖（The Barnard Prize），这是一项特殊的荣誉。曼德尔布罗特是为数不多与爱因斯坦（Einstein, A.）一样获得此项殊荣的人。有趣的是，大数学家黎曼（Riemann, G. F. B.）早在19世纪就曾预言："在很大尺度或很小尺度下，人们所遇到的几何学可能与普通的欧几里得几何有很大的不同。"在大尺度方面，爱因斯坦的引力理论提供了弯曲的时空模型，在小尺度时，情况会如何？曼德尔布罗特贡献的分形，恰好是关于小尺度条件下的几何问题。如此说来，以欧几里得为中心，爱因斯坦与曼德尔布罗特刚好构成了几何尺度的对称。

虽然不是所有的分形都是自相似，或至少不是精确自相似的，但大多数分形还是具有自相似性质。自相似形是指其组成部分与整体形状相似的图形。这种规则或不规则的图形细节还在更小的尺度上重复，而且在纯粹抽象实体的情况下可以无穷尽地重复进行。因此部分的部分经放大后与对象的整体相像或基本相像。事实上，自相似的对象在尺度的变化下保持不变，也就是说它具有缩比对称性。这种分形现象很容易在雪花、树皮这样一些对象上观察到。一切这种自然的分形以及一些数学上自相似的对象都是随机的，在统计意义下按比例扩大或缩小。分形对象在形状上通常是不规则的，所以不具有欧几里得图形的平移对称性（一条连续的花边具有平移对称性）。

**分形维数** 分形的另一基本特征，是一个被称为分维，即分形维数的数学参量。无论对象被放大多少倍或视角是否变化，分形维数均保持不变。与欧几里得几何的维数不同，分形维数一般不是整数，而是一个分数。分形维数可以通过考虑一条分形曲线来理解。如果在构作分形曲线的每一阶段，此曲线的周长按4:3的比率增长，则分形的维数$D$就是使3增加到4的幂次，即$3^D=4$。于是，表示此分形曲线特征的维数就等于$\log 4/\log 3$或近似于1.26。分形维数精确地揭示了非欧几里得图形的复杂性和形状上的细微差别，而整数维可以被看作分形维数的特例。

自然界当中的有些量只能以整数形式度量，即整数维。比如一个家庭、一个社会所拥有的人口数、一次棒球比赛当中的得分数、一篇文章当中的字数。更直观的是很多人会把物体或图形的维数也包括在内。一个三维的球具有一个二维的投影，并带有一维的外形轮廓。然而，大约在 19 世纪末，数学家发现某些点集具有分数的维数。对于具有分维性质的事物的度量，出现了在以往整数维概念下无法解释的结果，最典型的例子是对海岸线的丈量。曼德尔波洛特（B. Mandelbrot）曾有一篇非常著名的论文《英国的海岸线有多长？》，在这篇论文中，曼氏明确指出：如果我们测量的是连续放大的地图上的海岸长度，那么就越来越分辨出细小的弯曲，海岸线的长度就越来越长。这就相当于用越来越小的方块去覆盖海岸线，可以推断海岸线的维数在 1.0 和 2.0 之间，Mandelbrot 假设英国海岸线的维数是 1.25。可以想见，以社会经济现象的纷繁复杂、错综变幻，其数据描述的不确定性，绝不亚于英国的海岸线。

分形几何及其自相似性和非整数维数的概念在统计力学中已有广泛应用，尤其在处理那些外观上具有随机特点的物理系统时更见功效。例如，分形模拟已经用于绘制全宇宙的星系团分布和研究有关流体的湍流问题。分形几何对计算机绘图也有很多用处，已经制订出一些分形算法，能够产生高度不规则的、结构复杂的自然对象的逼真图像，如高低不平的山区地形和错综复杂的树枝系统[①]（国际中文修订版）。可以断定，社会系统具有更为明确的分形特点。在可以预见的将来，分形一定会成为研究社会科学问题的重要门径，这是毫无疑义的。

**投入产出模型**　20 世纪 60 年代后期，出现了结合投入产出分析方法的宏观经济计量模型。在这方面做出较大贡献的有美国的普莱斯顿（R. S. Preston, 1939—）（秦朵，1986）。[②]

**随动模型**　即随机动态控制模型。丁斯雷（Peter Tisley）[③]、诺曼（Alfred Norman）等（1979）[④]在随机控制的应用动态模型，即随动模型方面作出贡献。随动（dula control）技术在自动控制领域特别是军事工程中有广泛应用，是针对非线性系统冲击的有效解决方案。随动模型的研究与应用，是社会科学与自然科学交相融汇，并且日益走向繁荣的重要标

---

① 参见《不列颠百科全书》。

② Preston, Ross S.: "The Wharton Long Term Model: Input – Output Within the Context of a Marco Forecasting Model", International Economic Review, Vol. 16, 1975.

③ Tinsley, P., Craine, R., and Havenner, A.: "Optimal Contrlo of Large Nonlinear Stochastic Econometric Model", Proceedings of the Summer Computer Simulation Conference, 1975.

④ Norman, Alfred L.: "Dual Control with Perfect Observeition", Models and Decision Making in National Economies, North – Holland Publishing Co., 1979.

志。未来中国迟早建立的国家经济实验室，必定需要配备完善的随动系统经济模型。

**1976年，自由货币，多部门动态优化**

**自由货币** 1976年，哈耶克发表《货币的非国家化》（伦敦，1976年），提出"自由货币"概念。他的这一论点集中反映了新自由主义世界模式的构想。哈耶克认为，对货币发行的垄断导致利益，因此货币总是国家或一国政府所看中的工具。在铸币的条件下，政府决定和检验货币的重量与纯度；纸币出现后，政府从政治和技术上管理纸币的发行，权力为政府提供了垄断货币的可能性，而对货币的垄断又反过来加强了政府的权力，历史的检验证实了这一点。与此同时，哈耶克认为，历史也证明了政府对货币的垄断是造成经济不稳定的根源。一旦政府——而且只有政府——有权创造货币，它们就能制造通货膨胀；而只要私人企业无权提供良好的货币，它们也就无法提供更多的就业机会。所以，通货膨胀和失业都是政府垄断行为和政府对私人企业的专横限制的结果。哈耶克指出："假设的市场秩序的主要弱点——大规模失业阶段的一再出现，经常被社会主义者和其他批评者指责为资本主义的不可分割和不可宽恕的弊病。事实上，这完全证明是政府不让私人企业自由活动，不让私人企业为自己提供可以保证稳定的货币的结果。我们已经看到，自由企业无疑是能够提供一种保证稳定的货币的，并且，为了争取自己的利益，这也会促使私人金融机构这样做，只要它们被许可的话（哈耶克，1976）。"[①] 换言之，周而复始的危机并非"资本主义"的责任，而是"政府垄断"的罪过。实行"自由货币"的另一个好处，是由于官方对货币控制的解除，不再能管制外汇，将可以大大促进个人的自由（哈耶克，1976）。

**多部门动态优化** 进入70年代后，多部门动态优化模型的研究朝向具体化发展，例如考虑加入效用贴现、要素稀缺，例如劳力稀缺等等约束条件。例如1976年迈肯济的研究。[②]

**1977年，制度因素，灾变理论，协同学，中国社会科学院，发展权**

**制度因素** 美国著名学者道格拉斯诺斯利用历史计量学方法，对公元600—1850年海洋运输生产力的变化与当时航海技术之间的关系进行了定

---

① 哈耶克：《货币的非国家化》，1976年，伦敦，第76页。参见胡代光、厉以宁《当代资产阶级经济学主要流派》，商务印书馆1982年版，第167—168页。

② L. W. McKenzie: "Turnpike Theorem", Econometrca, 1976.

量分析，他发现，海洋运输生产力的增长快于航运技术的增长。进一步通过残差分析，他发现了一个被人们忽视的原因：制度因素是导致海洋运输生产率迅速提高的重要原因。1977 年，他与托马斯合著《西方世界的兴起》，又于 1981 年出版《经济史中的结构和变迁》（袁政，2006）。①

**灾变理论** 灾变理论是描述和预测经济系统发生突变性结构变化的新途径。② 灾变论又称激变论，是形成于 18 世纪关于地球发展和生物演化的一种学说。其中"灾变说"是 1745 年由法国博物学家布丰首先提出关于太阳系起源的一类学说，后继有 10 多种不同的灾变说。③

**协同学** 哈肯（H. Haken）提出的协同学（synergetics）试图概括不稳定结构的所有现象，提出一套统一的理论。④

**中国社会科学院** 1977 年 5 月 7 日，中共中央批准中国科学院哲学社会科学部改名为中国社会科学院。中国社会科学院地位同于中国科学院，相当于部委一级单位。此前，4 月 5 日，哲学社会科学部临时领导小组给时任中共中央副主席汪东兴呈报了《关于哲学社会科学部改变名称问题的请示》，建议将中国科学院哲学社会科学部改名为中国社会科学院，后经中共中央主席华国锋，副主席叶剑英、汪东兴，政治局委员李先念、陈锡联、吴德、陈永贵圈阅批准，于 11 月 22 日，由国务院颁发"中国社会科学院"印章和套印（社科院史）。11 月 26 日，中央任命胡乔木为中国社会科学院院长，邓力群、于光远为副院长（社科院史）。

**发展权** 发展经济、社会和文化的权利。是人权概念的新发展，并得到世界各国公认。1977 年由联合国人权委员会提出。1986 年 12 月 4 日联合国大会通过《发展权宣言》，确认发展权是一项不可剥夺的人权，强调发展机会均等是国家以及组成国家的个人的权利。发展权对于广大发展中国家来说更为重要，是最紧迫的人权问题。这些国家面临人的生存权利和经济、社会、文化发展的权利形势尤为严峻，因此其发展权应优先受到重视。

---

① 袁政：《公共管理定量分析：方法与技术》，重庆大学出版社 2006 年版，第 5 页。
② R. Thom："Structural Stability, Catastrophe Theory and Applied Mathematics", Siam Review 10, 1977; M. Golubitsky："An Introduction to Catastrophe Theory and Its Applications", Siam Rev, 20, 1978.
③ 《辞海》音序缩印本，1999 年，第 2121 页。
④ H. Haken：Synergetics：An Introduction，Springer – Verlag，1978.

**1978 年，分位数回归**

**分位数回归**　如果随机误差项满足高斯分布，最小二乘法可以给出一致、有效的估计量，运算速度也快。但在实际应用中有时会遇到误差不服从高斯分布的情况，比如样本中有几个奇异点（离群点）的情况，这时候运用最小二乘法有可能导致较为严重的后果。如果舍弃奇异点（离群点），一般应有足够充分的理由。1978 年库克与巴赛特（Koenker & Bassett）提出的分位数回归（Quantile Regression）可以较好地解决这个问题。所谓分位（点）数（quantile）是四分位数（quartile）、五分位数、十分位数（decile）、百分位数（percentile）等的总称。如果把总体作等分，就可以成为分位数。

在统计与计量软件 STATA 和 SAS 中，包含了一些分位数回归的命令，提供了分位数回归的一些基本功能。比较专业的分位数回归软件是 R，可以免费下载而且所有的软件包都是共享的，可以随时更新，所以应用广泛。有关 R 软件的详细资料可以从网站 www.r-project.org 获得，分位数回归的软件包是 quantreg，由分位数理论的奠基人之一库克（Koneker）编写。库克利用相应的软件工具对恩格尔数据集（1857）进行统计分析，揭示了恩格尔曲线之外的更多信息，① 其中中位数回归直线的位置和由最小二乘法得到的线性回归直线显著不同。这表明最小二乘法对贫困家庭的食品支出预测较差，可能低估了他们的恩格尔系数，而高估了他们的生活质量（李雪松，2008）。

**1979 年，自助法，激励理论，哲学分析，软约束，数量经济研究会，数量经济学**

**自助法**　1979 年，美国斯坦福大学统计系教授埃弗龙（Efron，1986，1993）在总结前人研究成果的基础上，首次提出一种新的统计方法——自助法（Bootstrap），也叫重复抽样自助法。该方法借助计算机对原始有限样本而不是总体进行重复抽样以产生一系列"新"的样本。其后 20 余年，包括埃弗龙本人在内的许多统计学家和经济计量学家做了大量研究，证明自助法在解决实际问题时十分有用。自助法的优点是不需要对总体作预定性的假设，而且利用电脑执行全部过程，完全自动化，所以省去了理论上的许多烦琐计算。[美]沃尔特·恩德斯所著的《应用计量经济学：

---

① 相关内容可以参见本书，1857 年，恩格尔系数。

时间序列分析》① 对此有详尽介绍（李雪松，2008）。

**激励理论** 经济科学的发展，一方面是纯理论的数理经济学不断借助新的数学方法由抽象向具体迈进；另一方面，则是偏重于应用的经济计量学在面对复杂经济现象的过程中不断吸取更高深的数理经济学营养，运用愈加复杂的统计方法。不同学科跨越、浸润、融合，呈现出多元一体化的趋势。例如，在制订计划时，针对计划者目标与社会经济体成员目标不一致的问题，出现了采用博弈论、控制论、耗散结构理论等方法的刺激理论，或称激励理论。②

**哲学分析** 国际上，在弗里德曼的工具论和凯恩斯学派的实在论的方法论引导下，学者们试图深入到方法论的基础层面，在科学哲学的背景中，对于经济学知识的进步与成长、发展模式、理论检验与评价、经济学的理论的竞争力及经济学定律的可靠性、经济学理论的逻辑结构、经济学理论的科学性等问题给出有效的回答。1979 年，罗森堡出版《微观经济学定律：一种哲学分析》，这是揭示西方经济学方法论科学哲学思想背景最早的系统性工作的成果（杨建飞，2004）。③

**（预算）软约束** 意指向企业提供资金的机构（政府或银行）未能坚持原先的商业约定，使企业的资金运用超过它当期收益的范围。1979 年，匈牙利经济学家亚诺什·科尔奈（Janos Kornai）发表论文《资源约束型与需求约束型体系》，1980 年出版《短缺经济学》（科尔内，1986）④提出"预算软约束"概念。1986 年张晓光、李振宁参加翻译《短缺经济学》，统一概念和译名，"预算软约束"自此流行。

广义的预算软约束，是指当一个被约束体的支出超过了它所能获得的收益时，这个预算约束体没有被清算破产，而是受支持体救助继续苟活。更为广义的解释忽略"预算"的专指含义，指称所有可以违背或突破的约束为"软约束"。软约束造成投资效益低下，带来企业道德风险、银行

---

① ［美］沃尔特·恩德斯：《应用计量经济学：时间序列分析》，杜江、谢志超译，高等教育出版社 2006 年版。

② Laffont, J. J. (ed.): Aggregation and Revelation of Preferences. Amsterdam: North – Holland, 1979; Review of Economic Studies: Symposium on Incentive Compartbility 46 (2), 1979.

③ 杨建飞：《科学哲学对西方经济学思想演化发展的影响》，商务印书馆 2004 年版，第 13 页。

④ ［匈］亚诺什·科尔奈：《短缺经济学》，张晓光、李振宁等译，经济科学出版社 1986 年版，第 34 页。

坏账、财政风险等许多问题，是体制改革的"瓶颈"条件。在微观意义上可以容忍或被允许的"软约束"，在宏观意义上亦必定受到惩罚。而有限的资源供给是终极的硬约束。

术语"预算软约束"最初由科尔奈（1979，1980）提出，定义为社会主义国家政府持续救助入不敷出的企业。由于政府救助，企业不存在破产威胁，预算约束变软。随着计划经济体制的转轨和对市场经济中非市场成分的深入观察，预算软约束的含义被拓展泛化。1998年，科尔奈本人阐明了在非计划经济体制下的"预算软约束"概念。他指出，因为政府和某些企业存在隶属关系，所以该企业管理者产生了对政府援助的理性预期，致使企业财务的预算约束变软。在这种情况下，即使投资项目继续进行的边际经济收益为负，企业经理也可能不会终止投资。这种政府援助可是事前的，也可是事后的。问题的关键不是政府援助能否发生，而是经理人如何期望。这种预期在有无之间，存在强弱的差别（李林芳、王鹏，2009）[1]。若从术语发展的趋势判断，"预算软约束"将简省为"软约束"，反而更适合较宽的概念定义。

**数量数学方法研究会**  1979年3月30日，中国经济数学方法研究会在北京成立，后改称中国数量经济研究会[2]。同年（1979）克莱因（L. R.）教授和刘遵义教授访问北京，与中国社会科学院达成举办经济计量学讲习班的协定，时任中国社会科学院副院长兼经济研究所所长许涤新教授负责这项工作。

20世纪50年代末60年代初，中国经济学工作者和数学工作者就着手从事数量经济学（当时叫作经济数学方法）的学习、宣传、研究，由于受"左"的思想的影响，党的中心工作没有转移到现代化建设上来，使这门新学科的发展也十分缓慢。十年动乱期间，这门学科被加上"修正主义"的帽子。刚刚开始的研究工作，被迫中止。这方面的科研人员调的调，散的散，使我国数量经济学研究几乎夭折。直到1976年粉碎了"四人帮"，特别是党的十一届三中全会的召开，我国数量经济学又在温暖的春风中复苏、发展。1979年3月22日至30日，来自全国的几十位学者、专家在北京就以下六个问题进行了热烈的讨论：（1）经济学要重视

---

[1] 李林芳、王鹏：《盈余持续性与预算软约束》，《四川经济日报》2009年6月11日。李林芳，西南财经大学会计学院07级硕士；王鹏，中山大学会计学院07级硕士。

[2] 1984年又改名为中国数量经济学会。

数量和方法的研究；（2）对资产阶级经济计量学如何评价；（3）学科命名问题；（4）数量经济学如何为四个现代化服务；（5）在经济工作中应用的数学方法；（6）建立数量经济研究会与今后工作的设想。

1980年8月15日和16日，在北京颐和园召开了数量经济学座谈会，马洪同志作了报告。1982年2月28日至3月3日在西安市由数量经济研究会与其他有关单位联合召开了全国数量经济学讨论会（暨第一届年会），与会代表和工作人员160余人，提交论文百余篇。许涤新同志致开幕词。马洪、于光远作书面发言，孙冶方发表录音讲话。1982年底，数量经济研究会与武汉大学经济管理系联合，在武汉市召开实用经济预测会议，与会人员100余人。1983年6月27日至7月6日，在太原召开全国投入产出法应用经验交流会（王莉，1984）。①

**数量经济学** 中国经济学界流行的观点认为，数量经济学是中国"经济学领域的一个年轻的学科，正式命名于1979年，它的前身是经济数学方法研究"②。

1979年3月下旬，中国技术经济研究会在北京召开年会，于光远建议，邀请18位学者成立一个小组，专门讨论用什么名称取代经济数学方法名称。与会代表认为，经济数学方法的名称不好，应该采用一个新的名称。但对采用什么新名称分歧很大，提出了二十多个名称。在1979年3月30日的会议上，乌家培提出的用数量经济名称取代经济数学方法名称的意见，得到了于光远的同意。他的表述是，数量经济学是在马克思主义指导下，应用数学和计算机，研究经济数量表现、数量关系、数量变化及其规律性。这个表述有三个要点：（1）数量经济学是马克思主义经济学的一个分支；（2）它的研究对象是经济系统的数量表现、数量关系、数量变化及其规律性；（3）研究手段是数学和计算机。会议决定，将成立不久的中国经济数学方法研究会改名为中国数量经济研究会。

1984年，乌家培说，数量本身没有经济问题，应改成数量经济学。根据他的建议，同年在合肥召开的第二届年会，决定将中国数量经济研究会改名为中国数量经济学会（张守一，2008）。张守一认为，准确定义数

---

① 王莉：《我国经济科学百花园中的一朵新花》，《数量经济技术经济研究》1984年第4期。

② 郑玉歆、刘树成、赵京兴：《数量经济学研究现状及发展趋势》1994年12月，油印文稿。

量经济学的研究对象是一个很复杂的问题，需要通过不同意见的争论，使讨论不断深化。经济系统是质与量的统一，研究它时总会提出"是什么"、"为什么"和"是多少"的问题，前二者属于质的范畴，后一个属于量的范畴，而数量经济学研究它们之间的函数关系。①

《现代经济辞典》解释"数量经济学"：运用数学方法和计算技术，研究经济数量关系及其变化规律的一门学科（刘树成，2005）。②

当年（1979）提倡"数量经济"的中国学者始料未及，30年后，"**数量经济**"被赋予新的含义：成为对应于"品质"概念的"质量经济"的对称。北京交通大学旅游发展与规划研究中心主任王衍用撰文：《中国旅游还是数量经济》就使用过这个概念（王衍用，2010）。③

> 如果一个旅游目的地是立足于休闲度假发展方向的，那么它是要尽可能地去减少景区景点而不是增加，从数量经济向品质经济转变，如果游客过多，旅游品质就不能达（得）到保证……现在中国旅游还是停留在数量经济。

事实上，20世纪专家们在定义"数量经济"时，违背了术语确立中"必须服从汉语词汇约定"的原则。"数量经济"属偏正结构，以"数量"修饰"经济"。这种情况，直接导致了"数量经济"作为术语存在的脆弱性。从某种意义上说，新版"数量经济"定义解释的出现，倒是完成了"数量经济"术语本质的回归。

**1980年，技术经济研究所，经济计量学工业，数学建模方法，颐和园讲习班，诺贝尔经济学奖，沃顿法**

**技术经济研究所**　1980年1月18日，国家编制委员会批准中国社会科学院成立社会学研究所和技术经济研究所（该所后于1982年7月3日同经济所数量经济研究室、工业经济所管理现代化研究室合并，成立数量经济与技术经济研究所，简称数技经所）（院史，2007）④。

---

① 张守一：《谁说数量经济学没有研究对象?!》，《中国社会科学院报》2008年12月25日第4版。
② 刘树成：《现代经济辞典》，凤凰出版社、江苏人民出版社2004年版，第950页。
③ 王衍用：《中国旅游还是数量经济》，《新京报》2010年03月03日D02版。
④ 《中国社会科学院编年简史》，社会科学文献出版社2007年版，第45、80页。

**经济计量学工业** 1980 年，由劳伦斯·克莱因（Lawrence R. Klein）与理查德·扬（Richard M. Young）合作撰写，赫思图书公司出版的《经济计量预测与预测模型入门》（*An Introduction to Econometric Forecasting and Forecasting Models*）①一书中，使用了"经济计量学工业"这一概念。

克莱因和扬指出："在三四十年代建立全国最早的经济计算模型的人们看来，目前的进展以及模型的利用是难以置信的。参加过这方面研究工作的人们必定相信并预计可能有这样的进展。这种进展只是由于有了新的数据库，更完善的推理方法（经济学和统计学推理）和更好的设备之类，但他们绝没有料到由于现代科学技术的发展，模型达到了这样的精确度和广泛使用。当然，有今天的可能，主要靠作为工具的大容量告诉电子计算机，同时还有数据准备、宏观经济分析以及经济计量理论。"

"那时，除了少量分散在各研究机构的学者和某些主要大学里的很少的经济计量学课程外，还没有形成像现在这样的一个'工业'。现在，有了大量的教科书，丰富的、适合各种研究程度（毕业的和未毕业的）的课程以及实际应用的各类模型。判断这门学科成就的水平有许多方法，其中包括对'经济计量学工业'进行'市场检验'，以及一些专业性更强的检验。"

"从市场规模上看，仅在美国，就有一个上百万美元的市场属于经济计量模拟——预测，政策分析，数据库，计算机软件包以及私人会商。这个商业部门 1977 年的销售总额粗略估计在 3000 万至 4000 万美元，而且还在迅速增加。这还不包括学术界和其他个人进行的具有特殊目的的经济计量研究。仅以沃顿模型为例，从 1963 年开始用于私人企业，到 1980 年间就反复搞了 60 次不同变量的季度预测。事实上，基于私有体制运行的企业对盈亏历来敏感，如果他们从这些业务中得不到用其他方法不能得到的好处，就不会 15 年来一直赞助这些业务。肯定地说，用纯粹的定性或判断性的经济分析是不能达到这一点的。对 1969 年和 1973 年商业周期的两次大萧条，沃顿模型都提前作了很好的预测。这两次萧条导致商业界大量削减开支，但却没有严重影响到经济计量学这一'工业'的发展。"

"不仅私营部门大量使用经济计量模型进行商业分析，就是在公共部门也在迅速扩大它在制定政策方面的用途。在公共部门，已将其扩大应用

---

① Lexington Books, D. C. Hesth and Company Lexington, Massachusetts Toronto.

于联邦、州与地方政府一级以及国际上各大机构和各国政府之间。在美国取得的成果，目前已出现在欧洲、澳大利亚、加拿大、墨西哥、日本，实际上已遍及世界各地。"（劳伦斯·克莱因、理查德·扬，1980/1982）就21世纪中国的情况而言，由于政府在很大程度上左右着众多企业和经济的发展，因此为政府决策服务的经济计量分析与模型应用、政策模拟具有更加广阔的市场前景，成为广义概念下的"社科产业"。

**数学建模方法** 传统经济模型建模方法中的变量选择和结构设定，通常带有较强的主观色彩和假定性质。卡尔曼（R. E. Kalman）主张采取数学建模方法，将人的主观随意性缩小到变量选择的范围之内（秦朵，1986）。[①]

**颐和园讲习班** 1979年中美两国建交之初，美国宾夕法尼亚大学克莱因（Lawrence R. Klein）教授便率美国经济学家代表团来华访问，并向中方提交了经济学论文。克莱因教授的热情、友善得到了中国社会科学院领导的积极响应，时任副院长兼经济研究所所长的许涤新先生与克莱因教授商定，由克莱因教授领衔，于次年来华举办经济计量学讲习班。任务由社科院经济所承担，副所长徐绳武主抓，张守一教授具体组织，并担任讲习班办公室主任。1980年6月24日，讲习班在政协礼堂举行了开学典礼，中国社会科学院副院长许涤新主持开幕式。[②] 而后入驻颐和园开始为期七周的教学。[③] 关于这次学习班工作的另一版本，是1980年6月24日至8月11日，中国社会科学院委托经济数学方法研究会举办经济计量学讲习班，组织邀请在美国经济计量学界具有很高造诣的7名资深教授（L. R. 克莱因为团长）来华，在北京著名的皇家园林——颐和园为中国数量经济研究学者举办了为期49天的讲座。来自中国各大学和研究机构的100多名学者参加培训。这7位教授分别是：L. R. 克莱因、T. W. 安德森、刘遵义、邹至庄、萧政、A. 安多、粟庆雄。他们中间有4位教授是美籍华人，用汉语讲课，另外3位教授用英语讲课，由林少宫、王毓云两位同志担任翻译。讲习班组织了20余人组成的资料组，每天晚上将当

---

① Kalman, R. E.: "System – theoretic Critique of Dynamic Economic Models", Policy Analys. Informat. Syst. 4, 1980.
② 刘国光：《数量经济学的新发展》，社会科学文献出版社1991年版，第6页。
③ 汪同三：《在纪念"颐和园经济计量学讲习班"30周年国际学术研讨会上的讲话》，会议文件，2010年7月，北京。

天的讲课内容根据录音整理成文字材料，由中国社会科学院经济研究所打字室打印，发给学员学习。

讲习班授课内容丰富，既有经济学理论，也有数量方法。其中克莱因教授主讲经济计量学导论、美国经济模型；刘遵义教授主讲需求分析、生产理论和中国经济模型；粟庆雄教授主讲宏观经济模型；萧政教授主讲经济计量方法；邹至庄教授主讲经济计量学、控制理论、汽车需求函数；安德森教授主讲概率论和数理统计分析方法；安多教授主讲应用经济计量学。七位大师不顾暑热艰辛，精心备课，认真讲授，其精神风采，令人肃然起敬（汪同三，2010）。

当时参加讲习班的学员主要分为两部分，一部分学员具有一定的数学基础，但是不懂经济；另一部分学员有经济知识，但是不懂数学。针对这种情况，学习班又组织开办夜校，请国内的老师分别给讲习班学员补习经济和数学（张守一，2010）。[①] 1983年5月，中国数量经济学会聘请王宏昌（负责）、孙恒志、李楚霖、陈锡康、李则昊、苑凤岐6位同志，在颐和园讲习班讲义资料基础上编辑成《经济计量学讲义》定稿，但因种种原因直到1990年初才付印出版。[②]

颐和园讲习班的成功举办，推动了经济学教学研究在中国的发展。1980年8月，讲习班结束时，人民日报社、光明日报、新华社等媒体20多位记者受邀来颐和园座谈、采访。《人民日报》在显要位置发布消息；《光明日报》发表长篇文章《开展数量经济学的研究和应用工作》，同时刊载马洪同志讲话：《数量经济学是对社会主义建设很有用的一门科学》。随后，林少宫教授、李楚霖教授在当时的华中理工学院率先开始经济计量学、数理经济学的教学研究工作（汪同三，2010）。[③]

**（1980年度）诺贝尔经济学奖** 美国经济学家劳伦斯·R.克莱因是当代西方经济计量学的先驱者和权威，因研究经济计量模型及有关理论成绩卓著被授予1980年度诺贝尔经济学奖金。克莱因是美国宾夕法尼亚大学教授，沃顿经济计量预测公司理事会主席，并且是许多国家、国际机构

---

① 张守一：《2010年7月10日在纪念颐和园经济计量学讲习班30周年国际学术会议开幕式上的讲话》，现场记录。
② 《经济计量学讲义》，中国数量经济学会编译，航空工业出版社1990年版。
③ 汪同三：《在纪念"颐和园经济计量学讲习班"30周年国际学术研讨会上的讲话》，会议文件，2010年7月，北京。

私人公司的顾问。他发表过几百篇论文，曾多次来中国访问。在美国，沃顿公司是利用经济计量学模型搞预测的三大家之一。沃顿公司是非营利机构，学术氛围最浓。做出的模型经过多次评价，证明最为扎实，为各国经济界所重视。①

**沃顿法** 1980年，劳伦斯·克莱因（Lawrence R. Klein）与理查德·扬（Richard M. Young）在《经济计量预测与预测模型入门》（*An Introduction to Econometric Forecasting and Forecasting Models*）②一书中，根据沃顿公司自1963年以来开展经济计量学预测工作的经验，总结归纳出实现"宏观经济预测"的一套方法，即沃顿法。沃顿法包含以下步骤：

（1）在基本样本期范围内估算模型，每两年或三年重做模型与数值估算。

（2）每季度更新数据文件，并把按月收集的数据在一个季度内进行修正后补充加入数据文件。

（3）一旦有新数据点集加入计算机文件，就要计算过去12个季度的模型的每个组成方程的残差。

（4）详细说明在预测范围内的外生变量的值。

（5）研究指出系统偏误的趋势或系统偏误的残差的时间模式，对一些由于经济环境中暂时或长期的特殊扰动造成的时间模式加以解释。

（6）调整那些预计可能会引起重大随机误差的方程，使残差水平或残差变化趋势保持不变。在有因变量滞后的方程，调整因素将在预测范围内逐期向后传递，因此最初的调整结果通常并不能为将来期间提供准确不变的量值，除非它趋向消除这种传递效应。

（7）进行初步预测，评估假设及调整是否与预测解一致。

（8）重复4至7步。直到外因假设、方程调整同预测一致为止。

（9）把预测情况分送模型用户——有时数以百计——并召集会议请用户讨论或征求外界批评。

（10）同用户小组一道研究预测，收集他们对假设和调整的意见，或者征集他们所属的特定经济部门最后一分钟的最新情报。

（11）以用户小组会议提供的情报为基础调整预测。

---

① ［美］劳伦斯·克莱因、理查德·扬：《经济计量预测与预测模型入门》，秋同、胡崇能译，中国社会科学出版社1982年版。

② Lexington Books, D. C. Hesth and Company Lexington, Massachusetts Toronto.

(12) 当最新数据获得修正或者外界经济上的变化影响环境时，修正整个季度的预测。

(13) 回到第 1 步并为下一轮（季度）重复以上步骤。

特别需要指出，经济计量模型的预测管理是整个过程成功的关键。必须要有始终保持完好的数据文件，建立一个工作系统随时能够迅速补充数据、必要时加以修正，并能利用计算机软件在模型中自动求出动态解，或进行模拟而加以评估。

对宏观经济预测而言，一个导致巨大工作量的任务是确定并给外生变量赋值。外生变量的取值对预测结果关系重大，其影响不可忽视，所以计算时要特别小心才能保证所有假设的相互一致。有时候，尽管只是一个数据，例如原油进口量，在求解模型时发挥作用，而模型小组却必须为此完成看似毫不相干的大量分析计算（劳伦斯·克莱因、理查德·扬，1980/1982）。事实上，这些计算分析的结果，很可能直接影响到宏观预测模型中对外生变量数值的调整，继而影响甚至左右经济计量模型预测的结果。

**1981 年，社会核算矩阵**

**社会核算矩阵**　以英国的斯通（R. Stone，1913—）等人为首的一些经济学家在投入产出法的基础上把不同部门的核算结合起来，建立起一种新的国民收入和算法——社会核算矩阵（SAM），又称"国民经济循环矩阵"和"国民经济综合矩阵"。利用矩阵数表的特点，将国民经济各个账户按照流量和存量、国内与国外有序排列在矩阵的行与列中。这种核算方法后来被许多国家特别是联合国、世界银行等重要国际组织使用。[①]

**1982 年，广义矩方法，可计算一般均衡，非瓦尔拉模型，各态历经理论，数技经所，简明社科词典**

**广义矩方法（GMM）**　广义矩方法是与最小二乘法（OLS）、最大似然法（MLE）并列的一种参数估计方法，1982 年由汉森（Hansen，1982）[②] 首先提出，随后兴起了一批使用统一估计量的宏观和微观经济研究。统一的优点是它只需要具体说明一些矩条件而不是整个密度函数，即

---

① B. B. King："What Is a SAM? A Layman's Guide to Social Accounting Matrics"，World Bank Staff Working Paper No. 463，1981.

② Hansen, Lars P. (1982): Large Sample Properties of Generalized Method of Moments Estimators, *Econometrica*, 50: pp. 646–660.

可以得到一致的估计量。当然这也可能是另一个弱点，因为统一有时不能有效利用样本中的全部信息。此外，只有当样本足够大时，才能保证统一估计量渐近有效，而在小样本情况下，尽管估计量一致，但却不是有效的。

就像它的名字一样，广义矩方法确实是一种具有高度概括性的方法，其他的参数估计量可以看作它的特例。当待估参数较多时，GMM 估计更为方便。广义矩方法在时间序列及面板数据分析等许多场合有广泛的应用（李雪松，2008）。[1]

**可计算一般均衡**  20 世纪 70 年代左右产生了"可计算的一般均衡"（CGE）模型，被广泛应用于国际贸易、经济增长、经济结构、收入分配、公共投资等问题的研究。[2] CGE 模型的主要先导者是钱纳里（H. Chenery, 1918—）。这一期间，为了将均衡理论与非均衡理论应用于现实经济研究，同时出现了均衡与非均衡的经济计量模型（秦朵，1986）。[3]

**非瓦尔拉模型**  针对价格作用的局限性与商品量所具有的一定的调节作用，出现了非瓦尔拉经济模型。[4] 相对于针对"量"的量响应模型，形成了一系列针对许多经济行为的非量化的质响应模型。1982 年，丹尼尔·麦克凡登等对此有所研究。[5] 海登布兰德（Hildenbrand, W.）[6]、哈泽文克尔（Hazewinkel, M）[7] 等关注了各种新模型技术以及数量经济分

---

[1] 李雪松：《高级经济计量学》，中国社会科学出版社 2008 年版，第 26 页。

[2] Dervis, K.、de Melo, J. and Robinson, S.: General Equilibrium Models for Development Policy, Cambridge University Press, 1982.

[3] D. W. Jorgenson: "An Econometric Approach to General Equilibrium Analysis", Malinvaud, E.: "An Econometric Model for Macro – disequilibrium Analysis", both in Current Developments in the Interface: Economics, Econometrics, Mathematics, D. Redel Publishing Company, 1982.

[4] Benassy, Jean – Pascal: "Devlopment in Non – Walrasian Economics and the Microeconomic Foundations of Macroeconomics", Advances in Economic Theory, Canbridge University Press, 1982.

[5] McFadden, Deniel: "Qualitative Response Models", Advances in Econometrcs, Cambridge University Press, 1982.

[6] Hildenbrand, W. (ed.): Advances in Economic Theory, Advances in Econometrics, Cambridge University Press, 1982.

[7] Hazewinkel, M. and Kan, A. H. G. R. (eds): Current Development in the Interface: Economics, Econometrics, Mathematics, D. Reidel Publishing Company, 1982.

析手段①的新进展（秦朵，1986）。

**各态历经理论（ergodicity）** 1982年，约瑟芬·福特采用各态历经理论来描述和处理经济个体行为的不规则性。② 考拉第（Corrado Corradi）建立的意大利金融体系最优控制计量模型，在经济计量方法与优化理论相结合方面作出了有益的探索与尝试（秦朵，1986）。③

**数量经济与技术经济研究所** 1982年7月3日，中国社会科学院经济研究所的数量经济研究室与工业经济研究所的现代化管理研究室以及技术经济研究所合并，组成数量经济与技术经济研究所，简称数技经所。这是中国第一家数量经济学研究机构。同年9月，中国社会科学院研究生院建立数量经济系，标志着经济计量学在中国的发展正式纳入轨道。到1984年3月，全系15名可以直接指导硕士研究生的导师中已有12人招生，全系在校研究生共41人④。

**简明社科词典** 即《简明社会科学词典》，1980年初开始编写，由上海辞书出版社于1982年9月出版，收词5182条。至1984年4月已印刷四次，印数达120万册。因印数较大，纸型损坏，不能继续使用，只得重新排版，并借机修订。1984年12月出版第2版，共收词目5219条。包括哲学、经济学、社会主义学说、政治学、法学、社会学、军事学、国际关系、历史学、教育学、心理学、民族学、宗教学、语言学、文艺学等学科中基本的常见的名词术语、学说、学派、任务等。对条目词义分项解释，但以属于哲学社会科学的义项为限。为便于读者检索，第二版书末增附了分类词目索引和汉语拼音索引。⑤《简明社会科学词典》编辑委员会由宋原放、郭加复（副主编）、巢峰（副主编）及编辑委员31人组成（按姓氏笔画为序）：王芝芬、王华良、王自强、王知伊、冯英子、任关华、阮智富、严霜、严庆龙、杨关林、杨荫深、杨祖希、宋存、宋原放、陈光裕、林克勤、欧阳仲华、郑炳中、杨肇瑞、贵畹兰、聂文辉、夏禹龙、徐

---

① Szeg?, G. P. （ed.）：New Quantitative Techniques for Economic Analysis, Academic Press, 1982.

② Ford, Joseph："Ergodicity for Economists", New Quantitative Techniques for Economic Analysis, Academic Press, 1982.

③ Corradi, Corrado："Optimal Control of Econometric Model: So me Experimental Results for the Italian Monetary Sector", New Quantitative Techniques for Economic Analysis, Acadmic Press, 1982.

④《数量经济技术经济研究》1984年第3期，第57页。

⑤《简明社会科学词典》凡例、第2版说明，上海辞书出版社1984年版。

庆凯、徐锡祥、徐新元、高暐、郭加复、谈宗英、盛天民、巢峰、潘敬选。

另列54位编写人员名单（按编写条数为序）：

| 杨祖希 | 徐庆凯 | 巢　峰 | 谈宗英 | 杨关林 | 徐锡祥 | 潘敬选 |
| --- | --- | --- | --- | --- | --- | --- |
| 柳肇瑞 | 贵畹兰 | 徐新元 | 严庆龙 | 郭加复 | 冯英子 | 唐荣智 |
| 周林妹 | 徐福荣 | 王芝芬 | 钱雪门 | 邝耀中 | 欧阳仲华 | 薛昌懿 |
| 王华良 | 陈　炳 | 阮智富 | 周国朝 | 宋　存 | 刘培德 | 汤高才 |
| 高　暐 | 郑利平 | 杜　正 | 林海鑫 | 于鹏彬 | 周中民 | 张家骏 |
| 郭雪萍 | 帅本华 | 胡国强 | 薄铁炼 | 夏禹龙 | 高友清 | 郭　皎 |
| 盛天民 | 林益明 | 陆海龙 | 胡琴华 | 宋原放 | 杨荫深 | 毕兆崙 |
| 聂文辉 | 何满子 | 林烨卿 | 王聿祥 | 蔡才宝 | | |

**1983年，经济学危机**

**经济学危机**　1983年，阿尔弗雷德·艾克纳在《经济学为什么不是一门科学》一书中明确宣称"经济学作为一门学科，正处于危机之中"①。西方近年出版的权威辞书形象地描绘道："在公众不相信经济学家，经济学家也不自信的情况下，冷嘲热讽究竟能使经济学维持多久的问题自然随之产生"。② 哲学认为，一门学科出现危机的标志是，理论在逻辑和基础上出现了明显的困难和不一致性。丧失了经验解释功能和理论预测功能。围绕基本假说争论不休，莫衷一是。解决问题的能力不断弱化。研究者忙于构造新的特别型假说，仓促应付现实问题，特别型假说的数量甚至比问题还要多等等。据此分析，应该说西方经济学处于范式危机阶段和危机状态（杨建飞，2004）。

**1984年，数量经济技术经济研究，数量经济学会，经济计量学著作，经济数学（长沙），圣塔菲研究所**

**《数量经济技术经济研究》**　1984年1月，由中国社会科学院数量经济与技术经济研究所编辑的《数量经济技术经济研究》杂志公开发行。这是当时中国国内唯一兼容数量经济、技术经济两个学科的经济类学术刊

---

① 阿尔弗雷德·艾克纳：《经济学为什么不是一门科学》，苏通等译，北京大学出版社1990年版，第9页。

② P. A. O Hara（ed），"methodology in economics"，*Encyclopedia of Political Economy*，Routledge, London and New York, 1999. 转引自杨建飞《科学哲学对西方经济学思想演化发展的影响》，商务印书馆2004年版，第5页。

物。其前身是 1982 年创刊并内部发行的《技术经济研究》，以及 1983 年创办的《数量经济技术经济译丛》（双月刊）（彭战，2008）[①]。

《数量经济技术经济研究》第一届编辑委员会成员（以姓氏笔画为序）：马阳、王宏昌、王慧炯、乌家培、叶焕庭、朱世伟、刘天福、刘树成、李京文、任俨、吴微、何桂庭、张守一、陈立、陈锡康、邵汉青、闵庆全、范木荣、周方、周政、郑友敬、徐寿波、鲍琳洁。常务编委：乌家培、徐寿波、张守一、郑友敬、王宏昌、马阳、刘树成。主编：乌家培。副主编：徐寿波。编辑部主任：刘树成。杂志封面题字：李铎。工作单位：中国人民革命军事博物馆。社会职务：中国书法家协会理事。封面设计：龚益。工作单位：中国社会科学院工业经济研究所。宋富盛。工作单位：《山西青年》杂志社。《数量经济技术经济研究》为月刊；每月五日出版；北京市期刊登记证第 1037 号；每期定价 0.55 元。第一期杂志印刷者为北京市岳各庄印刷厂，自第二期起印刷者改为北京市丰华印刷厂。

**数量经济学会**　成立于 1979 年的经济数学方法研究会 1984 年改称中国数量经济学会。

**经济计量学著作**　1984 年 1 月，于清文等人翻译英国曼彻斯特大学教授 J. Johnston 所著《计量经济学方法》（英文第 2 版）教材非正式出版。

1984 年 4 月，张守一等编著的《经济计量学基础知识》在中国社会科学出版社出版。

1984 年 8 月，孙世铮著《经济计量学》由人民出版社出版。

**经济数学（长沙）**（*Mathematics in Economics*）1984 年 12 月创刊，刊号：CN43-1118；ISSN1007-1660，由湖南财经学院和湖南省经济数学研究会主办。1995 年起丁夏畦任主编，郭青峰任执行主编。《经济数学》编辑部编辑、出版、发行。编辑部设在湖南财经学院，地址：长沙市河西石佳冲。1984 年出版第 1 期，以后每年为 1 卷，刊物从 1995 年起改为半年刊。《经济数学》主要刊登数量经济学、数理经济学、经济控制论、经济信息论、经济预测与决策和经济应用数学领域中创造性研究成果。主要读者对象是从事经济数学研究与应用的经济管理人员、科技工作

---

[①] 彭战：《学术期刊的社会责任》，《中国社会科学院院报》2008 年 12 月 4 日第 6 版。

者和高等院校师生。①

**圣塔菲研究所（Santa Fe Institute，SFI）**　在美国新墨西哥州首府圣塔菲，设有著名的圣塔菲研究所（SFI），开创并从事跨学科领域的交叉研究，是复杂性科学研究的创始地和前沿阵地。圣塔菲研究所是一个私有的、独立的、非营利的、包含各种学科的教研中心。这里汇集了一批不同领域的科学家，通过对不同学科之间的深入探讨，试图找出复杂系统之间的共性，即复杂性科学（Complexity Science）。

圣塔菲研究所成立于1984年，创始人之一是乔治·考文（Goerge Cowan），参与创办的还有诺贝尔物理学奖得主马瑞·盖尔曼（Murray GellMann）和菲利普·安德森（Philip · Anderson），诺贝尔经济学奖得主肯尼思·阿罗（Kenneth Arrow），以及遗传算法的创始人约翰·霍兰（John Holland）等来自物理、经济、理论生物、计算机、数学、哲学等领域的科学家。它的研究特色是跨学科性，培养和促进新生学科。SFI的使命就是引导和培养跨学科的、卓越的、最新的和具有催化作用的科学研究。研究的重点是简单性、复杂性、复杂系统和复杂适应性系统。SFI的主要成员是来自欧美的短期访问学者（一年内接纳超过100名来访学者，另外将近800多名学者参加了研讨会），分别来自于物理学、生物学、计算学和社会科学等。SFI为跨学科课题合作研究提供了一个良好的环境。SFI的研究计划由科学顾问部监督，顾问包括诺贝尔得主、美国国家科学院成员等著名科学家。

**1985年，世界连接模型，新古典经济系统的不稳定性**

**世界连接模型**　宏观计量模型向世界型发展。其中比较著名的一例是克莱因主持的"世界连接模型"，将世界七十多个国家和地区的经济模型连接起来（克莱因，1985）②。

**新古典经济系统的不稳定性**　混沌经济学严格证明了新古典经济系统的不稳定性。1985年，法国人格兰德特证明，在一个完全竞争的市场系统中，不规则的涨落是内在的。实验经济学在80年代也证明："市场的均衡与稳定是存在的，但不是惯例，而只是有限的特例"（陈平，

---

① 参见张友余《数学辞海》，2002年版。
② L. R. 克莱因：《连接模型的新发展》，《数量经济与技术经济译丛》1985年第5期。

2002）。①

**1986 年，技术和劳力因素，西方数量经济学发展史概观，世界连接模型**

**技术和劳力因素**　在宏观模型研究中，出现了偏重供给一方的倾向，即着重考察影响技术和劳力的因素，推进宏观模型与微观模型的相互结合（秦朵，1986）。②

**西方数量经济学发展史概观（1986）**　秦朵整理撰写《西方数量经济学概观》，中国社会科学院数量经济与技术经济研究所油印发行。秦朵（1986）在其《引言》中指出：

> 经济研究广泛运用数学方法是现代西方经济学的一个显著特征。数量经济学便产生于这两种学科的相互交错和渗透之中。数量经济学虽然还是一门年轻的边缘学科，但也并非无史可论。近一两年，对于数量经济学发展史的研究突然引起西方经济学界的兴趣和重视，但是目前尚未归纳成书。为了扩大国内读者对西方数量经济学的纵向和横向发展的了解，以打开视野，为了向国内有关专业的研究提供较多的信息，以避免重复劳动，也为了引起国内同行对研究数量经济学发展史的注意，以促进提高整个学科水平，我把西方数量经济学发展史做一个非常简略而且不甚全面的概述。

全文分为三章，依次简述西方数量经济学发展的史前期、形成和发展初期、第二次世界大战以后的发展状况，而且对每个时期的发展特征进行了概括总结。为了便于有兴趣的读者查引原著，在每章后面都附有较详细的文献注释。作者强调：

> 严肃的科学研究离不开专题文献的积累。进行数量经济学发展史研究的主要目的之一，就是向研究人员提供背景式文献信息。

---

① 陈平：《新古典经济学的局限和非线性经济学的发展》，汤敏、茅于轼：《现代经济学前沿专题》，商务印书馆 2002 年版，第 97 页。

② Bodkin, R. G.、Klein, L. R. and Marwah, K.: "Macro – Econometric Modeling as a Background to Development Planning", Inter, Journal of Development Planning Literature, 1986.

**世界连接模型** 中国社会科学院数量经济与技术经济研究所、国家信息中心、上海复旦大学合作研制成功中国宏观经济模型的第一个版本,应用于克莱因主持的联合国世界连接模型。

**1987 年,可持续发展,永续发展,系统经济学**

**可持续发展** 即"永续发展",与自然环境相协调的经济社会的永续存在形式。1987 年,受联合国委托,以挪威前首相布伦特兰夫人为首的世界环境与发展委员会的成员们,把经过 4 年研究和论证的报告——《我们共同的未来》提交联合国大会,正式提出可持续发展(sustainable development)的概念和模式。报告定义"可持续发展"为:"既满足当代人的需求又不危害后代人满足其需求的发展",是一个涉及经济、社会、文化、技术和自然环境的综合的动态的概念,从理论上明确了发展经济同保护环境和资源是相互联系、互为因果的观点。意味着三个重要的理论转变:(1)由人类中心论向物种共同进化论转变;(2)由现世主义向世代伦理主义转变;(3)由效益至上向公平合理至上转变。可持续发展理论得到世界不同经济水平和不同文化背景国家的普遍认同,是 1992 年联合国环境与发展大会通过《21 世纪议程》的理论基础(徐云,2004)。但就汉语术语而言,中国大陆地区流行"可持续发展",在台湾地区则称为"永续发展"(叶笃正,2003)①。细加推敲,台湾译法似乎更胜一筹。

20 世纪 60—70 年代,人们逐渐认识到,把经济、社会、环境割裂开来谋求发展,会给人类社会带来毁灭性的灾难。1983 年 11 月,联合国成立"世界环境与发展委员会"。1987 年,该机构向联合国大会提交报告:《我们共同的未来》,正式提出"可持续发展"的概念和战略。1992 年 6 月,在巴西里约热内卢召开的联合国"环境与发展"全球首脑会议通过了促进可持续发展的《21 世纪议程》,成为各国共同确认的纲领性文件。"可持续发展"越来越成为一个涉及经济、社会、文化、技术、资源、生态、环境等众多方面的综合概念(韩孟,2005)。②

**系统经济学** 在 K. A. Fox 和 D. G. Miles 于 1987 年共同编辑的一本论文集中,把系统经济学作为一个学科名称。同年,中国学者胡传机和周豹

---

① 樊静、叶笃正:《名词工作的作用比我们想象的还要大》,《科技术语研究》2003 年第 3 期。

② 刘树成:《现代经济辞典》,凤凰出版社、江苏人民出版社 2005 年版,第 601—602 页。

荣共同出版了《非平衡系统经济学导论》。但是，昝廷全（1996）[①]认为，直到他的《系统经济学》[②]正式出版，第一次正式提出系统经济学的定义、三大基本公理、研究内容、研究方法和学科框架等，才算是系统经济学正式诞生的标志（昝廷全，2002）[③]。

**1988 年，状态空间方法，S – W 景气指数，中国宏观经济分析与预测**

**状态空间方法** 20 世纪 80 年代后期，利用状态空间方法研究经济问题，特别是经济波动问题已经成为国际上令人瞩目的研究方向。状态空间方法的基础，是假定一个由 n 种因素共同决定的经济，处在具有维度 N 的空间中。为讨论、研究这个经济整体的情况，需要找到能够表达这个系统综合状态的描述性指标，这个指标不可能直接通过观察而得到。通常被称为"观测不到的（Unbserved）"变量。在严格的术语意义上，所谓"观测不到"的说法并不确切，倒不如叫作"非直接观测的"或"非观测"变量，或称为"间接指标"。因为这个变量，或者说指标，实际上是将若干可以通过观测得到的指标加以综合。它是间接得到的，但溯本追源，仍然是来源于"可以观测得到的"那些数据资料。这种间接指标的获得需要借助于数学和控制理论当中常常用到的状态空间法。从这样的意义上说，借助状态空间法，可以完成对经济数据的表述与综合。

状态空间方法用于经济数据分析与综合，可以解决"数据自加权"问题，从而避免由于人为加权所造成的"主观误差"。在刻画一个经济的状态空间时，数据之间彼此互为权重。为说明这个问题，可以宏观经济分析中的三次产业为例。

设：在一个经济系统中存在总数为 P 的独立行为单位。例如全国有 32 个独立统计的省、市、自治区。在每一年份 t，分别有各省区三次产业 p1、p2、p3 的数据。如果要综合考察并且比较这些省区的发展情况，则需要解决"区域经济状态综合描述"的问题。为此，构造相应的经济状态空间 E，其三维坐标分别代表一、二、三次产业。则每一省区在同一时点 t 的数据在该状态空间中表现为点 Ap（p1，p2，p3）。显然，一旦 p1、p2、p3 确定，则点 Ap 在状态空间 E 中之位置确定。借助三维空间图形，

---

[①] 《经济与法律》1996 年第 6 期。转引自昝廷全《产业经济系统研究》，科学出版社 2002 年版，第 177 页。

[②] 第一卷：概念、原理与方法论，香港经济与法律出版社 1995 年版。

[③] 昝廷全：《产业经济系统研究》，科学出版社 2002 年版，第 178 页。

容易看到 p1、p2、p3 之间互为权重。以数学（几何）方法求得唯一的数值表达，即可完成区域经济状态的综合描述。

**S-W 景气指数** 1988 年，美国全国经济研究局（NBER）的斯托克（J. H. Stock）和瓦特森（M. W. Watson）共同开发了一种新的景气指数。他们利用状态空间方法，从多个重要的经济序列中得到一个"直接观测见不到的"变量 C，并把它视为真正的景气循环，以两位发明人名字的头一个字母命名，称为 S-W 景气指数。S-W 指数建立在严密的数学模型基础之上，与传统的经济周期测定方法相比，具有明显的技术进步的特点。

**中国宏观经济分析与预测** 1988 年，中国社会科学院数量经济技术经济研究所研制中国宏观经济模型的新版本，开始用于对中国经济进行试验性的分析与预测。

**1990 年，经济计量学讲义，数量经济学国际会议，国际经济计量学会第六届世界大会，中国经济蓝皮书**

**经济计量学讲义** 1990 年 1 月，曾经作为颐和园讲习班教材的《经济计量学讲义》在航空工业出版社出版。

**数量经济学国际会议** 1990 年 6 月 24 日至 27 日，为纪念颐和园讲习班举办 10 周年，在北京召开了"数量经济学及其在中国 90 年代经济发展与改革中的应用国际会议"。这是在中国第一次召开的、规模较大的数量经济学国际会议。这次会议的中心议题是，对中国经济发展与改革中的若干重要问题，如经济增长、产业结构、通货膨胀、科技进步、生产率计量、国际经济关系等问题，进行定性与定量相结合的分析，并研讨相应的政策建议。《数量经济学的新发展》论文集是这次会议的学术成果，反映了数量经济学在国内外的发展水平。

这次会议由中国社会科学院、联合国计划开发署、美国福特基金会共同资助召开。出席会议的中外代表共 120 余人。其中，有来自美国、日本、法国、匈牙利，以及中国香港、台湾地区的经济学家 16 名。组委会中方主席为刘国光教授，海外方主席为克莱因教授。中方委员有李京文、张守一、刘树成、周方、乌家培、胡代光、郑绍廉；海外方委员有刘遵义、乔根森、邹至庄、粟庆雄。[①]

**国际经济计量学会第六届世界大会** 1990 年 8 月，国际经济计量学

---

① 李京文、张守一主编：《数量经济学的新发展》，社会科学文献出版社 1991 年版。

会第六届世界大会在西班牙的巴塞罗那召开。大会发言和专题讨论的主题都是经大会程序委员会选定的。这次会议专题讨论的目的在于概览经济理论中重要最新最近的进展。会后，大会经济理论程序委员会主席拉丰（Jean – Jacques Laffont）主编了《经济理论的进展》（中译本分为上、下卷），以作为国际经济计量学会第六届世界大会专集。相应的经济计量学卷由 Christopher Sims 主编。所有来稿的截止时间是 1991 年 2 月（拉丰，2001）。①

**中国经济蓝皮书** 1990 年 11 月，以当年宏观经济预测结果为主要内容的第一部中国经济蓝皮书以《数量经济技术经济研究》杂志增刊的形式出版，内部发行。蓝皮书主编为刘国光，李京文、刘树为副主编；责任编辑：赵京兴，封面设计：龚益。刘国光在增刊的序言中指出："这本文集……具有如下四个特点：探索性、学术性、集体性、内部性"。

从这一年开始，不断修改和更新的中国宏观经济模型按年度正式对中国经济发展进行分析和预测，每年 11 月发布预测结果。

**1992 年，拉丰任主席**

**拉丰任（经济计量学会）主席** 1992 年，法国图鲁兹社会科学大学经济学教授拉丰出任经济计量学会主席。

《数量经济技术经济研究》作为中国改革开放以来引入的专业期刊，建刊 30 年来扎实前行，在推进数学工具与模型方法在中国社会科学界的应用方面做出了不可磨灭的贡献，代表了当今中国科学界数量经济研究的较高水平。据 2013 年统计，该杂志的被引用率排名仅次于《经济研究》而位居第二，其成绩之突出不言而喻。经济计量方法的引入，使关于中国经济的研究产生了质的飞跃，并由此带动了模型方法以及数据建设的相应发展。这也说明经济计量方法的运用已经成为学科研究关注的共识。

2014 年初，由中国世界经济学会和中国社会科学院世界经济与政治研究所主办的《世界经济》（2014 年 1 月号，总第 425 期）同期刊出《主要英文经济学期刊论文计量方法分析》（肖金川、任飞、刘郁）、《当前应用经济学论文中存在的一些基础问题》（何新华），以及《中国经济学应用研究的可信性分析》（张成思、陈曦）三篇文章，从不同的侧面关

---

① ［法］拉丰：《经济理论的进展》，王国成、黄涛、易宪荣等译，中国社会科学出版社 2001 年版。

注了当前普遍应用的研究方法问题。这是一项可喜的进步，说明目前中国经济学界的研究态势，已经从分散独立、各自为政的自发研究阶段，迈进了更多关注方法规范，关注共同语言表达模式的高级阶段。作者在《主要英文经济学论文计量方法分析》论文中表示，"希望通过分析国际公认的五大顶级英文经济学期刊所载论文在2001—2012年间的变化特征，客观呈现规范的经济研究是如何发展的。"其前提是需要假设这些顶级英文经济学期刊所载的论文是规范的。

在谈及经济学期刊论文计量方法分析的时候，仍然绕不开那个令人纠结的术语问题：Econometrica 究竟应该译作计量经济学还是经济计量学？如果从语言学和英文翻译的标准答案来说，这是一个不成问题的问题：经济计量学的词语构成是标准的偏正结构，计量是主体，经济计量是对经济的计量，毫无疑问应该译作经济计量学。然而，肖金川等人将 Econometrica 译作计量经济学事出有因：中国的教育部在有关课程设置的正式文件中，即将 Econometrics 称为计量经济学。在这种情况下，有关经济计量学或者计量经济学的术语歧义就成为无法回避的问题：原本来源于一个英文词汇的汉语术语，就出现了两个平分秋色的语词。翻检相关的各种语言工具书，经济计量学与计量经济学互不相让，成为汉语社科术语当中的一件公案。而现在摆在我们面前的问题是：面对这种情况，我们该怎么办？我们该如何为计量经济学这一术语溯源？

直到2014年4月25日，在中国社会科学院数量经济与技术经济研究所召开的《全国数量经济学专业术语规范化研讨会》上，与会专家对 Econometrics 的译名究竟是"计量经济学"还是"经济计量学"的问题仍然不能统一。最终决定"搁置争议，暂不讨论"。① 正所谓："一名之定，十年难期"，只为后人留下又一段耐人寻味的"术语故事"。

**1994年，规制讲座**

**规制讲座** 1994年，拉丰在中国社会科学院举办关于规制的学术讲座，其中用到非合作博弈论的概念，诸如贝叶斯—纳什均衡或贝叶斯完美

---

① 出席这次会议的专家包括：南开大学教授张晓峒，东北财经大学教授王维国，人民大学教授赵彦云，上海社会科学院教授朱平芳、韩清，中山大学教授王美今，北京信息科技大学教授葛新权，北京航空航天大学教授韩立岩，中国社会科学院教授李平、李雪松、李金华、王国成、樊明太、胡杰、龚益，以及彭战、陈星星、王喜峰、郭博文等人。清华大学教授李子奈提交了题为《数量经济学专业词汇中英文对照意见》的书面发言。

均衡，这些概念对当时的听众来说相当陌生（拉丰，2000）。① 贝叶斯完美均衡是描述不完全信息动态博弈的非合作博弈概念，却被多重均衡点的存在所困扰。Eric van Damme 对在 20 世纪 80 年代被广泛讨论的不同的均衡选择规则问题进行了探讨。

**1995 年，五天工作制，真实发展指标**

**五天工作制**　　新中国刚成立时，对劳动时间没有法律规定，只在第一届政治协商会议通过的《共同纲领》中将工作时间限定为 8—10 小时，并延续下来。1986 年国家科委研究中心成立课题组研究缩短工时问题。1987 年课题组完成报告，建议国家实行五天工作制。1994 年 3 月起，试行"隔周五天工作制"（孔德涌，2009）。② 1995 年 3 月 25 日，国务院总理李鹏签署国务院第 174 号令，决定自 1995 年 5 月 1 日起正式实行五天工作制，即职工每日工作 8 小时，每周工作 40 小时（高虹，2008）。

**真实发展指标 GPI**　　真实发展指标或 GPI 于 1995 年由旧金山经济智囊团 RP 的经济学家克里夫·柯布（Cliff Cobb）提出，他用这样一个指标作为经济福利与发展相对于 GDP 的选择性测度。GDP 用来说明一个经济体中消费与生产的总体货币价值，GPI 则用于解释人们在生活质量和整个经济、社会与环境福利方面的真实发展状况（马克·安尼尔斯基，2007）。③

**1996 年，中国：博弈论教材，数据挖掘**

**中国：博弈论教材**　　1996 年，拉丰再次访问北京，看到了由中国合作者提供的博弈论教材编写大纲。此时中国已有一个拥有 200 多名会员的博弈论学会，拉丰原来的学生张昕竹④已在中国社会科学院研究生院开设博弈论课程。

**数据挖掘**　　1996 年，W. J. Frawley 和 G. Piatetsky - Shapiro 等人提出"数据挖掘"的定义："数据挖掘是指从大型数据库或各种数据集中提取人们感兴趣的知识，这些知识是隐含的、事先未知的、但潜在有用的信

---

①　[法] 拉丰：《经济理论的进展》中文版序言，王国成、黄涛、易宪荣等译，中国社会科学出版社 2001 年版。

②　孔德涌：《5 天工作制推行始末》，《新京报》2009 年 8 月 20 日 D11 版。

③　[加拿大] 马克·安尼尔斯基：《幸福经济学》，林琼、龚益等译，社会科学文献出版社 2009 年版。

④　张昕竹，中国社会科学院研究生院教授，数量经济与技术经济研究所研究员。

息，提取的知识可以表示为概念（Concepts）、规则（Pules）、规律（Regularities）、模式（Patterns）等形式。"① 毫无疑问，面对描述社会经济发展的数据集合，同样存在数据挖掘问题。在这一过程中，可视化是必不可少的重要途径。所谓可视化，是指利用计算机支撑，采取交互方式，将信息转化为视觉可接受的形式，从而实现对抽象数据的可视性表达，以增强人们对这些抽象信息的认知。强调运用可视化的生理学基础，是基于人类具有较强的接收图像信息的事实。相对于接受数字信号的能力，人类的大脑更适合处理图像信息。在人脑所拥有的 100 亿神经元中，大约有半数服务于视觉系统。可以预期，未来经济计量学的成果展示与交流，一定会越来越多地采用可视化技术。基于可视化技术而形成的纸质经济图集，也会成为社会科学产业化的重要成果。

**1997 年，诺贝尔经济学奖，金融衍生工具，期权定价理论**

**金融衍生工具** 1997 年诺贝尔经济学奖被两位美国金融学教授摘取，他们是哈佛大学的资深教授罗伯特·莫顿（Robert Merton）和斯坦福大学的荣誉退休教授马尤·思科尔思（Myron Scholes）。与以往诺贝尔经济学奖得主有所不同，他们的工作与金融市场的实际操作关系密切，并产生巨大影响，他们紧跟时髦，研究金融衍生工具，并在期权定价理论方面独树一帜。然而，1997 年，莫顿和思科尔思因为发明大名鼎鼎的股票期权公式获奖。1998 年，他们参与创办的长期资本管理公司因亚洲、拉美、俄罗斯的债务危机濒临破产，大师声名大损。这样令人扼腕的事实，似乎是要再次证明：精彩的理论模型和精确的数据演算，无法把握和控制系统风险。人类不能准确地预测资产价格的走势。这是一件值得经济学家反思的事情。

**1998 年，欧洲中央银行，社会选择，核心课程**

**欧洲中央银行** 欧洲中央银行成立于 1998 年 6 月，当时有 11 个成员国。如果希望了解有关欧洲货币的信息，包括对其前景的规划和有关制度变化过程的讨论，可以登录 http：//www.ecb.int/。

**社会选择** 1998 年诺贝尔经济学奖授予印度经济学家赛恩（Sen, A.），他的主要贡献是社会选择系统的公理化理论，这几乎可以说是"纯

---

① 教育部：《汉字字形演化和数字化关键技术研究与应用》，国家科技支撑计划项目建议书（1—36），2010 年，第 21 页。

数学"的理论（胡炳生，2002）。

**经济计量学列为核心课程** 1998年7月，中国教育部高等学校经济学学科教学指导委员会讨论并确定了高等学校经济学门类各专业的8门共同核心课程，其中包括"计量经济学"。将"计量经济学"列入经济类专业核心课程，是我国经济学教学走向现代化和科学化的标志，对经济学人才培养产生了重要影响。

**2000年，二十年回顾，社科术语规范，行政过度**

**二十年回顾** 为纪念"颐和园讲习班"20周年，2000年9月13—14日，中国社会科学院和中国数量经济学会举办，《中国数量经济及其应用：20年回顾》国际研讨会在北京召开。

**社科术语规范** 2000年6月15—16日，全国科学技术名词审定委员会（名词委）在北京京西宾馆召开第四届委员会全体会议。中国社会科学院江蓝生副院长出席大会并致辞①，倡导开展社会科学术语规范工作。中国社科术语问题在经历了长时间的酝酿和准备之后，终于在世纪交替的时候浮出水面。

> ……在社会科学领域中，有不少名词则没有统一的说法，或者曾经有，而现在丧失了。同样一个词，不同的人用它来表达不同的意思，或者指代不同的事物。社会科学名词术语的不统一、不规范，不利于使用汉语汉字的地区和国家人民之间的沟通，不利于本学科、各学科之间的沟通，也不利于自然科学和社会科学之间的沟通。另一方面，规范社会科学的名词术语不仅有着交际上的意义，有学术研究方面的意义，同时，有时候还有一些政策和政治上的意义。由于术语不统一，概念不清，发生误解的情况也是经常发生的。
>
> 鉴于以上事实，为了有效地对社会科学的名词术语加以规范，我院学者认为，成立社会科学名词审定委员会是十分必要的。如果说统一科技名词术语是一个国家发展科学技术，实现现代化所必须具备的

---

① 在这次大会之前，名词委主任卢嘉锡同志给时任中国社会科学院院长李铁映同志发来了这次会议的邀请函，李铁映同志因为有事不能到会。5月26日，李铁映在卢嘉锡信上批示："洛林同志，我院应参加，请你或你确定一同志参加。"5月30日，时任社科院副院长的王洛林同志批示："请蓝生同志参加。"参见江蓝生《在全国名词委第四届委员会全体会议上的讲话》，《科技术语研究》2000年第3期，第17—18页。

基础条件的话，那么同样，统一社会科学名词术语对一个国家社会科学事业的发展，推进现代化，也是必须要做的事情。刚才主持会议的同志说到1950年建国初期，我们国家曾经批准成立过学术名词统一工作委员会，其审定名词的学科，包括社会科学的一些领域，那么在50年后的今天，社会科学研究有了相当大的发展，学科间的交叉和融合也更为广泛，成立社会科学名词审定委员会的工作就显得刻不容缓了。

关于如何推进，她提出"是否能成立一个有关社会科学名词术语的分委员会。我们希望通过这样的工作，能够为我国社会科学名词术语工作承担一份义务，作出自己的贡献。"嗣后，江蓝生出任全国名词委副主任。如果从建国初期1950年政务院成立术语统一工作委员会当中包括"社会科学"一组算起，中国社科术语规范的事业走到这一时刻，恰如巨人行路，一步50年。发生在2000年6月的这一微妙变化，注定是一件要被写入历史的事情。

规范统一社会科学的学术术语不可能一蹴而就。这是一项艰巨的任务，需要较长的时间和过程。随着科学技术的不断发展、社会经济的不断进步，新的名词术语还会不断涌现。因此，所谓学术术语的规范和统一工作，也需要与时俱进，不断地发展、补充、完善。

要让更多的人了解术语，了解术语规范的本质意义。术语是学术语言中所用的词汇，研究学问的人每天都在与术语打交道，但是"鱼在水中不知水"，于是司空见惯，浑然不觉。治学之要义，在乎严谨认真。对一个学者来说，从术语出发是最容易逼近概念本质的思维方式。术语是学术道路上指示方向的路牌。过路的人虽然从此经过，却未必意识到这路牌的存在和价值。术语还是拓宽知识领域的最短路径。要了解某个学科的知识，从术语入手最便捷。发展学术，术语规范是必由之路。如前所述，官府需要文字统一，是为提高管制效率，行商需要语言统一，是为降低交易成本。从经济和效率的角度考虑，术语规范可以提高学术活动的劳动生产率。术语，乃至由术语规范延伸开去的标准化，从经济学的本质上说都属于制度经济学的范畴，是"制度安排"，是以"约定"的方式降低交易成本，提高交流的效率。应该开展这一方面的课题研究，使术语规范问题得到经济理论的正确支持。

有观点认为，"术语统一"是自然科学的事，社会科学涉及思想意识，不可能统一。持有这种观点的人没有弄明白何为"术语"。与自然科学一样，社会科学术语规范化，不是统一思想，而是统一表达。也有观点认为，社会科学如此复杂，谁也没有能力"一语定乾坤"，并由此推断社会科学术语的统一"不可能"。持这种观点的人，混淆了"术语规范"和"术语规范工作"两个不同的概念。术语分属于不同学科，各个学科的专门术语，需要由这个学科当中的专家通过研究讨论，不断接近规范和统一；术语规范工作则有更多的"组织和促进"的性质。

**行政过度**（excessive administration，over-administrtive） 超过社会管理实际需要，在本质上无益于社会状态改善的各种行政行为，称为行政过度。[①] 2000年，龚益发表的《行政过度是中国经济运行的潜在危险》中指出，政府的行政措施是体现当前给定政策环境的最主要形式。要想获得可持续发展的长远机会，就不能不考虑行政环节的作用。行政的目的是增加社会经济发展的稳定性，过度膨胀的行政行为则是经济运行中不必要的阻力。在经济发展初期阶段，愈演愈烈的行政过度现象对中国经济造成的危害更为严重。

行政过度的最大危险在于使当权者丧失民心，增加社会生活的不确定性，形成压力，减损公众对于政府机构的信任。其直接结果，是公众心理环境逐渐恶化，转而影响社会和谐，[②] 导致经济活动阻力增大，内耗严重。民众与各种管理机构、管理人员间的矛盾冲突，不同体系各种管理机构之间的矛盾冲突层出不穷，发生摩擦的概率上升。社会机器低速运行，货币流转也受到影响，导致货币沉淀或者沉积。行政过度增加社会创新活动中的非技术壁垒，其效果表现为全社会创新实现能力普遍降低，社会经济生活缺乏新意，无法提供或形成新的消费热点，于是市场清淡，人气不足，通缩不可避免。虽有鼓励和保障个人投资或独资经营的相关法律，但若那些无效的行政环节依然存在甚至加剧，以行政管理者身份凌驾于生产

---

① "过度"之英文对译，据2008年11月1日网络统计，用excessive者1251例，用over者734例，另294例为excess。

② 日益紧张、烦琐、低效率的社会生活，会给社会大众造成种种压力。各级各种官僚机构、无良吏胥不明就里，东紧一扣，西拧半圈，压力越来越大，危机越来越深，到最严重的时候，两块冰相碰也会擦出火花，引起爆炸。参见龚益《小事搞成大事的辩证法》，《人民论坛》2008年第19期，第14—15页。

经营者之上的官僚习气不能得到克服,任何有效的政策都可能沦落为无效。为了真正实现中央政府提出的经济增长目标,首先要从经济运行的内部机制着手,简化程序,删除多余环节,为全社会提供轻松简练的经济环境。换句话说,已经存在的那些无效的行政环节和(尤其是)正在不适当地过分扩张的行政行为是当前中国经济运行的真正危险(龚益,2000)[①]。

在此之后,行政过度问题越来越引起社会关注。2008年10月30日利用"搜狗"网站引擎搜索结果,关注"行政过度"现象或探讨相关问题的网络内容超过1300万项(13,132,817)。说明现实生活中行政过度问题的严重性和普遍性。

表3-2　与"行政过度"有关的网络内容数目(2008-10-31)

| 序号 | 搜索引擎 | 搜索结果 | 序号 | 搜索引擎 | 搜索结果 |
|---|---|---|---|---|---|
| 1 | 搜狗 | 13,132,817 | 7 | 有道 | 584,000 |
| 2 | 中搜（中国搜索） | 12,700,000 | 8 | 百度 | 339,000 |
| 3 | YAHOO奇摩（全球网页） | 6,920,000 | 9 | 搜搜（SOSO） | 323,000 |
| 4 | YAHOO奇摩（台湾网优先） | 6,890,000 | 10 | 新浪 | 31,953 |
| 5 | 谷歌 | 2,950,000 | 11 | 天网 | 405 |
| 6 | Live Search | 731,000 | | | |

季羡林先生以阐释"渐悟"的曲折方式批评行政过度:所谓"渐悟"指的是经过累世修行,费上极大的力量,受过极多的折磨,经过千辛万苦,最后才能获得解脱,跳出轮回。"其困难程度简直比我们今天在极少数官僚主义衙门里,盖上几百个图章,跑断了腿,事情还不一定办成还要困难。真能使意志不坚者望而却步,不敢再抱什么成佛作祖的幻想了。"[②]

**2001年,两马通航,职业病防治法,职业病,金砖四国,企业社会责任**

**两马通航**　2001年1月2日,两马(马尾-马祖)航线首次正式通航,福州成为中华人民共和国成立以来最早落实台湾海峡两岸"小三通"

---

① 龚益:《行政过度是中国经济运行的潜在危险》,《数量经济技术经济研究》2000年第3期。

② 季羡林:《中印文化交流史》,中国社会科学出版社2008年版,第38页。

的两个城市之一。截至2009年6月底，马尾至马祖海上直航线路，即两马航线共航行4987航次，旅客客流量约30万人次，成为两岸同胞往来的海上"黄金通道"。2008年12月15日，海峡两岸实现海上货运直航。2009年7月13日，载有630名旅客的"新金桥Ⅱ号"客滚轮从福州马尾客运站出发直驶台湾基隆港，成为新中国成立以来大陆直航台湾本岛的第一艘客船。至此，两岸实现了真正意义上的海上客运直航。"新金桥Ⅱ号"轮籍属山东威海威东航运有限公司，客舱按五星级酒店标准配置，设施一应俱全，抗风等级达到蒲氏八级，并安装有防摇摆的减摇鳍（余荣华，2009）。①

**职业病防治法**　2001年10月27日第九届全国人民代表大会常务委员会第二十四次会议通过，并以中华人民共和国主席令第六十号公布《中华人民共和国职业病防治法》，自2002年5月1日起施行。该项法律定义的职业病，是指企业、事业单位和个体经济组织（统称用人单位）的劳动者在职业活动中，因接触粉尘、放射性物质和其他有毒、有害物质等因素而引起的疾病。职业病的分类和目录由国务院卫生行政部门会同国务院劳动保障行政部门规定、调整并公布。按法律规定，国家实行职业卫生监督制度。国务院卫生行政部门统一负责全国职业病防治的监督管理工作。国务院有关部门在各自的职责范围内负责职业病防治的有关监督管理工作（第八条）。职业病诊断标准和职业病诊断、鉴定办法由国务院卫生行政部门制定（第四十一条）。

2009年7月31日中国卫生部发出通知，启动全国职业病诊断与鉴定现状调查。此前发生了河南籍农民工张海超"开胸验肺"确证尘肺职业病以求维权的事件，新密市农民张海超被多家医院诊断为尘肺病，但职业病鉴定的法定机构——郑州市职业病防治所却坚持诊断为"肺结核"。为寻求真相，28岁的张海超无奈到医院，以"开胸验肺"的方式换来重新诊断的机会。由此职业病诊断过程中存在问题被多家媒体曝光，引起社会关注。卫生部称，此次检查正是为了加强职业病诊断与鉴定机构、职业健康检查机构的建设和管理（吴鹏，2009）。②事实上，作为国务院卫生行政部门、负责职业病防治工作的卫生部应该为此前的严重失职承担责任，

---

① 余荣华：《大陆客轮首航台湾本岛》，《人民日报》2009年7月14日第10版。
② 吴鹏：《全国开查职业病鉴定》，《新京报》2009年8月01日A03版。

给人民一个交代。以近期关注度较高的尘肺病为例，全国明确鉴定的尘肺病患者高达 64 万，而未获承认，不能列入统计的尘肺病人数量更是远在这个数字之上。说明毛泽东当年对卫生部的评语"城市老爷卫生部"仍然具有现实意义。

根据散见多处的新闻报道整理，张海超尘肺事件的大致经过如下：2004 年 8 月到 2007 年 10 月，张海超在郑州振东公司打工；2007 年 10 月，X 光胸片显示张海超双肺有阴影；后经多家医院检查，诊断其患有尘肺病。2009 年 5 月 25 日，郑州职业病防治所的诊断结果为"无尘肺 0 + 期（医学观察）合并肺结核"。2009 年 6 月 22 日，张海超自费到郑州大学第一附属医院"开胸验肺"。医生陈哲在张海超的出院证明上写了"尘肺合并感染"。此间新闻媒体介入调查。7 月 22 日《中国青年报》提到，这 6 个字给医生陈哲"带来了麻烦"（龚升平，2009）。① 2009 年 7 月 24 日卫生部督导组介入；7 月 27 日专家组确诊张海超为三期尘肺病。7 月 28 日，河南省委书记徐光春针对此事作出批示。另据 2009 年 8 月 13 日《新京报》（A22 版）援引《河南商报》消息，因为诊断出张海超"尘肺合并感染"，郑大一附院被河南省卫生厅通报批评，立案调查。河南省卫生厅下发处罚通报，认为郑大一附院在不具有职业病诊断资格的情况下，进行职业病诊断，违反了《职业病防治法》，予以通报批评。郑大一附院"要求职工对这件事不发帖、不回帖、安心工作。"医院领导态度明朗，不接受媒体采访；认为这件事情，"只是医院对患者的检查，医院从未给张海超进行过职业病鉴定，鉴定职业病要到相关的机构"。又据新华社电，河南省 3 家省级医院经批准，2009 年 8 月 14 日获得职业病诊断机构资质。河南省卫生厅新闻办负责人说，为张海超开胸验肺的郑州大学第一附属医院在获得职业病诊断资质前也受到了河南省卫生厅的通报批评，"主要是为了规范医院的行为，从而杜绝类似开胸验肺的悲剧发生。"（《新京报》2009 年 8 月 14 日 A13 版）事实上，只要不是智力低下或别有用心，谁都可以得出结论：在这一事件中，河南省卫生厅难辞其咎，应该通报检讨，自查处理。河南省卫生厅却倒打一耙，恶语先声，利用自己把持的话语权，颠倒黑白，混淆视听。这样文过饰非的机构领导卫生事业，实在不能让百姓放心。

---

① 龚升平：《说真话的程医生你在河南还好吗》，《新京报》2009 年 8 月 14 日 A02 版。

**职业病**（occupational disease） 与特定的职业或行业有关的疾病。其种类在不断增加。16 世纪的冶金学家 G. 阿格利科拉写过萨克森金属矿内通风不良问题的著作。1567 年，医生帕拉切尔苏斯指出所谓"矿工病"是因为吸入金属蒸汽引起，而并非一般所认为的那样：由于罪孽而受到的神谴。1700 年，B. 拉马奇尼发表《工人的疾病》使工业卫生成为医学科学的一个分支，被誉为工业医学的奠基人。19 世纪发生工业革命，使人们意识到存在着与工作场所有关的疾病。工作时间过长、光线昏暗、空气混浊、环境不良以及某些机械设备，都会导致伤残以及增加罹患结核病的危险后果。妇女儿童加入劳动大军，造成一些社会和心理问题。18—19 世纪之交，人们开始将某些疾病与具体职业相联系，并确认了其间存在的因果关系。如炼铜工人易患阴囊癌、纺织工人易患肺癌。20 世纪制造业得到革新，又采用许多新的毒性较大的原材料，职业卫生问题更为复杂。放射性物质；用以制造颜料、塑料、除莠剂、建筑材料等的化学原料；X 射线、紫外线、微波、红外线等电磁辐射，都会危及健康。许多恶性肿瘤与职业有关：接触苯胺可患膀胱癌；吸入铬化合物、有放射性的矿石、石棉、砷、铁可致肺癌；制造含镭夜光表盘的工人可患骨癌、经常处理煤、石油、页岩等物质或接触紫外线的户外工作者易患皮肤癌或白血病。肺尘埃沉着，即尘肺如矽肺也与职业有关。工作场合的物理条件不良，如过冷、过热、噪声、振动等造成情绪紧张、应激反应也成为越来越严重医学问题，甚至导致自杀或暴力行为。[①]

在中国的许多省份，职业病以尘肺病为主。以内蒙古自治区为例，截至 2007 年年底，内蒙古累计报告职业病 15541 例，其中尘肺病 14790 例，占职业病总数的 95.17%。2002—2005 年，内蒙古各种尘肺病新增患者 754 例，4 年间报告尘肺死亡病例 83 例，尘肺病年均发病 189 例，年均死亡 21 例。《国家职业病目录》中有 10 种尘肺病在内蒙古发生，其中矽肺和矿工尘肺病的发病率占到了 78.12%，赤峰市和兴安盟所报告的矽肺病例（矽肺病是尘肺病的一种）占到了矽肺病病例总数的 93.83%。由于这两个盟市辖区内有众多的有色金属矿，不但矽肺病人急剧增多，而且出现过多起群死群伤的职业病危害事件。呼伦贝尔市、通辽市、锡林郭勒盟由于各类煤矿较多，也成为矿工尘肺病高发区。内蒙古有害作业厂矿数，年

---

① 《不列颠百科全书》（国际中文修订版）第 12 卷，第 326 页。

均 2339 家，主要分布在煤炭、有色金属、林业、畜牧业、冶金，建材、化工等行业。近年来，制药、纺织、轻工等行业也逐步成为职业病高发行业。一些企业为了提高经济效益和简化用工管理制度，在操作上常聘用临时工、季节工，这些工人大多来自经济不发达地区，文化程度以及综合素质低，职业卫生自我防护意识差，个别企业又频繁轮换工人，使得大量职业病病人不能进行鉴定和统计（甄海霞，2009）[①]。

**金砖四国** 指巴西、俄罗斯、印度及中国四个有希望在几十年内取代七大工业国组织（G7），成为世界最大经济体的国家。来源于英文 BRICs，由巴西（Brazil）、俄罗斯（Russia）、印度（India）和中国（China）四国英文名称首字母组合而成，其发音与英文中"砖块"bricks 一词近似，故称金砖四国。其中，巴西被称为"世界原料基地"，俄罗斯为"世界加油站"，印度为"世界办公室"，中国为"世界工厂"。[②]

"金砖四国"（BRICs）一词最早由高盛投资公司（Goldman Sachs）首席经济学家吉姆·奥尼尔（Jim O'Neill）[③] 在 2001 年 11 月 20 日发表题为《全球需要更好的经济之砖》（*The World Needs Better Economic BRICs*）报告中首次提出，继而被广泛讨论。2003 年 10 月，该公司在题为《与 BRICs 一起梦想：通往 2050 年之路》（*Dreaming with BRICs: The Path to 2050*）的全球经济报告中预言，BRICs 将于 2050 年统领世界经济风骚。其中：巴西将于 2025 年取代意大利的经济位置，并于 2031 年超越法国；俄罗斯将于 2027 年超过英国，2028 年超越德国；如果不出意外，中国可能会在 2041 年超过美国从而成为世界第一经济大国，印度可能在 2032 年超过日本；BRICs 合计的 GDP 可能在 2041 年超过西方六大工业国（G7 中除去加拿大），这样，到 2050 年，世界经济格局将会大洗牌，全球新的六大经济体将变成中国、美国、印度、日本、巴西和俄罗斯。高盛的这份经济报告，使中国、印度、俄罗斯、巴西四国作为新兴经济体的代表和发展中国家的"领头羊"受到更多关注，由此 BRICs（译称"金砖四

---

① 网络资料，来自新华网，2009 年 08 月 03 日，《内蒙古频道》。于 2009 年 08 月 02 日查阅。
② G20："金砖"四国 中国为重。BBC 中文网（2009 年 3 月 31 日）。于 2009 年 4 月 3 日查阅。
③ 吉姆·奥尼尔（Jim O'Neill）自 2001 年起担任高盛投资公司（Goldman Sachs）首席经济学家。毕业于英国谢菲尔德大学（Sheffield University）和萨里大学（University of Surrey）。主要研究兴趣在外汇市场。前 BBC 的主席戴维斯（Gavyn Davies，2001—2004）评价他是在过去 10 年中世界上顶级的外汇方面的经济学家。吉姆·奥尼尔有两个孩子，他自己则是英国曼彻斯特联队（Manchester United F.C）的球迷，并在 2004—2005 年间担任该球会的非执行董事。

国")的称谓风靡世界。2005年12月1日，高盛发布的新报告《BRICs有多稳固？》称，BRICs看起来确实比其他发展中国家（无论大小）的进步要快。高盛由此调整预测：中国将在2040年超过美国（比2003年的预测稍快），而印度将在2033年超过日本（比早先的预测稍慢，原因是日本经济状况有所改善）。

2008年，金砖四国的国内生产总值初步数据：四国GDP总计为87902.8亿美元，其中中国占49.25%；俄罗斯占19.06%；巴西第三，占17.89%；印度居末，只占13.79%。人均GDP方面，四国人均GDP为3087.56美元。俄罗斯由于2008年的国际油价长期处于历史高位，加上高达两位数的通胀率和卢布年平均汇率升值，突破1万美元，达11796.92美元，高居四国之首；巴西以8235.49美元紧随其后；中国以3263美元排第三；印度首次突破1000美元，以1022.34美元排最后。中国人口继续保持世界第一位，总量达到13.28亿，印度以11.86亿紧随其后，巴西1.91亿人，俄罗斯人口继续负增长，2008年还有1.42亿人。经济增长速度，中国以9.0%高居榜首，印度以6.0%紧随其后，俄罗斯5.6%，巴西只有5.1%。

金砖四国的概念，有时也用来定义这四国在2002年所签署的关于贸易与合作的协定。由于高盛这份研究报告广为接受，金砖四国概念也被用来定义这四个国家所组成的一个市场，甚至更一般地用来定义所有新兴的工业国家。有迹象显示金砖四国寻求形成一个"政治俱乐部"或"联盟"，从而"把不断增长的经济力量，转换为更大的地缘政治影响力"。①② 2008年5月，四国外长在俄罗斯城市叶卡捷琳堡会谈，决定在国际舞台上全面合作。2009年6月16日，拟议中的金砖四国（BRIC）峰会在俄罗斯叶卡捷琳堡举行，成为金砖四国的首次峰会。时任国家主席胡锦涛于6月14日至18日出席在俄罗斯叶卡捷琳堡举行的上海合作组织成员国元首理事会第九次会议和"金砖四国"领导人会晤。这是"金砖四国"领导人的首次正式会晤。③

批评的意见认为，金砖四国穷人众多，势必阻碍经济，影响政府财务，增加社会不安，其他如专制制度影响、限制国内经济需求、国际冲

---

① BRICs helped by Western finance crisis: Goldman Reuters.
② Russia shows its political clout by hosting Bric summit - Times Online.
③ 新浪网，2009年06月16日新闻首页。2009年6月16日查阅。

突、国内动荡、疾病与恐怖主义爆发等，都可能阻滞这些国家经济的发展。金砖四国的经济发展有可能对全球环境带来无法控制的后果。持有"地球承载力有限"观点的人认为，现今社会与科技条件，将约束金砖四国的发展。①

**企业社会责任**　2001年2月，全球工人社会联盟公布了一份长达106页的由耐克（Nike）公司资助完成的报告。报告的内容是关于印尼9家耐克合约工厂的劳工调查。其新意在于它由耐克公司出钱完成，而耐克不能拒绝公布。

20世纪80年代，企业社会责任运动在欧美发达国家兴起，包括环保、劳工和人权等方面内容，导致消费者的关注点转向产品质量、环境、职业健康和劳动保障等多个方面。绿色和平、环保、社会责任和人权等非政府组织（NGO）以及舆论也不断呼吁，要求社会责任与贸易挂钩。迫于日益增大的压力和自身发展需要，很多欧美跨国公司纷纷制定对社会作出必要承诺的责任守则（包括社会责任），或通过环境、职业健康、社会责任认证应对不同利益团体的需要。1990年，美国发生"反血汗工厂运动"。利用"血汗工厂"生产产品的美国服装制造商Levi–Strauss被曝光后，为挽救形象，制定了第一份公司生产守则。迫于劳工、人权、消费者等NGO的压力，许多知名品牌公司相继建立了自己的生产守则，称为"企业生产守则运动"，又称"企业行动规范运动"或"工厂守则运动"，敦促企业履行社会责任，但施行状况无法监督。后由"自我约束"（self–regulation）的"内部守则"逐步转变为"社会约束"（social regulation）的"外部守则"。

到2000年，全球共有246个生产守则，其中118个由跨国公司制定，其余是由商贸协会、多边组织、国际机构制定的所谓"社会约束"的生产守则，主要分布于美国、英国、澳大利亚、加拿大、德国等国。2000年7月，《全球契约》论坛召开第一次高级别会议，50多家著名跨国公司的代表承诺，在建立全球化市场的同时，要以《全球契约》为框架，改善工人工作环境、提高环保水平。包括中国在内的30多个国家的代表、200多家著名大公司参与《全球契约》行动计划。2002年2月在纽约召开的世界经济峰会上，36位首席执行官呼吁公司履行社会责任，其理论根据是，公司社会责任"并非多此一举"，而是核心业务运作至关重要的一部分。2008年中

---

① 维基百科，http://zh.wikipedia.org/wiki/。2009年6月16日查阅。

国国资委一号文件提出中央企业履行社会责任的指导意见。国家电网、中远、联想、海尔、阿里巴巴等60余家企业发布企业社会责任报告。①

企业社会责任是个人社会责任概念的延伸。按照这样的思路，未来需要讨论的问题势必牵涉到"国家的社会责任"。个人社会责任的法律基础在于公序良俗，企业社会责任与国家社会责任也是如此。

**2004年，强互惠，利他惩罚**

强互惠（Strong Reciprocity）、利他惩罚（Altruistic Punishment）系指一种超越或突破"经济人"与"理性人"假说的人类行为模式。2004年2月，美国《理论生物学杂志》发表萨缪·鲍尔斯②和赫伯特·金迪斯③撰写的重要论文《强互惠的演化：异质人群中的合作》，认为人类行为具有超越"经济人"和"理性人"假设④的"强互惠"行为模式，即超越"利己"动机，为了公平和公正可以"路见不平，拔刀相助"，而不惜付出代价。2004年8月出版的《科学》杂志，封面文章是圣塔菲学派重要成员恩斯特·费尔⑤等撰写的《利他惩罚的神经基础》（*The Neural Basis of Altruistic Punishment*），以现代科学手段解释并验证金迪斯等人关

---

① 参考网络资料：百度百科，2009年2月22日。
② 萨缪·鲍尔斯（Samuel Bowles），1965年获哈佛大学经济学博士学位，历任马萨诸塞大学经济学教授（荣誉退休），圣塔菲学院讲座学者（External Faculty）等。
③ 赫伯特·金迪斯（Herbert Gintis），1969年获哈佛大学经济学博士学位，历任马萨诸塞大学经济学教授（荣誉退休），哈佛大学访问教授，巴黎大学访问教授，西耶纳大学访问教授，圣塔菲学院讲座学者（External Faculty）等。
④ 亚当·斯密1776年在《国富论》中把追求利润最大化的个人确定为经济分析的出发点，为新古典经济学和现代主流经济学奠定了分析生产者行为的基本范式。19世纪50—70年代经济学的边际革命把追求效用最大化的个人确立为经济分析的另一个出发点，为新古典经济学和现代主流经济学奠定了分析消费者行为的基本范式。由于这两个范式可以统一于追求自身利益最大化，因此帕累托把具有这种行为倾向的人概括为"经济人"，并认为它是全部经济分析的前提假设。这种假设隐含着一种对人性自私的肯定，一经面世就引发了众多批评，包括来自经济学内部的批评。
20世纪20年代以后，经济人假设逐步被理性人假设替代，主要基于两个原因。第一，是为了回避怀疑和争论，在表述时使用例如最大化行为、最优决策、理性选择等更为抽象的术语，给"经济人"戴上"理性人"的面具；第二，20世纪30—50年代美国经济学家萨缪尔森出于经济学数理化的需要，对许多传统的经济学概念进行重新表述，而效用的重新表述导致了对理性和理性人的再定义，并最终确立了他们在现代经济学中的地位。根据现代经济学的解释，效用是偏好的函数，偏好只要满足完备性和传递性假设就可以体现为理性。而所谓理性人，简而言之就是约束条件下最大化自身偏好的人。"偏好"提供了"去伦理化"的可能和遁词，但是并没有解决在自利范围内使用这个术语的问题（叶航，2005）。
⑤ 恩斯特·费尔博士，苏黎世大学国家经济实验室主任。

于人类合作起源和演化假说。在这篇论文中，费尔教授把"强互惠"（Strong Reciprocity）直接指称为"利他惩罚"Altruistic Punishment。

强互惠假说是圣塔菲学派的贡献。他们的研究表明，合作以及由合作产生的剩余，可能是人类心智、社会行为包括人类文化和人类制度共生演化的最终原因。有效的合作规范和秩序，也许是人类这个物种在生存竞争中最大的优势。而"亲社会情感"，包括同情、歉疚、感恩、正义等等，平衡了进化赋予人类的冷酷自私与理论算计。

20世纪80年代，经济学研究中兴起的圣塔菲学派借助计算机仿真技术，以交叉学科研究的方式探讨经济学据以立足的根本问题。他们通过实验方法寻找"理性人"，结果找到的却是在某种程度上超越了"理性"，具有"强互惠"行为模式的人。但是从词语构成的角度看，"强互惠"与"经济人"和"理性人"并无类比性，因此缺乏直接对照比较的条件。为解决这个问题，我们以"自然人"表示具有"强互惠"行为模式的人群。广义解释的"自然人"，可以涵盖"经济人"与"理性人"（龚益，2009）。[①]

事实上，由于传统"经济人"与"理性人"假设的被超越，经济学必须重新考察其基以立足的理性假设的公理性质：正如金迪斯指出的："人们很早就发现这是肤浅和具有误导性的。理性行为者模型能成功地解释动物行为，尽管没人相信果蝇和蜘蛛在认知方面与人很相似。"

### 2005年，等差数列的隐蔽公差

**等差数列的隐蔽公差**　2005年，龚益发表《n阶等差数列的隐蔽公差》，提出等差数列"隐蔽公差"的定义，给出n阶等差数列之隐蔽公差D与该数列所对应的1阶等差数列之公差d之间的确定关系（$D = d^n \cdot n!$）。等差是等差数列最核心的本质。高阶等差数列（n阶等差数列）是等差数列的普遍形式，一阶等差数列是n阶等差数列当n=1时的特例（龚益，2005）。[②]

高阶等差数列的差分性质在经济计量领域有明确的体现。通常所见的非稳定序列可以经过差分变成稳定序列，也就是说可以通过差分，将随机

---

[①] 龚益：《超越"经济人"与"理性人"假说的自然人假说》，《中国社会科学院报》2009年2月3日第10版。

[②] 龚益：《n阶等差数列的隐蔽公差》，《科技术语研究》2005年第4期。

游走过程转化成白噪声过程。① 单整序列数据 I（n）的差分性质即与 n 阶等差数列密切相关。但此前所见关于等差数列的讨论，大多围绕其一阶情况展开。有些常见的关于等差数列的定义②也仅仅适用于一阶条件的假定，不能确切描述等差数列的高阶（二阶及以上）情况。

随机变量的分布函数对保证经济计量模型与统计学机制的一致性起着关键作用。在一定的分布形式下，分布函数与参数值共同确定分布曲线的准确形状与位置。当分布形式为未知时，模型建造者需要预先对变量的分布形式作出假设，然后通过检验来验证假设。经济计量学家发现，即使原变量序列不服从正态分布，经差分之后也会趋于正态分布。一般认为（韩德瑞、秦朵，1998），时间序列的差分实质上是剔除时序当中某种固有的规律性，因此经数次差分后的时序数据主要含随机性的独立误差信息，自然趋向于正态分布。这与通常假设衍生的误差服从正态分布是一样的道理。差分剔除掉的这种"固有的规律性"即是 n 阶等差数列的主要成分，而所谓"经过数次差分"的次数，就是高阶等差数列的阶次 n（龚益，2003）。③

**2008 年，经济学名词审定，社科产业**

**经济学名词审定**　2008 年第 1 期《中国科技术语》消息，经济学名词审定委员会成立：

> 2007 年 11 月 3 日，经济学名词审定委员会成立大会召开，中国社会科学院经济所副所长王振中、全国科技名词委副主任刘青、原副主任潘书祥，以及经济学界知名专家顾海兵教授等近 30 位专家出席了会议。会议由王振中研究员主持。
>
> 经济学名词委主任王振中在发言中进一步指出，本次经济学名词审定工作对经济学学科建设具有非常重要的意义，并且是厘定经济学学科框架，澄清一些经济学新概念的重要工作，要按照全国科技名词委的统一部署和要求，做好这次审定工作。
>
> 在听取了王振中研究员对下一步工作的安排和部署后，与会委员

---

① 李洪心：《经济数学模型》，中国财政经济出版社 1998 年版，第 29 页。
② 《辞海》、《数学辞海》等相对传播比较广泛或具有一定权威性的辞书，也存在同样问题。说明关心此类问题者甚少。
③ 龚益：《单整序列数据的差分性质》，《数量经济技术经济研究》2003 年第 7 期。

经过认真热烈讨论,达成以下共识:(1)中国经济学是一门发展很快的学科。特别是改革开放以来,产生了很多新概念、新术语,应注意处理好现用术语和以往术语的关系;(2)鉴于现有的教育部确定的经济学学科体系形成较早,为保证经济学名词审定工作的权威性,有必要吸收学科发展前沿成果,拟定更科学的学科体系;(3)注意做好与意识形态相关的经济学名词研究工作,为慎重起见,不甚成熟的术语暂不收录①。

现代意义的经济和经济学的概念产生于近代西方。Economics 即 "经济学" 一词,系老凯恩斯(John Neville Keynes, 1852—1949)所创。他于1852年8月31日出生在英国威尔特郡索尔兹伯里,1949年11月15日在剑桥郡剑桥逝世。此人是英国哲学家、经济学家,先后受教于伦敦大学和剑桥大学,1875年在剑桥毕业后任该校道德科学讲师(1884—1911)和注册员(1910—1925),曾积极倡建剑桥大学经济学荣誉学位考试。他从逻辑学和方法论方面对经济学作出贡献。1884年发表《形式逻辑的学习与练习》,1891年发表《政治经济学的范围与方法》。老凯恩斯综合当时德国经济学派(强调演绎法)和奥国学派(强调归纳法)的两种对立的经济思想,采用了既有归纳又有演绎的研究方法。②

老凯恩斯对经济学贡献最大的作品,是他的儿子,20世纪最有影响的经济学家,凯恩斯主义的创始人——凯恩斯(John Maynard Keynes, 1883—1946)。凯恩斯1883年6月5日出生于英国剑桥郡剑桥,1946年4月21日在苏塞克斯弗尔先于他的父亲三年半去世。此人因针对长期失业提出革命性经济学说,即凯恩斯经济学而知名。1935—1936年间凯恩斯的专著《就业、利息和货币通论》问世,专业技术很强,甚至玄奥难懂,但却明确表达了两个强有力的论点。

第一个论点宣称当时流行的失业理论是毫无价值的胡说。根据凯恩斯的意见,工资非常低并不能消灭失业,因此将失业者困境归咎于失业者自身是居心险恶的。第二个论点是对失业萧条的起源应另有新的解说,这集中于总需求(即消费者、企业投资者和公共机构)的总开支上。当总需

---

① 温昌斌:《中国科技术语》2008年第1期,第36页。
② 《不列颠百科全书》(国际中文版),中国大百科全书出版社2007年修订版,第9卷,第250页。

求降低时，销售额和就业便萎缩；当总需求增高时，则万事大吉。凯恩斯理论认为具有能动的作用的是企业投资者和政府。在萧条之中，要做的事是增大私人投资或创造公共投资以代替私人投资之不足。在轻度经济萎缩时，利用较宽松的信贷和较低利率的货币政策就可能刺激企业投资和恢复充分就业。较严重的萎缩，需要利用公共工程或对受害群众进行补贴的公共赤字政策等较严厉的补救措施进行调控。① 20 世纪 20 年代末期的大萧条，以及 1932 年美国总统选举中 F. 罗斯福大获全胜而 H. 胡佛一败涂地，既证明了自由放任主义在政治上的破产，也为凯恩斯之星的照耀准备好了天空。

现代意义"经济学"当中的"经济"，系指国民经济或部门经济以及经济活动，包括生产、流通、分配和消费以及金融、保险等活动或过程②。亦有概指其为"社会物质生产和再生产的活动③"。近代启蒙思想家、翻译家严复（1853—1921）早年在介绍英国古典政治经济学（《原富》）时，称"经济学"为"计学"。④ 当时也有人将其译作"生计学"等。按《简明社会科学词典》（上海辞书出版社 1984 年版）的说法，"据现有资料，在中国，'经济学'一词最早是 1908 年朱宝绶翻译美国人麦克凡的《经济学原理》一书时使用的（宋原放，1984）"⑤。

关于"经济学"的译名，清朝末年即以"富国策"定之。当时同文馆开设经济学课，定名为"富国策"，以英国人福西特（H. Fawcett, 1833—1884，旧译法斯德）的《政治经济学提要》为教材。此书中译本即以《富国策》为书名，于 1880 年（清光绪六年）出版。1886 年英国杰文斯《政治经济学入门》出版，中文译本取名《富国养民策》，书中将经济学译作"富国养民学"。1901 年严复在《原富》中译经济学为"计学"。次年梁启超在《生计学学说沿革小史》中改计学为"生计学"。同时日本译名"经济学"亦传入中国。除此之外，当时"经济学"的中文译名还有"理财学"、"平准学"、"资生学"等等。当时以孙中山先生为

---

① 《不列颠百科全书》（国际中文版），中国大百科全书出版社 2007 年修订版，第 9 卷，第 249 页。
② 李行健：《现代汉语规范词典》，外语教学研究出版社、语文出版社 2004 年版，第 689 页。
③ 《现代汉语词典》，商务印书馆 1994 年版，第 598 页。
④ 陈原：张元济与蔡元培，《陈原散文》，浙江文艺出版社 1997 年版，第 215 页。
⑤ 宋原放：《简明社会科学词典》第 2 版，上海辞书出版社 1984 年版，第 704 页。

首的资产阶级革命派一直使用"经济学"译名，后渐至推广，遂统一译为"经济学"。①

现代经济学似乎更加注重财务或物质财富的管理。然而在严格的术语意义上，经济学与理财学之间，彼此个性的差异大于其共性。为此，了解希腊哲学家亚里士多德（Aristotle，前384—前322）对经济学（oikonomia）和理财学（chrematistics）所进行的重要区分是极其必要的②。理财学一词在今天的经济或商业论述中很少听到。然而这一词汇来自希腊语，其含义为赚钱的艺术，其中字根 chrema 表示金钱、富有或有用的东西。生态经济学家赫尔曼·戴利（Herman Daly）和神学家小约翰·柯布（John Cobb Jr.）将理财学定义为"政治经济学的分支，涉及财产和财富的处理，以便使货币拥有者的短期交换价值最大化"。与此同时，戴利和柯布将经济学（oikonomia）定义为"家庭的管理，其目的是在长时间里增加其使用价值，使家庭里的所有成员受益"，并指出了经济学和理财学之间的三个不同点：第一，经济学的观点是基于长期而非短期的；第二，它考虑的是整个社区的成本与收益，而不仅仅是交易各方的利害关系；第三，它关注有形的使用价值和其中的有限累积，而不是关注抽象的交换价值和其对无限累积的推动力。使用价值是具体的，它有一个物质衡量尺度，其需要能够客观地得到满足。这三个特点组合起来，既能限制人类的愿望，又能对超出限制的使用价值累积的可能性进行约束。与此相比，交换价值是完全抽象的，它没有物质衡量尺度或任何自然满足的需要以限制其累积。无限累积是理财家的目标，也是人类行为背离自然的证据。对"经济"来说，足够即可。对"理财学"而言，总是"越多越好"（赫尔曼·戴利、小约翰·柯布，1994）。

美籍奥地利经济学家熊彼特（Joseph Alois Schumpeter，1883—1950）在他那本千余页的巨著《经济分析的历史》中，提及一位中国经济学家 Huan Chang Chen，即陈焕章③，著有《The Economic Priciples of Confucius and His School》一书，于1911年由哥伦比亚大学出版，此书便是《孔门

---

① 《辞海》音序缩印本，1999年，上海辞书出版社2000年版，第1243页。
② 参见马克·安尼尔斯基《幸福经济学》，林琼等译，社会科学文献出版社2009年版。
③ 陈焕章，中国早年留美的经济学家，曾师从克拉克（John Bates Clark，1847.1.26 – 1938.3.21.）。克拉克于1895年至1923年为哥伦比亚大学政治经济学讲座教授，陈焕章在他的指导下完成了论"孔门理财"的论文。

理财学》。按此书的主要内容收在香港孔教学院民国二十九年（1940）刊行的《孔教论》之中，题名改为《孔门理财学之旨趣》。作者陈焕章把儒家的"理财之学"译为英文并与西方学说作比较，"本含有昌明孔教以发扬中国文明之意思。盖西人每多鄙夷中国。几以为世界之文明。惟西方专有之。而中国从未占一席也。"此处陈氏所说之"理财学"，便是老凯恩斯（John Neville，John Maynard 之父）所创的 Economics。陈焕章认为，"日人（把此字）译为经济学。则兄弟期之以为不可也。经济二字。包含甚广。实括政界之全。以之代政治学尚可。以之代理财学或生计学则嫌太泛……"① 由此一段公案，可知日本人在使用中国语文资源的时候，并不介意"大材小用"。而在此旗下近代经济学名词的积累，大致起源于20世纪30年代国人对欧洲经济学著作的翻译，其中涉及经济学原理、经济史以及经济思想史、大学教材等等。在这一时期的中国，曾经掀起过一阵出版经济学辞书的热潮。在20世纪30年代，中国知识界始终紧紧跟随着世界发展的步伐。至少在"经济学"词汇的引进和传播方面，中国的学者前辈们并不落后（龚益，2008）。

**社科产业**  2008年9月，《群言》杂志发表署名文章，讨论中国"社科产业"的发展问题。② 文章定义社科产业"是运用源自社会科学与自然科学的原料及知识、采用系统综合与集成工艺手段进行加工生产、目标指向以社会科学为消费群体的产业，其产品及服务以广义的人文社会科学为对象"。文章认为：科学发展需要产业的激励与反哺。科学成果引导产业发展，产业需求刺激科学繁荣。没有"产业"的科学只能在低水平徘徊，而不可能实现真正的"繁荣"。在中国，围绕自然科学，有众多产业，而围绕并服务于人文和社会科学需求、社会科学研究的"产业群体"，则远远没有形成。为了实现社会科学的繁荣，有必要考虑如何扶植、培养、发展、创新"社科产业"，实现"社科产业"产品生产和消费的社会化的问题，构建社科产品从生产到消费的稳定链条。

概念中的"社科产业"，是社会整体当中的产业之一。这个产业直接服务于社会，服务于社会科学，或广义人文科学需求。例如，以基层县、市或乡镇为单位，在某一时点或时段，包括可视化的地理信息在内各类数

---

① 林行止：《克拉克与陈焕章》，引自《闲读偶拾》，上海三联书店2003年版，第11—12页。

② 龚益：《如何促进中国社会科学的繁荣》，《群言》2008年第9期。

据采集、整理、保存、检索乃至分析的独立系统，即是一个典型的"产品"。全国有多少县镇，则可以生产多少套这样的产品，成为各个具体县镇或当地企业实施规划、抗震救灾、调整生产、保护环境的工具手段。关于此种产品的需求者，除了当地政府、企业之外，更包括需要统观全局的中央政府，以及作为党中央、国务院思想库和智囊团的研究单位，借此掌握能够反映真实国情的基层数据。换言之，这是国情调研中必不可少的重要内容。

关于社科产业的前景，亦即市场关于社科产品的需求，具有与自然科学不同的特点。正如1973年诺贝尔经济学奖获得者瓦西里·列昂惕夫（Wassily Leontief，1906—1999）所说："相对于物理学来说，我们研究的系统不仅极度复杂，而且处于不断变化之中……如果没有新数据产生，现有的存量信息不久就会过时……而在物理学、生物学，甚至是心理学中，绝大多数参数是相对稳定的，因此，评估试验和度量就不必每年重复进行。"① 社科产品与社会相关，需要反映社会现实情况，记录历史状态，所以具有强烈的更新需求。表达系统运行规律的各种参数和关于社会系统实际状态的描述都需要不断更新。例如，一场台风、一次地震过后，反映地理特征的地形地貌、城乡经济社会数据都会与既往不同，因此需要在保留旧有数据的同时重新生成新的资料。科学技术的发展，使社会科学实现"目光向下，深入基层"研究的渴望成为可能。来源于基层一线的真实数据有助于中央提高执政能力，为国家决策提供更为可靠的依据。

另外一些"社科产品"表现出明显的"公益性"。例如，研究不同产业和地区的发展问题，需要用到"中国工业部门生产函数参数估计"的结果，或者反映收入分配不均等程度的"基尼系数"。类似这样的研究，如果分散由各个研究者自行解决，势必造成社会整体资源的浪费。相对来说比较合理的做法，是由政府提出要求，实现政府采购。其研究结果作为开放的"公共产品"，提供给全社会无偿使用。为了促进中国社会科学的繁荣，这种对于"社会科学"参数的评估与度量，至少需要每年甚至每一季度"重复进行"。这是满足社会公共需要的"社科产品"需求。

从自然科学与社会科学相结合的角度看，自然科学是"生产者"，社会科学要"消费"自然科学的大量成果，例如依靠测控技术形成的各种

---

① 参见干春晖《产业经济学教程与案例》，机械工业出版社2007年版，第260页。

直观图像或遥感图像。基于地理信息系统（GIS）的经济研究数据库，可以在这些图形的平台上附加各种经济数据。从社科产业的角度看，自然科学的这些成果又只是社科产业"生产"过程中所必需的"中间产品"，在最终成为社科产品的过程中实现增值，即在自然科学成果的基础上投入劳动，加入或增添具有人文性质的知识或信息内容。社科产业的最终产品直接服务于社会，服务于社会经济发展的最终需求。

在这个过程中，社会科学工作者兼具"消费者"与"生产者"的二重身份，而中国的社科产业则将在这样的过程中逐渐成为社会生活、生产过程中的一个环节，实现生产组织方式的转变——从自给自足的小农经济，个体劳动的生产方式，转变成为具有社会化分工特点的现代社科产业模式。为了实现党中央提出要"繁荣发展社会科学"的要求，必须培植"社科企业"，即致力于研究和生产"社科产品"的企业，进而形成并发展"社科产业"。没有"产业"的科学永远不可能真正走向"繁荣"。而不能形成"产业"的科学，也将永远被屏蔽在社会的直接需求之外，成为人类社会经济发展过程中的落伍者和产业"边缘化"的受害者（龚益，2008）。

美国宾夕法尼亚大学教授、沃顿经济计量预测公司理事会主席、当代西方经济计量学的"先驱者"和权威，因研究经济计量模型及有关理论成绩卓著而被授予1980年度诺贝尔经济学奖奖金的劳伦斯·R.克莱因，在他获奖的1980年曾提出"经济计量学工业"的概念，并在1963年身体力行，通过沃顿公司从事的商业活动，致力于经济计量模型的社会应用，[①] 是践行"社科产业"理念的先驱。

**2010年，数量经济，"颐和园经济计量学讲习班"30周年纪念会**

**数量经济** 当年（1979）提倡并将经济数学方法定名为"数量经济"的一代中国学者始料未及，30年后，"数量经济"被赋予新的含义：成为类似于"质量经济"概念的"品质经济"的对称。北京交通大学经济管理学院旅游系主任、北京交通大学旅游发展与规划研究中心主任王衍用教授撰文：《中国旅游还是数量经济》（王衍用，2010）。[②]

---

① [美] 劳伦斯·克莱因、理查德·扬：《经济计量预测与预测模型入门》，秋同、胡崇能等译，中国社会科学出版社1980/1982年版，第140页。
② 王衍用：《中国旅游还是数量经济》，《新京报》2010年3月3日D02版。

如果一个旅游目的地是立足于休闲度假发展方向的，那么它是要尽可能地去减少景区景点而不是增加，从数量经济向品质经济转变，如果游客过多，旅游品质就不能达（得）到保证……现在中国旅游还是停留在数量经济。

——王衍用：《中国旅游还是数量经济》，《新京报》2010年3月3日。

例如，关于海南旅游，王衍用指出，海南旅游目前正在向休闲度假旅游过渡，在转型升级的过程中，既要考虑大多数旅游者的需求，也要注重数量经济向品质经济的转变。"游客增多带动消费，自然也会增加收入，但若游客过多，旅游的品质就会得不到保证。并且，生态环境的承载能力是有限的。在发展旅游经济的过程中保护生态环境，比较好的办法是控制人流量。"①

一仆二主。这个"数量经济"，显然不同于作为中国社会科学院研究单位之一的"数量经济与技术经济研究所"名称当中的那个"数量经济"——这种"一个术语，或同一表达形式的词汇，被分别用于描写不同（两个，或两个以上）的概念"的情况，就是"一仆二主"，是一种并非罕见的术语现象。出现这种情况，当然可以归咎于"历史的原因"，然而不可否认的是，20世纪70年代末中国专家们在定义"数量经济"时，忽视了术语确立中"必须服从汉语词汇约定"的原则，也是不可忽视的原因。"数量经济"属偏正结构，以"数量"修饰"经济"。这种情况，直接导致了"数量经济"作为术语存在的脆弱性。如果我们以"较真"的态度来考究，"数量经济"到底是什么？该做如何解释？如何定义？

巧合的是，化"数量经济"这一词汇在中国落户的这段时间，中国经济的发展模式，确是依靠"数量"扩张，而不是依靠"质量"改善的模式。进入21世纪以来，中央政府不断要求各级地方政府"努力改变增长模式"即可证明。从这样的意义上说，新版"数量经济"定义的出现，倒是完成了"数量经济"术语向其本质的回归。在这种局面下，中国"数量经济"学界的专家们，又该怎样回应王衍用教授们的挑战，亡羊补

---

① 网络资料：王衍用接受《海南日报》记者电话专访，《旅游中国》，2010年6月28日查阅。

牢，抑或重新定义，权威解说，捍卫"数量经济"的术语领地？这将是一次有趣的考验。

**"颐和园经济计量学讲习班"30 周年纪念会** 1980 年 6 月，诺贝尔经济学奖获得者美国宾夕法尼亚大学克莱因教授率安德逊教授、邹至庄教授、刘遵义教授、安多教授、粟庆雄教授、萧政教授共七位国际著名经济学家在北京颐和园举行了为期七周的"经济计量学"讲习班，为推动数量经济学在中国的发展，促进中国数量经济学科的建设发挥了极其重要的作用。

为纪念数量经济学先辈的卓越贡献和杰出成就，促进数量经济学理论和方法在中国发展应用，培养和提携数量经济学后俊，中国社会科学院数量经济与技术经济研究所、中国数量经济学会于 2010 年 7 月 9—11 日在北京裕龙国际酒店举办"颐和园经济计量学讲习班 30 周年纪念会"。刘遵义教授、粟庆雄教授、萧政教授等莅临，海外数量经济学领域的杰出中青年学者陈小红、范剑青、洪永森、管中闵、李龙飞、蔡宗武、李彤、陈松年、孙一啸、陈宇岑等亦接受邀请到会演讲。参加纪念会的还有当年颐和园讲习班的学员、中国社会科学院经济学部、中国数量经济学会会员单位代表等百余人。

**2011 年，经济学奖，期望**

**（诺贝尔）经济学奖，期望** 瑞典皇家科学院将 2011 年诺贝尔经济学奖授予托马斯·J. 萨金特（Thomas J. Sargent）和克里斯托弗·A. 西姆斯（Christopher A. Sims）二人，以表彰他们在宏观经济因果关系实证研究领域的贡献。这一年诺贝尔经济学奖的主题是关于"期望"，两位获奖者都是研究如何理解一国政府的经济政策和不同宏观经济变量之间的关系。比如，提高银行利率会对 GDP 和通胀率产生怎样的影响，以及如果央行改变通胀目标，或政府修改预算平衡目标对实体经济的影响等。两位获奖者的理论可以应用到这种"政策—经济"因果关系的互动中，并能够解释"期望"在其中起到的作用。宏观经济学的主要任务之一是理解各种冲击因素和系统性政策改变对宏观经济变量的短期作用和长期影响，而萨金特和西姆斯的贡献对完成这项任务不可或缺（沈玮青，2011）。[①]

萨金特研究结构宏观经济学，为分析持久经济政策提供分析工具，其

---

① 沈玮青：《两位美国经济学家摘诺奖》，《新京报》2011 年 10 月 11 日第 B03 版。

学术专长是动态宏观经济学和经济计量。他与卢卡斯是战友,共同创立理性预期(或称合理预期)学派。这个学派认为,政府的经济政策均告无用。上有政策,下有对策,理性经济人会根据政府政策来调整自己的行为,最终抵消政策之效力。因此,任何政府行为的"救市"和"扭曲操作"都没有用处,只有老老实实地控制自己的财政赤字,不要瞎折腾,才是政府的本分。西姆斯的研究则以"矢量回归"数学模型为依据。他在1982年发表论文,显示经济政策对经济的影响。二人各自独立研究,而成果互为补充,并且"已经在全世界范围内由研究人员和政策制定者采纳……构成宏观经济分析的基本工具"(沈玮青,2011)。

**2013年,经济学奖,股息率**

(诺贝尔)经济学奖,股息率 瑞典皇家科学院将2013年诺贝尔经济学授予芝加哥大学教授尤金·F. 法马(Eugene F. Fama)、拉尔斯·皮特·汉森(Lars Peter Hansen)以及耶鲁大学教授罗伯特·J. 席勒(Robert J. Shiller)三人,他们因对资产价格的实证分析共同获此殊荣,而平分800万瑞典克朗(约合753万元人民币)奖金。席勒在20世纪80年代证实,短期资产不可预测并不意味着长期趋势不可捉摸,他发现股票价格波动远大于公司股息率,因此股息率(即股价与股息之比)与股价成正比。股息率是衡量企业是否具有投资价值的重要标尺之一。汉森则发明了一种统计方法,非常适合应用于验证估算资产空价的理论,并成功解释资产价格。法马从20世纪60年代起就和几位合作者发现,预测股票短期价格非常困难,因为新的信息会随时影响资产价格。这一发现不仅对于后来的研究产生深远影响,也影响了市场行为,如指数基金的出现。瑞典皇家科学院表示,三位获奖者为理解资产价格理论奠定了基础。这一理论一部分取决于风险和风险态势的变化,还有一部分取决于行为偏差及市场摩擦(沈玮青,2013)。[①] 事实上,法马和席勒对市场的理解不在同一维度。法马认为价格由人的理性计算形成,因此含有丰富的信息,是支持经济个体决策的可靠依据;他最大的贡献在于提出了著名的"有效市场假说"。根据他的理论,追求自身利益最大化的理性投资者相互竞争,都试图预测单只股票未来的市场价格,竞争导致单只股票的市场价格反映了已经发生和尚未发生,但市场预期会发生的事情。在一个有效的证券市场,由于信息

---

① 沈玮青:《三名美国学者分享诺贝尔经济学奖》,《新京报》2013年10月15日B03版。

对每个投资者都是均等的，因此不可能通过信息处理获取超额收益，即信息不能被用来在市场上获利。法马还发现所谓"小盘股"的回报率大于成长型股票。席勒则强调心理因素（动物精神）的作用，认为价格中充满误导性的"噪声"。在这两种对立的观点之间，经济计量学家汉森发现了在经济和金融研究中极为重要的广义矩方法。他的研究被广泛应用于消费、储蓄投资及资产价格领域。2013 年三位经济学奖获得者和而不同，都具有巨大的学术影响力。

**2014 年，学术名刊**

**学术名刊** 2014 年 1 月 3 日，中国社会科学院召开《数量经济技术经济研究》创刊 30 周年纪念暨学术名刊建设交流会。《数量经济技术经济研究》现任（第四任）主编李平教授致辞，编辑部主任李金华讲话。杂志历任主编乌家培、李京文、汪同三发言回顾了杂志创刊 30 余年的发展历史；《经济研究》杂志常务副主编郑红亮、《统计研究》杂志常务副主编许亦频、《经济管理》杂志社社长周文斌，《数量经济技术经济研究》杂志编委、清华大学教授雷家骕等发言，畅谈学术名刊建设。

1984 年《数量经济技术经济研究》创刊，成立第一届编辑委员会，到 2014 年 1 月历经八届。第八届编辑委员会成员包括，顾问（以姓氏笔画为序）：乌家培、方新、王慧炯、李京文、汪同三、陈锡康、周方、郑玉歆、贺铿、钟学义；主编：李平；副主编：何德旭、齐建国、李雪松、李金华；编委（以姓氏笔画为序）：王乃静、王文举、王宏伟、王国成、王维国、史代敏、刘树成、朱平芳、朱宪辰、许冰、许承明、余永定、佟仁城、张晓、张涛、张屹山、张昕竹、张晓峒、李军、李青、李子奈、李文军、李志军、李选举、李善同、李富强、汪向东、沈艳、陈年红、陈畴镛、宗刚、杭斌、赵乐东、赵国庆、唐齐鸣、唐绍祥、梅国平、龚益、彭战、曾宪初、葛新权、雷家骕、樊明太；编辑部主任：李金华；编辑部副主任：彭战。

# 结语：经济—社会计量方法的普遍应用

20世纪30年代，经济计量研究主要以生产者、消费者、家庭或厂商的经济行为作为考察对象，描述需求变化和收入变化的关系，侧重于个别商品供给与需求的计量，基本是个案考察或微观分析。

自20世纪40年代起，为适应政府干预经济活动和经济发展的要求，经济计量研究的范围逐步扩大到整个经济体系，其特征是处理总量数据，如消费、储蓄、投资、国民收入和就业等宏观经济总量的计量分析，亦即总量分析或宏观分析。

20世纪50年代起，宏观经济计量模型在经济计量学的应用中开始占支配地位。20世纪50年代末至60年代初是宏观经济计量模型蓬勃发展的时期，英、美等西方国家运行的许多模型正是那个时期开发的。各国的宏观经济计量模型经过数十年的发展，日臻完善，正在经济预测和政策分析中发挥越来越大的作用。在此期间，经济计量学的理论和方法也有了很大发展。

基于制度原因，中国对经济计量学的研究和应用起步，大致开始于20世纪70年代后期。经过这些年的发展，已经取得了一定的进步，很多政府部门和学术机构建立了经济计量模型进行经济预测和政策分析，越来越多的高等院校开设了经济计量学课程。

在中国经济学界，大体上说，是将西方的数理经济学和经济计量学合并统称为数量经济学。"数量经济学"是中国经济学界自己命名的。对于数量经济学的研究对象和学科性质存在着不同的认识和分歧。中国的"数量经济学家"已经认识到，"经济学一旦走出'象牙塔'被用于指导经济发展的实践，仅仅停留在'是什么'，'为什么'这样的层次上，就显得十分脆弱"。"经济学必须回答一定时期内投资与就业、经济增长和物价之间相互作用规律及其数量关系，研究经济总量与部门间供求关系相互适应的投资结构，给出比较准确的数量界限。只有这样，经济学对经济发展的实践才是有用的,才能为制定经济计划和政策服务,指导经济实践"①。

自 1969 年诺贝尔经济学奖设立以来,截止到 2013 年,诺贝尔经济学奖已经被颁发了 45 次,授予 71 位经济学者。其中 22 次是由单人获得此项殊荣。只有埃莉诺·奥斯特罗姆一位女性在 2009 年凭借"公共经济治理"与另一位经济学家共同获得诺贝尔经济学奖。最年轻的获奖者是肯尼斯·约瑟夫·阿罗,在 1972 年他 51 岁的时候凭借"一般均衡理论"与另外一位经济学家同获殊荣。最年老的获奖者是莱昂尼德·赫维茨和另外两位美国经济学家以"机制设计理论"获得该奖项(沈玮青,2013)。②

兴业银行首席经济学家鲁政委认为,尽管诺贝尔奖委员会从不承认颁奖与现实有关系,只表示忠实地考量其学术贡献,但事实上两者是有关系的。例如 20 世纪 90 年代初把诺贝尔奖颁发给科斯,是因为 1989 年东欧出现巨变,而现实制度的无(低)效率导致其必然发生巨变,所以显示了科斯制度分析的贡献。再比如蒙代尔获奖也是在欧元区产生之后,这才显示出他的贡献。2013 年法马、汉森和席勒的获奖,是在 2008 年经济危机的背景下,2008 年的危机显示了金融市场空前的非理性。目前国际经济学界高手云集。与 30 年前相比,那时获奖的大都是一个学派的开创者,2000 年以后则有越来越多的获奖者属于"工匠"型的经济学家,他们通常是在某一个技术难关上获得突破(沈玮青,2013)。

正如我们在本书中所一再强调的,经济计量学作为工具性的科学手段,正在日益成为经济学研究的常规武器。翻开现今占据主流地位的经济学乃至更多社会科学的学术刊物,例如《经济研究》、《数量经济技术经济研究》、《金融评论》、《中国人口科学》等,模型与数学方法的运用比比皆是,研究成果百花齐放。这种现象说明,在中国的社会科学研究领域,经济计量学正在走出"象牙塔",展示出"计量"精细条理的神奇魅力。

(2013 - 11 - 11)

---

① 齐建国:《数量经济学发展概述》,《数量经济技术经济研究》1997 年第 10 期,第 76 页。
② 沈玮青:《2013 年诺贝尔经济学奖》,《新京报》2013 年 10 月 15 日 B04 版。

# 主要参考文献

[1] [澳] 杰弗里·布莱恩:《世界简史》,何顺果、张孟媛译,国际文化出版公司 2008 年版。

[2] [法] 雅克·勒戈夫:《中世纪的知识分子》,张弘译,卫茂平校,商务印书馆 2002 年版。

[3] [加拿大] 马丁·基钦:《剑桥插图德国史》,世界知识出版社 2005 年版。

[4] [加拿大] 马克·安尼尔斯基:《幸福经济学》,林琼、龚益等译,社会科学文献出版社 2009 年版。

[5] [美] 赫伯特·金迪斯、萨缪·鲍尔斯等:《走向统一的社会科学》,上海世纪出版集团 2005 年版。

[6] [美] D. 格林沃尔德:《现代经济词典》,商务印书馆 1983 年版。

[7] [美] D. Gujarati:《基础经济计量学》,庞皓、程从云译,吴可杰审校,科学技术文献出版社 1978/1986 年版。

[8] [美] E. N. 洛伦兹:《混沌的本质》,刘式达、刘式适、严中伟译,气象出版社 1997 年版。

[9] [美] R. 麦克法夸尔、费正清:《剑桥中华人民共和国史》下卷,中国革命内部的革命,1966—1982 年,俞金尧、孟庆龙、郑文鑫、张晓华等译,李殿昌校订,中国社会科学出版社 1992 年版。

[10] [美] 巴里·E. 齐格尔曼、戴维·J. 齐格尔曼:《危险的杀手:微生物简史》,武庆洁、蔡晔、迟少鹏译,文化艺术出版社 2003 年版。

[11] [美] 蕾切尔·卡逊:《寂静的春天》,吕瑞兰、李长生译,吉林人民出版社 1977 年版。

[12] [美] 劳伦斯·克莱因、理查德·扬:《经济计量预测与预测模型入门》,秋同、胡崇能译,中国社会科学出版社 1980/1982 年版。

[13]［美］理查德·C. 施罗德：《美国政府简介》（香港修订版），今日世界出版社1986年版。

[14]［美］曼昆（N. Gregory Mankiw）：《经济学原理》（第3版），梁小民译，机械工业出版社2005年版。

[15]［美］斯塔夫里阿诺斯：《全球通史：1500年以后的世界》，吴象婴、梁赤民译，上海社科出版社1999年版。

[16]［美］威尔·杜兰特：《历史中的英雄》，王琴译，中信出版社2004年版。

[17]［美］徐中约：《中国近代史：1600—2000，中国的奋斗》（第6版），计秋枫、朱庆葆译，茅家琦、钱乘旦校，世界图书出版公司2008年版。

[18]［挪］拉森（Knud Larsen）、拉森（Amund Sinding - Larsen）：《拉萨历史城市地图集》，李鸽、曲吉建才译，中国建筑工业出版社2005年版。

[19]［日］《每日新闻》（2004年7月26日），日军确曾在中国使用化学武器，《参考消息》2004年7月27日。

[20]［日］阿辻哲次：《图说汉字的历史》，大修馆书店1989年版。

[21]［日］阿辻哲次：《图说汉字的历史》，高文汉译，山东画报出版社2005年版。

[22]［日］山口益：《般若思想史》，上海古籍出版社2006年版。

[23]［苏］B. C. 涅姆钦诺夫（1965）：《经济数学方法和模型》，乌家培、张守一译，商务印书馆1980年版。

[24]［匈］亚诺什·科尔奈：《短缺经济学》，经济科学出版社1986年版。

[25]［意］L. 培忒克（Petech）：《扬州拉丁文墓碑考证》，《考古》1983年第7期。

[26]［意］贾姆皮埃洛·卡罗齐：《法西斯主义史》，徐映译，四川人民出版社2000年版。

[27]［英］柏廷顿：《化学简史》，胡作玄译，广西师范大学出版社2003年版。

[28]［英］边沁：《政府片论》，商务印书馆2007年版。

[29]［英］大卫·休谟：《宗教的自然史》，徐晓宏译，上海人民出版社2003年版。

[30] [英] 卡特赖特、比迪斯：《疾病改变历史》，陈仲丹、周晓政译，山东画报出版社 2004 年版。

[31] [英] 史蒂芬·贝利：《两性生活史》，中国友谊出版社 2007 年版。

[32] [英] 伊特韦尔：《新帕尔格雷夫经济学大辞典》，陈岱孙主编，经济科学出版社 1996 年版。

[33] [英] 约翰·布克：《剑桥插图宗教史》，王立新、石梅芳、刘佳译，山东画报出版社 2005 年版。

[34] 《辞海》（音序缩印本），上海辞书出版社 1999 年版。

[35] 《晋书·卫恒传》。

[36] 《旧唐书·职官三》，中华书局点校本。

[37] 《明史·职官三》卷七十四，中华书局点校本。

[38] 《史记·扁鹊仓公列传》卷一百五，中华书局点校本。

[39] 《宋会要辑稿·职官二十二之三十六》，中华书局 1957 年版。

[40] 《宋史·徽宗纪三》卷二十一，中华书局点校本。

[41] 《隋书》卷二十八"百官下"，中华书局点校本。

[42] 《竹书纪年》，时代文艺出版社 2008 年版。

[43] 《左传·昭公十七年》。

[44] （元）陶宗仪：《南村辍耕录》，中华书局 1959 年版。

[45] Campbell R. McConnell and Stanley L. Brue, Economics: Principles, Problems, and Policies (Twelfth Edtion), McGraw—Hil, Inc., 1993.

[46] Douglas Greenwald, Encyclopedia of Economics, McGraw—Hill Book Company, 1982.

[47] Georges Jean：《文字与书写》，曹锦清、马振聘译，上海书店出版社 2001 年版。

[48] Jean Vercoutter：《古埃及探秘——尼罗河畔的金字塔世界》，吴岳添译，上海书店出版社 1998 年版。

[49] R. W. 索腾：《西方社会和中世纪的教会》，哈蒙茨沃斯，企鹅丛书。

[50] T. 斯普拉特：《增进一般知识的伦敦皇家学会的历史》，伦敦。

[51] 艾华：《金匮要略词典》，学苑出版社 2005 年版。

[52] 艾启平、王怀民：《武汉大学发现 SARS 冠状病毒命门》，中新社武汉 2009 年 2 月 16 日电。

[53] 白烁：《假发意味着权威，英国独有》，《新京报》2008年10月15。

[54] 鲍颖：《中国专家发现SARS命门》，《新京报》2009年2月18日。

[55] 北京交通大学基础产业研究中心：《基础产业的性质》2004年11月24日。

[56] 编辑组：《人民的悼念》，北京出版社1979年版。

[57] 编写组：《新英汉词典》（增补本），上海译文出版社1978年版。

[58] 薄三郎：《亨廷顿的"死亡之舞"》，《新京报》2009年1月18日。

[59] 卜晓明：《八国峰会"绿"得不够》，《新华每日电讯》2008年7月10日。

[60] 布鲁诺·恩斯特：《魔镜—埃舍尔的不可能世界》，田松、王蓓译，上海科技教育出版社2002年版。

[61] 车宏亮：《地球时间：全球371城熄灯1小时》，《新华每日电讯》2008年3月29日。

[62] 陈原：《在全国自然科学名词审定委员会成立大会上的讲话》，《自然科学术语研究》1985年第1期。

[63] 陈原：《张元济与蔡元培》，载《陈原散文》，浙江文艺出版社1997年版。

[64] 陈彩虹：《货币金融学漫话》，三联书店2002年版。

[65] 陈家琪：《2002年：可怕的是"习以为常"》，《新京报》2008年11月15日。

[66] 陈解凡：《蔡子民先生对于史学的计划》，转引自《商务印书馆百年大事记（1897—1997）》。

[67] 陈可忠：《经济学名词》序，《经济学名词》，上海中华书局1946年版。

[68] 陈奎元：《在国史学术年会上的讲话》，载《中国社科院编年简史》，社会科学文献出版社2007年版。

[69] 陈敏伯：《走向严密科学：量子与理论化学》，上海科技教育出版社2001年版。

[70] 陈慰祖：《关于美国401K账户的情况》，私人通信，2009年2月22日。

[71] 陈晓菲：《牛津大学的创立与发展》，载《世界教育大事典》，江苏教育出版社2000年版。

[72] 陈学恂：《中国近代教育史教学参考资料·上册》，人民教育出版社 1986 年版。

[73] 成都：《城管被泼尿事件》，《南方人物周刊》2007 年 2 月 26 日，《新京报》2009 年 1 月 15 日。

[74] 褚孝泉：《写成历史的罪责》，《随笔》，转引自向继东《林家品小说的意义》，2008 年。

[75] 从建锋：《自带筷子就等于义务植树》，《新京报》2009 年 3 月 12 日。

[76] 大滨庆子：《日本近代化的"雁奴"——明治精英群体精神特质分析》，《文化纵横》2008 年 12 月。

[77] 戴煌：《胡耀邦与平反冤假错案》，中国工人出版社 2004 年版。

[78] 单纯刚：《节能减排，其实是一种文明》，《新华每日电讯》2008 年 6 月 25 日。

[79] 但纯：《"不小心撞伤"是另一种"躲猫猫"》，《新京报》2009 年 3 月 15 日。

[80] 德范克：《ABC 汉英大词典》，汉语大词典出版社 2003 年版。

[81] 德尼兹·加亚尔、贝尔纳代特·德尚等：《欧洲史》，蔡鸿滨、桂裕芳译，海南出版社 2000 年版。

[82] 邓伽：《三亚书记道歉，出租车复运》，《新京报》2008 年 11 月 15 日。

[83] 邱永君：《汉语"同志"一词之由来与衍变》，《中国社会科学院院报》2008 年 8 月 5 日。

[84] 丁福保、孙祖烈：《佛学精要词典》，宗教文化出版社 1999 年版。

[85] 董文泉、高铁梅等：《经济周期波动的分析与预测方法》，吉林大学出版社 1998 年版。

[86] 董小燕：《严复思想研究》，浙江大学出版社 2006 年版。

[87] 杜丁：《1963 暴雨，暴雨》，《新京报》2009 年 7 月 31 日 A19 版。

[88] 段锡、王丕勋、余春泽：《锡映千秋》，中国文联出版社 2003 年版。

[89] 段玉裁：《说文解字·叙》注。

[90] 樊纲：《美国"全国经济研究局"简介》，《经济研究资料》1987 年第 3 期。

[91] 樊吉社：《核裁军的趣味数学》，《人民日报》2009 年 7 月 14 日第

13版。

[92] 范岱年：《科学哲学和科学史研究》，科学出版社2006年版。

[93] 方铁：《边疆民族史探究》，中国文史出版社2005年版。

[94] 冯基华：《以色列》，《世界经济年鉴》2008/2009年卷。

[95] 冯天瑾：《智能学简史》，科学出版社2007年版。

[96] 冯天瑜：《中国思想家论智力》，湖北人民出版社1983年版。

[97] 冯天瑜：《新语探源》，中华书局2004年版。

[98] 冯天瑜：《日本明治时期"新汉语"的创制与入华》，《中国科技语》2007年第1期。

[99] 傅国涌：《历史深处的误会》，东方出版社2006年版。

[100] 高虹：《1978—2008流行词语看中国》，四川文艺出版社2008年版。

[101] 高文风：《我国的第一所俄语学校——俄罗斯文馆》，《黑龙江大学学报》1979年第2期。

[102] 耿继秋：《碎片金陵再无完颜》，《新京报》2009年4月1日。

[103] 耿鉴庭：《扬州城根里的元代拉丁文墓碑》，《考古》1963年第8期。

[104] 龚益：《关于可计算一般均衡模型的几个问题》，《数量经济技术经济研究》1997年第8期。

[105] 龚益：《行政过度是中国经济运行的潜在危险》，《数量经济技术经济研究》2000年第3期。

[106] 龚益：《封建王朝的更迭》，交流文稿。

[107] 龚益：《个性无双，一脉相承，旧情有迹，两山商量》，《红河》2005年第11期。

[108] 龚益：《规划进村是建设社会主义新农村的关键环节》，《中国社会科学院院报》2006年2月9日。

[109] 龚益：《制度安排必须符合公序良俗的原则》，《中国风景名胜》2006年第8期。

[110] 龚益：《削减淘汰持久性有机污染物的全球行动》，《世界经济年鉴》2006/2007。

[111] 龚益：《关于服务型政府的定义》，《中国科技语》2008年第3期。

[112] 龚益:《小事搞成大事的辩证法》,《人民论坛》2008 年第 19 期,第 14—15 页。

[113] 龚益:《社科术语工作的原则与方法》,商务印书馆 2009 年版。

[114] 龚益:《超越经济人与理性人假说的自然人假说》,《中国社会科学院报》2009 年 2 月 3 日。

[115] 龚益:《疯牛病的罪魁祸首:流氓蛋白质》,《中国社会科学报》2009 年 7 月 9 日。

[116] 顾明远:《世界教育大事典》,江苏教育出版社 2000 年版。

[117] 广东公共卫生网,2007,霍乱的流行与公共卫生建设,《中国中医药报》2007 年 6 月 20 日。

[118] 郭鹏,2009,是 Rabies,不是"狂犬病",《新京报》2009 年 7 月 4 日。

[119] 郭奕玲、沈慧君:《物理学史》,清华大学出版社 2005 年版。

[120] 国防大学:《军事变革中的新概念》,解放军出版社 2004 年版。

[121] 哈耶克:《通往奴役之路》,王明毅、冯兴元等译,中国社会科学出版社 1997 年版。

[122] 韩涵:《城管改革应是思维的变革》,《新京报》2009 年 1 月 15 日。

[123] 韩建军:《达沃斯论环保,自己先消"碳足迹"》,《新华每日电讯》2008 年 1 月 25 日。

[124] 韩胜军,2008,国际应用系统分析协会(IIASA)机构简介。

[125] 何力:《北京的教育与科举》,北京出版社 2001 年版。

[126] 何晋秋、曹南燕:《美国科技与教育发展》,人民教育出版社 2003 年版。

[127] 何正斌:《经济学 300 年》(第 3 版),湖南科学技术出版社 2009 年版。

[128] 河南博物院:《河南博物院精品与陈列》,大象出版社 2000 年版。

[129] 赫尔曼·戴利、小约翰·柯布,1994,Herman Daly & John Cobb Jr., For the Common Good, Beacon Press。

[130] 胡适:《先秦名学史》,安徽教育出版社 1999 年版。

[131] 胡分清:《太湖水危机启示录》,《水与中国》2008 年第 4 期。

[132] 胡显章、曾国屏:《科学技术概论》,高等教育出版社 1998 年版。

[133] 胡代光、厉以宁:《当代资产阶级经济学主要流派》,商务印书馆 1982年版。

[134] 胡作玄、梅荣照:《数学辞海》第6卷,山西教育出版社2002年版。

[135] 环保局,2006,中国积极参与POPs公约COP2谈判,《中国环境报》2006年5月23日。

[136] 黄章晋:《苏联大清洗70年祭》,《凤凰周刊》2008年第1期。

[137] 霍恩比:《牛津高阶英汉双解词典》(第4版),李北达译,商务印书馆、牛津大学出版社1997年版。

[138] 季羡林:《中印文化交流史》,中国社会科学出版社2008年版。

[139] 姜妍:《再见》,《译文》,《新京报》2008年11月15日C06版。

[140] 蒋彦鑫、喻亚:《杜文库:搞来参观券,全家逛地铁》,《新京报》2009年8月4日。

[141] 焦维新:《罗塞塔飞船名称的由来》,《科技术语研究》2004年第6期。

[142] 金点强:《"东突国"仅存活86天》,《环球时报》2009年7月17日。

[143] 金煜:《"不务正业"讲科学》,《新京报》2008年12月7日B13版。

[144] 金煜:《晚安,怪物粉丝!》,《新京报》2008年12月14日B13版。

[145] 金煜:《可以玩的科学还是科学吗》,《新京报》2008年11月2日。

[146] 金忠明:《中外教育史汇通》,上海教育出版社2006年版。

[147] 景爱:《皇裔沉浮》,学苑出版社2002年版。

[148] 孔令纪、曲万法、刘运珍、刘锦星:《中国历代官制》,齐鲁书社1993年版。

[149] 黎难秋:《中国口译史》,青岛出版社2002年版。

[150] 李皓:《奥运后,环境质量如何提高》,《新京报》2008年11月15日。

[151] 李皓:《中国的空气质量报告需尽早与世界接轨》,《新京报》2008年10月18日。

[152] 李季:《内蒙古辽代文物精华——契丹王朝》,中国藏学出版社

2002 年版。

[153] 李军：《世界文化与自然遗产》，大象出版社 2004 年版。

[154] 李光强、朱诚意：《钢铁冶金的环保与节能》，冶金工业出版社 2006 年版。

[155] 李贵鲜：《人民币图册》，中国金融出版社 1988 年版。

[156] 李健亚，2008，毛公鼎：台北故宫"镇馆之宝"，《新京报》2008 年 12 月 30 日。

[157] 李如生：《美国国家公园管理体制》，中国建筑工业出版社 2005 年版。

[158] 李新洲：《追寻自然之律：20 世纪物理学革命》，上海科技教育出版社 2001 年版。

[159] 李行健：《现代汉语规范词典》，外研社、语文社 2004 年版。

[160] 李焱胜：《中国报刊图史》，湖北人民出版社 2005 年版。

[161] 李咏梅：《国际商事主要仲裁机构》，《人民日报》2001 年 8 月 3 日第 7 版。

[162] 李咏梅：《仲裁小百科》，《人民日报》2001 年 8 月 3 日，第 7 版。

[163] 梁家勉：《徐光启年谱》，上海古籍出版社 1981 年版。

[164] 廖奕：《请替被污染的河流提起诉讼》，《新京报》2008 年 11 月 16 日。

[165] 林家品：《老街的生命》，解放军文艺出版社 2006 年版。

[166] 林梅村：《楼兰：一个世纪之谜的解析》，中共中央党校出版社 1999 年版。

[167] 林小春、任海军：《科技是应对气候变化的重要手段》，2007 年 12 月 4 日新华社。

[168] 林行止：《克拉克与陈焕章》，《闲读偶拾》，上海三联书店 2003 年版。

[169] 刘华：《点燃蜡烛参加"地球一小时"》，《新华每日电讯》2008 年 3 月 30 日。

[170] 刘旸：《降下那面霍乱之旗》，《新京报》2008 年 12 月 21。

[171] 刘铮：《别什么都怪达尔文》，《新京报》2009 年 2 月 15 日。

[172] 刘铮：《特斯拉：科学被遗忘，巫术永留传》，《新京报》2009 年 7 月 12 日 B13 版。

[173] 刘国光：《1991年中国：经济形势分析与预测》，《数量经济技术经济研究》1990年第12期增刊。

[174] 刘洁修：《汉语成语考释词典》，商务印书馆2003年版。

[175] 刘树成：《现代经济辞典》，凤凰出版社、江苏人民出版社2005年版。

[176] 刘秀荣：《比利时首相再次向纳粹大屠杀受害者道歉》，《新华每日电讯》2007年5月10日。

[177] 卢晓衡：《海峡两岸社科交流参考》，经济管理出版社2000年版。

[178] 陆锡兴：《汉字传播史》，语文出版社2002年版。

[179] 吕同六：《法西斯主义史》（知识丛书）主编序言，四川人民出版社2000年版。

[180] 马力：《"美使馆空气监测不全面"》，《新京报》2009年7月3日。

[181] 马庆株：《民国注音字母政策史论》，中华书局2006年版。

[182] 玛法达：《中国姿态是种什么姿态?》，《新京报》2009年6月25日。

[183] 莽萍：《残害动物有违中国文化精神》，《新京报》2009年1月17日。

[184] 梅荣照：《徐光启的数学工作》，载《徐光启纪念论文集》，中华书局1963年版。

[185] 孟世凯：《商史与商代文明》，上海科学技术文献出版社2007年版。

[186] 闵宗殿、纪曙春：《中国农业文明史话》，中国广播电视出版社1991年版。

[187] 名词委：《全国科学技术名词审定委员会2008年度常委会会议》，《中国科技术语》2008年第1期。

[188] 缪道期：《计算机安全的现状、问题和对策》，《软件产业》1990年第6期。

[189] 穆扎法尔·巴赫蒂亚尔：《亦思替非考》，《伊朗学在中国论文集》，北京大学出版社1993年版。

[190] 娜鹤雅：《细说清末就地正法程序》，张芝梅、刘鹏摘自《清史研究》，《中国社会科学院报》2009年2月17日。

[191] 南京博物院、山东省文物管理处，1956，《沂南古画像石墓发掘报

告》，文化部文物管理局。

[192] 南京中医药大学：《中医医史文献学科基本术语》，上海中医药大学出版社 2005 年版。

[193] 聂宝璋：《中国近代航运史料》第一辑，上册。

[194] 牛可：《"波士顿婆罗门"与美国政治传统》，《中国社会科学院报》2009 年 1 月 20 日。

[195] 潘治：《地球热带区域加速扩张》，《人民日报》2007 年 12 月 5 日。

[196] 庞丽霞：《冲突：科学的助力》编辑手记，中国电力出版社 2005 年版。

[197] 彭战：《学术期刊的社会责任》，《中国社会科学院院报》2008 年 12 月 4 日。

[198] 齐红深：《日本侵华教育史》，人民教育出版社 2002 年版。

[199] 齐如山：《同文馆之回忆》，《中国近代教育史教学参考资料·上》，人民教育出版社 1986 年版。

[200] 钱临照：《释墨经中光学力学诸条》，见方励之《科学史论集》，中国科技大学出版社 1987 年版。

[201] 郭奕玲、沈慧君：《物理学史》，清华大学出版社 2005 年版。

[202] 钱学森：《致中国社会科学院郁文副院长信》，1990 年 1 月 9 日。

[203] 钱学森：《致中国社会科学院郁文副院长信》，1990 年 4 月 11 日。

[204] 乔英忍、曹国炳：《世界铁路综览》，中国铁道出版社 2001 年版。

[205] 秦朵：《西方数量经济学发展史概观》油印本，中国社会科学院数量经济与技术经济研究所 1986 年版。

[206] 琼那·诺布旺典：《唐卡中的西藏史》，陕西师范大学出版社 2007 年版。

[207] 裘光明：《数学辞海》，山西教育出版社 2002 年版。

[208] 裘锡圭：《汉字形成问题的初步探索》，《中国语文》1978 年第 3 期。

[209] 渠言：《汉字：从甲骨文到计算机》，《文化部外展资料》2001 年版。

[210] 荣宪宾：《中国名寺观赏》，金盾出版社 2006 年版。

[211] 芮孝芳：《水文学原理》，中国水利水电出版社 2004 年版。

[212] 《商务印书馆百年大事记》(1897—1997)，商务印书馆 1997 年版。
[213] 尚秉和：《历代社会风俗事务考》，江苏古籍出版社 2002 年版。
[214] 邵建：《胡适与陈独秀关于帝国主义的争论》，《炎黄春秋》2008 年第 1 期。
[215] 邵靖宇：《硅字的来历和变迁》，《中国科技术语》2008 年第 1 期。
[216] 沈四宝：《现代国际仲裁制度》，《人民日报》2001 年 8 月 3 日。
[217] 沈阳晚报：《大连三胺鸡蛋确系饲料惹祸》，《新京报》2008 年 11 月 5 日。
[218] 石嘉：《"希特勒橡树"要不要砍掉》，《新京报》2009 年 6 月 25 日。
[219] 史有为：《汉语外来词》，商务印书馆 2000 年版。
[220] 史有为：《外来词：异文化的使者》，上海辞书出版社 2004 年版。
[221] 史志办：《泸州市志》，方志出版社 1998 年版。
[222] 史志办：《营口市志》，中国社会科学出版社 2004 年版。
[223] 瘦驼：《熊猫的另一个名字……》，《新京报》2008 年 12 月 28 日。
[224] 宋威：《完全图解哲学》，南海出版公司 2008 年版。
[225] 宋俊华：《岁末年初话年画》，《中国社会科学院报》2009 年 1 月 20 日。
[226] 宋原放：《简明社会科学词典》，上海辞书出版社 1984 年版。
[227] 宋子然：《汉语新词新语年编》，四川人民出版社 2004 年版。
[228] 苏福忠：《译事遗墨》，生活·读书·新知三联书店 2006 年版。
[229] 苏培成：《信息网络时代的汉语拼音》，语文出版社 2003 年版。
[230] 苏渊雷：《国民经济实用辞典》，罗良能、陆圣标、黎明、苏渊雷编辑，上海春明出版社 1953 年版。
[231] 粟武宾：《术语学与术语标准化》，《标准·计量·质量》1990 年第 4 期。
[232] 孙安邦、马银华：《荀子》译注，山西古籍出版社 2003 年版。
[233] 孙魁芳：《科技精英》，中国宇航出版社 2009 年版。
[234] 孙孝福、齐文远：《罪名词典》，长征出版社 1999 年版。
[235] 孙越生：《官僚主义的起源和元模式》，未刊稿，丁东提供。
[236] 同道：《民国大师之死》，当代中国出版社 2006 年版。
[237] 汤敏、茅于轼：《现代经济学前沿专题》（第一集），商务印书馆

2002年版。

[238] 汪丁丁：《何谓社会科学根本问题》，《走向统一的社会科学》序言，上海世纪出版集团2005年版。

[239] 汪敬虞：《唐廷枢研究》，中国社会科学出版社1983年版。

[240] 汪同三：《宏观经济模型论述》，经济管理出版社1992年版。

[241] 汪修荣：《民国教授往事》，河南文艺出版社2008年版。

[242] 汪中求、王筱宇：《1750—1950的中国》，新世界出版社2008年版。

[243] 王莉：《我国经济科学百花园中的一朵新花》，《数量经济技术经济研究》1984年第4期。

[244] 王莉：《基础设施术语的由来》，北京市平谷区委党校：《理论 探索 实践》2007年第4期。

[245] 王力：《王力古汉语字典》，中华书局2002年版。

[246] 王宏昌：《中国西部气候——生态演替：历史与展望》，经济管理出版社2001年版。

[247] 王宏源：《说文解字》现代版，社会科学出版社2005年版。

[248] 王利文：《关于Ecological Footprint的汉译》，《中国社会科学院院报》2003年11月27日。

[249] 钱国忠、钟守华：《上海科技六千年》，上海科学技术文献出版社2005年版。

[250] 王勤金：《元延祐四年也里世八墓碑考释》，《考古》1989年第6期。

[251] 王青建：《数学史简编》，科学出版社2004年版。

[252] 赛时：《山东沿海开发史》，齐鲁书社2005年版。

[253] 王伟营：《中学生论点论据金库》，朝华出版社2009年版。

[254] 王文锦：《礼记译解》，中华书局2001年版。

[255] 王晓川：《仲裁——与国际接轨》，《人民日报》2001年8月3日。

[256] 王馨源：《中国铁路国际联运大事记》，中国铁道出版社2002年版。

[257] 王延栋：《战国策词典》，南开大学出版社2001年版。

[258] 王英志：《学桴》百年感言，《新民晚报》2006年5月1日。

[259] 吴长庆：《百年科技聚焦》，上海科学普及出版社2002年版。

[260] 吴凤鸣：《吴凤鸣文集》，大象出版社 2004 年版。

[261] 吴文良：《泉州宗教石刻》，科学出版社 1957 年版。

[262] 吴幼雄：《福建泉州发现的也里可温（景教）碑》，《考古》1988 年第 11 期。

[263] 吴祚来：《"大跃进炼钢炉遗址"应当永久保存》，《新京报》2009 年 7 月 21 日。

[264] 夏鼐：《扬州拉丁文墓碑和广州威尼斯银币》，《考古》1979 年第 6 期。

[265] 夏鼐：《两种文字合璧的泉州也里可温墓碑》，《考古》1981 年第 1 期。

[266] 向继东：《林家品小说的意义》，《中国经济时报》2008 年 11 月 21 日。

[267] 项静恬等：《动态和静态数据处理——时间序列和数理统计分析》，气象出版社 1991 年版。

[268] 晓光、陈红：《15000 名波兰军官被杀的惨剧》，《百年潮》1998 年第 5 期。

[269] 肖占中、宋效军、陈波：《新概念常规武器》，海潮出版社 2004 年版。

[270] 校友会：《北京香山慈幼院院史》（非卖品）。

[271] 谢来：《监测仅限使馆大楼区域，并非反映全北京空气》，《新京报》2009 年 7 月 3 日。

[272] 谢泳：《厦大学术传统：从王亚南到孙越生》，《新京报》2008 年 10 月 16 日。

[273] 新华社：《萨科奇"碳足迹"一人抵千人》，《新京报》2008 年 10 月 25 日。

[274] 新华社：《三亚市交通局长因罢运辞职》，《新京报》2008 年 11 月 16 日。

[275] 新京报：《薄熙来与的哥座谈停运事件》，《新京报》2008 年 11 月 07 日。

[276] 新京报：《三亚全部退还多收的哥份钱》，《新京报》2008 年 11 月 17 日。

[277] 信春鹰：《法律辞典》，法律出版社 2004 年版。

[278] 邢涛、纪江红：《世界重大发明发现百科全书》，北京出版社 2005 年版。

[279] 熊贤君：《中国女子教育史》，山西教育出版社 2006 年版。

[280] 《不列颠百科全书》（修订版），中国大百科全书出版社 2007 年版。

[281] 徐侗：《话说幽默》，上海社会科学院出版社 1991 年版。

[282] 徐云：《绿色新概念》，中国科学技术出版社 2004 年版。

[283] 徐炳昶：《台湾通史》，华东师范大学出版社 2006 年版。

[284] 徐品方：《女数学家传奇》，科学出版社 2006 年版。

[285] 徐旭生：《中国古史的传说时代》，文物出版社 1985 年版。

[286] 徐友渔：《不能轻易否定"文明冲突论"》，《新京报》2008 年 12 月 30 日。

[287] 徐仲可：《台湾通史》，华东师范大学出版社 2006 年版。

[288] 续建宜、刘亚林：《世界文明古国述略》，上海教育出版社 1998 年版。

[289] 亚当·斯密：《国富论》，中华书局 1949 年版。

[290] 闫广林：《历史与形式》，上海社会科学院出版社 2005 年版。

[291] 严济慈：《在全国自然科学名词审定委员会成立大会上的讲话》，《自然科学术语研究》1985 年第 1 期。

[292] 颜惠庆：《颜惠庆自传》，吴建雍、李宝臣、叶凤美译，商务印书馆 2005 年版。

[293] 颜颖颛：《耶鲁学子吃单词纪念美语塑造者》，《新京报》2008 年 10 月 19 日。

[294] 颜颖颛：《法将赔偿核试验受害者》，《新京报》2009 年 7 月 2 日。

[295] 杨根：《徐寿和中国近代化学史》，科学技术文献出版社，1986 年版。

[296] 杨彤：《长尾理论》，《中国科技术语》2008 年第 5 期。

[297] 杨建飞：《科学哲学对西方经济学思想演化发展的影响》，商务印书馆 2004 年版。

[298] 杨莲生：《哀香港》，载《哈佛遗墨》，商务印书馆 2004 年版。

[299] 杨莲生：《坦白词》十六韵，杨联陞：《哈佛遗墨》，商务印书馆 2004 年版。

[300] 杨联陞：《赵元任先生与中国语文教学》，台湾新竹《清华校友通

讯》第七、八期。

[301] 杨牧之:《中国工具书大辞典》（社会科学卷），黑龙江人民出版社1993年版。

[302] 杨万国:《城管十年:"城市女主人"从粗暴到温柔》,《新京报》2009年1月15日。

[303] 杨衒之:《洛阳伽蓝记》（全文注音版），时代文艺出版社2008年版。

[304] 叶航:《被超越的"经济人"和"理性人"》,《走向统一的社会科学》导读，上海世纪出版集团2005年版。

[305] 叶其锋:《故宫藏八思巴字印及相关问题》,《文物》1987年第10期。

[306] 叶永烈:《叶永烈讲述科学家的故事100个》,中国社会出版社2007年版。

[307] 易南轩:《数学美拾趣》,科学出版社2004年版。

[308] 殷筱龙:《氰胺类化合物》,《化工百科全书》第13卷,化学工业出版社1997年版。

[309] 尹斌庸:《利玛窦等创制汉语拼写方案考证》,《学术集林》卷4,上海远东出版社1995年版。

[310] 尹玉吉:《特色不是大学学报的根本》,《中国社会科学院院报》2008年10月23日。

[311] 英国布朗参考书出版集团:《货币·银行·金融》,黄志龙译,中国财政金融出版社2004年版。

[312] 英国布朗参考书出版集团:《经济史》,刘德中译,中国财政经济出版社2004年版。

[313] 于尔格·尼汉斯:《新帕尔格雷夫经济学大辞典》（第二卷），戈森、施以正译，王宏昌校，经济科学出版社1996年版。

[314] 于锦恩:《民国注音字母政策史论》,中华书局2007年版。

[315] 语言所:《现代汉语词典》,商务印书馆2005年版。

[316] 袁越:《达尔文继承的世界》,《三联生活周刊》2009年第6期。

[317] 袁爱俊、龚益:《北京师范大学附属实验中学校史》,长江文艺出版社2007年版。

[318] 袁振东、朱敬:《在科学的入口处——30位化学家的贡献》,湖北

少年儿童出版社 2007 年版。

[319] 曾菊新：《空间经济：系统与结构》，武汉出版社 1996 年版。

[320] 张澔：《郑贞文与中文化学命名》，《中国科技术语》2006 年第 3 期。

[321] 张弘、李健亚：《文明冲突论作者亨廷顿逝世》，《新京报》2008 年 12 月 30 日。

[322] 张觉：《今译荀子》，湖北人民出版社、外文出版社 1999 年版。

[323] 张乐：《开心果引燃美伊经济暗战》，《新京报》2008 年 10 月 19 日。

[324] 张乐：《津巴布韦霍乱蔓延，医务人员罢工》，《新京报》2009 年 11 月 3 日。

[325] 张宁：《爱尔兰召回二噁英猪肉》，《新京报》2008 年 12 月 8 日。

[326] 张生：《夏淑琴的胜诉，仅仅是名誉权的胜诉》，《新京报》2009 年 2 月 8 日。

[327] 张斌贤：《坎特伯雷主教学校的兴盛》，顾明远：《世界教育大事典》，江苏教育出版社。

[328] 张登善：《从卡廷惨案说到为尊者讳》，《炎黄春秋》2007 年第 11 期。

[329] 张国庆：《5 美元的繁荣》，《新京报》2009 年 1 月 17 日。

[330] 张千帆：《出租罢运凸现谈判机制缺失》，《新京报》2008 年 11 月 15 日。

[331] 张寿、于清文：《计量经济学》，上海交通大学出版社 1984 年版。

[332] 张守一：《谁说数量经济学没有研究对象?!》，《中国社会科学院报》2008 年 12 月 25 日。

[333] 张书岩、王铁昆、李青梅、安宁：《简化字溯源》，语文出版社 1997 年版。

[334] 张树栋、庞多益、郑如斯：《简明中华印刷通史》，广西师范大学出版社 2004 年版。

[335] 张晓虎：《最新汉字趣味字典》，山西人民出版社 1996 年版。

[336] 张选农：《首都机场集萃》，《宣传材料》2004 年版。

[337] 张永琪：《穿上防刺服城管就安全吗?》，《新京报》2009 年 3 月 16 日。

[338] 张友尚：《还是定名为"朊病毒"好》，《中国科技术语》2008 年

第 5 期。
- [339] 张蕴岭:《我支持灵活就业》,《新京报》2009 年 3 月 7 日。
- [340] 屈文生:《比较法研究》,《中国社会科学院报》2009 年 3 月 12 日。
- [341] 赵锦辉:《三位大师与经济学的破与立》,《中国发展观察》2007 年 9 月 3 日。
- [342] 赵凯华:《在全国自然科学名词委成立大会上的发言》,《自然科学术语研究》1985 年第 1 期。
- [343] 赵可金:《政治营销学:跨学科的成长》,《中国社会科学院报》2009 年 6 月 23 日。
- [344] 赵鑫珊:《瓦格纳·尼采·希特勒》,文汇出版社 2007 年版。
- [345] 照那斯图:《八思巴字》,《中国大百科全书》语言文字卷,中国大百科全书出版社 1988 年版。
- [346] 中共中央党史研究室:《中国共产党历史大事记》,中央党史出版社 2006 年版。
- [347] 中国保险学会:《中国保险史》,中国金融出版社 1998 年版。
- [348] 中国历史博物馆:《中国通史陈列》,朝华出版社 1998 年版。
- [349] 中国历史博物馆、内蒙古自治区文化厅:《契丹王朝》,中国藏学出版社 2002 年版。
- [350] 中国人民银行货币发行司:《人民币图册》,中国金融出版社 1988 年版。
- [351] 中青报:《限行俩月,原来不开车上下班也能过得去》,《新华每日电讯》2008 年 8 月 2 日。
- [352] 周有光:《文化传播和术语翻译》,《语文建设通讯》1991 年 10 月第 34 期。
- [353] 周有光:《世界文字发展史》,上海教育出版社 1996 年版。
- [354] 周有光:《人类文字的鸟瞰》,《朝闻道集》2009 年。
- [355] 周有光:《比较文字学初探》,语文出版社 1998 年版。
- [356] 周有光:《儒学的现代化》,《朝闻道集》2009 年。
- [357] 周有光:《中国安阳文字博物馆》序言,2002 年 4 月 18 日。
- [358] 周有光:《周有光语文论集》,上海文化出版社 2002 年版。
- [359] 周有光:《美国社会的发展背景》,《朝闻道集》2009 年。
- [360] 周有光:《世界文字发展史》,上海教育出版社 2003 年版。

［361］周有光：《周有光语言学论文集》，商务印书馆 2004 年版。
［362］周有光：《语言文字学的新探索》，语文出版社 2006 年版。
［363］周有光：《资本主义的发展阶段》，《朝闻道集》2009 年。
［364］周有光：《人类历史的演进轨道》，《朝闻道集》2009 年。
［365］周有光：《多极化与一体化》，《群言》2008 年第 11 期。
［366］朱荫贵：《现代经济辞典》，江苏人民出版社 2005 年版。

由于引用资料众多，来源渠道纷繁，虽然仔细收录记载，犹恐挂一漏万。书中或有一些参考文献未及列出，在此谨向这些文献的作、译、编者或版权所有者表示深深的感谢以及由衷的歉意。此外，有少量图片的原始作者没有找到，请这些图片的原始作者与我们联系。

# 汉语拼音索引

## A

阿拔斯王朝 86，87
阿伏伽德罗 73
阿痕瓦尔 28
埃奇沃思 67，68，120，121，131，170
艾德伦 107
艾尔斯 140，141，157
艾哈德 175，187，188
安德森 23，216，223
安东奈利 146
安多 76，117，216，252
奥地利学派 7，66，128，132，133
奥尔多（Ordo） 174
奥卡姆 58，90，91，180
奥雷姆 90
奥特雷德 91

## B

八斤铜权 21
巴布森 143，144

白卡里阿 105
百科全书 20，21，45，46，59，65，72，73，77，91，95，99，101，127，135，140，146，149，150，157，177，183，206，238，245，246
百年翻译运动 86
半参数模型 183
鲍利 147，160
贝克尔 2，64，184，185
贝叶斯 103，104，198，230
庇古 68，121，144，165
边际成本 112，132，136
边际人 154，155
边际收益 112，136，159
边际效用 42，62，66-68，74，75，119-123，128，130，133，136，147，149，153
边际主义 66，129，133
变分法 97，134
变量赋值 218
变量数学 94
标准工时 26
标准化 2，4，6-8，23-27，33，91，233

波普尔　71
玻意耳　73，74
伯川德悖论　132
伯川德博弈　132
伯川德竞争　132
伯川德均衡　132
伯川德模型　132
伯纳德奖　205
伯努利　62，76，97，100
伯特兰德模型　132
泊松　76
薄一波　184
不可公度　84
不确定性　39，79，97，135，149，193，206，234
不稳定性　166，223，224
布高伊　112
布坎南　68，176，192，193
布雷顿森林　168，169
布雷顿体制　169
布里格斯　92
布伦特兰夫人　225
布西诺　137

## C

蔡跃州　16
参数估计　37，104，113，141，170，181，182，219，249
产业分类　64，104，201，227
长期渐进　156
超常规　99

尘肺病　236-239
陈焕章　247，248
陈景润　100，101
陈可忠　10，11，166，167
陈柳钦　95，187
陈敏伯　58，71，74
陈锡康　216，222，254
陈燕武　46-48，52-55
城市老爷卫生部　237
程从云　52-54，135
橙剂　141
尺度　6，29，33，97，169，171，204，205，247
尺度原则　169
充分就业　64，145，165，186，187，246
纯歧视　185

## D

达尔文　78，127，135
大恐慌　155
大莱俱乐部　178
大数定律　126，127，139
大萧条　246
大跃进　54
代数学　39，42，61，91，126，170
单整序列　244
道德情操论　81，104，105
道德政策　142
德摩根　126

德维特 96
狄德罗 101
迪昂 74
笛卡儿 72,76,92–95
地理信息系统 250
丁伯根 37,47,156,167,183,199,201
定积分 107
定量研究 189
动态规划 185
动态渐进 196,197
动态优化 184,185,188,192,197,199,200,207
毒气室 127
杜邦 106
杜布阿梅 115
度量衡 10,20,21,24,29,161
对策论 117,154,155,168,170,177
多部门动态 182,183,200,207

# E

恩格尔 68,124,125,131,209
恩格尔定律 68,69,125,131
恩格尔曲线 124,125,209
恩格尔系数 68,124–126,130,131,209
恩格斯 44,128,129,137
恩斯特·费尔 80,243
二元经济体系 64
二元体系 179

# F

发展权 208,209
发展中国家 64,209,240
凡勃仑 140,141
樊炳清 153
反冒进 182,184
犯罪和自杀 155
泛几何学 116
范式危机 222
非参数方法 182
非合作博弈 118,132,177,230
非欧几何学 115,116
菲利普斯曲线 186,187
费雪 113,131,134,142,144,146,156,180,183,196
费雪公式 109,112,134,144
分类的结果 192
分类原则 9,176,191,202
分数维 204
分位数回归 125,209
分形 203–206
分形几何 204–206
分形维数 203,205,206
丰裕社会 179
风云人物 148
冯·诺伊曼模型 163
冯·诺伊曼 117,155,170,183
弗奥哥 63,115
弗波奈 103

弗里希　37，40，62，153，154，
156，159，201
浮动汇率制　169
福特汽车　147
福特制　26
复式簿记法　92
复杂性科学　223
富兰克林国民银行　178

# G

概率论　23，76，95，96，100，
104，143，151，170，216
甘默尔公式　134
高尔顿　127，135
高斯　73，74，107，112，113，
116，209
高速增长定理模型　199，200
高希圣　10，155，161
戈塞特　141
戈森　67，68，120，123，124
戈森定律　67，120，123
哥德巴赫　100
哥德巴赫猜想　100，101
格兰德特　224
格兰特　95
格雷泽　140
工人的疾病　238
公差制　26
公共财政　139，176，197
公共工程　122，165，246
公共选择　176，192，193

公共支出　95
公序良俗　109-111，242
公益性　249
功高过禹　184
功利　68，121，131
供应货币　97
古登堡　91
古典经济学　242
古诺　63，65，76，117-119，
160，177
古诺博弈　117
古诺竞争　118
古诺均衡　118，161，177
古诺模型　63，76，117，118，
132，160
股息率　253
固定汇率制　169
寡头竞争模型　117，132，160
广义矩方法　113，182，219，254
郭开文　148
国家经济实验室　71，80，81，
207，243
国民收入　29，33，35，76，95，
96，119，144，156，175，189，
196，218，255

# H

行列式　112
哈佛指数　144，145，148
哈切森　99
哈特　107，134

哈耶克 63,74,168,169,187,188,194,195,207
海尔萨尼 198
海尔萨尼转换 198
海军船舶局 174
海森伯格 71
韩孟 226
汉森 164,165,173,219,253,254,256
合理预期 190,191,203,253
合理预期模型 202
合理预期学派 191,202
何思谦 99
何正斌 66-68,84,97,105,122,128,129,139,163,178,193
荷兰病 189,190
核估计方法 182
赫伯特·金迪斯 79-81,242
赫尔曼·戴利 247
赫尔曼·戈森 67,76,123
黑天鹅 149
亨利·福特 147
宏观计量模型 182,199,201,223
宏观模型 111,164,181,202,224
胡炳生 84,85,91,92,95-97,101,107,115,123,155,167,232
胡传机 226
胡久稔 162

花拉子米 126
华国锋 208
化学势 74
环境与发展 225
黄狗合同 149,150
黄有光 64
回归 79,107,135,183,203,209,213,252,253
回归分析 135,136
惠更斯 95
惠特利 106,116,117
混合经济 165,194
货币代数式 98
货币的非国家化 169,207
货币供应 144,145,191
货币价值 97,98,169,230
货币金融 169,201
货币理论 68,112,121,134,142,169,183
货币数量论 133,134,144,145,183
货币数量说 67,120,149,183

## J

机构膨胀 103
机会的学说 104
机会平等 193-195
积累金律 197
吉布斯(Gibbs)抽样 104
吉姆·奥尼尔 239
极大值原理 192

极限表 26

集合论 94, 134, 157, 158, 170, 184, 188

技术进步 25, 47, 61, 140, 174-176, 190, 191, 227

技术经济 9, 16, 22, 44, 47, 48, 52, 54, 57, 71, 138, 175, 212, 214, 220, 222-225, 227-230, 235, 244, 251, 252, 254-256

季羡林 235

价值分析 64, 171, 174

价值工程 174

剑桥方程式 144, 183

蒋中一 41, 42

交换的科学 106, 116

交换经济 204

交易方程式 134, 144

交易学 106, 116

杰文斯 66, 76, 102, 105, 119, 124, 126, 128, 129, 246

结构效应 138

解析几何 76, 94, 96, 122

借记卡 178

金砖四国 235, 239-241

经典学派 87, 104

经济崩溃 18, 99

经济表 62, 103, 104

经济波动 43, 129, 144, 145, 226

经济法 10, 90, 101, 102, 128, 164

经济犯罪 128

经济计量学 135, 136, 145, 153-156, 159, 160, 169, 170, 173, 180, 183, 190, 201-203, 210-212, 214-217, 219, 220, 222, 227-229, 231, 232, 244, 250, 252, 254-256

经济科学 10, 40-44, 59, 68, 69, 102, 107, 110, 114, 117, 121, 122, 124, 125, 130, 131, 137-139, 145, 149-151, 160, 161, 193, 199, 200, 210, 212

经济利润 132

经济论 9, 18, 63, 67, 84, 103, 115

经济模型 16, 23, 44, 47, 48, 62, 69, 70, 105, 112, 113, 125, 145, 150, 162, 163, 170, 199, 207, 215, 216, 219, 223, 225, 227, 228

经济泡沫 99

经济人 78, 79, 81-83, 139, 175, 242, 243, 253

经济数学方法 62, 250

经济统计学派 156

经济危机 43, 66, 98, 119, 165, 256

经济学 1-4, 7, 9-11, 13, 14, 16, 22-24, 36-44, 46-50, 52-72, 74-82, 84, 95, 96, 101, 102, 104-110, 112-115, 117-147, 149, 151, 154,

156 – 170, 172 – 181, 183, 185 – 191, 193 – 195, 197 – 201, 203, 207, 209 – 218, 220 – 225, 227 – 234, 239, 242 – 250, 252 – 256

经济研究局 149

经济政策 14, 37, 43, 109, 114, 116, 151, 165, 187, 188, 191, 193, 252, 253

经济周期 45, 64, 65, 99, 136, 144 – 146, 148, 165, 169, 199, 227

经济自由主义 142, 183, 192

经界法 87

景教徒 87

景气动向调查 35, 175 – 177

景气观测 143

绝对几何 115

均衡的存在性 134, 164, 180, 181, 189, 203, 204

均衡的稳定性 172

## K

会计理论 143

卡尔纳 108

卡尔普纳 72

卡莱斯基 159

喀山通报 115

开胸验肺 236, 237

凯恩斯 10, 43, 63, 67, 68, 74, 120, 121, 146, 151, 156, 159, 161, 162, 164, 165, 168 – 170, 172, 183, 185 – 189, 192 – 194, 199, 210, 245, 246, 248

康令 28

康蒙斯 140, 141

康替龙 102

康托尔 94

康托罗维奇 117, 166

柯布—道格拉斯生产函数 142

科恩 71

科学原则 129

科学哲学 74, 116, 159, 210, 221

可持续发展 16, 19, 225, 226, 234

可计算性 159, 161, 162

可控性 189

可视化 231, 249

克莱因 22, 23, 38, 52, 93, 94, 112, 181, 196, 202, 211, 214 – 218, 223, 225, 227, 250, 252

克里夫·柯布 230

克龙克 109

孔德 78, 230

孔狄拉克 106

孔门理财学 248

库尔诺 65, 76, 117 – 119

库兹涅茨 156, 157

跨领域 3

跨学科研究 72, 153, 200

矿工病 238

魁奈 62, 101 – 104

## L

拉法格　137
拉普拉斯　76，107，112
拉文斯顿　113，114
莱布尼茨　92，96
莱斯利　78
赖特　41，42，68，131
朗费尔德　62，117
朗格　62，111
劳夫林　142，183
劳工调查　241
勒让德　107
雷科德　91，92
黎曼　24，205
李楚霖　23，216
李春田　24-27
李椿年　87
李铎　222
李嘉图　62，78，112，113，115，133
李京文　11，222，227，228，254
李善兰　126
李铁映　232
李心灿　91，92，96
李雪松　104，113，125，126，182，183，203，209，210，219，229，254
李源　17
李则杲　216
李子奈　48，49，53，229，254

里昂大学　65，118，119
里约热内卢　225
理财学　247，248
理财之学　248
理念经济模型　174，175
理性人　79-82，242，243
理性预期　191，211，253
历史学派　66，74，75，77，119，139
利斯廷　101，123
利他惩罚　80，81，242，243
梁启超　247
两个剑桥之争　194
两马航线　236
量响应模型　219
林琼　52，53，55，230，247
林少宫　23，53，216
刘树成　33，46，118，132，136，146，148，161，171，174，177，189，198，212，213，222，226，228，254
刘遵义　23，211，216，228，252
流动偏好分析　183
六派哲学　85，86
垄断价格　65，66，118，119
楼峰　16
卢嘉锡　232
鲁政委　256
伦敦　26，66，78，96，102，119，122，128，137，158，168，186，188，194，195，207，245
罗巴切夫斯基　115，116

罗宾·J.威尔逊 91
罗杰斯 78
罗森 64,182,210
罗素 58,72
洛克斯利 1,2,130,176,185
洛伦兹 204
洛桑大学 66,67,137,138
洛桑学派 66,67,120,130

# M

马尔科夫 104,143
马尔萨斯 107,108,114,126
马克思的价值论 137
马克垚 87
马雷 41
马里奥特 62,99
马林沃 40-42
马斯格雷夫 187
马斯洛 51
马歇尔 68,121,137,144,146,171
麦克凡 13,143,219,246
麦克劳德 106
麦蒙 86,87
曼德尔布罗特 204,205
贸易垄断 98
梅毅成 99
美国的凯恩斯 164,165
门格尔 66,75,105,119,128,132,133
蒙克莱田 92

米切尔 146,149
米音斯 140,141
密契尔 140,156,157
棉纺织业 167
民法典 109
模型偏离 179,180
摩莱里 102
莫里斯·克莱因 92-94,112
墨西哥 71,79,80,98,196,215,223
穆勒 12,77,78

# N

n 维空间 122,123
纳皮尔 92
纳什均衡 118,132,177,198,230
纳忠 86,87
耐克公司 241
南海公司 98,99
南海泡沫 98,99
南海骗局 98
拟合优度 141,203
聂斯托利派 87
涅姆钦诺夫 42,43,150,151
牛可 153
纽康公式 133,134
奴隶贸易 98
诺贝尔 37,44,70,71,77,141,156,158,168,169,172,173,177,188,193,199-201,

214, 217, 223, 231, 232, 249, 250, 252, 253, 256

诺贝尔奖 256

诺贝尔经济学奖 44

## O

欧多克索斯 84

欧拉 100, 101, 123, 138, 142

欧文·费雪 67, 120, 134, 138, 144

欧洲复兴方案 171

欧洲货币 231

欧洲中央银行 231

## P

帕克 154

帕累托 66-68, 75, 76, 81, 120, 121, 131, 132, 137-139, 146, 164, 242

帕乔利 91

帕斯卡 94, 95

帕韦尔·希敖帕 59

派特森 96

潘塔莱奥尼 68, 121, 137

判断准则 103, 169, 171

庞皓 52-54, 135

庞特利亚金 192

泡沫经济 98, 99

皮尔逊 141, 170

贫困家庭 125, 209

频率学派 104

品质经济 213, 251

平衡表 150, 163

珀森斯 145, 148

普鲁东 122

## Q

期望 191, 211, 252

齐建国 16

歧视经济学 184

棋盘式平衡表 150

企业社会责任 235, 241, 242

强互惠 72, 79-82, 242, 243

乔治一世 98

切瓦 98

亲和数 101, 123

秦朵 53, 61-63, 68, 70, 72, 85, 98-100, 103, 105-109, 112, 115-117, 119, 128, 130-132, 134, 136-138, 143, 146, 147, 149, 154-156, 159, 162-164, 166, 167, 170, 172, 176, 177, 180-182, 184-186, 188-190, 192, 196, 197, 199-201, 203, 206, 215, 219, 220, 224, 244

清文澄 148

琼·朱克斯 38, 39

全部资本品模型 183

全国经济研究局 146, 227

全球契约 148, 241, 242

## R

人口过剩 123
人口原理 107, 108, 114
人类灾难 141
人权 208, 209, 241
冗员生事 103
荣卡格利亚 1, 102, 105, 114, 126, 129, 133, 146, 151, 162
如虎添翼 47, 130, 147
如虎有翼 130
瑞典学派 64, 67, 68, 120, 121, 149

## S

SIC方法 201, 202
萨金特 191, 252, 253
萨缪·鲍尔斯 79-81, 242
萨缪尔森 38, 44, 57, 82, 161, 164, 172, 173, 180, 183, 186, 190, 192, 194, 196, 197, 202, 242
三生石 16-19
色诺芬 9, 84
赡养负担 103
商品 4, 14, 21, 30, 31, 66, 85, 97-99, 102, 105-108, 110-112, 114, 116, 119, 120, 128, 130, 131, 133, 136, 144, 146, 155, 159, 163, 176, 178, 196, 219, 255
商鞅 84
商业的性质 102
商业周期模型 202
上层建筑 192
尚列 174
社会福利函数 164
社会核算矩阵 218
社会市场经济 174, 175, 188
社会选择 231, 232, 241
社会责任 148, 222, 241, 242
社科产业 215, 244, 248-250
沈玮青 70, 253, 256
生产阶级 103
生计学 9, 13, 143, 246-248
生态经济学 15, 16, 44, 57, 247
圣·路易模型 201
圣彼得堡 199
圣普尔桑的杜朗 90
圣塔菲 72, 79, 80, 82, 223, 242, 243
施本格勒 78, 79
施莫勒 77
实用商业辞典 10, 161
世界办公室 239
世界工厂 239
世界加油站 239
世界原料基地 239
市场歧视系数 184, 185
市场失灵 109, 110
收益递减 136, 142, 147
术语 1-16, 27-29, 31-33,

36,37,39,41－43,45,46,48
－50,52－61,73,74,80－83,
100,101,105－107,111,119,
123,129,133,135,141,150,
153,158,161,164－166,191,
194,204,211,213,220,225,
226,229,232－234,242－245,
247,251,252
数技经所　214,219,220
数据建设　45,136,228
数据挖掘　230,231
数理经济学　23,38,41,42,
59,61,65,67,69,76,77,
111,117－121,128,130,134,
136,163,172,178,188－190,
210,216,223,255
数理统计　23,36－38,40,44,
47,48,57,104,113,143,
144,150,170,173,177,216
数理主义　72,73
数量经济　11,16,22,23,47,
48,52－54,61,70－72,118,
119,128,137,138,156,162,
169,170,190,198,209,211－
216,220,222－225,227－230,
232,235,244,250－252,254
－256
数论派　85,86
数学方法　1,36,38－40,42,
43,47,55,59－64,66,67,
69,76,77,85,93,106,111,
112,115－121,123,129,134,

149－151,155,157,159,166,
169,190,210－213,215,222,
224,256
数学符号　37,39,91
数学建模方法　214,215
数学期望　95
数学危机　84
数字计算机　94
双寡头模型　117,132
双曲几何学　116
私产神圣　195
斯宾诺莎　72
斯宾塞　78
斯大林　39
斯定理　104
宋富盛　222
宋健　11
苏格拉底　84
素数　100,101
粟庆雄　23,216,228,252
溯源性　21,57,58
算术符号　91
随动模型　206,207
随机动态控制模型　198,206
随他去　43
岁印钞数　29,87,88
碎石路　26
孙广振　71
孙恒志　216
孙世铮　36,48,52,55,222
孙冶方　187,189,212
孙中山　247

索波里 40，41

## T

塔洛克 192
泰勒制 26
汤因比 78
特格维尔 140
特曼 115
天才 96，112，127，135，172，173
田野实验 71
通货膨胀 64，96，98，145，175，186，187，189，207，227
通向奴役的道路 168，169
同意的计算 192
统计法 32，34
统计决策 173，177
统计学 2，10，11，28，29，36-38，40，41，43-45，47，57，59，67，68，76，95，120，123-125，127，128，131，136，141，143，145，148，155-157，159，160，165-168，173，181，194，198，201，210，214，244
突发跃进 156
图灵 161-163，198
托尔斯滕·珀森 200
拓扑学 101，123，126，134，170，188

## W

瓦尔德 79，163，173，177
瓦尔加 38，39
瓦尔拉 66，67，75，76，105，119，120，129-131，137，142，149，160，163，172，181，190，219
瓦勒里阿尼 106
瓦斯哥 62，106
外部性 81，109-111，193
汪丁丁 80
汪东兴 208
汪同三 22，69，71，125，145，181，215，216，254
王红 16
王宏昌 53，137，216，222
王慧炯 222，254
王青建 104，115，116，126，127，139，141-143，177
王伟光 71
王毓云 216
王仲武 11，155，166
威尔逊 91，92，96
威克斯提德 136，138
威廉·配第 28，29，95，96
威韦尔 116
韦伯 77，78
韦利 62，105，106
韦吕勒 123
维德曼 91

维克塞尔　67，68，120，121，134，139

维赛尔　136

维特根斯坦　72

伟烈亚力　126

伪回归　203

魏向英　16，68，121，194

文化冲突　155

沃顿法　217

沃顿公司　217，250

沃顿模型　193，196，214，215

乌合之众　99

乌家培　43，46，47，151，212，213，222，228，254

无差异曲线　68，131，156

无价值状态　51，57

无限集合　94

无限维空间优化　193，196

无效就业　103

无政府主义　121，122

吴承业　46－48，52－55

吴可杰　46，52－54，135

物价水平理论　144

## X

西姆斯　252，253

西斯蒙第　108

希帕索斯　84

矽肺　238，239

系统经济学　225，226

线性支出系统　181

相对稳定性　180，193，196

相互依赖　114，115，130，163

享乐定律　67，76，120，123

象　1，2，4，5，12，19，22，25，27，32－41，43，45－47，57，59－62，66，67，69－71，74－79，81，82，90，91，93，97，98，104，110，117，119－121，123，128，129，134，135，138－140，152，154，158，159，162，168，170，171，175，177，179，180，185，186，189，190，192，200，203－206，208，210，221，223，225，231，234，235，240－242，247，248，251，255，256

萧条　43，99，145，155，215，246

萧政　23，216，252

小三通　236

小约翰·柯布　247

校席教授　153

新工业国　179

新帕尔格雷夫　37，59，68，106，107，117，121，122，124，125，131，137－139，145，149

新兴古典学派　65

新星出版社　128，133

新制度经济学　141

新自由主义　168，169，174，175，187，188，194，195，207

信春鹰　109

信用卡　177，178

兴国土地法 102
行政过度 103，203，232，234，235
行政手段 195
熊彼特 173，247
虚几何学 115，116
需求弹性 65，118，119，136，144
需求分析 23，179，180，216
需求函数 23，66，76，117，119，216
徐光春 237
徐绳武 22，215
徐寿波 222
徐统 58
许涤新 22，211，212，215
序贯抽样 173，174
序贯分析 171，173，174
序数效用函数 131，146
序数效用论 146
血汗工厂 241
寻租 203

## Y

亚当·斯密 62，81，102，104，106，113，117，242
亚里士多德 9，85，90，247
严中平 167
研究对象 36，39–42，47，58，64，70，71，79，81，93，173，212，213，255
杨建飞 63，64，74–78，159，210，221，222

杨小凯 64，65
姚中秋 128，132，133
野狗契约 150
叶笃正 225
一般均衡 66，68，75，105，107，120，121，129–131，134，138，142，146，149，163，170，180，181，183，188，190，219，256
伊斯纳 107
颐和园 1，22，23，53，54，212，214–216，227，232，252
因素分析 75，171，188
引致技术进步 176，191
隐蔽公差 243
隐秘的质 91
印度博帕尔 141
应用数理统计 38
应用研究 181，187，188，229
英格拉姆 78
英格兰银行 96
英汉经济辞典 10，160，161
庸俗辩证法 107，184
永续存在 225
永续发展 225
优化收敛条件 201，202
优生学 127，128，135
尤什克维奇 85
有限维近似求解 196
于光远 208，212
于清文 52，76，117，160，166，170，222

郁金香狂潮 99
预报未来 112
预测管理 218
预算软约束 210, 211
圆泽 16, 17
苑凤岐 216
约翰·洛克 97
约翰森 146, 190

# Z

昝廷全 104, 202, 226
早于凯恩斯 159
增长路线 180, 184, 193, 196, 197
炸药 141, 199
张春涛 148
张国初 137
张国庆 148
张守一 11, 22, 23, 38, 40-43, 52, 55, 151, 190, 213, 215, 216, 222, 228
张寿 52, 76, 117, 160, 166, 170
张昕竹 230, 254
张友国 16
张蕴岭 114
张钟俊 46
账户的哲学 143
哲学辞典 153
哲学分析 209, 210
真实财富 103
真实发展指标 230
甄海霞 239
郑权 91, 92, 96
郑友敬 222
政策判据 110
政策曲线 106
政府垄断 207
政治的经济学 176
政治的无效率 193
政治经济学 4, 9, 13, 36, 39, 41, 47, 62, 66, 68, 76, 81, 92, 95, 96, 102, 103, 105, 113-117, 119-121, 123, 124, 128-130, 132, 133, 137, 138, 143, 154, 165, 186, 191, 203, 245-247
政治算术 29, 76, 96, 102, 111
芝加哥传统 182, 183
知识工具 93
直觉主义原理 95
直上高速路线 192, 198, 199
殖民地政策 142
纸币发行银行 98
制度安排 50, 110, 111, 234
制度学派 64, 140, 157
质量经济 213, 250, 251
质响应模型 219
智慧宫 86, 87
智力贡献 153
中心极限定理 127, 139
中性货币 68, 121
终身年金 96

重农主义　43，101-103
重商主义　75，102，133
周豹荣　226
周有光　63，151-153，155
朱宝绥　13，143，246
朱恒鹏　118，132，146，161，177，198
朱君毅　10，11，166，167
状态空间方法　226，227
准则判断　169
自然法典　102
自然利率理论　68，121
自然人　82，128，243
自然秩序　43，103，122
自相似　204-206
自由放任　43，246
自由货币　207
自由市场经济　174，175
总量动态模型　165，166
总需求理论　144

综合　7，13，31-33，38，46，47，52，75，78，87，94，101，103，127，151，153，159，163，172，193，194，218，225-227，239，245，248
邹建成　91，92，96
邹至庄　23，48，49，216，228，252
最大似然估计　104，113
最低工资　147
最速降线　97
最小二乘法　61，107，113，125，144，155，181，182，209，219
最优储蓄率模型　183
最优积累率　154
最优积累模型　183
最优控制的存在性　189
最优增长理论　154
最优增长模型　183
坐标　93，94，96，186，227

# 《经济计量学术语沿革》后记

这本《经济计量学术语沿革》是我术语方面著作当中的一本。写作的目的之一是检验"记略"的设计思想，能否顺利地应用于特定的专业。这本书的初稿，早在3年前即已完成，但是到了该向出版社交稿时却发现，这本书其实远远没有写完。几经拖延，数度增删，直到2014年4月25日，参加由社科院数技经所组织召开的全国数量经济学专业术语规范化研讨会我意识到：这是一部不可能由我个人独自完成的著作，我必须承认并且接受这样的事实。

在这次会议上，与会专家讨论了诸如面板数据（Panel Data）、协整（Cointegration）等专业术语的译名，但对Econometrics的译名究竟是"经济计量学"还是"计量经济学"的问题仍然分为两派，各执己见，不能统一。坚持"计量经济学"的一派观点认为，这是经济学的一个分支，是经济学，更何况教育部已经"明令发布"，故而"从之者众"。难题摆在会议的召集者面前，最终决定"搁置争议，暂不讨论"。① 这是最聪明的决定。"历史尚未定稿"，我们还有时间，还有足够的耐心，一切尽在期待中。回顾历史，这样的故事比比皆是。当年严复翻译西方社会科学著作，常为一个名词术语的译法辗转反侧，推敲斟酌，故而感慨"一名之立，旬月踯躅"。现如今的场景，则应和了语文现代化的倡导者周有光先生的判断："一名之定，十年难期"，为后世留下又一段耐人寻味的"术语故事"。

1996年，我写信给中国社会科学院李铁映院长，建议组建社科术语工作委员会。院科研局召开座谈会，专家认为："此事应该做，而且要尽

---

① 出席这次会议的专家包括：南开大学教授张晓峒、东北财经大学教授王维国、人民大学教授赵彦云、上海社会科学院教授朱平芳、韩清、中山大学教授王美今、北京信息科技大学教授葛新权、北京航空航天大学教授韩立岩、中国社会科学院教授李平、李雪松、李金华、王国成、樊明太、胡杰、龚益，以及彭战、陈星星、王喜峰、郭博文等人。

快。"我出席了这次会议。但会后泥牛入海无消息。2000年,全国名词委召开第四届全体会议,中国科学院院长、时任名词委主任卢嘉锡邀请社科院院长出席并致辞。李铁映院长委托江蓝生副院长出席并发言①,倡导开展社科术语规范工作(江蓝生,2000)。

2003年4月3日,江蓝生副院长召开座谈会,听取专家学者的意见和建议,提出院属各研究所可以设立相关课题,资助有兴趣的学者持续跟踪研究。全院学术期刊要开辟专栏,引导学者就各自领域的术语问题展开讨论与争鸣(周大亚,2003)。6月4日,院长交办的《社科术语工作的原则与方法》研究课题启动。2006年完成《社科术语工作的原则与方法》著作初稿,百岁老人、语言文字学家周有光先生赐序,2009年初由商务印书馆出版,成为《中国术语学建设书系》②的第一册。此后三年,先后有拙作《汉语社科术语记略》和《社会科学术语100年》,由社会科学文献出版社出版。

术语是学问的基础。前辈学者对术语与学问的关系早有洞见,认为"术语是学问的细胞"(张岂之)③;"基本术语是学术研究和理论建构的基础"(辜正坤)④。没有术语,何来学问? 然而研究术语,特别是社科术语,还是"冷板凳":我曾以"社科术语研究"申请社科院基础研究专项课题,但在所学术委员会民主集中制的投票中毫无悬念地被淘汰。无情的冷落使我意识到,必须为社科术语研究做出脚踏实地的样本。撰写《经济计量学术语沿革》,是别无选择的选择。我知道,宏观的"社科术语工作"与微观的"专业术语研究"分处不同尺度,领域之间跨度极大,需要各自的专家分别作为。但是于我而言,必须知难而进,以真实可见的成果来证明:术语是基础性的工作,术语思维是有效率的思维。我想让术语的历史告诉未来:为什么在我所生活的年代,老鼠不怕猫。时任数技经所

---

① 在这次大会之前,名词委主任卢嘉锡同志给时任中国社会科学院院长李铁映同志发来了这次会议的邀请函,李铁映同志因为有事不能到会,委托江蓝生副院长来参加。参见江蓝生《在全国名词委第四届委员会全体会议上的讲话》,《科技术语研究》2000年第3期。

② 《中国术语学建设书系》总主编:路甬祥,执行主编:刘青;编辑出版委员会主任:郑述谱,委员:董琨、冯志伟、龚益、黄忠廉、梁爱林、刘青、温昌斌、吴丽坤、郑述谱、周洪波、朱建华。

③ 张岂之:《译名论文集》,西北大学出版社1990年版。

④ 《读者》1998年第8期,第125页。转引自陈兆福、陈应年《术语社会学个案笔记》,《学术之窗》2001年第12期。

所长汪同三先生很谦虚地称自己是"关于术语研究的外行",同时表明"对龚益同志长期呼吁并身体力行所从事的这项工作的支持"。[①] 而我则始终要感谢他对我个人学术选择的宽容。

几经寒暑,拙作初成,而我已不再年轻。老来再看春江水,笑谈浪涌话浮冰。波涛过处,江风虽冷,亦是温情。笔者历来认为"讨论学科术语,就是学科建设",现在更加坚信不疑。以我个人经历,曾在数量经济理论室供职多年,涉猎庞杂,亦曾担任网络信息中心主任、综合研究室主任,却只有这一次较为系统地投入到对经济计量学科的讨论。"学然后知不足",开卷有益,感触良多。

这部书稿,只是我试图理解经济学和经济计量学术语的读书笔记,是微不足道的"记问之学",故称为"记略"。感谢诸多同事、朋友鼓励我将其出版。特别要感谢经济计量学教授、数量经济与技术经济研究所年轻的副所长李雪松先生慨允作序、科研处张杰老师给予大力支持。北京工业大学陈慰祖、王存新教授、中国国际咨询公司陈文晖博士等在指导思想、编排体例、选词原则等方面提出建议;综合室王莉、模型室娄峰研究员提供宝贵资料。由衷地感谢他们,感谢我的亲人和所有帮助我的人。

命中注定,我本孤独。自从选择了术语,术语就一直在陪伴着孤独的我。十七年前写过一首《孤独阿哥》:"唯有你不必理解,只有你不可言说。你是我爱的享受,因为你含义多多。如果曾经拥抱你,至少说明我活过。孤独已足够快乐,无解的只有阿哥。"现在好了,行至水穷处,坐看云起时。感谢上帝,在我完成这部书稿的时候,派来一位天使:小我一个花甲的女儿,子云。这是上苍的礼物,更是社科术语的未来。今天,正是她两周岁的生日。我爱子云。

龚益,2014年8月9日,自在草堂

---

[①] 汪同三:序言,龚益:《社科术语工作的原则与方法》,商务印书馆2009年版。